UnRead

—

思想家

TILL WE HAVE BUILT JERUSALEM

直到我们建起了

耶路撒冷

一座新城的缔造者们
Architects of a New City

ADINA HOFFMAN

〔美〕阿迪娜·霍夫曼　著

唐克扬　姜山　尚英南　等　译

北京联合出版公司
Beijing United Publishing Co.,Ltd

书名引自英国诗人、画家威廉·布莱克的短诗《远古的脚步》（*And Did Those Feet In Ancient Time*），该诗起初是其 1808 年长诗《米尔顿》（*Milton*）自序中的一篇短诗，之后于 1916 年由英国作曲家休伯特·帕里爵士编成一首赞歌《耶路撒冷》，被誉为第二国歌。

你不会找到一个新的国度

也不会找到一片新的海岸

这个城市会一直跟随着你

······

C. P. 卡瓦菲斯《城市》

目录　CONTENTS

结语　石头剪刀纸

注释

致谢

雅法门的那一边

　　住在耶路撒冷的近四分之一个世纪里，我每天都会走过城市西侧的主干道——雅法路（Jaffa Road），老一辈人都叫它**"那条雅法路"**。

　　起初，它只是一条朝圣和骆驼小径，后来成为重要的贸易通道，现在是一条虽然脏兮兮却很繁华的主干道。道路从旧城雅法门的附近延伸开，横过新城，向西蜿蜒穿过山丘和干涸的河谷，又通过一片平地，最终到达雅法港。它甚至一度从港口延伸出去——至少是在精神上——延伸到那些载着商旅和货物、往返于许多遥远地区的小船上面。

　　既然这条道路让耶路撒冷向世界敞开，又将世界带向了耶路撒冷，一座新城的历史便由此开始。尽管在许多人心目中，耶路撒冷是著名的圣城，但直到 1867 年——当奥斯曼的苏丹[1]下令征用一帮巴勒斯坦农民建造这条沙石压实的运输小道时——耶路撒冷也不过是一个在山丘之上、被高墙包围的村庄。这个闭塞、晦暗、病态，并且

---

1 也称苏旦，是伊斯兰教历史上一种类似总督的官职，也是阿拉伯语中的一个尊称。苏丹一般不是世袭的，不等同于国王。

在多数人记忆中夜间城门紧锁的、臭烘烘的地方，激起了到访的赫尔曼·梅尔维尔（Herman Melville）[1] —— 作为其中一位记述者 —— 在笔记中透露出郁闷之情："被高耸围墙所围困的、如此狭小的一座城，它肮脏、破旧，高墙阻碍通风，推迟了清晨的来临，并加速了病恹恹的暮色到来。"

然而，当这条从城市延伸到海边的收费道路开通之后，一种新的出入这座引起幽闭恐惧症的堡垒的交通方式成为可能，一种新的自由也成为可能。在耶路撒冷城门外侧，人们为雅法路上定期来往的马车修建了一座同样名为"耶路撒冷城门"的中央车站。当车站落成时，这座城市彻底从城墙里边扩散开来。无论是希腊人和日耳曼人，阿拉伯人和亚美尼亚人，还是德裔和西班牙裔犹太人，全部纷纷开起了酒店和杂货铺，旅行社和照相馆，咖啡厅和小酒铺，一间电报局、纪念品店、地毯店，一家药房，一家面包坊，一家木料与建材市场，甚至还有了一座主打走钢丝杂技和狗熊表演的剧场。各国的领事馆、银行、邮局，最后甚至连市政厅本身也搬到了城门外，并且很快，紧邻城墙外的拥挤地段变成了一块临时的市镇广场。有些当地人形容，这座广场已经与"这座城市"本身难以区别。

1900 年，为纪念苏丹阿卜杜勒·哈米德二世[2]执政二十五周年，当局在操着各种语言、熙熙攘攘的广场人群中，建起了一座如圣诞糖果般红白相间的公共喷泉。七年后，一座造型华美的白色钟楼也随之建了起来。几乎所有骄傲的奥斯曼帝国城市都有这种特征，在其中央广

---

1 19 世纪美国著名小说家、散文家、诗人，最早用文字描述耶路撒冷的近代作家之一。

2 奥斯曼帝国苏丹，1897—1909 年在位。

场上都会有这样的钟，而耶路撒冷的钟楼自然也是居民心目中的骄傲。这座高约 13.7 米、坐落于雅法门上的钟楼，是市政显著进步的一个标志，同时也是奥斯曼人爱国精神的体现。它把耶路撒冷的市民和帝国的其他人民紧紧联系起来，它在象征和实质上都昭示了一种新的时间提醒方式在这片极为古老的土地上的降临。钟楼还起到类似灯塔的作用。它建造好后没多久，市政当局就在高耸的外墙上悬起了许多明亮的煤气灯，使得这座塔楼即便从很遥远的村庄也能看到。有当地人描述道："它看起来像是座灯塔。"

◈

"我看到了我看到的"（"what I see, what I see"），当描写 1921
年 5 月的早晨在柏林的一次慵懒漫步时，生于加利西亚（Galicia）[1]的犹
太小说家约瑟夫·罗特（Joseph Roth）以这句话开头，就像是一句宗
教箴言或咒语。一个世纪后，若某个人再在耶路撒冷漫步时，就得把
这句话稍加改动，变成："我看到的，和我看不到的。"

　　每当在这座我成年后大半生中都当作家乡的城市干道上溜达
时——这座城市，换句话说，自从我第一次遇到它，它就摄住我，取
悦我，激怒我，迷惑我，且带给我惊喜——我同时思索我看到的和我
看不到的事物。

　　即便每座城市的建筑都在经年累月地演变，耶路撒冷却以一种有趣
的方式埋葬了许多过往的建筑。纵观它漫长的历史，耶路撒冷被不同
的势力占据又收复多达 44 次，这座城同时由于那些被夷为平地的建筑
和保留下来的建筑而闻名遐迩。如今的城市正是建立在这样一片"18
米、24 米甚至 30 米深的废墟之上"，正如一个 19 世纪的评论者兴奋
地说，"当你从耶路撒冷的街道向下挖时，你会在某个地层中突然发现
一座屋顶！也许这座古城比世界上任何一座城市都埋藏着更多更古老的
遗迹和骨骸。"

　　然而，出土的残垣瓦砾并非都那么古老。比如，1917 年的 12 月

---

1 旧地区名，在今波兰东南部境内。1795 年俄国、奥地利第三次瓜分波兰时，西加利西亚地区被奥占据，1867
　年东加利西亚亦被占据。直到第一次世界大战后，奥匈帝国瓦解，英国托管了耶路撒冷，加利西亚地区才归属
　波兰。

11 日，几乎是在著名的埃德蒙·艾伦比将军（Edmund Allenby）¹下马走过雅法门，宣称"圣城耶路撒冷"即将由英国军事托管的同时，英国的掌权者立即开始计划摧毁土耳其人那块杂乱而生机勃勃的市镇广场。而那位不苟言笑而又虔诚的军事总督罗纳德·斯托斯（Ronald Storrs）则认为，这些摇摇欲坠的旧楼和嘈杂的景象实在令人反感，他打心底厌恶奥斯曼帝国的大钟和华而不实的钟楼。他说，钟楼丑化了雅法门，并即刻下令工人把钟楼——按他的说法——"整个儿移走"。随后，一座规模更大、更具典型英国式的钟楼建了起来，相较于此前的奥斯曼版本，它"去掉了令人格外讨厌的装饰"。它建在不太拥挤但仍属于雅法路的中心地段上，就位于苏丹苏莱曼一世²时代那段古老城墙的西北侧。这座在建筑史上价值仅等于一双便鞋的英式钟楼建成于 1924 年，即英国从国际联盟正式获得巴勒斯坦托管权的两年之后。它的功能既包括提醒时间，也提醒人们是谁正在统治这座圣城——英国此前刚刚宣布耶路撒冷作为巴勒斯坦的首都，这是自十字军东征后耶路撒冷第一次成为一国首都。那片以前被称为邮政广场的角落，很快便改名为"艾伦比广场"。

又过了十年，这座英式钟楼也轰然倒塌（不是因为被征服，而是为了缓解街角刚建起的崭新的巴克莱银行和市政厅形成的三角地带的交通而被拆除），然而，斯托斯总督却一直没能铲平紧挨着雅法门外的大巴扎，也没能像他期望的那样，用包围古城的崭新环形花园来取代

---

1 英国陆军元帅、驻中东总司令、英国驻埃及末代行政长官，1917 年在第三次加沙战役中取得胜利，占领了耶路撒冷。
2 苏丹苏莱曼一世（1494—1566），又称苏莱曼大帝，他在位期间奥斯曼土耳其帝国进入全盛时期，并重建了耶路撒冷城墙。

它。斯托斯总督离开了这座城，英国人也离开了这个国家，军事托管结束。1948 年，又一道高大的、由混凝土和瓦楞状锡板构成的屏障紧挨着艾伦比广场赫然竖立起来，在刚成立的以色列王国和约旦之间形成了一道质朴而实用的边界。在这片曾经自成一体的区域，这道粗陋的墙仿佛一截戳进眼睛的手指。事实上，直到 1967 年，随着以色列对东耶路撒冷的占领和吞并，斯托斯总督半个世纪以来设想的绿化带才得以实现，掌权者宣称，耶路撒冷在以色列统治下"实现了统一"，并拆除了围绕旧城墙的砖瓦建筑，那些在包豪斯（Bauhaus）[1] 受过训练的项目规划师，轻蔑地管它们叫"快要倒塌的建构、棚屋和碎石堆"和"在视觉上令人不悦的商店"；就在它们被拆掉的地方，落成了一座国家公园。与此同时，这个与城墙相对、没有了钟楼的地点（那个不久前才刚设计过，并以征服这里的不列颠英雄来命名的广场），再一次被重新设计。如今这座处在城市西边的犹太人和东边的阿拉伯人之间，紧张气氛一触即发的分界线上的小广场，仅包含一座干枯的喷泉、几棵粗矮的橄榄树、一排艰难生长着的矮柏树，一组毫不出彩的石质曲线台阶和一个全新的名字："IDF[2] 广场"。

---

1 德国魏玛的"公立包豪斯学校"的简称，同时也指包豪斯学校代表的一种设计风格，它的成立标志着现代设计教育的诞生。

2 IDF，以色列国防军（Israel Defense Forces）的缩写。

❖

　　然而，当我思索在雅法路上看到的和没看到的，不仅是在回想那些被埋葬和被铲除的遗迹，还有借助带有文化内涵的建筑和匆忙重绘的地图来标记政治领地的各种尝试。我同样在沉思这座城市中许多未曾实现的蓝图和憧憬。这些憧憬，与这个词包含着的一切东西，都存在于或曾经存在于那些认为必须在这里试验和建造的人们的脑海中。

　　大约在约瑟夫·罗特视察选帝侯（Kurfürstendamm）大街上的乞丐、侍者、马匹和香烟广告的同时，英国的建筑师、城市规划师、工艺家查尔斯·R. 阿什比（Charles Robert Ashbee）——这位威廉·莫里斯（William Morris）[1] 的门生兼斯托斯总督的雇员——正担任着前所未

---

1 英国近代著名设计师、诗人、早期社会主义活动家。

有的耶路撒冷"市政顾问"一职，他阔步行走在我每天走过的同一条大街上，"咔嚓、咔嚓"地拍照，潦草地做着笔记，想象着这片区域在空间上和社会上的某种巨变。"雅法路现在的样子"，他在一张全景照片上做了标注，照片中有一辆卡车，一群模糊不清的戴着阿拉伯头巾、盖头和毡帽的本地人懒洋洋地倚靠在一堆西瓜前，还有一些摇摇欲坠的货摊和小店。

然后，他画了一幅相同景物的工整的铅笔草图，图中去掉了那微垂的红瓦屋顶楼群和水果摊。取而代之的是一组整洁的、匀称交错延展开来的传统穹顶建筑，还特意加上了一些穿戴整齐的路人。他为此题名为"我期待的雅法路市场的样子"。

可能听起来有些孩子气、任性或纯粹一厢情愿，但阿什比相对于绝大多数人，更能理解他所面对的按照个人的浪漫主义世界观来重建或改建城市的巨大挑战。尽管他在城里生活的时间并不长，而且，也许有人会说，他并没有真正理解自己在工作中的处境，但他对这座城市的未来，就像把一生奉献于此的很多人一样，怀着热切的雄心壮志。尽管他为这座城市的发展、市政设施改善和市容美化投入了毕生精力，然而他也承认，那些付出的努力，以及耶路撒冷特有的、近乎慢性的挫败希望的方式所带来的心酸，都是徒劳无功的。"这座城，"他写道，"是一座独一无二的城市，而先于一切的，它是一座理想主义者的城市，此外，它更是理想主义者在此后世代代里将他们自己与城市一同撕碎并糅合的一座城市。"

然后，是我所确确实实看到的：仅仅在距离雅法路的一端大约 90 米远的地方，是曾经背负盛名的德国犹太人难民埃里希·门德尔松（Erich Mendelsohn）[1] 设计的盎格鲁 – 巴勒斯坦银行，它包含的那座带着舷窗、造型优美的塔楼，是城中最具表现力也是最精致的公共建筑之一。它在 1939 年落成之际，是耶路撒冷最高的"摩天楼"，赫然有七层，它在当时乃至现在仍具有一种异乎寻常的优雅。这是由于它背后低矮的水平状社区为它骤生的垂直线构成的主体附加了充满活力的背景。正如设计其他建筑时那样，门德尔松设计这栋建筑时，采用了一种对物理环境（一条繁忙的街道，似乎需要一栋线条简洁、庄严却又引人注目的建筑）和对地形（向后延伸的陡坡）的敏锐意识。他也打算

---

1 德国犹太裔建筑师，20 世纪设计风格最具个人特色的欧洲建筑师之一，生于东普鲁士的奥尔什丁（今属波兰）。

让它——同他其他的建筑作品一样——成为一次对建筑同行们的大胆挑战。当银行开业之时，它将成为巴勒斯坦最重要的犹太金融机构驻首都的总部。但是门德尔松说，这座显然属于现代风格且带有犹太复国主义（Zionistic）[1]色彩的建筑的设计灵感，来自阿拉伯本地建筑的外形。他总是这么说，这些都源自他在耶路撒冷的那些年里频繁陷入的美学与政治的困境。

　　毗邻银行旧址（今天是某个以色列政府机构）的是这座城市的中心邮局（今天依然是邮局），这是另一栋我几乎天天经过且从中得到慰藉的引人注目的建筑。它的结构比门德尔松的作品更宏大，也更对称，这座建筑在银行竣工的前一年建成，是由英国托管政府公共项目部那位极具天赋的前主建筑师奥斯汀·圣巴布·哈里森（Austen St.Barbe Harrison）[2]所设计。哈里森是一位内向的公务员，年轻时就离开英国去了东方，从此一去不返。他对自己设计的建筑和对这座城市的憧憬受了多种因素的影响，包括他深厚的拜占庭和伊斯兰建筑知识，以及他对当时日益严重的种族冲突的一种明确的无党派倾向，甚至是提倡和平的态度。虽然哈里森将这座邮局从规模和配置上设计成一栋正统英国政府大楼，但他仍然悄悄地从他在黎凡特（Levant）[3]地区生活工作时吸收的知识中借取了大量传统元素——从叙利亚风格的深浅穿插条纹的石匠工艺到巨大木质双扇门的几何装饰镶板，诸如此类的元素随处可

1　犹太复国主义，又译为"锡安主义"，是犹太人发起的一种民族主义政治运动和犹太文化模式，一种旨在支持或认同于以色列地带重建"犹太家园"的行为，也是建基于犹太人在宗教思想与传统上对以色列土地之联系的意识形态。

2　英国建筑师，其建筑作品大多位于中东地区，1923—1937年任公共工程部主建筑师。

3　指中东托罗斯山脉以南、地中海东岸、阿拉伯沙漠以北和上美索不达米亚以西的一大片地区。

见。 哈里森建筑的轮廓始终保持着当年的恢宏气象，尽管在大约十五年后的今天，某种局促的束缚感已然在它的周围生根。 因为除了一扇或者说半扇门之外，其他令人印象深刻的门出于安全考虑都被锁了起来，游客不得不穿过一道狭小的金属探测门才能进入这座造型别致的老邮局内部。 门德尔松设计的银行也一样，它庄重的入口如今也已被塞满了安保设备。

并非所有的耶路撒冷现代建筑都像这两座显赫的建筑那样被层层把守。 当我沿着这条路朝西北方向走，走到名为锡安广场（Zion Square）的破旧市区时，马上会来到另一座建筑。 它的面貌不知怎么的，总是凭借那种古怪的、令人毛骨悚然的庄重感吓到我 ——尽管位于市中心，可它对面却有一台巨大的、臭气熏天的、总是挤满野猫的垃圾压实机。 在雅法路和曾被称为梅丽桑德女王大道[1]（Queen Melisande Way）——这条路如今以另一位女王海伦尼（Queen Heleni）而命名，她是在 1 世纪皈依犹太教的伊拉克人 ——的交汇处还有一座饱含折衷主义的商住两用式混合建筑，其最大特色是三种活泼生动、相互协调的阿拉伯风格：马蹄券拱形窗、参差的锯齿轮廓和一个宽阔的立面，表面铺着由亚美尼亚陶工大师大卫·欧迪安制作的、已不复鲜亮的马赛克瓷砖嵌板。 英国托管时期，欧迪安曾在这里工作。 底层挤满了各种生意铺子，常常易主或改换门头（本书写作时，这里的商铺有：一家热闹的咖啡馆、一间美甲店、一间荧光灯闪烁的 24 小时营业的杂货店、一间旧式的裁缝铺、一家极为普通的旅馆和一家主营"热狗吐司"的外

---

1 1131—1153 年任耶路撒冷女王。

卖店，塑料招牌上用小写英文印着一个既难懂而又很恰当的店名——"此后"）。同时，那座脏兮兮、布满涂鸦的门厅通往的地方，从糟糕的外表和阳台上堆满垃圾来推测，应该是一些破落公寓和旅店房间。建筑主体修建于 20 世纪 20 年代末，当时的主人是一位来自比特·杰拉村（Beit Jala）[1] 的信基督教的阿拉伯富人。在那时，这座建筑代表了一种流行，城里人称它为"斯派罗·霍利斯之家"，霍利斯是建筑师的名字——然而，这事儿早就从大多数人的记忆里消逝了。

　　这三位非比寻常的建筑师究竟是何许人也？**——埃里希·门德尔松、奥斯汀·哈里森、斯派罗·霍利斯——**是什么让他们构思出了这些楼宇和城里其他的伟大建筑？他们在这座城市看到了什么？当行走在尘土飞扬的街道上时，他们又想看到什么？在 21 世纪的耶路撒冷，这些人物很少被人记起，而他们脑海里的那座城市，或其他许许多多的城市，也同样在渐渐消失。

　　本书以坚实的表土层开篇，一路向下考古挖掘，旨在追寻旧日的三座不同的耶路撒冷，以及几位非凡建造者留下的遗迹。

1　巴勒斯坦伯利恒省的一座城镇。

JERUSALEMSTRASSE，1934

第一部

耶路撒冷大街，1934

没有洛可可宫殿

　　埃里希·门德尔松戴着厚厚的眼镜，他仅剩一只病弱的眼睛——当他还是柏林的年轻建筑师时，癌症迫使他摘除了一只眼，自此，彻底失明成为他挥之不去的威胁。然而，从他踏入巴勒斯坦的一刻起，他就无法停止谴责他的犹太同胞们，因为他们也同样"盲无所见"。

　　"他在那儿遇到的短视之人刺痛了他。"（在他去世多年后，他的妻子露易丝如此写道。）那些毫无规则地四处涌现在这片土地上的犹太人寓所、盒子似的公寓、平板似的犹太会堂（synagogues）[1]，丑得让他感到羞耻。缺少规划的城市也同样令他蒙羞。在没有任何明确远见的指导下，这座城市爆发式地发展，据他说，非常像一堆"狂野的热带植被"。相比之下，甚至连那些最穷的阿拉伯人村庄都是和谐设计的典范——土路和低矮的房屋依照山形排布，每一座房子都向上绕着圈，一座螺旋状的山顶由此成型。露易丝后来描述道，有一个贯穿于他们

---

1 犹太教宗教场所，一般由一个主要的祈祷房间和另外几个比较小的研究和学习希伯来《圣经》的房间组成。

在巴勒斯坦岁月的日常场景是，门德尔松总是将车停在路边，跳下车，在通往耶路撒冷的古老单向道旁兴致勃勃地研究一座心仪村庄的线条。"一小堆突然出现的沙子和几块岩石"，给人一种"从泥土中抬升而起的形象"，这些村庄原始的造型深深吸引着他。

同时，仅仅在离这里一小段车程的地方，那些在特拉维夫（Tel Aviv）的咖啡馆里一边抽烟一边争论的职业建筑师们，仍在忙着委托竞标和举办设计比赛，仿佛他们还在维也纳、汉堡或德绍——就像从未遇到历史的变故和希特勒的迫害，他们似乎还是会继续不假思索地在每个街角置入一座玻璃房屋，无视建筑所在地的气候条件和文化现实——在这片炎热而古老、阳光有些刺眼的中东土地上。

"散光眼"，他坚信这种病在他的犹太同胞中还不算完全泛滥，要怪就怪那些犹太人居住区。在历经几个世纪"被世人遗弃的生活状态"后，他说，"他们的双眼已经无法分辨好坏。一座'更好的'建筑对他们而言代表着混凝土而非木材；而'更美的'则代表更复杂而非更简洁。因此我必须重新调教他们的审美眼光。"

为了让自己的观点更有说服力，他偶尔会炫耀一个古老的陶质容器，他说这东西显示出很久以前犹太人所具备的品质，即创造力和技艺。这个被称为"眼泪罐"的有耳陶罐，盛接过它的前主人的眼泪，一个多愁善感的闪米特人（Semitic）[1]。

门德尔松对哭泣的犹太祖先可没多少耐心。比起感伤，他更为这

---

1 起源于阿拉伯半岛的游牧民族，属于黄种人（亚洲人种），阿拉伯人、犹太人属于闪米特人后裔。闪米特文化是中东民族文化中的一个分支。

个国家的非凡之美遭遇的"粗鲁的轻视"而震惊。还有，他所见的那些外来建筑师拒绝承认形势的改变，这个世界变了，建筑师需要的建筑材料也变了。再者，"对于建筑传统而言，巴勒斯坦不是一个刚刚诞生的国家"。虽然建筑师们似乎认为他们正在白手起家，但这些新来的人有许多经验需要向本地阿拉伯人请教，后者历经几个世纪，已经懂得如何避免刺眼的强光，如何在房屋上运用厚实的隔热墙体，如何仔细安置小窗。尤为使他震惊的是，他看见在这个国家破败的东部城市里沿街散落着一些拙劣模仿他的新潮德式设计的房屋——他称之为"伪劣建筑"。那些在他早期欧洲作品中运用得如此有力度的钢筋混凝土结构，从建筑自身的语境中被强扯出来，遭到了粗糙、仓促、廉价的滥用，而且全都冠以安置移民的名义。就像大多数建筑师本身一样，这些移民才刚刚疲惫蹒跚地踏上这些地中海的沿岸地带。由于玻璃的过分滥用，门德尔松怒斥说，这些房屋"完全不适应巴勒斯坦的炎热的亚热带气候"。这些建筑的式样"几乎恶化成了一场瘟疫"。

埃里希·门德尔松来这里，并不是为了结交什么朋友。

◈

几十年后，露易丝解释说，许多人以为她的丈夫"傲慢、缺乏耐心、蔑视他人、尖酸刻薄"，而那些熟悉他的人和他所信赖的人，却认为他对人慷慨、体贴入微，而且更重要的是，"……在最深刻层面上的谦逊，在他极度虔诚的性格里，总能体察到许多浩瀚的未知事物。"

然而，他依然无法控制自己，无法控制他早已料到的愤怒，尤其是当他到达耶路撒冷之后。此后，在他这种喻意式的态度中，不仅带有难以控制的轻蔑，甚至任由一种尖锐的、痛苦的矛盾情感恣意地释放。仿佛在那里所经受的强烈的混乱情绪，统统都给他带来了切肤之痛。

比如，在斯科普斯山的山顶，他蹲在那里，沉浸在目之所及的景观中，创意层出不穷，内心被一阵阵复杂的情绪所淹没。远处的色彩一度显得繁复且强烈，蓝紫色的犹太山脉一直延绵至死海岸边，在他眼中呈现灰绿色的旧城城墙，覆盖在壮丽的青铜色之下。（当晚，在亢奋后的倦意下，他给露易丝写了一封信。）这个场景拥有着"无以言表的美丽——没错，美得令人震惊"。

"然而，眼前这些建筑没有任何规划，而是以一种思维狭隘得可怕的方式四处散落。"

与此同时，他萌生了一个明确的计划，或者说一系列规划——为这座山，这个城市，这整个国家所做的规划，也是为了他自己。毕竟，这正是了不起的埃里希·门德尔松在 1934 年 12 月狂风大作的一天身处此地的原因。他在这片具有历史意义的山区里满布岩石的荒野上四处踱步，一边沉浸于壮丽的景色，一边左右摇晃着那颗戴着软呢帽的脑袋。

出于爱好，门德尔松经常沉迷于某一处景观或某些建筑群。比如在前往耶路撒冷的途中，当他邂逅一座心仪的村庄时，总会急踩刹车，跳下车，带上素描本疾走而去，眯起他那只独眼打量眼前的胜景。当他受聘去建造房屋时，无论何时何地，总是运用着同样如饥似渴的观察之道。然而，这次是正式参观，而不再是他与娇妻出游时兴之所至的停歇或一次独自调研。当哈伊姆·亚斯基（Chaim Yassky）这位出生于基希纳乌、受训于敖德萨的哈达萨（Hadassah）[1] 医学机构主任获悉，著名的移民建筑师门德尔松此刻正在城里（这位此前在伦敦工作的建筑师，虽然仅仅到来几周，就已经在耶路撒冷最宏伟的建筑物、崭新而高档的大卫王[2] 酒店房间里设立了临时工作室），他便决定邀请门德尔松陪他一起登山。

亚斯基恰好是位眼科医生，因此他成了门德尔松修正犹太人"集体性视觉障碍"这条路上最志同道合的伙伴。尽管他还没有征得那争吵不休的建筑委员会的许可来聘请门德尔松（委员会更希望举办一场竞标），但这位医生依然有自己的打算。这座古老的罗斯柴尔德－哈达萨医院就在城市中心区域的先知大街（Street of the Prophets）上，这里狭小而拥挤，非常破旧，以至于无法满足城市疾速增长的人口需求。19 世纪伊始，耶路撒冷只有约八千居民，全部居住在城墙以内；到 1917 年末，英国占领巴勒斯坦，住在中世纪城墙内外的居民人口已经膨胀至五万四千人。而如今，在英国的管制和《贝尔福宣言》[3]（宣言中还许诺英国政府会"竭尽全力"地帮助巴勒斯坦，促进"在巴勒斯坦建成犹太人的民族家园"）获得批准的十七年后 —— 城中人口已接近十万，亚斯基很清楚，还会继续增长下去。考虑到这些数字表明的紧迫的物质现实，亚斯基想请门德尔松去考察市区东北郊的偏远的斯科普斯山区，并思忖着在山鞍上建设一座现代医院和医学院的前景。选址

---

1 哈达萨，美国妇女犹太复国主义组织。1934 年 10 月 14 日，哈达萨在华盛顿特区的华德曼公园酒店举办了第 20 届哈达萨大会。

2 大卫王（King David），《圣经·旧约》中记载的公元前 10 世纪的以色列联合王国的第二任国王。

3 1917 年 10 月英国议会通过了由首相贝尔福提议的《贝尔福宣言》（Balfour Declaration），它是英国的中东政策和以色列建国史上一个重要文件，正式宣布了英国支持犹太复国主义者在巴勒斯坦建立犹太国家的提议。

位于刚创立不久的希伯来大学（Hebrew University）校园内散落的建筑物和新设的英国军人公墓之间，公墓中有一座自"一战"后就矗立于此的十字架。

亚斯基选择的那块地，碰巧是一处完美的中间地带[1]，是门德尔松渴望的那种没有时代限制的建造场所——置身于未来与往昔（这所崭新的大学以及它对犹太人所意味的一切，与世界大战及其那种更普遍的毁灭意义）的期待之间。就在数月之前，医院刚刚奠基，并且透过广播信号直播了奠基仪式的实况，史无前例地从这块刮着大风的高地播送到整个世界，或者至少传到了开罗、伦敦、纽约，以及华盛顿沃德曼公园酒店的宴会大厅。在这里，在一条宣告"我们要建设"的横幅下面，哈达萨妇女代表团的一千五百名戴白手套的女代表在此聚会，收听了总是有静电干扰的演讲实况。

门德尔松是感性且容易激动的人，而亚斯基则身材瘦长而冷静。亚斯基有善于经营实务的名声，但他对滔滔辞令也略知一二，这种打着"神圣！""奋斗！"之类旗号的话，眼下在巴勒斯坦也颇为流行。他用那些高深莫测的术语，设法说服了争论无休的委员会成员，为何需要将这个国家最新的、拥有最先进技术水平的实习医院设立在"国际性大都会耶路撒冷"——而不是住着单一种族的特拉维夫——在此，它将为这个国家所有的公民服务，不分教派，"也将孕育进步，即便不能拯救耶路撒冷的犹太人社区，耶路撒冷也终将成为犹太巴勒斯坦的精神中心"。

---

1 原文为 limbo-like，"灵薄狱般的"。灵薄狱（limbo），是指但丁《神曲·地狱篇》中描写的地狱第一层，引申为过渡区域、中间地带。

这种说法十分吸引门德尔松，他难以遏止自己的想象力，就像他难以克制自己的雄心壮志和尖锐的批评一样。 医院仅仅是他为耶路撒冷的这条山岭所做的宏大设计的其中一环。 他已经开始构想他口中的"一个崭新的大学校园总体规划"——不止一两座建筑，而是一个精心布局的构筑和整体道路网络，它们会聚集为一个整体，"恰如一个有机体系"，在山巅自然地蔓延开来。（当他想象由他"一手绘就"、令人叹为观止的集中式校园的图景时，他或许也在勾勒着自己漫步于美景中的画面。 这里的景观他要亲手布置，栽下一棵棵橄榄树。 有传言说，大学会特别为他设立一个建筑教授的职位——而他对这些传言不置可否。）而大学不过是他为整个耶路撒冷做的第一步规划，是巴勒斯坦的整体规划的一个环节而已。 当然，门德尔松也并非唯一一个在这些不同领域之间建立本质联系的人。 大学的创始人希望这座山顶大学落成后，将不输给一座新的"神殿"，一座"生命的殿堂（House of Life）[1]"，它将帮助当代的犹太复国主义寻找复归的灵魂。

❖

从来不会有人说门德尔松很谦逊，但确实只有他才能为这座校园、这座城市乃至这片土地赋予建筑上的协调性，这并非他的自大狂想。 门德尔松早已跻身魏玛德国[2]最知名的建筑师行列，直到一年前匆忙逃离他的事业之前，他一直是这个国家最伟大、最当红的建筑师之

---

1 参见英国诗人罗塞蒂的《生命殿堂》（*The House of Life*），庄坤良译。

2 魏玛德国（Weimarer Republik），指 1918—1933 年采用共和宪政政体的德国。

一。 他在设计里展现的大胆表现力和开创性广受好评；或许他也受过嘲讽，因为这些设计几乎全是为犹太业主所做。 他最早的建筑之一依然是他最有名的作品 —— 那座卓尔不群、富有雕塑感的爱因斯坦天文台（Einstein Tower），它形似一艘现代主义宇宙飞船，是一座 1920 年在波茨坦建造的灰白色天文台兼宇宙物理学实验室，是他为那位即将获得诺贝尔奖的同名科学家测试相对论而设计的。 接下来，他更为巧妙和饱含韵味的作品，是为柏林的大出版社"鲁道夫·摩斯"翻新办公楼时所设计的。1923 年，当这座建筑揭幕，它那几乎像一辆汽车、彻底呈弧形的街角立面立刻引发了轰动 —— 它恰恰就坐落在柏林一条名叫"耶路撒冷"的大街上。

"建筑物的第一要素是功能，"这一年，他断断续续地在信中对露易丝谈到了对建筑的一般见解，"但是缺乏感性成分的功能，只能停留在'建造物'的层面上。"

虽然门德尔松声称，自己是从自然的结构逻辑中获取的灵感，并总是在案头上摆放一批收集来的贝壳和枯木，但他对激增的 20 世纪城市的那种能量和富于节奏感的生命力有一种直观感受。1924 年，门德尔松去纽约、芝加哥、底特律和美国其他具有乡村风味的地方旅行。在仰头撅颈地抓拍高耸的摩天楼、霓虹闪烁的广告牌和若隐若现的高架铁轨时，他立刻被吸引了，深受震撼。听上去很难以置信，在他乘坐的"SS 德意志"号邮轮驶向美国途中，与同船的著名电影人弗里茨·朗（Fritz Lang）交上了朋友，那时朗正在构思他的影片《大都会》（*Metropolis*）。朗本人似乎也从他的这位旅伴身上学到了一点建筑学知识，并且运用在了影片中。门德尔松在《美国》一书（用照片和警句记述此次旅行的书，收录了朗拍摄的几张照片）中写到，他在美国"看到了一切，欧洲最糟糕的社会阶层、文明的流产，但也有新世界的希望"。

跟电影沾亲带故的不仅是门德尔松在"SS 德意志"号甲板上的这位旅伴。他本人对熙攘的街道上的奔腾不息的视觉，本质上讲也仿佛在看电影。有时候，这种视觉以不加修饰的形式呈现出来。从美国归来后不久，他设计了一座以"动感"而闻名的弓状电影院 —— "环球影城"（The Universum），作为他在柏林规划的一座轩敞的商、住、娱乐综合设施的一部分，并且辅之以旅馆和夜总会。这是整个魏玛时期他在柏林建造的最大项目，它实现了他那些美国照片里包含的所有进攻性和力度，只不过，它把人们站在这些高耸入云的摩天楼之间一定会感受到的那种令人眩晕的上冲快感，转换成了一种势不可当的水平动感。"生命在于动感！"他在 1928 年电影院的盛大剪彩仪式上如此宣告，"真正的生命是真实、简单的，而且是正确的。因此，不要矫

揉造作，没有赚人眼泪的故事。在电影里不该有……在建筑中也不该
有……没有为巴斯特·基顿（Buster Keaton）建造的洛可可宫殿[1]，也
没有为波将金（Potemkin）特制的石膏婚礼蛋糕[2]。"

门德尔松最广为人知的作品，还是他设计的那些百货商场。例如，
在他为霍品奇（Herpich）家族的柏林皮草店所做的大胆设计里，在
为零售大亨、文化投资人、藏书家兼出版商扎尔曼·肖肯（Salman Z.
Schocken）规划的一系列新潮建筑里，那些弧形窗和生动的招牌，成
了不可移动的部分中最活泼的亮点。斯图加特的肖肯百货商店最初的
设计草图是门德尔松在一次巴赫音乐会上画出的，它正是一幅壮观的、
动静对照此消彼长的杰作——像一艘用钢铁、玻璃和洞石造成的远洋
巨轮，永远航行在那条繁忙的街道上。

---

1 美国黑白默片时代著名特技演员、导演。此处的洛可可宫殿是指他搭建的道具场景，在影片中通常是建筑物突
  然倒下，他再以敏捷的身手瞬间躲开。

2 格里戈里·波将金，18世纪俄罗斯帝国军总指挥与克里米亚总督，为使叶卡捷琳娜女皇对其领地有良好印象，
  用石膏伪造了一批豪华的"假村庄"，连婚礼蛋糕都是假的。

　　尘土喧嚣的巴勒斯坦，也许还不需要炫奇的百货商店，更别说花哨的皮草店了，犹太复国主义的各派领袖们由于门德尔松所获的至高赞誉而挑选了他，并提议新的国家应该由像他这样的"杰出的艺术家"来规划。事实上，他已经来了，并且在雷霍沃特社区（Rehovot）为那位富有魅力的化学家、世界犹太人的政治领袖——哈伊姆·魏茨曼（Chaim Azriel Weizmann）[1] 和他挑剔的妻子薇拉（Vera）设计了一所住宅。门德尔松的前任客户肖肯，同样放下了在德国的生意来到巴勒斯坦，尝试开拓新的业务，他最近也在耶路撒冷定制了一所别墅和一座图书馆。并且，作为希伯来大学的执行委员会主席，肖肯还明确了自己的决定：聘请门德尔松来规划这块土地上最重要的犹太高等学府的

---

1 犹太裔化学家、政治家，曾任世界犹太复国主义组织会长，首位以色列总统。

校园。亚斯基认为门德尔松是"当世最杰出的犹太人建筑师之一"，并始终耐心地帮他辩驳哈达萨建筑委员会的质疑乃至某些轻蔑者的敌意。这些人抱怨门德尔松不了解当地情况，对他"过于现代的建筑风格"感到恼火，而且认为这种风格不适合巴勒斯坦。

然而，亚斯基一直坚定地为门德尔松的人品和天赋担保。这位医生确实相信建筑师会依照文脉妥善行事，虽然他承认，门德尔松以"难打交道"著称（肖肯也提醒过他），但亚斯基依然专注于监理耶路撒冷的山头上的独特建筑，一组门德尔松必定能规划好的高贵建筑——区别于那些他口中形形色色的"能力很强但中规中矩"的候选人。亚斯基说，他拒绝"在斯科普斯山上再立起一个特拉维夫样式的大盒子来"。这个观点在整个委员会里掀起了波澜，一位令人钦佩的女委员同意，"它不会是一间普通医院，而是专属于犹太人的医院。"

托付给门德尔松的不单单是医院的设计。就在他和亚斯基去斯科普斯山上勘察的同一周里，他单独与爱好文艺的巴勒斯坦总督亚瑟·沃科普（Arthur Wauchope）共进午餐，沃科普是他的朋友，同样承诺会尽其所能将大学规划交到门德尔松手里。（沃科普不能完全担保，但他的绝佳职位能对那些掌权的人施加一些压力。英国国王在1920年任命了首位总督，自从1922年英国正式托管巴勒斯坦以来，担此职位的人几乎有着完全不受约束的权力，俨然就是巴勒斯坦的实际统治者。）没几天，门德尔松便与沃科普的年轻秘书进行了一次愉快的谈话，后者怂恿他"一定要来这儿"，这样他就能"拥有一切，做任何想做的事情"。

尽管上述许多关于门德尔松及其事业的归属都落在了耶路撒冷这个地方，但似乎这位建筑师最需要说服的人就是——他自己。

◈

　　门德尔松时常表达出自己对这片土地的憧憬 ——"我……称自己为以色列真正的后裔"——但来以色列定居和建设的念头，仍是一种模糊甚至令他困扰的前景。早在 1920 年，门德尔松就入选一个犹太人代理机构列出的"意愿去巴勒斯坦的工程师"的名单。他也曾在巴勒斯坦的建筑界碰过运气——1923 年在海法（Haifa）[1] 设计了巴勒斯坦的第一座发电厂，还全力设计了同样在海法的一间商业中心和一座整洁的花园小城。而这些项目最终都未能实现。对于这种僵局，他听到了各种托词，然而，其实很可能是因为他那带有流线型设计的现代构思，在当时（后来也是一样）过分地挑战了当地人颇为古板的审美。据门德尔松所说，当时的总督批评他的发电厂方案"太欧洲了"。（讽刺的是，门德尔松还写道，一位深感震惊的德国将军觉得他同期建造的一座柏林别墅"太东方了"。）另一方面，也可能是这两位执拗的长官性格上的冲突，导致了这次特殊合作的中止。最终完工的发电厂，每一处都与门德尔松当初的方案一样"很欧洲"；以门德尔松的最初方案为基础，它被世人看作巴勒斯坦的第一座"现代"建筑。

　　无论门德尔松对巴勒斯坦最初的短暂兴趣是否能带来实际的建造成果，在这次亲密接触中，他内心中的某些东西已经悄然发生了改变。同年，他第一次到巴勒斯坦旅行，那里的景色激发了他的想象力。刚刚到达没多久，他便在明信片上素描出了耶路撒冷的一条如浪潮涌动

---

1 海法，以色列北部最大的港口城市，是以色列第三大城市。

的窄巷，巷尾朝着宣礼塔和穹顶一路直涌上去 —— 门德尔松当时仿佛被一股急流拽进了此情此景。在这幅匆忙渲染的钢笔透视图下方，他用潦草的德语对一个艺术史家朋友滔滔不绝地描述了在当地经历的震撼 —— 远远超出了他的期望 —— 尽管他"还需花些时间安顿下来"。一旦安顿下来，正如他毫不羞愧地带着一丝贵族口气写到的，"只是加固了那些一直以来就很牢固的 —— 血统与空间，种族与立体感！"

尽管自学生时代起，门德尔松就为犹太复国主义行口惠，但直到他接触了巴勒斯坦的物质现实后，才本能地被它所俘获。门德尔松说他被两种"情感的循环"所左右，他把一种叫作"东方－回归"，而把另一种叫作"西方－当下"（针对于此刻而言）。他说，这两种情感在他内心彼此发生作用，两者之间的张力驱使着他继续向前进。即便只有一点端倪，这种同时被东方与西方、古老与当下的力量推着的感觉，也能让他重新思索自己在世上所处的位置。"没有哪个犹太人能理解自己的真情实感，"他再次激情澎湃地宣称，"在行经巴勒斯坦时，我不会带着过去的悲剧况味，也不会带着东山再起的谦卑愿望。"

在 1923 年的旅行中，露易丝一路陪着丈夫，几十年后她承认，她当时一样"完全没料到"巴勒斯坦将带给她的影响。事实上，她被东方和东方人 —— 不仅是犹太人还有阿拉伯人吸引 —— "几乎是惊到了"。一向优雅、娇贵的欧洲大提琴手露易丝，了解到自己是西班牙犹太人的后裔，不过她承认，作为一个女孩，过去并没有意识到身为犹太人的处境。少女时代，她在"黑森林"[1]长大，度过一个个夏天，被大

---

1 德国最大的森林山脉，位于德国西南部的巴登－符腾堡州。

理石壁炉、水晶枝形吊灯、身着低领口丝绸裙的女性先祖们的画像所围绕。如今，"某种突如其来涌上心头的归属感"，成了一种"不易接受的东西，因为这于我而言，是一种种族层面的归属"。门德尔松夫妇将自己看作世界主义者——世界公民——而这种种族上的影响力，似乎一度使他们兴奋而又不安。

然而，直到他们回到柏林，门德尔松依然无法摆脱那种身为犹太人和建筑师，马上要与巴勒斯坦建立纽带关系的迫切情感。他给自己的校友、同为建筑师的理查德·考夫曼（Richard Kauffmann）写了封信，后者已经在耶路撒冷安顿下来，获得了稳固的地位，成为犹太复国的奠基者中最著名的规划师之一。"虽然我看到自己的作品在这里"——在德国——"被那些身份显耀的人认可、需要和欣赏，它却并不是我从血液和天性里真正渴望着的土壤……"门德尔松表达了他的愿望：只要能保证他的佣金，并且能与考夫曼的圈子保持良好关系，"最终我将踏上以色列的国土"。门德尔松直白地说："其他一切，将会随着我的工作自然而然到来。"这是承诺还是胁迫呢？"如果能满足这些，我会即刻前往巴勒斯坦，而且到达之前会通知你。"

正如他所设计的那些发电厂、商业中心和花园城市，所有计划都停留在图纸上，被折好，塞进了抽屉里。即便门德尔松一直没有认真考虑从德国移居巴勒斯坦——"我深思着"，他在 1925 年给露易丝的信中写道，"美国—欧洲—巴勒斯坦"——有某件事情阻碍着他，阻止他投身于东方。这里指的又是什么事呢？是什么在困扰他？

❖

事实上，纵观整个 20 世纪 20 年代，门德尔松在全欧洲都奢侈地拥有稳定、高端的业务，并享有国际名流的声誉和地位。他不必迫切地四处寻求工作机会。事实上，自 1928 年起，他甚至在柏林郊区一处树木繁茂的地方建造修建了一座低调而壮观的滨水别墅，作为送给妻子露易丝的精美礼物。

当"在鲁本霍恩的别墅"（Am Rupenhorn）[1] 于 1930 年夏季完工时，它所拥有的在当时最先进的音乐室、精心设计的景观花园、可收缩的玻璃墙壁、自动控制的壁炉、体操室、酒窖，以及特殊的无线电控制嵌入式橱柜，使这对夫妻在柏林的上流社会中既令人歆羡推崇，又遭到抱怨与妒忌。这位建筑师似乎还主动地加剧了这种现象，经他本人监制，一本登载大量照片、以三种语言书写的书[2] 正式出版了，向全世界炫耀着在鲁本霍恩的别墅——包括露易丝的全套美甲工具，女儿埃丝特（Esther）的小折叠书桌，还有一个设计师的伞架。在一篇文章中，勒·柯布西耶（Le Corbusier）的那位崇尚纯粹主义的伙伴阿梅德·奥占方（Amédée Ozenfant）[3] 极尽溢美之词地捍卫了这座"小小殿堂"，他解释道："我非常想弄清并感到惊奇的是这座建筑中互不排斥的功能性与美观。"据他本人在这里生活、工作的经历，他享受到的除了完美的比例之外，还有精心配置的革新科技。奥占方目

---

1 在鲁本霍恩的别墅（德语：Am Rupenhorn，意为"在鲁本霍恩的"），又称为"门德尔松大宅（Villa Mendelsohn）"。

2 指门德尔松在 1931 年出版的《新的家，新世界》（*New House-New World*）一书。

3 法国立体派画家、作家，他与建筑大师勒·柯布西耶一同发起了纯粹主义（Purism）运动。

瞠口呆地说，"它就像有十位机械天使，让我的生活更加便利。"他没有引用柯布西耶关于理想现代住宅的"作为居住机器"的著名表述，但隐含的就是这个意思。奥占方说，在鲁本霍恩的别墅是"一位三十年代的歌德所建造的房屋"。也许并不意外，有些人认为这全套的展示（无论建筑还是书）并不是很得体，它产生自极端堕落与炫耀式的自我放纵。

无论它是否配得上世人给予的大量夸张奉承或尖刻批判，在鲁本霍恩的别墅无疑是一座那个时代和那个地方的文化名人录里的时尚鸟笼。在专门请奥占方制作的壁画、一幅马克斯·佩希斯泰因（Max Pechstein）创作的头戴深色斜帽的、年轻出众的露易丝的肖像，还有那个时期其他一些流行的艺术作品环绕下——包括莱昂内尔·法宁格（Lyonel Feininger）和艾瓦德·马塔雷（Ewald Mataré）在内的顶尖前卫艺术家的画作和铜浮雕作品——作家与各国大使、出版商与王公贵族们都会出席门德尔松一家定期举办的奢华晚宴和音乐会；午后，露易丝会从包豪斯建筑师马塞尔·布劳耶（Marcel Breuer）设计的茶点车里端出摩卡和花式小蛋糕。他们那位住在哈弗尔湖畔的邻居——阿尔伯特·爱因斯坦，也常常坐着小帆船到达他们的后院，他把小提琴掖在胳膊下面，以便与露易丝和广受赞誉的匈牙利钢琴家莉莉·克劳斯（Lili Kraus）一同表演三重奏。（据露易丝所说，在这些即兴小型演奏会上，埃里希起初会仔细聆听音乐，随后便充耳不闻，自顾自画起草图来。）

然而，他们的奢华别墅，墙垣正在日益孤悬，他为之忧患的祖国也在逐渐闭锁。当最后设计别墅中印着字母图案的餐巾的细节时，门德尔松开始对这所别墅的奢华和它所代表的一切感到忧虑。他感到，或许应该在简单的生活方式里寻找替代方案，在南方，在东方，他感受到自己对于那个东方原始国度迸发出的冲动。1931年，在一次去雅典的醍醐灌顶的航行之后，他急切地前往意大利和法国蓝色海岸旅行，惊艳于光线、水流、树木、天空，以及遍布整个地区的自山坡散落而下、在山谷中汇聚一处的"粉刷过的长方形小陶土块和砖块"。他痴迷地描述着这些景观，如同在一种眩晕的茫然之中绘制的语言水彩："天堂，水流，远处的小岛和映射的光线沉入碧海，沉入在永恒的安逸中摇曳着的深蓝。"地中海凭借"它的丰富，它的宁静"引诱着他，然后，他沉思道："地中海深思而创造，北方却烦扰和劳作。地中海在生活，而北方则保卫着自己。"

门德尔松在明媚阳光、温暖气候中感受到的那股奔流着的"永恒的创造力"，与德国当时的冷峭形成了最鲜明的对比。十分讽刺的是，正是这几年，建筑学界爆发了一次臭名昭著的、由种族主义引发

的争议，建筑师密斯·凡·德·罗（Mies Van der Rohe）[1] 在斯图加特策划的一场永久性展览，展出了一些建造技艺最先进的盒式建筑的最新进展。这场展览被德国民族主义者攻击说"像一个阿拉伯村庄"，或者根本就是"耶路撒冷的某个郊区"。这些房屋没有典型的德国式坡屋顶，被魏森霍夫（Weissenhof）[2] 的建筑评论家打成了创作者"毫无根基的天性"的反面典型——而这些创作者堪称现代主义的全明星阵容——包括包豪斯的创始人沃尔特·格罗皮乌斯（Walter Gropius）、柯布西耶、荷兰先锋建筑师奥德（J·J·P·Oud）、德

---

1 德国建筑师，最著名的现代主义建筑师之一，与赖特、勒·柯布西耶、格罗皮乌斯并称四大现代建筑师。

2 魏森霍夫住宅区，斯图加特北部山坡上的一块住宅用地。1927 年在此举办的魏森霍夫国际建筑展被誉为"奠定现代主义建筑的里程碑"。

国建筑师领导者彼得·贝伦斯、布鲁诺·陶特、马克斯·陶特、汉斯·夏隆，以及另外九位才华横溢的欧洲建筑师，包括密斯本人。即便这群人如此杰出，依然有人谴责他们是"大都会里的游牧者"，毫不熟悉父辈们的观念，更遑论祖先们的家园。有人发出嘘声，说建筑师们的平屋顶"让我们不再待在德国的天空下，也不再脚踏德国的土地，而是被错放到东方的沙漠边缘"。在一张臭名昭著的纳粹明信片上，有人在施瓦本（Schwaben）[1]的真实街景中画上了一些骆驼和皮肤黝黑、包着头巾的"当地人"。

虽然魏森霍夫的建筑师中没有犹太人，但"堕落"的污名还是从被鄙夷的平屋顶中传染或渗透了进来。门德尔松本人并没有为斯图加特的展览提交设计。（虽然他也收到邀请并参与了项目，但最终他还是决定不参展。）但是可以这么说：展览引起的普遍的反犹太人的情绪，会变成对他的一种刺激——一种不友善的灵感——由此他思索了自己与东方的关系和这种关系将会在建筑上带来的可能性。显然，他早就洞察到在德国（Deutschland），有些东西已经腐烂透顶。从科西嘉岛的愉快旅行回来后，门德尔松对露易丝说道，"在柏林的三天再一次暴露了这个注定要破碎的国家和这座虚饰的、强颜欢笑的、毫无希望的城市那种沉重的负担。"他警告说，他周围所有发生的计划和冒险，都是"一群狂热、病态的人的集体骚乱。他们还不知道以后可能会遭受更多更严重的伤害，就去跟他们的疾病作斗争了"。他提到了一种"无法填补的空虚，我在我的办公室里能感受到这种空虚。在办公室里这种空

---

1 又名士瓦本，德国西南部历史地区，代表传统德国的典型形象。

虚没有任何存在的基础；而在家里，空虚却密密麻麻地存在，束缚着、压迫着我"。 这种被扼住喉咙的感觉，使他眼前的路更加清晰。 即使在门德尔松对妻子表达这种"我自己，我们，要摆脱这里"的需要之后，他仍然思索着多种选择，在巴勒斯坦、（很可能会去的）科莫湖[1]和"谁知道去哪儿"这几种选择之间的一丝缝隙里徘徊。

　　但是德国的情况逐渐变得难以忍受——在1933年之前，这种威胁终于找上门来。 在柏林的一个和煦的春天早晨，露易丝从床上起来，从窗外看到一面纳粹旗子在街道上挥舞，听到上学的孩童唱着："德国觉醒，觉醒，觉醒！ 让犹太人腐烂，腐烂，腐烂！"没过多久，埃里希的一位好朋友在他最信任的助手们为他办的一个巴赫主题的聚会上迟到了。（埃里希和他最爱的作曲家巴赫是同一天生日，每年他都会和露易丝与朋友们一起用赋格曲庆祝生日。）这位朋友神采奕奕地宣布，他

---

1 科莫湖，意大利北部阿尔卑斯山区著名湖泊之一。

迟到是因为刚刚觐见了元首。这位朋友对希特勒的着迷，据露易丝后来所说，是对他们的一次"毁灭性打击"，也加速了他们离开这个国家——巴赫的国家的决心。

然而，几天后，在3月末，当他们真的逃走时，在一趟夜班火车上，只带了几个行李箱和一本珍贵集邮册的夫妇俩，仍旧没有立即奔赴耶路撒冷。

相反他们先去了荷兰，随后来到了法国南部，在那里，门德尔松与荷兰建筑师亨德里库斯·韦德维尔德、奥占方联手为一座野心勃勃的"欧洲地中海学院"打下了基础，这所学院——若真能建成——会以一种包豪斯的风格耸立在里维埃拉（Riviera）[1]。它所拥有的师资将成为这座学院的基石，包括一群卓有成就的国际艺术家，比如作曲家保罗·亨德米特、生于格罗兹尼（Grozny）[2]的设计师塞吉·希玛耶夫和英国印刷匠、石匠怪才埃里克·吉尔；学院的咨询委员会依仗着一些赫赫有名的成员——爱因斯坦、弗兰克·劳埃德·赖特、保罗·瓦莱里、马克斯·莱因哈特和伊戈尔·斯特拉文斯基；学院的课程同时具备丰富的动手实践和更有理论性的调查研究。正如学院手册中关于门德尔松的部分所许诺的——在关注"塑造未来"的同时，"将传统和表达我们自己时代的渴望携起手来"，这一课程是为"培养年轻建筑师成为一位全面的建造者"而设计的。

但是，在理论性的教学大纲上计划未来，远比现实生活中的纠缠要简单得多。遍布欧洲大陆的政治动荡投来了阴影，学院创始人之间的

---

1 里维埃拉，地中海沿岸区域。包括意大利的波嫩泰、勒万特和法国的蓝色海岸。

2 俄罗斯联邦车臣共和国首府，位于高加索山北麓。

紧张气氛也在滋长 —— 门德尔松一家突然搬去了伦敦。

尽管英国的建筑思潮远比德国保守，然而他那种强烈颠覆传统的审美，时常令恼羞成怒的英国文化组织（British Cultural Establishment）觉得缺乏品位。但当埃里希前往那里为学院筹备资金时，依旧得到了当地一群思想更超前的建筑师的拥戴，他们为他安排了在伦敦的生活和工作。1933 年 11 月，在利物浦建筑协会的一次社交舞会上，他做了一次关于建筑的讲座。一篇登载在《曼彻斯特卫报》（*The Manchester Guardian*）[1] 的文章充满溢美之词："这位著名德国建筑师的发言被热情的欢呼频频地打断。"英国建筑师 C. H. 赖利（其中一位接待人）向在场的嘉宾宣布，门德尔松近期将会在英格兰开展建筑实践。人群中响起了热烈的掌声，但对于门德尔松个人而言，他的内心却充满了忧虑，定居英国的决定意味着他必须彻底放弃在德国的大量积蓄，连其中的一小部分都保不住。而且他还必须适应这里 —— 或者说尝试去适应 —— 不止是英语，还有英制度量衡。这对于一位 46 岁的特立独行的建筑师、一个习惯于掌控自己所在的任何场合的人而言并非易事。（在柏林的办公室里，他会缜密地记下使用过的铅笔数量；还为他的妻子设计所有的晚礼服，并坚决陪她到裁缝那里把衣服剪裁合身）尽管他也尝试融入英国的公司，并偶尔用英国化的名字"埃里克"（Eric）代替德国化的"埃里希"（Erich），但英国人的品位和习惯仍然使他难以适从，并慢慢地使他倍感抑郁。正如他在写给美国的评论家朋友刘易斯·芒福德（Lewis Mumford）的信中所说，"我在英国过得很不开心。我无法

---

1 英国《卫报》（*The Guardian*）的前身，创刊于 1821 年，1959 年更为现名。

在一个没有精神张力的国度里呼吸。我无法在一个将创新的斗志视为'挑战常识'的地方工作。"出于某些官僚主义的原因，身为外国人的他，被迫与英国人切尔马耶夫一起工作。尽管这位比门德尔松更年轻且缺乏经验的设计师本身性格随和，但两人的合作仍然由于门德尔松自负的独裁倾向产生了很大摩擦。

即使有这些困难与不适，他依然没有收拾行装，带着妻子和他的实践成果离开，前往那个同时代的欧洲犹太人眼中最为明朗的目的地。当他的朋友库尔特·布鲁门菲尔德（一位坚定的犹太复国主义者）质疑这趟兵荒马乱且动机可疑的旅行时，他解释道："为何不直接去巴勒斯坦？你切中了要害。这些年来，我一直设想着经自己之手建造巴勒斯坦，经过我的行动让它所有的建筑实现统一的形式，以我的组织才干梳理它的智识结构，并向着目标迈进。"他高谈血统、空间、种族以及它们与他职业之间存在的某种微妙的联系，但尽管如此，"巴勒斯坦并没有召唤我。"他需要的似乎仅仅是别人的传召。

❖

然而，时至今日，在这 1934 年的多雨冬季，一丝新的无奈（或者生机）悄悄潜入他的语气当中。在时过境迁后回到耶路撒冷，他似乎愿意再给这里一次机会。

这不仅是因为那几扇在他那张犹太面孔前重重关上的门。忽然之间，他接到了许多本地权贵的大型委托，比如魏茨曼和肖肯的委托，还有亚斯基和他代表的重要机构，更别说那所犹太人的大学了 —— 这些项目意味着更多的项目，也预示着（如他所愿）他终究实现了那个

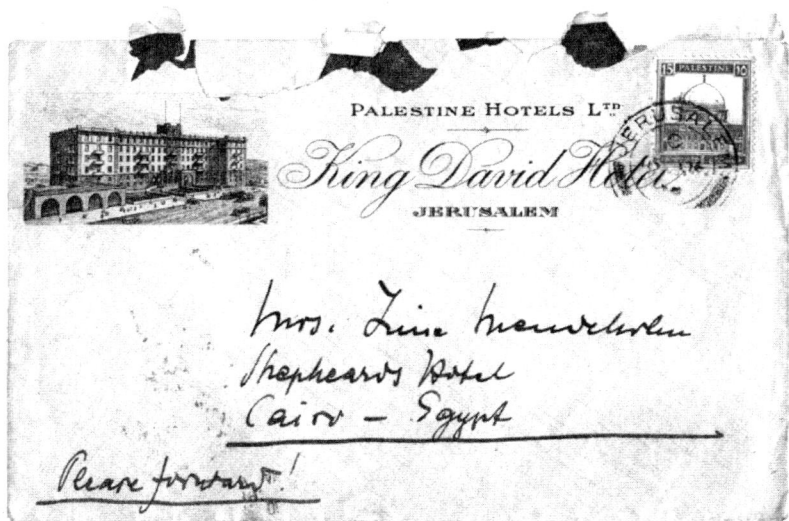

由来已久的梦想：成为巴勒斯坦的总建筑师，备受这座城市信赖的总
规划师。在一张大卫王酒店特色的米黄与蓝色相间的信纸上，他对露
易丝写道："酒店挤满了委托我的人，工作的重任全都落在我肩膀上。
在这里，我觉得我是这片土地上最重要的人之一，但是，"他坦诚道，
"我不会对外人表露这种重要性。"他听上去几乎是如释重负——仿
佛在经历了前十年所有令人陶醉甚至沉醉的成功以后，他才终于恍然
大悟。

　　他的眼睛有了新的焦点，他似乎急于切入正题，迫不及待地带着
单纯的兴奋认真地对待这一页白纸。"我完全进入了状态，简直无法
呼吸，茶饭不思。"当他好不容易挤出点儿时间睡觉的时候，也是在
"集聚起来的建筑下"安眠。他说自己"已经全身心地投入了"。驱

使着他的，不是一般意义上的引人注目的工作，这个地方本身就已经把他俘获了。地中海学院的项目化为泡影以后，这次，南方景观中的阳光与空气、石与沙又与他相遇了，它们重新激起了他浪漫的执念——自己的血脉中必定流淌着巴勒斯坦的血液。"地中海，"就在一年前他曾深沉地说过，"是返归那个国度，那个我们都要归属的最终舞台的第一步。"

归属感，当然与他的无归属感直接相关。仅仅几个月前的 1933 年 10 月，门德尔松收到了一封德国职业建筑师协会寄来的信，除了"诚挚的问候"，一并而来的还有来自官方的通知：自此以后，协会所有的成员都必须是雅利安（Aryan）血统。他的会员资格被吊销了。

与此同时，他从前生活里那些理应同他站在一起的人和那些虚情假意的朋友，也都背弃了他。差不多同时，他位于牛津街的邮箱里收到一封令人心寒的通知，同样在伦敦过着流亡生活的格罗皮乌斯宣称自己"绝非犹太人的密友"，并向英国一个德国建筑展的组织者诋毁说门德尔松"不爱国"，而且不是"一名纯种的德国建筑师"。如是，1932 年 2 月，当纽约新开幕的当代艺术博物馆具有里程碑意义的国际建筑展揭幕[1]时，在一出由格罗皮乌斯、密斯、柯布西耶、奥德和他们毫不粉饰的玻璃、钢铁、混凝土盒子主演的大戏上，门德尔松与他的建筑变成陪衬，简直就是跑龙套的。那本日后会成为经典的展览图册上，美术馆

---

1 纽约当代艺术博物馆（Museum of Modern Art，MoMA）开幕于 1929 年 11 月，此处应指该博物馆 1932 年成立的建筑与设计部。

的负责人阿尔弗雷德·巴尔（Alfred H. Barr）[1]将门德尔松描述为一个造就了"那座古怪的、表现过头的爱因斯坦塔楼"和"那些沉闷的百货商场"的人。

那本图册的作者之一菲利普·约翰逊是一位春风得意、酷爱建筑的新晋哈佛毕业生。1931年他刚刚为筹备纽约的展览到访过德国。他已经是密斯的冷酷线条风格的狂热粉丝，而且正在大踏步地成为一名纳粹追随者。于是他认定门德尔松的作品不过是"对'那种风格'的蹩脚模仿"（他对"那种风格"的执着判断，来自一张特征清单：体积比体量优先，规律性优于绝对的对称，避免实用性的装饰，抽象的审美也居于首位）。约翰逊对在鲁本霍恩的别墅尤其有怨言，比起门德尔松常用的圆形结构，它以一种更有棱有角的方式建造，但又非完全遵从"那种风格"下的严格规定。因此，对于约翰逊而言，这意味着建筑师错误理解了"那种风格"的原则。而让这位教条主义的美国青年更加恼火的是门德尔松所探究的在情境中变化的方法。他的建筑所具有的不加掩饰的迷人姿态，保持着动静平衡的趣味感，它们与周遭环境流畅的交流——不管是嘈杂的大街还是平静的湖泊——可能只是太有表现性、太自由了，也可能太——东方了（当约翰逊那年夏天出现在柏林给门德尔松打电话的时候，这位忙碌、暴躁的独眼建筑师觉得他的提问很陈腐。他觉得比起跟眼下这个咄咄逼人、追逐时髦的家伙浪费时间聊天，他还有更重要的事要做，于是匆匆挂掉了电话。这或许恰恰把事情搞砸了）。

---

1 美国艺术史学家，纽约当代艺术博物馆的首任馆长。

　　这是流亡的开始，还是终结？当他流落到耶路撒冷的一个旅馆房间、夜以继日地绘制草图时，这位曾在车马霓虹的柏林陶醉于香槟中的建筑师，不得不琢磨起这个问题。露易丝已经逃离了"主导气氛的绘图纸的噼啪声响"，飞也似的去了开罗。她在那里游览几个星期之后，又回到英格兰帮他们的女儿艾丝特策划婚礼，只留下他一个人和两个绘图员为魏茨曼和肖肯绘制透视图和基地平面图。那时他也沉思着他们的未来，他们人民的未来。

　　他说，虽然过度劳累，有一天他还是抽出时间来感叹出现在旧城上空的一双彩虹："一幅神秘的景象"，"没有现在，只有过去和未来，在灰白的雨霁中使人难以忘怀，边缘是沙漠般金黄的日光。"他也会驻足，嗅着冬日遍地开放的花朵的甜薰——芳香的番红花和星星般闪耀的"基督之泪"。这些色彩、这些植物、这些味道打动了他，然后（当他设法放下手中的 6B 铅笔开始张望）他继续勾画起留在这里生活的前景。他在给露易丝的信中这样写道："我们有什么义务待在一个北方的国度？……我们的土地难道不是在这儿吗？……对于 1800 万犹太人民而言，巴勒斯坦……难道不是唯一的岛屿？"

　　其实他不是在问她。他最关切的也不是全世界犹太人的命运。在同一封信里他如此回答自己的问题，主要考虑的也是自己："我决定留在这里。每天我都来向田野里的人们打招呼……甚至那些住在旅馆里的欧洲犹太人，他们差不多算我的兄弟了。"看起来他必须铆足了劲儿才能感受到这种亲缘——并且，事实上，当他对自己和妻子更加坦白，当他承认自己既热爱耸立的耶路撒冷山岭，又厌恶他看到的粗造地建于其上的建筑，他听起来不再犹豫不决，不再多愁善感了，而是更像他自己——固执，易怒，而且极度坦率。

当初次造访那座规划中的医院和即将扩建的大学基地后没几天，门德尔松又回来看了一次，带着照相机、铅笔和他所说的"灵魂的健眼食粮"，急于在旧城背景的映衬下勾画出他的总体规划。建筑师做足了准备好让这些景象能打动他，好让他的激情在最初的大胆草图中涌上眼前。

但是与其说这次造访让他情绪高涨，给他启发，不如说这只是激发了他在家书里的悲鸣：

我参观了斯科普斯山上的所有建筑。邪恶的手已经侵扰了上帝赐予的这片在死海和地中海之间的国土。能力不足与自满产出了羞耻和困顿的果实。

我感觉自己就像先知耶利米（Jeremiah）[1]一样——灵魂深深地抑郁，受伤。并且这些还在持续着，更使我固执、困苦和不安。

换句话说，他已下定决心留下来，眼下所需要的仅仅是一间更适合的办公室。

---

1 《圣经》中犹太国灭国前最黑暗时期出现的一位先知，被称为"流泪的先知"。

憧憬和土话

他总是沉浸在自己所谓的"憧憬"之中。 这个词出现在所有他早期写给露易丝的信中。多年后,她在一本未出版的回忆录中描述了第一次见到他的震撼。她那时还是一名 16 岁的少女,而他已经是一名 23 岁、正接受训练的建筑师 —— 他自己就是别人眼中的憧憬。

突然间面对如此强烈的人格魅力,她有些不自在却又被吸引着,脑海里充斥着各种挥之不去的念头:巴赫般的建构秩序感、《悲剧的诞生》[1]以及女士礼服摇曳的姿态。他身着一件奇怪的上衣 —— 由他亲自设计的定制西服,"裤子……紧身并裁剪成水手穿着的式样。"在下一个世纪回首,她仍记得这条裤子,就像"现在所说的喇叭裤"。他有一头向后梳的长发、从不摘下的眼镜、大鼻子、"充满活力的下巴",以及她眼中的漂亮嘴唇:"他的一切都是如此地不寻常。于我而言,他好像来自一个完全未知的世界。"

假如他是个来自东普鲁士的火星人,这些攫获他的憧憬就仿佛从

---

1 尼采发表于 1871 年的哲学处女作,在这里指门德尔松同样初出茅庐,才华横溢。

来自那遥远星球的无线电波，在古怪的时刻抓住他，并好像控制了他、拥有了他。露易丝后来回忆，在第一次世界大战爆发后不久，他打电话让她过去看看他，"因为在过去的几天里，某些至关重要的事情在他的身上发生了"。一座由钢筋混凝土建筑的初稿草图征服了他。在战争的喊杀声中，在比利时发生恐怖事件[1]时，在俄罗斯人入侵他的家乡时[2]，在他的家人逃往柏林时，他就坐在那儿，伏在制图桌上，沉迷于那些未曾离开过他一刻的憧憬。

在战争期间，他在德军对抗俄国人的前线任职，在那里他迅猛地画着草图，活在他所说的"源源不断的憧憬中"。夙夜不寐的他，疯狂地画着图，并请求指挥官安排他去值夜班，就为了倾尽全力去绘制这些想象中的建筑——高耸的圆形筒仓、庞大的工厂、巨大的水塔。这些图稿并不用作实际建造，但是他需要以某种方法使它们成真，在纸张上呈现出灵活的、让人印象深刻的庄严感。描图纸严重短缺，（有人正在附近阴冷黢黑的防空壕中蜷缩着死去）因此他只能画下这些建筑的微缩版本（1：144000），并将这些幻影般的微型画作寄给他的新娘，对她写道："这些憧憬又出现在我盲眼里的每一个光环和微粒背后。它们突然闪现，在那里成形，一会儿又突然消失。"在战壕里，正如他后来所说的，"我的建筑才是唯一的真实。"

这种专注在耶路撒冷帮了他大忙。不管那些正在身边发生的骚动——罢工、宵禁、爆炸、在街道上聚集的人群是什么样子——他都能独自沉浸在一泓灯湖中，脸颊几乎碰到正在绘制的图纸。然而在他

---

1 此处指 1914 年 8 月 14 日德军占领比利时南部城市迪南期间屠杀了 674 名平民。

2 1914 年 8 月，俄军攻入门德尔松的家乡东普鲁士，以及德属波兰和加利西亚等地区。

在战壕中思索那些建筑幻影之后的岁月里，很多事情已经变了。如今，他是一位著名的真实（而非空想）建筑的规划者，他拥有了一个称号、一份冗长的简历、一个合伙人、许多助手、简练无衬线字体印刷的信笺头和一个因他而家喻户晓且频频被抄袭的风格。

他也有充裕的机会去思忖这些未经检验的憧憬的危险，它们常常转而幻灭。近年来，那些建筑和他的名声越是坚挺，他越是敏锐地意识到这些建筑的脆弱和它们伫立之地的动摇。他曾经幻想在斯图加特、柏林、开姆尼茨（Chemnitz）[1]和科隆建造的横梁、墙体、窗户和砖块拔地而起——若是他继续构想，它们就会倾坍，在一瞬间归于日耳曼的尘土，那又有何不可呢？

❖

无论他所沉思的内容多么黑暗，他的本性依然驱使着他继续创造。作为一名建筑师的分内之事，就是设想接下来还会有什么可能性。而

---

1 原东德南部城市，也称为"卡尔·马克思城"。

且，在他这里还意味着不仅要想象一个光明、崭新的未来，更要考虑过往教训里所有的黑暗和复杂性。"虽然我的悲观情绪总是影响你……"他对露易丝写道，"我似乎感到在那些重要的时刻，我心里有一台不会误报的地震仪，它是我专断的来由，是我对自己政治和艺术执念保持乐观的来由。"

陈旧而新鲜的耶路撒冷，似乎尤其适合他对过去未来的精妙融合。并且，在和亚斯基一同登览斯科普斯山的日子里，门德尔松在纸上为将要在城中各处建造的几个主要项目画了一大批蔚然成形的初步草图——一座重要的大学建筑、肖肯的别墅和图书馆——与此同时，哈达萨机构的建筑群、雅法路上的一家银行，以及斯科普斯山脊的总体规划在他脑海中已经有了生动的模样。同样成形的还有那些他与露易丝决定在巴勒斯坦重新开始的计划。"如果可能的话，"他在云层上的飞机里对妻子写道，"它对于我们而言，将同时是英格兰和东方大地。"在这封德语信的一角，他附上了一句英语："多好的生活啊！"

来年（1935 年）的 4 月，门德尔松回到耶路撒冷建立事务所，他发现这里急躁的节奏立刻使他饱受刺激，并让他紧张："在柏林完成（项目）要花二十年，在伦敦需要两年；在这里——或者至少我的业主是这么要求的——两个月内必须完成（项目）。"他刚一重新入住大卫王酒店，就"开始忙活起来"。

当地的某种几乎失控的混乱趋势，全然不是他过去所熟悉的那样，但他依然声称自己正陶醉于这片土地带来的本能的挑战。"东方，"他对一位朋友说，"拒绝接受文明的秩序，它归属于自然的秩序。"而这正是为什么他会说"我如此强烈地依附于东方，竭力要完成一种普鲁士精神

　　和穆斯林宣礼员[1]式的生活规律之间的和解，完成对抗自然和协调自然之间的融合"。

　　这也许有些理想化（"东方主义"一词那时还不带有轻蔑的意味），门德尔松对于东西融合的愿望在图中这座耶路撒冷建筑物的形态里最明确地显现出来。当他回到耶路撒冷时看到这座建筑的一刹那，他便爱上了它。这座建筑位于新兴的里哈维亚（Rehavia）[2]社区边缘，离市中心步行五分钟。在他们的耶路撒冷的岁月里，这座没多少家具、覆盖着木质圆顶的风车磨坊，始终是他的办公室兼他与露易丝的家。最初，他们跟被他称为"两点一线的生活"妥协着，每隔几

1　穆斯林宣礼员，也译作"穆安津"，即清真寺每天按时呼唤穆斯林做礼拜的人。

2　耶路撒冷市中心附近的高端住宅区。

个月乘飞机去伦敦进行一次三天的旅行；再后来，耶路撒冷就成了他们唯一的家。

当门德尔松写信对露易丝说他租了一座没有风车扇叶的磨坊时，顺便还赞赏了磨坊建筑的均衡比例。但他没有提及这座磨坊出奇地像他当初设计的第一座建筑（露易丝后来颤巍巍地在她的回忆录中记下了这件事）爱因斯坦天文台。就好像早在 15 年前，在另一个平行世界里，门德尔松不知怎么的变出了这座磨坊。同时，它却与门德尔松的另一座早期建筑——在鲁本霍恩的别墅（他的另一座梦想之屋）的外形截然不同。

精心设计的茶盘、柱子后面的玻璃幕墙和机械守护天使消失了，纯粹主义也没有了。风车磨坊的设计是一种本土风格，用粗琢的耶路撒冷石材简单筑起的厚墙。一棵巨大的无花果树庇荫着不算平整的土地，地上随处掉落着多籽的甜无花果。一段简陋的户外楼梯通向一间低穹顶的附加厢房和屋顶平台，相比于这里现代的、明显带有"欧式"中产阶级特征的社区（磨坊在社区的边缘），它不规则起伏的轮廓更像是一座巴勒斯坦的农舍。里哈维亚社区所占据的这块地方，曾经以一个阿拉伯名字"伊安茨利亚"（Janziria）而为人所知，这里包括 1922 年犹太复国主义组织的安居部门从资金紧缺的希腊东正教会买来的一大块土地。门德尔松在慕尼黑的同学理查德·考夫曼早在他来里哈维亚之前，就把这里设计成了一个花园式社区。社区是沿着规则的路网逐渐发展起来的，但是这里的房子仍一栋接一栋地被建成时髦的模样。事实上，每天都有驴子拉着石材和工具疲惫地走过，踩踏得四周尘土飞扬。尽管这片广阔的区域直到最近才逐渐变成采石场和橄榄林，但早在考夫曼动手起草他的街道和公园方案的大约五十年前，希腊东正教会就已经建起了这座风车，此后它静静地伫立在现代犹太社区的边缘，见证着其他来来往往的建筑形态。

但是尽管这座建筑的基调曾经很"东方"，如今强烈的"西方"之风却正在横扫过它。埃里希聘用了"另一个埃里希"——埃里希·凯宾斯基（Erich Kempinski），一位经验丰富的德裔市政工程师来管理他的新事务所。接着凯宾斯基又请了一些助手——另一位工程师（纳夫塔利）和四位年轻建筑师（沃尔夫冈、巩特尔、汉斯和雅罗什）。他们铺开精细绘制的平面图，并在楼下一座被几个小房间（"修道士的小室"）环绕的巨大八边形大厅里工作，其中的一间变成了门德尔松的专属建筑隐修室。另有一位沃尔夫冈·欧利希博士曾被聘为事务所秘书，他也占用过其中一间。在那里，他为设计方案和信件进行归档，还负责记账；一位名叫莉莉的姑娘用几种文字在门德尔松的新信笺上打印信件，信笺上罗列着苏荷区的"万神殿"与里哈维亚的风车磨坊的英语、阿拉伯语和希伯来语的地址。沙沙的纸摩擦声和时而咕哝的德语充斥在空气里。

在楼上，露易丝将他们的房间装饰成一种刻意的、几乎是表达"反抗"的质朴风格，她在地板上铺草垫，在沙发上铺白帆布，水果篮和插满鲜花的花瓶散布在深深的飘窗各处。一张巨大的床和宽大的蚊帐几乎占满了楼上的全部空间。她对他们过去奢华风格所做的唯一让步，就是那些大马士革丝绸做的窗帘，还有续聘的管家梅丽（也是德国人）。就像露易丝说的那样，她是"随风车磨坊附送的"。梅丽长相甜美，但是脸圆得像个饺子，而向来固执己见的埃里希，不太能忍受"丑的、老的或胖的女人"。因此露易丝保证"会把她打扮成如同风车磨坊的一部分"。梅利就像一个被前房客遗弃的超大号洋娃娃，露易丝给她戴上了一顶小白帽，这使她看起来就像"童话里走出来的人，比如《灰姑娘》中的仙女教母"。这位前柏林的社交名媛，似乎很享受玩这种巴勒斯坦村屋的游戏。

磨坊里没有冰箱，也没有自来水。整个镇子都缺水，而且门德尔松一家决定把大部分的水都用来浇灌他们种在桶子里的夹竹桃和柏树，他们将这些桶排满整个阳台。他们还在花园里种满了茉莉、仙人掌和一种外形普通得出人意料的昙花（Queen of the Night），到了夜晚，这种花的香气会浸满整个院子；其他的野花更是繁盛无比。

这座风车磨坊，就像露易丝几十年后在回忆录里说的那样——几近"完美"。她似乎是想表达他们比以往任何时候都过得更快活，而且她很享受一些柏林和耶路撒冷的老朋友略显震惊的态度，这些人"并不能理解在他们眼中如此娇生惯养的她"，是如何"宁愿住进一座原始的风车磨坊，也不愿意住在一栋新建的公寓里"的。

埃里希向来不太关心社交上的繁文缛节。他似乎单纯地感激能拥有这样一处庇护所，如此自由、如此具有可能性——能在这样一座建筑物里一天天地工作着。他渴望掌握它的各个方面，他希望能学习当地土语，这样就能进行交谈，然后真正地融入当地人。这既是偶然也是必然，在耶路撒冷的这个地方，他将开启他人生成长故事中一个崭新的、更谦卑的建筑篇章；并且在某种程度上，这座风车将会成为他的导师。

"我正在，"那年他写道，"建设这个国家，并重建我自己。在这儿我是一名农夫，也是一名艺术家——本能的动物和智性的人类。"

事实上，他所有的建造与重建项目都在家附近。一天躺在大床上

休息时，露易丝向上注视着天花板，忽然注意到了一扇活动暗门，她发现暗门通向屋子最顶部的一个极小的、隐秘的房间。一座"阴暗且肮脏的穹顶阁楼"，由一只目光闪烁的猫头鹰守卫着，并堆满了磨坊老旧的打磨装置上裂开的齿轮和生锈的链条 —— "它们磨损得很厉害，并随时有可能松动"，看上去几乎就是这座房子的潜意识，是它曾被封锁的记忆。这细碎的记忆代表了它曾经履行的与面粉有关（floury[1]）的职责。这场面吓坏了露易丝。

　　但埃里希拥有将阴暗转化为光明的本领。他打算再度启用这个被长久遗忘的小房间，并很快改建成一个隐密的阁楼，他造了一段通向它

1　此处的 floury 是双关语，既是"和面粉有关的"，又是"像面粉那样细碎的"。

的楼梯，开了一扇窗让房间通风。 这个小空间恰好能放下他的制图板、一张椅子和一台留声机。 当他工作到深夜时，他会听一听巴赫小调，那些音乐 —— 据后来露易丝回忆 —— 让整座磨坊都在歌唱。

⬥

正如门德尔松认真地观察着磨坊并从中学习，研究它的尺度、墙的厚度、石质结构的本质一样，他想让他的雇员们跟着他学，从最大程度上感知他们所处的空间。

门德尔松邀请了尤利乌斯·波泽纳（Julius Posener）—— 曾在他柏林的事务所工作过的年轻的建筑师，接受了一份和他在耶路撒冷共事的工作，门德尔松严禁他从马赛或的里雅斯特（Trieste）[1] 直接乘船前往海法。 波泽纳"并不了解东方"，因此门德尔松命令他从那个博斯普鲁斯海峡开始沿着陆路慢慢地走。 他想让他感受这些地形，仔细观察植被，思忖那些君士坦丁堡、小亚细亚和叙利亚风格的建筑。"否则，"就像波泽纳后来所说的，"我会对他毫无用处。"

他没有听从这位大师的建议，刚一下马赛的船便到风车磨坊报到，然后门德尔松以"询问他在旅行中的所见所学"来为他接风。

这位年轻人只好羞怯地承认，他一路上什么都没有看到。

门德尔松觉得这个答案不是很满意，建议他以一个两周假期来开始工作，命令他走出去，尽他所能地观察这个国家 —— 最好步行。

---

1 意大利东北部靠近斯洛文尼亚边境的港口城市。

他的这些要求是原则问题。门德尔松狂热地相信理解当地景观的必要性——同时使用人的眼睛和一双结实耐磨的欧洲鞋底。他坚决主张，建筑不该在通过边境检查那一刻才突兀地改变，尽管每个地方的环境都有本地的严格规范——如耶路撒冷的严酷截然不同于雷霍沃特周围沿海平原"轻快的特性"。但是每一处环境都与其他环境拥有共同的本质特征，它远远超越了国家的边界。"没有谁能例外，"他在 1937 年前往意大利卡普里岛（Capri）的一次短暂之行中写道，"如果一个人不首先研究地中海的乡村建筑，他就不该在巴勒斯坦进行建造。"并且，对于门德尔松而言，地中海地区不仅仅意味着美丽的、漆成白色的希腊村庄或壮观的古罗马遗迹，它也是一处属于阿拉伯人的地方，同时是一片居住地。"巴勒斯坦能发展出它自己的独特建筑吗？"同时，他也可能这样去考问其他地方。"当然能，而且是作为它的独立国家地位的必要组成部分。它属于西方吗？当然不。巴勒斯坦在东方，它属于东方。"

尽管这句话听起来很温和，却也被他的同事们视为可疑（甚至有些叛逆）的言论，尤其是那些在特拉维夫结伙的建筑师们，他们正密谋着一件被他们当中最杰出的建筑师激动地称为"建筑叛乱"的事件。他们乐于效仿柏林"环社"[1]的现代主义建筑师（门德尔松也是其中一员），并且热衷于近期被欧洲前卫建筑师所拥护的、并不新潮的新即物主义（Neue Sachlichkeit）[2]或称新客观主义。他们也用希伯来语自称为"圈

---

1 1924 年，几位活跃于柏林的建筑师创立了名为"柏林十人环"的建筑社团，1926 年发展壮大后更名为柏林环社（Berlin Ring）。

2 新即物主义，是一种绘画、文学与建筑相关的风格，尤其在 20 世纪 20 年代的设计界影响颇深，如密斯·凡·德罗设计的都市建筑等，皆属于新即物主义（又称新客观主义，New Objectivity）风格。

子"（the Circle），但加上了一个好战的、扭曲的符号，用以致敬他们正在着眼的巴勒斯坦的目标。他们自视为一群建筑界的战士，征服着这片土地，并用湿水泥、硅酸盐砌块、遮阳板和底层架空柱作为自己的武器。他们并不是暴力分子，但后来当他描述他们的活动时，"圈子"的领导之一，也是波兰基布兹成员[1]、包豪斯出身的建筑师阿里耶·莎伦（Aryeh Sharon），率性地采用了"战争"这种说法——他在未来会成为以色列这个初生国度的建筑师，这个国家第一份总体规划的主规划师，也是戴维·本–古里安（David Ben-Gurion）[2]的授命下成立的"建筑师部队"的领袖，一名作为"为追求纯粹的建筑而抗争的勇士"而被铭记的建筑师。他们由于"潜入知名的建筑与工程师协会"而受到称赞；他们表现出"一条共同战线"的形象，并且"敢于公然尖锐地抨击现存的传统态度"，诸如此类。他们立志要消除所有这种老套的、多愁善感的、"原始"的东西，以及其中最糟糕的——那种属于"东方的"痕迹，他们似乎要让犹太人自身卑微且离散的历史，以及这个国家更近代的（阿拉伯的）历史解体。波泽纳最终也会加入这个组织，以一种稍温和的行动赞扬这些生于欧洲的犹太建筑师所组成的新一代团体，"从陈旧的回忆中解放他们的居所"。

　　尽管他们的遗忘是有挑衅性质的或者说是故意的，但公平而言，他们都还算正经人，而且他们中的一些人确实很有天赋，受过训练，比如莎伦曾经在包豪斯读书，柯布西耶的风格影响了一批人，门德尔松本

---

1 基布兹，一种以色列的集体社区，一种旨在混合共产主义和犹太复国主义思想而建立的乌托邦式社区，社区中的人允许有私有财产，工作没有薪水，衣食住行、教育、医疗均为免费。

2 以色列政治家，犹太人政治领袖，首任以色列总理。

人曾训练了一些人（除波泽纳之外，还有许多建筑师是在门德尔松的柏林事务所入的行），他们虔诚地投身自己的事业，献身社会主义运动和以色列的土地。就像门德尔松拥有坚定的信念，他们也同样坚信着。他们坚信合作建房和基布兹集体食堂；他们坚信工会和工人保健基金。他们信赖鸡舍、瓜类作物、死海的钾碱和犹太劳工总联合会。他们信任他们的城市特拉维夫，他们中的许多人在那儿设计了蕴含卓越智慧与优雅的建筑。他们的希伯来语十分流畅或接近流畅。他们中的许多人认为门德尔松是个外国人、一个势利小人——另一方面，他也几乎没有主动去说服他们。尽管他以犹太人的身份而自豪，却自称是一名英国建筑师。他认为自己是一个艺术家，而非一个战士，而且绝不是什么社会主义者。他为权贵建造别墅，而不是为工人建造寓所。他也从未坐在咖啡馆里工作；他认为唯一有用的"圈子"是他用铅笔和圆规画出的那种。他选择在耶路撒冷这座被古迹拖累的城市里生活和工作，在他们看来，那是一个正在逐渐腐朽且令人不安的东方之地。在那里，他不仅不用混凝土（他们选择的材料），还欣然接受本地的石灰石，这些各种各样的石头和适宜的装饰风格——tubzeh、taltish、musamsam——有些甚至在希伯来语里连名字都没有，在那些本地采石场工人的原始土话中，最坚硬的石头通常被称作"mizzi yahud"，用以歌颂犹太人（yahudi）那传奇般的韧性。

对于父辈——顽强的犹太人——的语言，他具备初学者的水平，但却懒得在街上说。相反，他继续说德语和他新学的古怪英语。他说，唯有"与阿拉伯人密切合作"，他才看得见巴勒斯坦犹太人在政治上的希望。他的妻子时常在国外，在伦敦或在苏黎世，在萨尔茨堡过节日，在米兰，在圣摩里兹，在威尔士定期度假旅行。不仅他自己每隔几个月要乘飞机进出这个国家，有时还要为露易丝带回一束刚刚采摘的野花，请空姐将那些花在飞机上妥善保管。他还享受在政府大楼里频繁地与沃科普享用私人晚宴。正如《巴勒斯坦邮报》(*Palestine Post*)英文版的"社交与个人"专栏上恰如其分的描述——在这些场合里，那位沃科普总督备好了香槟；他和埃里希一同欣赏旧城的景色，一起聆听巴赫的唱片。

在他抵达巴勒斯坦后不久，当"圈子"请求他寄来他对巴勒斯坦的"一些印象"，好登载在他们特拉维夫的期刊上时，他的态度有些简慢。"犹太民族最根本的希望，是在巴勒斯坦建设它的民族家园，"他预见性地起头，接着用一种更尖刻的语气写道，"在这场建设中有极大一部分是有某种经济学属性的。可是，世人将不会以出口的柑橘数量，而是会以我们在精神上的贡献来看待我们。"

但是，关于这个世界的判断，真相也许停留在某处，一种介于他们那些堆叠整齐的装橙子的板条箱和他崇高的形而上的抱负之间的状态，门德尔松（由于他过于自负的远见）没能看到这种中间状态。尽管如此，他也担忧着，很多正在他周围建造的难看建筑加速着人们的遗忘，这本没有错。"我们，"在风车磨房的高处，他陷入了沉思，"仍然应该在巴勒斯坦进行很多反思。"

回家之路

门德尔松的确可以非常浪漫地歌颂"城镇群和村落与那田里的花朵和那里天空的色调融为一体"的魅力。他是否仅仅在用一种美好的、回归某个中东伊甸园的幻想,取代对炫目的、生机勃勃的魏玛大街的幻想?

然而现实中的那个门德尔松并非如此,不能像做梦般懒洋洋地躺在巴勒斯坦的花田里,欣赏着云卷云舒。从任何一点来看,他依然是那个德国工头——一个有着不懈野心和强烈主张的人——他一直以来(并且只是半开玩笑地)称自己是那个"来自东普鲁士的东方人",而现在这个旧外号有了特别的含义。汉斯·席勒(Hans Schiller)是凯宾斯基最近为事务所聘用的年轻建筑师之一,据他后来回忆,门德尔松"为了追求完美而毫不留情地"对他的助手们施压,尽管他给他自己的压力更大。"每个细节都必须带有他的手的印记:'这家公司只有一个设计师,而那就是埃里希·门德尔松。'"除去他所有的日耳曼式暴政,据席勒所说,在他的坚持甚至不友善中,他是有启发性的,"一个有着旺盛的精力、不断变化的急性子,一个追求着至高的目标的人:'我从不感到厌倦,直到这件工作完成。'"永远都有某项工作要完成,他工作起来没完没了。"波泽纳形容他是"独裁主义者",一想起他的员工们对他的恨意,都会伴随着感激和钦佩。"他是我见过的最惹人爱的人,也是我见过的最讨人厌的人。"

当助手们在早晨来上班时,门德尔松已经藏身在远离主工作室的某个小房间里,可是他们发现,门德尔松为这天的项目完成的草图早已在他们的制图板上了。他希望他们将这些憧憬转化为施工蓝图。晌午时候,门德尔松会从他藏身的"洞穴"里出现 —— 穿着一件开襟毛衣,抽着一支装满柠檬叶的陶烟斗 —— 带着员工们讨论细节,审查这些流畅的铅笔线条转化为剖面图、立面图、通风管道和电路管道设计的每一个过程。波泽纳形容门德尔松"几近痛苦、一丝不苟"地做着这些事。

门德尔松不仅想要设计出现代耶路撒冷迄今为止最好的建筑,还打算设计出围绕建筑的花园和内部家具——这是一件他需要和他的凡人业主进行永无休止斗争的事情。他给室内装潢工人取了个外号"室内破坏师",而且很快与薇拉·魏茨曼发生了争执,后者对门德尔松为她在雷霍沃特的住宅设计的奢华餐桌和扶手僵硬的座椅很不耐烦。她决定放弃这些时髦的家具,转而选择更舒适的式样,抛开过时不谈,她更喜欢爱德华七世时期的风格。薇拉如此描述他们之间的正面冲突:"'但是,你会毁了一切,'门德尔松抗议道。'也许吧,'我反驳道,'可是要在这屋里生活的是我,不是你!'"

然而,通常门德尔松也知道应该尽力满足他的业主。肖肯夫人一点儿也不喜欢地中海的乡村建筑,她希望她耶路撒冷的别墅按照在鲁本霍恩的别墅的豪华规格装修起来。门德尔松向露易丝吐露:"她比我更难放下在鲁本霍恩的别墅。"不过这一次,门德尔松还是满足了他苛刻的业主夫人的愿望。哈弗尔湖或许不在耶路撒冷，但是门德尔松找到一种办法，使得那种滨水柏林建筑的古典形状融入了里哈维亚一条干燥、弯曲的街道两侧的路堤。肖肯和门德尔松两家将在这里成为邻居，并且门德尔松希望他们彼此都能愉快。

◈

就在两位男士到达耶路撒冷的几个月前，在英国斯托克波基斯（Stoke Poges）的一座租来的小屋和捷克马里昂巴德一座五星级温泉酒店之间，在门德尔松的伦敦事务所和肖肯在柏林耶路撒冷大街的办公室之间，已经有了书信往来。他们用简略但诚挚的德语措辞讨论了建筑师即将做出的关于巴勒斯坦的"决定"，以及门德尔松将在耶路撒冷为他的长期雇主建造别墅的可能性。

除了一位视觉品位与自己极其吻合的客户将会提供一份丰厚的合同，设计肖肯别墅的想法似乎强烈地吸引着门德尔松，因为这可能会进一步促使他将这个国家认同为家园。在德国共事多年，又实在地帮对方赚钱，他们二人的命运似乎以某种方式极大地联系在了一起。（"这很奇怪，"在1934年5月门德尔松如此思索着，"我们所有住在英格兰的老朋友都告诉我，在巴勒斯坦，我的时机还没有来。我选择不相信他们，尤其是在我已决定住在那里之后。"）鉴于他们紧密联系的过去和他所憧憬的紧密联系的未来，这正是一份他所渴望的工作，而且肖肯也十分期待。肖肯其实也把自己看作一名建造者，尽管他没有绘图板。他曾经宣称，"我是一种建立秩序的力量，我的艺术……是建筑，尽管我还没能建起什么。"门德尔松将代替他做成这件事，而且肖肯对自己在耶路撒冷那块地的憧憬，完全依赖于以自己熟悉的风格建造复杂建筑的能力。这个酷爱藏书的商人从个人和希腊东正教会那里买下许多地块，且逐渐粗糙地拼凑起了一块相当大的土地，在名为尼科夫利亚（Nikepohria）和卡玛阿鲁班（Karm arRuhban）的橄榄种植区，或者叫修道士的葡萄园——位于几乎由阿拉伯基督徒构成的塔尔比亚社区和几乎全是犹太人的里哈维亚社区之间模糊的边界上——而当门德尔松于12月到达巴勒斯坦并有机会调研地块时，这些平面图就已开始成形了。

它们很快变得"自由而轻盈"，并成为他眼中"十分美丽的东西"。门德尔松向露易丝说，肖肯一家对他的草图相当满意——甚至对他凭空构想的东西"感到愉悦"，尽管这也是一种可观的挑战。除了肖肯一家要求他重新按比例缩减拟建建筑的尺寸，他还得考虑地块中那个问题很多的小块地，就在紧邻地区最高点的垃圾填埋场的低矮处。这栋房子也是他用耶路撒冷石材建造的第一栋建筑，并且是用两层耶路撒冷石浇筑混凝土后又用铁梁加固的，总厚度为4.5米。

门德尔松对待这座房子的态度，既激发想象力又十分疯狂。他似乎既将房子视为当地多岩石地形的自然延伸，又将其视作典范的上流社会住宅，使它拥有所有最新的欧洲生活的舒适便利。他设计房子时对气候条件的考量，既有一种说教式的眼光（用屋顶藤架提供需要的遮阴，并用精心布局的窗户遮挡明亮的阳光）；同时又毫无保留地规划了一座公然挑衅社会大环境的奢华精舍。在贫瘠、炎热，近来属于奥斯曼耶路撒冷的地方，建造着闻所未闻的设施：一个游泳池、中央供暖系统、一个车库，还有几间供管家和司机居住的厢房。

　　门德尔松一家抛下令人向往的在鲁本霍恩的别墅和全部积蓄，迎来了土里土气的耶路撒冷风车磨坊和它代表的简单甚至节俭的生活，他们进入了一段相当艰苦的岁月。他们尽力用小而便携的煤油炉子温暖磨坊，将食物冷藏在一个钉着锌条的箱子里，里面装满了一个骑驴男人贩卖的冰块。露易丝会在旧城市场里采购她后来所说的"本地货，而非别人说的'好莱坞精品'"。她还常常自夸，比如她避免去跟她同背景、同阶层的聒噪犹太妇女青睐的时尚美容沙龙；相反更喜欢一间充满香水和纸花的阿拉伯人开的店铺，在那里，她听不懂人们闲聊，店里同样没有自来水。但她却十分享受这种"一个穿着阿拉伯长袍的小男孩爬上板凳，用洒水壶冲洗她的黑长秀发"的服务。

　　但是埃里希毫不犹豫地给他有权有势的雇主及其家庭提供（肖肯的）钱能买到的高级外国货；实际上，建筑师似乎能从替他的赞助人订购最奢华的享受这件事上感受到一丝间接的激动 —— 也许他还紧紧抓着自己过往生活的那种残迹吧。

　　他同样渴望将肖肯准备进口的各式各样的欧洲奢侈品 —— 大型钢琴、优质水晶以及世界一流的艺术收藏品 —— 纳入他的计划当中。眼下，一个瑞士银行保险库保管着两幅塞尚和三幅雷诺阿，梵高和莫奈，还有夏卡尔与两幅毕沙罗作品。一旦供其悬挂的墙壁被建好，这些作品就会被极其小心翼翼地打包，再用船运到里哈维亚。连同库存里整套被精心保管的柯勒惠[1]、科柯施卡[2]和杜米埃[3]作品，这些作品及其代表

---

1 德国表现主义版画家和雕塑家。

2 奥地利表现主义画家、诗人兼剧作家。

3 法国画家、讽刺漫画家、雕塑家和版画家。

的一切从未远离过门德尔松的脑海，并且，他似乎有意让这栋房子本身成为一个漂亮的陈列柜与一件艺术品。为此他绘制出每一组门框和管道，每一处将会组成这座有机的一体的别墅与花园建筑群的葡萄藤和玫瑰丛，并在施工中对每个人 —— 从玻璃安装工到砖瓦匠，从抹灰匠到保温工 —— 发出严格号令。

他的需求被仔细记录下来并保存在档案中，像一种枯燥的法律文件（一份与承包商的协议），也像某种信条："这些材料、物件以及工艺，应当搭配最好的质量和施工方式。'最好的'，意味着依这位建筑师看来，市场上再没有比它们更优质的材料或物件，也没有更高级的工艺了。"在这之后，成堆的文件以详尽的细节描述了每一项材料和物件："混凝土中的配筋（包括各种截面的钢筋），将采用 1200 千克/平方英寸的安全张应力的钢铁锻造……所有受拉钢筋的末端，应被弯曲成 U 形，或以该建筑师书面批准的方式来固定。如果任何弯曲物表现出脆弱或断裂迹象，该圆钢或型钢应该立即拆卸……"没有任何冒险之处，连一点儿不平整都不被允许。因此，他从未停止向工人们发号施令："那些被挑选（重新种植）在房子前院的树木……应当是枝干最虬曲的，并且要向西面倾斜着栽种，"他在一封写给肖肯的信中解释，"这样将会与房屋笔直整齐的线条形成一种极佳对比。"直到别墅建成，他依然把这种极端作风贯彻到令人忍俊不禁的程度，甚至向肖肯夫妇明确要求，让他们在每次用餐后把餐厅的椅子推回桌子下面。

门德尔松总是痴迷于坚持最严格的管理，并且在这方面，他与专横跋扈的肖肯几乎如出一辙。在很多层面上，这使得他们的做法成为一种陈旧的建筑界风气，就像世上其他苛刻的设计师和他们的挑剔客户所做的那样。然而，在他们所处的混乱的中东环境中，对建筑师具体技术精确性的要求，还表现了一种新的紧迫或者说是辛酸。针对当地人对待建造的马虎态度，不仅他的发号施令像是一种疯狂的抗拒；对于面前巨大的不确定性，他们也显露出一种难以掩饰的恐惧。

由于没有自己的计划和蓝图，在这几年里，门德尔松的人生终究彻底地变得一团糟，而这些命令就像是他那稍显绝望的企图——利用权力掌控几件事情、任何事情的企图——无论是肖肯的食品储藏室里安放储藏柜的绝佳位置，还是楼梯瓷砖位置的校准，"一楼到二楼都要使用米黄色的耶路撒冷大理石，蛋壳质感的粗纹抛光。踢面板厚度 2 厘米，踏步板厚度 3 厘米；踏步板沿着踢面板在边缘伸出 2.5 厘米……"

❖

出于实用多于感性的理由，肖肯决定把所有他能带的东西都从他逃离的世界带到耶路撒冷来。这是品位和习惯使然，但从一种更冷酷且更算计的角度考虑，这样做有助于他的经济利益。

由于德国政府对犹太流亡者严格的货币限制，肖肯只能通过购买建筑材料的形式将他的财产运出国家保护起来，然后将这些建筑材料进口到里哈维亚的地块。[这必须通过纳粹德国政府与犹太事务局[1]（巴勒斯坦犹太人的官方代表）双方达成一份颇有争议的协定才能实现。这

---

1 犹太事务局是世界上最大的非营利犹太民族组织，该组织最早承担着将犹太人从各地移居并融入以色列的任务。

份协议的拥护者们——包括大多数犹太人复国主义的工人领袖和参与运动的成员——认为该协议对这些不共戴天的死对头彼此互利。这便是著名的"转移协议"（Ha'avarah Agreement），源自希伯来语的"转移"一词。也就是说，它凭借向正在成形的犹太国家出口商品的方式促进德国经济，并引来资本，同时也将犹太人从德国转移到巴勒斯坦。]

对肖肯而言，这只是一种商业布局；而对门德尔松来说，这是一种巨大的讽刺——也是一种妥协，这不偏不倚地扎进这位独眼的远见之士的盲点之中最昏暗的角落。尽管他终日夸夸其谈，说要考虑本土的材料和形式，还说要发展出一种"普鲁士主义和清真寺宣礼员的生活步调"的融合，他似乎完全不在意——耶路撒冷的石材和工人先不算——那些住宅和图书馆都有着鲜明的"德国制造"特征。从门把手到洗手台组，从瓷砖到保温材料、石棉、水泥、厨房设备、白色长绒地毯——甚至连郁金香形的灯泡——都是从他们刚刚逃离的国家购买，又在肖肯位于茨维考（Zwickau）[1] 的工程办公室打好包装，接着装上开往海法的轮船的。

尽管门德尔松对这件事没什么选择余地，他也不曾抱怨。这些高品质欧洲货的巴勒斯坦替代物（如果真有的话）质量差远了，这些德国进口货的频繁到来，意味着尽管目前是在异乡进行建造，他很大程度上仍然干着熟悉的活计。他从未对这种安排发表过书面评价，所以我们无法知晓他对此是什么感受。也许这种安排既令他开心，又令他烦恼吧。无论是哪种情况，似乎只有必要的行政程序，才能让他一直以

---

1 德国萨克森州城市，原东德的重工业基地。

来真正想要的、一厢情愿的这个与那个、宣礼员和普鲁士人的融合成为可能。关于他所希冀的城市和乡村融为一体这种不切实际的愿望，这座住宅将会是一个微缩的实例，某种建筑领域的东方与西方的诗歌集（Diwan）[1]，悬置在中东与中欧之间某个想象的空间里。

不管私下会有什么样的保留，他还是一头扎进了创造一座华府的项目之中，它配得上肖肯某种"20世纪耶路撒冷的美第奇家族"的地位——这个时代最伟大的犹太文化人们的赞助者，他赞助了包括后来获诺贝尔奖的希伯来小说家阿格农（Shmuel Yosef Agnon），卡巴拉[2]学者舒勒姆（Gershom Scholem），维也纳出身的哲学家马丁·布伯（Martin Buber）——还有门德尔松本人，他一点都不介意被看作现代闪米特版的布鲁内莱斯基（Brunelleschi）[3]。如果说他对巴勒斯坦的特殊感受源于矛盾，那么在这位建筑师所感受到的、在他体内升腾的各种各样的矛盾中，这座建筑至少能体现出他所能获得的最大乐趣。

◈

为了建造与装潢这件当世杰作，门德尔松不惜成本委托了伦敦的杰出景观建筑师杰弗瑞·杰里科（Geoffrey Jellicoe），为布置纵贯工地的灌木和玫瑰丛提出建议。杰里科将工作交给他的一位助手——后来名噪四方的英国园艺师罗素·佩吉（Russell Page）。佩吉拿着门德尔

---

1 在中东、北非和南亚的阿拉伯文化中指诗人的作品总集。

2 又称卡巴拉生命之树或倒生之树，一种犹太人的神秘哲学，用来解释永恒的造物主与有限的宇宙之间的关系。

3 14世纪意大利文艺复兴初期颇有盛名的建筑师与工程师。

松给的草稿，将海桐花、金合欢、鼠尾草、大丽花、夹竹桃、迷迭香、鸢尾花、鲑鱼百日草、黄色羽扇豆，以一种如手术般利落而又细致温和的方式绘制在平面图上。（在一幅格外精细的手绘平面图上还留着他的一则笔记，"附注：在白花丹丛中种植彼此偏离的白水仙行列，在偏僻的角落里沿着路旁栽植，大约二十五株为一丛。"）

室内与室外的关系经过了细致的斟酌。一次，门德尔松甚至去了一趟大马士革，他听说在那儿有一张近五百年历史的、工艺华美的巨大地毯在售。这件古物品相极佳，他认为它能够和肖肯的起居室完美契合："一旦完工之后，就像花园为肃穆的室外带来生机一样……这幅地毯也会给室内带来同样的活力。"他向肖肯保证，将悬挂在墙上的这幅地毯，会为整个空间带来梵高名画《两棵丝柏树》一般的"庄重的纪念性"和"纷繁的色彩"。他安排叙利亚商人带着地毯一路来到耶路撒冷，以便肖肯就地查看具体的织艺和色泽。

当地毯被展开后，一场漫长的讨价还价也开始了，肖肯用一个放大镜仔细检查地毯的织线，研究它的背面，并进一步杀价——后来，肖肯并没有为之动心，他让大马士革商人打包好地毯滚蛋，房间里只留下依旧冰冷裸露的大理石地面。

正当他们继续为是否购买地毯纠缠时——门德尔松向他保证，他的地毯"将以伟大的艺术性充实这座住宅"，但他的雇主推脱说，这样精美的古物"并不适合私人家居"（对于一个每天早晨奢侈地坐在一堆馆藏级别的艺术品中喝咖啡、读报纸的人，这种话出自他口显得十分突兀）。建筑师和主雇似乎都神奇地忽视了他们所处的生活和工作环境。貌似两人都不打算承认这桩交易在此时此地显得多么不合时宜。虽然耶路撒冷的发展日新月异，有一部分本地精英生活在轩敞优雅的定制住宅中，但这座城市很大程度上依然是一个塞促而传统的地方。大多数居民的生活简单而朴素，他们住在平凡的公寓、小住宅，或是（那些充斥于拥挤的贫民窟的人所住的）由各色马口铁、泥墙或碎石之类盖成的栖身之所。从欧洲来的难民，身上披着的顶多就是些衣服，而许多当地老资格的原住人口——阿拉伯人和犹太人、希腊人和亚美尼亚人——本就没有什么足以立身的细软。

然而，肖肯是一个富有而且严苛的人，他毫不掩饰地执着于自己的生活习惯和方式，也愿意向新的形势低头。事实上，他在巴勒斯坦生活得越久，越像一个德国人——他似乎坚信，他可以凭借强大十足的意志力，将这个耶路撒冷的粗劣角落变为魏玛德国的一个最雅致的郊区。他坚决要求他的员工把关于他们日常活动的报告打印、归档，然后分门别类地列出他和妻子举办的定期沙龙与茶会的客人名单，按照字母顺序排列——A 名单属于文化与政治名人和其他显赫的相识，接着 D 名单属于德国人（"日耳曼人的圈子"），L 代表文学，R 代表犹太拉比[1]（Rabbis），U 代表大学，诸如此类……他把他的办公室经营得像个军团。因此他被汉娜·阿伦特戏称为"犹太版的俾斯麦"。

同时，尽管管理严苛，门德尔松依然为他创造性的开放思维、他对各类环境的适应性、他的艺术才能，甚至他身上的酒神精神（Dionysian spirit）[2]感到自豪。（似乎有些夸张，但后来露易丝坚持认为丈夫的个性中有野蛮的酒神崇拜倾向。比如，在舞会中和他共舞

---

1 犹太教的神职人员，是负责执行犹太教规、律法并主持宗教仪式的人。

2 在《悲剧的诞生》中，尼采运用酒神精神和日神（阿波罗）精神这一对术语解释了古希腊文明发展的独特性。酒神精神常常代表狂热、过度和不稳定，是一种痛苦与狂欢交织的癫狂精神。

意味着："遵照他的节奏与摆动……完全忘我。这种对舞蹈的热爱，像一种嗜酒的宣泄。他会和怀里一个个美女一起快速掠过所有的舞者——遗忘四周的一切。简直是彻底疯了！"）更有甚者，在他的工作生涯中，他教条主义般地坚持实地观察周围的环境，并依据观察所得来建造。自从到达耶路撒冷，正如波泽纳和马赛的船的例子所证明的，他构建了一套对巴勒斯坦气候与地形极度关注的思想体系。

然而，这样的转变并非发生在一夜间。虽然他努力对他身处的工作环境保持警醒，门德尔松依然是门德尔松——那个设计出起伏剧烈的弧线、繁忙街道和宏大形态的建筑师。回到1936年，他在一封给露易丝的信中承认："当我休息时，我能够看到自己重返标新立异的结构……工业化的建筑、庞大的空间、宏大的构造、巨大钢铁的张力。"正如他在耶路撒冷所感受到的忙碌，"我需要这个世界——不是由于它本身，而是由于它宏大的尺度。人可以就事论事地将这个世界归并折

合，但是人无法削减人……本来的尺度。犹大山地本身很宏大——但对我而言，它还是太小了。"

即便如此，在肖肯别墅快要竣工的当月，他对外说："它非常好，它会是一种精神典范。"而且它确实标志着新的开始，一种与此前截然不同的东西，一种显著的节制的开端。曾经塑造了他的德国建筑上那些炫目地向前推进的动感，如今正在退居其次；在建筑的动感上进行了抑制，更多地依靠建筑自身表现。然而建筑依然根植于这里的地形，通过各种可能的材料建筑，同样获得了一些生机。这些苍白、凹凸不平的石块，或许没有他曾钟爱的钢筋混凝土的可塑性，但在他的手里和这些图纸上，它们仿佛能够自主呼吸——通过许多扇小窗户，与第二层等长隐蔽阳台，以及它下方一系列有节奏地排列着的门，显得十分错落有致。这些门从长方形、通风的客厅向外打开，接着进入一道环绕整个建筑的狭窄外廊，在外廊尽头延伸进入一个隐约而突兀的弯道——他为肖肯家设计了一间户外歌剧院的私人包厢，以便千变万化的耶路撒冷景物的奇观在此依次上演。在一旁的是他设计的流动状阶梯花园，围绕着住宅活泼地旋转着；在远处，犹大山区的荒漠和摩押山脉发出幽幽的光。同时，在建筑群中，椭圆形游泳池回应了走廊另一端的曲线，这样的处理与弧形的阳台形成了呼应；同时与街对面同样出自门德尔松之手的肖肯图书馆的弧形凸窗相一致，就像押着同一个韵脚。

他将这种凸窗命名为"伦勃朗[1]窗"（Rembrandt windows），源自

---

1 17世纪荷兰画家，在其画作中普遍且善用的光线和独特的阴暗处理是其主要绘画特色。

它使室外光透入图书馆中心的阅读室时投下的如油画般柔和、疏散的光束。 这座别墅的阳台和图书馆的窗户，似乎也意在对那独特的曲线角部略表致意，这种角部也是门德尔松在德国为肖肯建造的百货商店的特征。 这么说来，这个微小的细节像是建筑师一句低声的自承 —— **我很清楚我在哪里**。 当为了贸易与大同建起炫目的神殿之后的无数岁月里，人们生活中的几乎所有东西都已化为沧海桑田，而那些轮廓，全都遗留在了一座幻影般的小型纪念馆里。

那些建筑师们

　　门德尔松甚少绝对单独地设计一座建筑，他总在其中暗示一些更大的图谋或崇高的目的。1934 年 11 月，就在门德尔松首次描画别墅草图的同一周里，图书馆进入了规划阶段，显然图书馆的建造比别墅更占优先地位。扎尔曼·肖肯拥有多达六万卷藏书，这些书中不乏珍贵的古书、德语和希伯来书籍的初版，还包括世界上最重要的犹太人手稿的私人收藏集之一。当然图书馆会合适地提供坚实且优美的藏书场所，但是他为它设想的功用远远不止于一座仓库。当门德尔松和他的绘图员、石匠、泥水匠、管道工们致力于别墅和图书馆的设计——后者坐落在一条叫塔尔比亚路的土路上，这条之后才铺成的路，因《贝尔福宣言》而被更名为“贝尔福路”——所有书籍珍藏都被打包装进板条箱，堆放在附近的拉姆本街（Ramban Street）一间租借的里哈维亚公寓里，紧挨着肖肯的临时住所。

　　同样，这座图书馆本身也会承载了肖肯近期的一项重要事业——希伯来诗歌研究学院。肖肯立志成为犹太文学复兴的先锋，他四年前于柏林成立了这一机构，为的是从几乎沦为历史陈迹的故纸堆中采撷（或者雇一个学者团队来采集）犹太先民的诗歌历史。如今他急切地想要挽救这个机构，并将它迁移到巴勒斯坦。

但是，这位在学术上雄心勃勃的大亨所设想的学院，而今规模已经远远超出了他在德国所创设的机构，这也是此项目如此吸引门德尔松关注的原因。正如亚斯基医生希望他在斯科普斯山上建立的医学中心，亦如肖肯和沃科普希望他设计的大学校园，无论是其资助人还是规划师，都将这一座图书馆设想为他们立志建立的犹太民族家园的一块精神基石。

更直接和通俗一点说，肖肯和门德尔松将这座图书馆设想为一个轴心，耶路撒冷未来的文化生活将围绕它旋转。别墅纯粹是肖肯的私人事业，而图书馆却是他口中的一个"半私人、半公共的场所"，"它在城市真实生活中的存在独具一格"，它将满足一个更广泛的，当然也是精心挑选的"智识工作者"群体的需求。如果所有事情都能如计划进行，这个群体将会缔造一种至关重要的、不朽的希伯来文化，它将从耶路撒冷的新城涌向全世界。

宏大的目标带来了许多与崇高品质相去甚远的细节，但这个项目的实施在所难免，门德尔松很快便深陷其中。他承接了这个有些"荒诞"的项目，在他看来，自己构思的设计"拥有灵魂，还有一点儿帕拉第奥[1]的影子"。这栋建筑由耶路撒冷随处可见的石灰石构成，棱角分明，T 字形的外轮廓呈现出锯齿状，给人以轻微的悬浮质感；窗户设置在视线稍微往下的地方，仿佛图书馆就是肖肯麾下的一位学者，正凝视着他的万卷藏书。在硬朗的风格之上，再辅以柔和的伦勃朗式半圆凸窗

---

1 16 世纪文艺复兴时期北意大利杰出建筑师，被认为是西方建筑史上最有影响力的人物之一。

的装点，使图书馆在建成后将由内而外地、强烈地散发出一种坚毅而沉静的气息。正如肖肯所见，如此庄重的刚与柔的比例正适合于一座"将会作为伟大的国立图书馆的延伸"的建筑，矗立在斯科普斯山顶的大学校园里。他说他希望设计"某些会让这座城市繁荣昌盛的东西"。尽管耶路撒冷"坐落在世界的中央，并象征着犹太人的文化中心"，可它在建筑上的功绩仅包括摇摇欲坠的学习场所和古老的犹太教堂。他坚信，这个城市需要一座与其声誉相称的建筑——一座会在某一天为世人所称道的大厦："曾有一个人创造了它！"可问题在于，谁将成为这个如所罗门王一般大智大慧的人：是高瞻远瞩的出版商、出资人扎尔曼·肖肯，还是埃里希·门德尔松这位富有远见的建筑师？

然而，许多类似的建筑竞标正发生在（毫不夸张地说）各个地方。当门德尔松正忙于设计别墅和图书馆时，富有的埃及犹太人阿吉翁家族（Aghion Family）委托他在其所购买的地块上设计一座别墅，而该地块不偏不倚地就坐落在肖肯的两座建筑之间。正如埃里希在1935年9月对露易丝说的，来自亚历山大城的阿吉翁家族"很热情，但是过于小心翼翼"，难以当机立断。门德尔松拒绝在没有报酬和委托落实之前提供草图，拒绝了这份工作——这个项目最终被他的老朋友（也是对手）理查德·考夫曼得到，他设计了一座外形优雅且棱角分明的两层建筑，其中最熠熠夺目的，正是由夸张的曲线和窗户正立面组成的"门德尔松式"入口。在它建成的那个年代，它的存在既是一种致敬，又带有一丝挑衅。

多年之后，当彼时的两位建筑师双双退出历史舞台，作为以色列历任总理官邸的阿吉翁宫（the Aghion House）或许会成为贝尔福路上最为鲜明的一隅。不管是两位前慕尼黑同窗的紧张关系，还是它与各式建筑之间的互动，都已成为往事。在 21 世纪初的今天，这些建筑之间的微妙对话已然被遗忘或湮没，正如考夫曼设计的灵动简约的建筑，在防弹玻璃、安全墙、厚重的门、瞭望塔、双面玻璃以及大量监控器肆虐的侵占下几乎被完全吞噬，它所在的街道也沦为普通步道。曾经的肖肯别墅，在翻修中被改得面目全非，受到开发者破坏的威胁，长年受困于法律的灰色地带，它旁边已然是一个堆满垃圾的废墟，它的那些窗户要么支离破碎，要么已经被混凝土块堵死。

与此同时，为了造访肖肯图书馆——以研究这些档案，其中包含这位赞助人与建筑师之间关于这座建筑的大量信件——一我须经过一整排踱步的年轻警卫，他们紧张地握着 UZI 冲锋枪和手枪。尽管周遭的一切都制造着紧张的氛围，但这座建筑本身却保持着一种老旧的淡定。正如我打开它沉重的、带有青铜把手的大门，并走进清冷暗淡的大厅（建成后基本没多大改变），这座图书馆总能够不动声色地让世人知晓——曾经有一个男人，创造了这一切。

◈

尽管肖肯和门德尔松已经如后者自己描述的那样，靠着"我们共同的经历和共通的理念"联手了，但是两人也时常产生矛盾。比如，作为自己精心布局的"财产转移"的一部分，肖肯坚持将他茨维考办公室的主管、非犹太裔的鲍迈斯特，还有建筑大师威利·海因策（Willy Heinze）带到巴勒斯坦来指导别墅和博物馆建设。这件事激怒了门德尔松，因为这既冒犯了他个人，也冒犯了他的事业。"我知道你将我视为一名艺术家，"1936 年初，门德尔松对肖肯发泄道，"但是我感到你并不相信我能监督好工程。"关于原因，他写道，"归结于过去的某件事，但是我想搞清楚的是：既然你自己也能感觉到，作为一位能够理解建筑师的客户，从私人层面和同为犹太人的层面来说，你跟我都有着紧密的联系。可是为什么在所有人中你偏偏不信任我？"而且，这不仅由于海因策不能理解（门德尔松所抱怨的）巴勒斯坦的人际关系，更是由于"在德国已经发生的事情"。海因策在耶路撒冷的出现，不亚于"一种对犹太人团结精神的伤害和对我个人明显的侮辱"。

门德尔松可能有些过于敏感了——由于感受到了一丝在社交、审美上的轻慢而浑身不舒服。但是肖肯本人却能绝情到底。几年来，他的别墅和图书馆施工仍在继续，他也表达了对工程进展的赞赏。可他拒绝全款结清门德尔松的劳动佣金，而门德尔松还要拿这些钱支付他办公室的账单和员工薪水。肖肯作为一个读书人和学术资助人能够慷慨解囊，在私人情感和金钱上却是个吝啬鬼。他试图以各种方式保护他在德国的大部分财富，却极少表现出对穷苦人或是不擅理财的人的同情。所以门德尔松被迫花上数个小时计算一串串的数字，写了数不清的讨薪函，对肖肯的秘书和会计们解释他的方案，而有钱人肖肯，就这样冷漠地让旁人代他出面，跟他的老朋友讨价还价。

他们俩以前总是很享受针锋相对，但是在耶路撒冷，这种对冲突的"偏爱"达到了不可理喻的新高度，正如在露易丝晚年回忆的那样，当时她的邻居肖肯夫人邀请她参观新建成的房子。"突然间她让我看把楼梯和配楼隔开的墙，然后问我有没有看出什么令人难受的地方。"当了解到这是一种测试后，露易丝开始不舒服，"意识到我的评论可能产生的后果"。然而，即便再努力地观察，她也没有看出任何特别令人不安的地方。"所以，你看吧，"肖肯夫人说，"埃里希·门德尔松想让我

们把整面墙拆了，因为门往左偏了不到3厘米。"露易丝写道，她当时"非常沮丧，因为当她将我的注意吸引到了这个'失误'上时，我立刻感受到了对于埃里希而言这面墙有多么别扭"。埃里希最后自己掏钱拆除并重建了这面墙。

　　男人们的僵局并没有妨碍他们走得更近；实际上，这种紧张关系似乎将他们绑得更紧了。1937年3月，门德尔松的五十岁生日，正处于他们争执财务问题最激烈的时期，肖肯以他的名义在新建成的图书馆里举办了一场生日宴会。当客人们在楼下将自己的大衣、帽子和雨伞挂在定制的镀铬挂钩和与走廊一样长的伞架上（它的末端有一个特别的下水管道，用来排出滴下的雨水），之后扶着弯曲盘旋的铜质栏杆走上带有尖角的楼梯，来到两层高的落地大窗户旁边，接着看到发光的蛋杯形壁灯。 他们继续漫步来到整洁的书房，这里充斥着大理石、柠檬木、精美的玻璃与精装书。 在这里，肖肯用德语对他们表示欢迎。

他朗读了几页精心打印的发言稿，感谢他的建筑师为这座别墅找到了恰当的形态，这座别墅，就像他对云集的嘉宾保证的那样："是对国家的未来所付出的实际的、认真的工作。"虽然他也借机澄清，建筑师是一种"不可能"的职业，"建筑师不可避免与自己和他周围的环境产生冲突"，因为艺术家必须将梦想转译到实在的石块与钢铁上。 但是他也在他这篇生日祝酒词上找机会表扬了建筑师。"我从来没有，"他宣称，"跟谁能像跟埃里希·门德尔松这样吵架的。"他说这话的时候带着深深的赞许。

◈

让门德尔松分心甚至困扰的，并非只有他跟老主雇间的争吵。 在这座城市，不经历一番斗争，没有任何事能轻易解决。

当他刚从欧洲那种对他来说充满局限、束缚的情况挣脱出来时，门德尔松还坚持认为这里好争吵的氛围令人振奋。 他欢欣鼓舞地说："在这里，每次行动都是一场斗争，看得见的、必需的、开放的、进攻的斗争。 但在欧洲，所有事都是遮遮掩掩、暗地进行，人们彼此心存防备。"

不管门德尔松本身多么斗志旺盛，当他发现在这里并不是只有他一个人习惯于对峙，而是所有人都忙着争论，仿佛为了争吵而争吵时，还是感到不自在和些许不安。 尤其是在斯科普斯山未来规划的上，几乎每个议题都要引发一场冲突。 然而，当前请他设计的是一些有严格预算的公共建筑，所有决策必须由带着置疑甚至恶意的委员会来裁定，因此所有冗长的辩论，包括那些就细微的措辞所进行的离题讨论，都被连篇记录在案。这种持续而乏味的集体挑剔，或许又让他向往起他和肖肯之间舒适得几乎像夫妻拌嘴的默契的争论。

早在哈伊姆·亚斯基说服哈达萨官员"门德尔松是建造这些医院和医学院的最佳人选"之前，对于该不该雇用他的激烈争辩就占据了例会的大量时间。虽然门德尔松本人没有参与争论，但他对于这些人时而戏剧般浮夸，时而吹毛求疵的腔调始终心里有数。例如，有一次，一个比较强硬的反对者坚持认为，"在这个时候选择一名对这个国家完全陌生的建筑师是危险的。"难道这个任务不应该交给一个巴勒斯坦建筑师吗？"可是巴勒斯坦真的有建筑师吗？"另一个组委会成员提出了反驳意见。其他争论中的人选都是欧洲出生的建筑师，他们"也并非真是巴勒斯坦人，门德尔松先生不过是一个更新的进口货而已"。这种反复的语义争辩，拖延了许多次会议。

虽然人们对门德尔松所谓的"奢侈"做派和出名的自傲有所疑虑，但大部分的担忧仍然集中在那个老生常谈的问题上，即他的审美取向及其与当前环境的适应程度。据某个成员所说，委员会觉得"他的建筑风格可能太现代了"，但也有另一个成员赞赏他是"他那类建筑师中的先驱者……但对门德尔松是否能足够灵活地为巴勒斯坦创造新的形态，还是表达出了疑虑"。

人们对于他的聘任普遍持谨慎的态度。哈达萨咨询过的一位纽约专家怀疑门德尔松对于医院建筑设计的知识水平，并且严厉地警告说，建筑实验行为在"（医疗）机构作为一种运转机器的功能性考量下"应该先放在一边。虽然这位专家认可"门德尔松先生的能力和他从德国流亡至此的困境"，但是他写道，自己"无法从良心上推荐录用他"。1935年夏天，美国哈达萨机构的董事长萝丝·雅各布（Rose Jacobs）来到耶路撒冷与门德尔松会面时也显露疑惑。她回到纽约后向另一个组委会汇报说："我跟他强调了我们是在为巴勒斯坦追求一个纪念碑式建筑。"他像猫一样弓起后背，正打算摆好架势回应她的说法，也没有"像考试一样解释我对于纪念碑式建筑的理解"。她回应说："我们并不想要希腊的柱式设计或装饰性塑像，不过我们要的东西可能更难达到——一种通过简洁而实现的美。"她还解释，效率是机构主要关心的问题，但同时也要思考如何造福后世。他们需要一个"建造得足够完整，从而使巴勒斯坦人民可以永远拥有它，持续利用并继续发展"的医院。说到这里，门德尔松猛然火力全开，追问雅各布女士对这座城市中其他几栋新建筑的看法。

往常，她遇事总是态度坚定，但在这次争论中也只好退让。她还站在女性的角度，以一种自贬的、刻意的谦虚态度进行自我辩护。（"可怜的哈达萨，"萝丝对组委会写信说，"如果仅仅依赖于我对艺术的理解和反应，那可就糟了！"）可即便在她和她的同事肯定了门德尔松的候选资格后，人们对于他风格的质疑声依旧不曾消弭。一些美国的哈达萨支持者不认可门德尔松大胆的感官功能主义，或者说功能主义的感官享受。后来，在他们接受了他的方案并开工建造后，一个性格尤为急躁的美国犹太评论家煞有介事地询问道："医院综合设施是不是一定要建得像一座柏林百货商场和一座帕塞伊克丝绸工厂的杂交体？"在这位批评家看来，门德尔松的设计应该被"立刻、毫不留情地推倒重来"。

幸运的是，那位温和委婉却很会说服人的哈伊姆·亚斯基仍给予了门德尔松坚定的支持。他把肖肯招募进来为门德尔松的品德和信誉作保。讽刺的是，这位热衷于和门德尔松争论不休的合作伙伴，此时却成了他最有力的支持者。1936 年 1 月末，亚斯基、肖肯和一位由哈达萨从纽约选派来指导工作的、专攻关节疾病和医疗机构建筑的 J. J. 戈卢布（J. J. Golub）博士一同开会，会议的备忘录中写到，"他（亚斯基）认为，全世界所有犹太建筑师中，没有人能与门德尔松先生相比。"此外，肖肯还向他们保证：门德尔松设计的建筑将会"以其优美而著称，闻名于四方"。与此同时，他也借机提醒他们"很少有像门德尔松先生这样让雇主筋疲力竭的建筑师"，因为他"杰出的艺术品位和身为艺术家的水准"会让合作过程变得艰难。"他独立而有主见，却又完全不留心处理与他人的关系，因此会招致许多对他个人的不满。"即便这样，肖肯还是维护着门德尔松，认为他的正直与诚信"毋庸置疑"，只是他建议在合同里加上一段，要限定建筑师"尤其对于项目的最终落实"必须担负的责任。

然而，一旦谈到了合同的层面，熟悉的故事又开始上演。从门德尔松签完合同并与亚斯基、戈卢布到亚历山德拉考察城市里的医院起，财务与法律问题的角力就开始了。门德尔松声明，付给他用来请技术顾问的津贴额度是"不公平的"。他警告说，基于这一数额，他可能会被迫请来一些"非一流水平"的顾问。那些坐在纽约办公室里精打细算的人，并不关心这些细微的差距，反而铁了心尽可能地克扣成本。他们吝惜交给门德尔松的每一分钱，这意味着他连最基本的需求都必须求着他们，从定做一个比例模型的资金（这一项是"迫切需要的"，因为要结合斯科普斯山崎岖的地形对建筑进行核查）到预付酬金都是如此。而假如没有这笔钱，他就没法给自己的工作人员发出薪水。

门德尔松确实很难搞，但一遇上这帮小气的统筹委员会成员，连他也不是对手。他迫不得已在耶路撒冷向他们做了一次汇报。面对财务赤字，委员会仍继续要求门德尔松削减成本——要么做出小规模调整，用油地毡代替软木地板，取消折叠门和不朝阳的百叶窗，要么在一些更关键的结构问题上进行干涉。比方说，他们提议"简化构筑物"，减少地基中使用的混凝土，甚至主张砍掉一些楼层，再撤销一些科室或部门。鉴于门德尔松已经在这个项目上投入了大量时间与精力，他别无选择，只能不断交涉，尽可能保留原有的设想。他感伤地开起了玩笑，"慢慢地，就连我的敌人们都不把我幻想成'高价的建筑大师'了，我已经开始担心身边只剩下'朋友'的那一天的到来了。"然而，委员会似乎认为他们总能找到空子继续压缩成本、讨价还价。

他们兴许能从各处开销里省下了几百英镑，但为了这些妥协所付出的代价，却不是任何一个银行职员所能算清的。在建筑工地的地面发生损毁之前，门德尔松的声音听起来已经极度疲惫了。在连续工作16个小时的一天结束后，他匆匆地给身在苏黎世的露易丝寄去一封短笺："到处是混乱，每个人都在要求赔偿。"即便是对一名勇猛的角斗士而言，连续的作战也开始失去了魅力。

暴乱兴起

这样的斗争，对于真实的战争而言只是序曲。1936 年 4 月，一些比各大委员会之间的争吵和谈判喧闹数倍也危险数倍的噪声盖过了一切 —— 枪响、爆炸声和警报声。

英国关于巴勒斯坦政治地位区分的政策，惹恼了许多当地阿拉伯人，自希特勒上台后涌向港口的大量犹太移民（巴勒斯坦的犹太人数量比过去五年翻了一倍多）使他们震惊、恐慌，他们深深担忧起自己的现状和面临的未来。在这个月中旬，一连串的谋杀和杀戮报复行为 —— 阿拉伯人杀死犹太人，犹太人杀死阿拉伯人 —— 转变为愤怒的示威游行、报复者的袭击和警方残酷的反击。其后，阿拉伯人领袖宣告总罢工，而且在全国爆发了强度不大但名副其实的暴力事件，频繁发生的持刀伤人、扔石头、爆炸和纵火成了家常便饭。这些事件 —— 犹太人和英国人称之为"暴乱"（the riots）或"骚乱"（distrubance），而阿拉伯人称之为"大起义"（the revolt）—— 结果是耶路撒冷在它的现代历史上第一次仿佛要被劈成两半，旧城中所有阿拉伯人的商店和邻近社区停业，同时大多数犹太社区居民却竭力假装一切正常。犹太人避开阿拉伯人的地界，而阿拉伯人则避开更为普遍的犹太社区。

与此同时，骚乱就发生在哈达萨的眼皮底下，亚斯基觉得自己正在先知大街上逼仄陈旧的建筑之外经营着一座城市战地医院。虽然依然有几个阿拉伯门诊患者在那里的放射科室接受治疗，但他们并没能住上院——据亚斯基说，"因为病床不够"——而且现在他不得不把管理一座基本可以算普世的医疗机构的梦想搁到一边，那是一个将服务于这座极为混杂的城市中所有人的医疗避难所。相反，哈达萨机构在这一时期演变成犹太人在耶路撒冷的一种特别象征。用一个美国亲历者的话说："它的神经紧紧地绷着，如同一根小提琴的琴弦。"医院中又塞进了加床，医生们不眠不休地接听电话，并扩充了护士队伍。医院迅速地处置伤者，死者则直接拉去停尸房；来自旧城和希伯伦的犹太难民生活在城镇周边那极为肮脏的帐篷中，医院派护士去照料他们。备受困扰的医疗工作者处理的病例，从常见但足以致命的病例（例如难民"吃腐败食物"引起食物中毒爆发，病人一瞬间挤满了医院），到极度严重和沾满血污情况都有。一位教阿拉伯语的犹太教授在家工作时在桌前被枪杀，子弹打爆了他的头。这使得向来处变不惊的亚斯基在报告中如此描述案件现场："可怕极了……墙上和地上都有一部分脑组织和头皮。"

然而，即便亚斯基和他的团队努力适应这些可怕的工作，照料伤患和死者，并且配合警察调查每一桩暴力事件，他们也肩负着一种某位当地记者所说的困难任务："必须要舒纡愤怒的人群。"每当有阿拉伯人杀害犹太人，大楼外面就会聚集起一大群人，诉求某种形式的宣泄。在那位教授被谋害的案件里，按亚斯基的话说，"尽管我反对，地区长官（犹太人）仍将葬礼演说安排在医院的庭院里进行，而那整群人一直试图冲进医院。"

　　另一次，有三个人（包括一名在该医院工作的波兰医生）在看完电影离开爱迪生影院后，在仅仅几个社区外的路上被人枪杀。极为讽刺的是，亚斯基难得地给了自己一个周六放松日，他也在那里看了早场电影，一部名为《快乐的一天》的俄国影片。结果这一天以他处理枪伤并乘短途救护车回去工作而告终。他还不得不阻止一群冲入医院领地的激愤暴民，并安排更多的门卫来阻挡拥入大楼的人潮。第二天，由于要举行三人的葬礼，这个城镇的犹太社区彻底停业：作坊和商店关闭，办公室和学校提早下班，希伯来大学取消了剩余课程，然后估计有两三万的巨大人潮聚集在医院阳台下——三具尸体都陈放在那里，身上包裹着祈祷用的披巾。当政治家开始发表演说（"无辜的鲜血再一次洒落在耶路撒冷的石块上……"）时，病房里传出了一位受惊过度在此接受治疗的受害者遗孀的"歇斯底里的哭喊声"。

　　正如一份希伯来报纸所写的那样，这一切，都在使医院"无形中成为了这整个城市悲伤与痛苦的仓库"。争斗在以往是抽象的，此刻它却填满了这片土地，亚斯基和他的员工正在承受着这场争斗中种种最直观的部分，他们感到了真实的沮丧。亚斯基竭力使一切尽可能地保持正常，他写道："鉴于耶路撒冷高度紧张的气氛，我和建筑委员会以及医疗管理委员会特地召开了会议，不仅处理了紧急问题，还处理了日常例行公事中最细微的细节。"当被一位记者问到"斯科普斯山上在建的医疗中心的消息"时，亚斯基回答道："即使是在骚乱期间，我们也从未片刻中止筹备工作。"

　　"建筑何时开始投入使用？最晚七月底或八月初，工作一直在进行……"

✧

　　这项工作大部分是在伦敦进行的，门德尔松恰巧在骚乱发生前回到了那里。在伦敦期间，里哈维亚的风车磨坊里的人们也在持续工作。即使当地的语调提高了音量（"我几乎无需描述笼罩着这座城市的那些骚动和悲戚的愁云，"在那年五月，耶路撒冷哈达萨医院的一名职员对她在纽约的一位同事写信说，"我也不怕告诉你，一切对于照常工作的尝试都只是勇敢地装装门面"），门德尔松、凯宾斯基和他们的助手依旧忙着绘制新医院的各种平面图——画出一个结构的系统，安排房间，按照比例渲染最终的平面图，初步计算应力，不停地与各种顾问、采石场销售代理、建筑商代表见面，讨论着未来的合同。

　　这只是一种装出来的勇敢吗？实际上，门德尔松似乎毫不畏惧。"巴勒斯坦眼前的动荡确实会扰乱工作，"他在当月起草的报告上简明扼要地说，"只在牵涉一些特定的公司时才会如此。"

　　这并不是由于他与愤怒、血腥之间还有一段距离。当门德尔松在七月初回到巴勒斯坦，他马不停蹄地向露易丝报告自己到达的消息，哪怕已经是午夜，"新鲜、芳香的风"依然吹拂着。门德尔松在给露易丝的信中写到事务所运营顺畅，写到当时与哈达萨委员会日常的争吵——他只是偶尔像发电报一般简短提到更大的麻烦："肖肯最近心情不错。我昨天白天都在他的建筑工地上，晚上直到午夜后（过了宵禁时间）都在他家里。"由于采石场关闭，石材停运了，肖肯的别墅也推迟了竣工。

　　门德尔松在描述他的各种项目进展时，似乎一直没提到暴力事件。

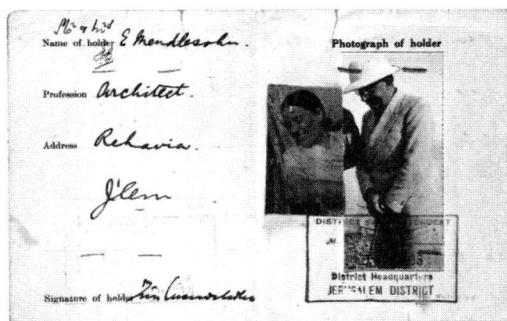

即便肖肯的别墅尚未竣工，可这座建筑尤为令他欣慰。"它还是个赤裸裸的婴儿，没有草木装饰的褶皱与花边，但已经延伸到三个貌似圆形剧场、坡度很陡的台地上……一切都极为美丽，而且尺度宏大。"他去了一趟斯科普斯山的工地，总算兴奋起来。这座大型综合医院虽然目前只存在于图纸上，但他似乎已经看到它庄严矗立在眼前的山丘之上。"主楼仿佛是从耶路撒冷一直延伸到了沙特阿拉伯 —— 它正预示着这幅图景。妇产科室紧邻着俯瞰死海的斜坡上的阿拉伯村庄。这种视野，"门德尔松接着写道，"是永恒的。在这里逝去的人们，不必走多远即可到达永恒。"门德尔松也一直过着"兴奋的日子"，描绘着盎格鲁－巴勒斯坦银行大楼的草图，这栋建筑被定在城中心的一处核心地段，就在雅法路上的新邮局大楼旁边，眼下也正在抓紧施工。

然而，由于心中洋溢着建筑的热情，门德尔松几乎没有察觉周遭正在发生的事。接下来的几年里，他心里明白，将会是"不景气和不确定的"。最近的事件给哈达萨医院造成了一笔巨大的经济损失，而亚斯基已经提醒过门德尔松这个医院项目"必须以最少的经费来实施"。否则整个建筑项目将会被叫停。 麻烦不仅仅来自本地资源的紧张，还有在这种危机之下在海外筹资的困难。 亚斯基向门德尔松隐瞒了这种情况，他只向一些哈达萨的同事吐露，自从"一些散居的犹太人开始担忧犹太复国主义者的作为"，申请美国的资助变得极为困难。

银行项目的规划也还悬而未决。 在回到耶路撒冷的几周内，门德尔松发现自己处于一种苦不堪言的境地，他不得不告知他磨坊里的助手们，如果他们正在忙活的主楼建不起来，他就只能解雇他们。 这些日子里没有哪件事是板上钉钉的。

除了要承受商业利益上的压力，门德尔松心里那台地震仪一定也探测到了近在脚下的政治微震。 让巴勒斯坦人紧张的麻烦事，在他看来不过是撼动着宽广世界的大地震的一系列微小余震。 在这几个月的信件中，他只是轻描淡写地提到当地血腥的局势，相反，他大为忧虑地谈论西班牙和英格兰、希特勒和列宁、专制和自由、近期的大战以及下一场大战。"我们过去认为，'在一连串的炮火'之后，世界上的战争已经解决了，到头了，"他在八月里写给露易丝的信中如此说道，"如今，我们知道，这些只是大厦将倾时浮现的一些小裂隙。 想清理那些碎石堆，重建整个地基将会是多么困难。"门德尔松不是那种会随便使用建筑学比喻的人，而且，面对一座由整块欧洲大陆构成的大厦正在崩塌——他也束手无策，只能投身于另一块大陆上的真实建筑的营造。

1936 年 10 月 21 日早晨 8 点 30 分，埃里希·门德尔松和哈伊姆·亚斯基带领大约一百位嘉宾，包括政府要员、记者、大学官员、哈达萨机构的代表们巡视了斯科普斯山的项目基地，那里以粉灰标出了斯科普斯山的医院、护校和医学院的位置。 门德尔松的前胸口袋装饰着一块手帕，头上的浅顶软呢帽微微倾斜，他兴奋地描述了他为整个建筑

群所做的规划。接着，一把鹤嘴锄高高举起，翻开土地，项目终于开
工了。

❖

　　亚斯基或许没有告诉门德尔松在那些动荡时期里筹措资金有多么困
难，但也不需要告诉他。从城市里那些混乱堆叠的景象，也从他的头
脑里和铅笔下产生的规划方案中，门德尔松能够看到财务和政治的压力
带来的影响。尽管他也尝试专注于手头上的工作，然而对于这些的考
虑还是令他压力很大，他的雄心在一定程度上受到了约束，憧憬变得模
糊起来，而他必须竭尽全力才能不受这些事的干扰。

　　对于那些理想主义的美国赞助者而言，这座改头换面的新哈达萨医
院所代表的远远不止宽敞的病房、最先进的实验室和救治伤员的外科。
它是一座石质的象征，而且他们想让医院的营造过程展示出这个国家的
犹太人的力量和决心（其实就是强健的身体），想以一种最锐意快速的
方式刺激犹太人的工业，并尽可能多地雇用犹太劳动力。正如当初所
计划的那样，在几年时间里，他们雇用了 400—500 名建筑工，还有材
料 —— 从充气混凝土的地面隔热层到 1.5 万平方米的覆瓦表面、5 万
袋水泥、石油燃料的供热系统、260 张病床和所有的浴室设备 —— 都
是从巴勒斯坦的犹太公司订购的。这个国家的希伯来语和英语出版机
构印行了表彰此事的文章，诸如"公众满意度的源泉"此类。文中还
会宣布从本地和犹太人手中采购物资的决定。不同于肖肯为他的别墅
和图书馆订购了材料后整齐打包装进德国运输货箱并寄到耶路撒冷，哈
达萨要求建筑承包商们提供书面保证，保证他们不会使用任何德国货。

一旦违约，他们必须交罚款。不必担心货品的质量问题，更要紧的是，它不能是德国、阿拉伯制造，而一定要是在以色列的土地上由犹太人制造的。

换句话说，埃里希·门德尔松那几近痴迷的种种审美考量，在这里并不显得十分重要。甚至在眼下侵袭巴勒斯坦的失控的失业潮、流血冲突和社会动荡的背景下提出这样一个主题，似乎多少有些跑题或者任性，让人不禁怀疑是受到软弱的外部舆论左右。

绝大多数巴勒斯坦的犹太人都会相信，这种紧张的状况从过去到未来，将会不可避免地继续下去——谁有工夫去思考这些艺文细巧？有太多更加紧迫的事情要考虑。

在鹤嘴锄首次在医院地基上挥舞的几周后，一个王家调查委员会从伦敦远道而来，"要查明骚乱的隐含原因"。总罢工才刚刚结束，遍布巴勒斯坦的暴力事件还在持续，而且国王刚刚派遣这群身着西服套装、不苟言笑的工作人员，是来判断"阿拉伯人与犹太人是否存在任何反对英国托管的情绪"，如果属实，就要提出相应的建议。

为此，该委员会在耶路撒冷早已破败的皇宫酒店的宴会厅里设立了总部。这可能是一种巧合，但是那座大厅的荒废凋敝和昔日装潢奢华的整座酒店，似乎在暗示着更广泛的巴勒斯坦的物理状况和与英国不断恶化的关系。酒店落成于 20 世纪 20 年代末，它本身就是笼罩在耶路撒冷建筑业周围日趋紧张的气氛之下的产物。这座建筑由巴勒斯坦的伊斯兰主管部门——最高穆斯林委员会委托建造，在穆夫提[1]哈吉·侯赛因的领导下设计。1922 年，委员会邀请土耳其建筑师、忠实的奥斯曼民族主义者艾哈迈德·卡马雷丁（Ahmad Kemalettin）到巴勒斯坦修复阿克萨（al-Aqsa）清真寺，也是他最早将酒店改建成一座高档奢华的公寓式住宅。这座住宅的最初方案从未实现过，当卡马雷丁离开耶路撒冷，于 1927 年死在安卡拉的时候，设计方案落到了他的助手——穆罕默德·尼哈德的手里，人们要求他沿用他导师所构想的同样奢华的新苏莱曼风格，将住宅重新改建为一座大酒店。这座酒店几乎占据了城里一整块社区，就位于名为马米拉（Mamilla）[2]的繁华商业区边缘，恰好就在雅法门外嘈杂市场的另一边，其特色是那些令人过目不忘的经典的东方花饰阵列。立面上横贯着宽大的马蹄形拱窗、玫瑰花和钟乳石形的雕饰。酒店的设计明显既是一种建筑宣言，也是一种政治宣言，意在从更广大的阿拉伯与穆斯林世界吸引游客来到巴勒斯坦。对于部分显要的犹太复国主义者赞助的，正在城里四处拔地而起

---

1 穆夫提，一种伊斯兰教的高级教职，负责解释伊斯兰教法的权威学者，有权发布伊斯兰教令。

2 耶路撒冷著名社区，大约在 19 世纪后期建立，具体在耶路撒冷旧城外、雅法门以西。

的建筑而言，它是一种用石头建成的庄严挑战。而且假如建筑本身没有使这种意图更加清晰，在其上流动的阿拉伯语铭文中，它象征的含义也将被逐字逐句地拼写了出来，悬于大门之上。包括几行精挑细选的 7 世纪诗歌："我们将追随祖先建造一般建造，像他们行动那样行动。"

　　讽刺的是，即便围绕着酒店的概念总在抖动着民族主义的肌肉，即便这场建造正值这个国家历史上一段极为动荡的时期，但是实际建造过程仍是一个如假包换的合作项目，是这个城市里依然普遍谨慎地共同营造的果实。穆夫提自己就雇用了两名犹太人（包括哈伊姆·魏茨曼的女婿）和一名信仰基督教的阿拉伯人作为承包商，并最终和他们结下了友谊，后来又雇他们为自己建造。虽然穆夫提规定承包商在招募工人时应当偏向阿拉伯工人，但建造团队依然是由阿拉伯人和犹太人共同组成的。在 1929 年下半年的盛大开幕式上，当穆夫提对非穆斯林承包商们公开大加赞赏时，一名英国官员向最高穆斯林理事会、土耳其建筑师尼哈德·贝（Nihad Bey）和酒店的犹太业主乔治·巴斯基进行祝酒仪式。当地媒体将这所宫殿描绘为——提供了一个"最终……供来自所有信仰和种族的人士聚会的场所"。皇宫酒店也是中东地区的最为奢华的新建酒店，它向客人提供了广告中所说的"尊贵的奢侈酒店的一切舒适"。它不但具有复杂、精美的阿克萨风格结合装饰艺术的特色，还拥有最先进的设施——包括中央供暖、冷热水、三台电梯和六十多部电话。

　　不管当初建得如何高贵华丽，短短几年后，当这条街上新开了一家由埃及犹太人所有、瑞士基督教徒建造和管理的、更豪华的大卫王酒店后，这座宫殿还是走向了破产。据新酒店那位正在苏黎世学习的建筑师埃米尔·沃格特（Emily Vogt）——他以设计了遍布欧洲的大

酒店而闻名——所言，他的设计旨在"唤起关于古老的闪米特（犹太人）风格及大卫王时代辉煌的记忆"。这座建筑物有一个壮观的对称立面，使用的石材既有整齐切割的，又有笨拙粗琢的，并且借"第二圣殿"的话题大做文章。酒店内部是用深色染料做旧的雪松材、明艳的大理石地板、精巧制作的凹槽柱和风格化的《圣经》语源装饰——腓尼基、希伯来、亚述题材的别出心裁的混搭，盘旋弯曲在着色的葡萄藤与石榴树之间。虽然从严格意义上讲，大卫王酒店并非一座犹太复国主义建筑——业主和设计师都不是巴勒斯坦犹太人，并且该建筑是在英国官员推动下建成的，他们认为这个国家需要一家供上流人士在埃及就任期间享受的酒店——可它紧随皇宫酒店营业的隆重开幕，确实在建筑上为这个国家民族争斗的不幸雪上加霜，这种争斗随即侵入了整座城市。皇宫酒店和大卫王酒店的决一雌雄，除了是几座高端现代酒店之间的比拼，似乎也将耶路撒冷两座最受敬重也最神圣的古老建筑置于对立面——这是一场"阿克萨清真寺幻想曲"与"所罗门圣殿幻想曲"之间的较量。

即便如此，尽管设计自身带有强烈的《圣经》中的象征符号，在英国托管的大部分时间里，大卫王酒店实际起到了类似高档私人会所的作用，为各色富有的阿拉伯人、犹太人、英国人，也为其他国家的客人服务——据一位当年常常在酒店花园里的酒吧和休息厅喝酒的英国军官所说，它是"城里一个很棒的聚会场所"。而且，酒店顶上几层，会在接下来的岁月里成为英国秘书处的总部和军事指挥部，同时也是别国统治的无情象征——1946 年 7 月，犹太右翼地下武装组织伊尔贡（Irgun）[1] 轰炸了大卫王酒店——酒店的一侧完全坍塌，共 91 人遇难。但它依然继续扮演着"城市里最豪华酒店之一"这一角色，在今天也依然是这样，只不过现在，它的住客几乎全是犹太人和外国人，或者只有外国人。

几乎就在皇宫酒店倒闭的同时，英国政府将它租了下来，并把一些办事机构搬了进去，这使得这座建筑换上了一副更寒碜但也更具功能性的模样：以混凝土块隔出一个个房间，将各种图表和地图悬挂在墙上。

为了迎接伦敦皇家委员会的到来（委员会成员更愿意赶时髦住在大卫王酒店），那些环绕在酒店的八边形大厅中，高耸而缠绕着阿拉

---

1 一个秘密犹太复国主义军事恐怖组织，1931—1948 年活跃于巴勒斯坦地区。

伯花纹的大理石柱被刷上了一层干净的白油漆，宴会厅通了风，一张巨大的半圆桌被拖了进来。在这里，历经 1935 年的晚秋和 1937 年冬天，这些英国官员会从专家证人——其中有英国人、犹太人、阿拉伯人——那里听到关于一切的详细报告，从人口增长到卫生状况，从供水到欧洲的排犹主义，从橄榄油肥皂的出口到阿拉伯农民承受的高税率……英国的官员们想找到一种途径，来理解他们在自己的报告中所说的"巴勒斯坦现存的问题"。虽然真正的问题是未来，而根本没有什么"我们当代的问题如此深入地根植在过去中"，在华丽的吊顶和盛装的吊灯下，早年间皇宫酒店那些更有希望的生活的余烬，让未来显得十分沉重。

❖

除了阿拉伯人与犹太人之间日益增长的矛盾，犹太人内部的争斗也在不断激化。在斯科普斯山上的建造开始后不久，一帮跟随泽夫·雅勃廷斯基（Ze'ev Jabotinsky）[1]的民族修正主义政党的犹太激进分子认为自己的工人被左派势力排挤在项目之外，他们突袭了建筑工地和先知大街上的哈达萨办公室。在这次暴行中，他们砸碎家具，用铰链扯破房门，把文件扔得到处都是，甚至还侵犯了几名护士；还有一次，在斯科普斯山上的混凝土搅拌机和新挖的地基坑附近爆发了一场大规模械斗，修正主义者的工人冲向社会主义者，双方进行互殴。

---

1 波兰裔犹太人，修正主义犹太复国运动鼻祖。

这场较量既发生在现实中，也发生在言辞上，正如一位官员在修正主义者的暴动中向哈达萨美国总部生气地写信道，"社会主义者……群体恐吓哈达萨建造委员会"，并且发出威胁：如果雇用修正主义的工人就宣布罢工。修正主义者坚决认为他们曾遭受攻击，并且"那份关于拆除哈达萨办公室的报告，是一次左翼控制下的新机构对事实的刻意歪曲"。亚斯基此时已经由于过度劳累被勒令停止治疗病人、运营医院和管理预算，也不再为维持哈达萨的雇用习惯而继续监管那个复杂的建造项目。他在一份发往纽约的电报中详细陈述道："修正主义工人举行了暴力示威游行……我们认为，他们这是带有政治目的的罢工。"那些承包商虽然愿意雇用所有犹太复国主义运动的工人，"但鉴于他们强烈要求完全超出比例的工作份额，并专找政治借口罢工，即便有关各方都赞成雇用他们，可我们并不相信他们会满足。"

不过，处在无数场风暴中心的门德尔松，正仔细斟酌着医院电话的布线位置、大厅是油漆还是粉刷，以及用钢质还是木质的窗框才能在冬季猛袭斯科普斯山的暴风雨中为医院提供更好的保护。根据在当前国内最严峻冲突中举行的另一次会议的记录，"门德尔松先生指出……钢质窗户必须有严格精确的工艺，他相信以哈达萨愿意支付的价格无法在巴勒斯坦取得。出于这些原因，他意识到木质窗户会更合适。他也提到巴勒斯坦的木匠们正在制作极好的木质窗户。"

在某个时期——他不仅面临着从四面八方刻意袭来的政治野火，还要考虑完全出于为意识形态雇用的采石场的无能（他们是这一区域内唯一营业的犹太石材公司，而一个哈达萨官员说过这样的话："绝不考虑使用阿拉伯的采石场。"）——门德尔松发现自己正处于一个奇怪的位置，不得不为使用耶路撒冷主流建筑石材而去争辩。

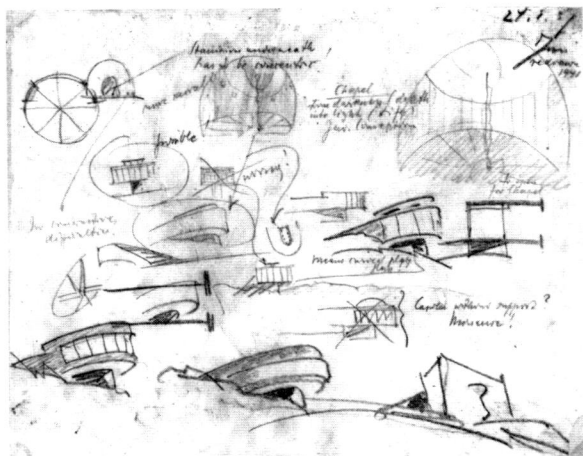

　　令人难以置信的是，即使在开工以后，这些建筑上的基本决策依然有待确定，而且正如市政条款规定的那样，他需要尽可能耐心地解释，在他脑海中已经明确将医院设计成一座石质建筑，他其实已经成为巴勒斯坦历史上第一个提出用机器切割石块这种省钱方法的人。但是如今，自从证实采石场无法送来此前承诺的 1500 平方米石材中的哪怕一小部分，这位规划师就必须迅速改变计划。他提出用传统雕刻的粗凿石头，当即被否定（除了涉及费用问题，犹太采石场也无法及时提供那么多的手切石块）。然后有人提议用混凝土，门德尔松不得不坚持说："一座有很多等间距窗户、细长形还要涂抹混凝土的建筑，它的外观会糟糕透顶。"

　　尽管他以严苛出名，还是在尽自己所能变得通融，注意礼貌，在坚持自己计划的同时，尽可能对雇员做出让步："石头，"他告诉他们，嗓音比以往听上去还要疲惫，"能赋予一座建筑以生命，也就是所谓建筑的美。"然而，当他了解了这种官僚主义的境况之后，只能大体上保证自己的观点切实可行。他不仅在临到关头改换材料，不仅需要在墙顶和墙基施工，并且混凝土"很快就会有裂痕和污迹，再修好要花一大笔钱"。要隐藏管道和可拆除装置变得更加困难，以及，如果换成混凝土，他助手们的图纸必须彻底重画——算上之前在这个项目上的所有延迟，他们确实已经没多少时间了。

他不遗余力想要实现自己的设计，甚至打算豁出去建议他们采用人造石，那其实是一种混凝土和碎石的混合材料。他承认，"在盛产石材的耶路撒冷，这种想法起初听起来很荒唐"，但是人造石"的确有很多优点，它可以被塑造得跟天然石材一模一样"，而且，重要的是，"它更廉价"。

在门德尔松向委员会展示了各种样品后，关于人造石的讨论接踵而至，有人建议应该找个新的（或者说更委婉的）词来形容这种替代品，也许叫它"合成石"会更好。所有人都赞同应该对此事保密，因为如果放出消息说他们正在考虑大量购买其他材料，可能会导致采石场破产，这样一来"最后一个在耶路撒冷开采犹太本地石材的机会将会彻底消失"。

在某一刻，萝丝·雅各布威胁说，除非用天然石材，不然她会下令全面停工，随后埃里希·门德尔松继续卯足全力，让自己听上去对此事感到高兴，同时对合成石的优点连连担保。他坚持说这种材料比真石头"孔隙更少，且更耐用"——就像他在所有会议上努力证明自己那样。

◈

最后，由于采石场"长期无法解决的困难"——工人持续罢工、排锯故障，以及被破产管理后机器全都用作抵押担保，采石厂面临暂时关停的危机——最终，门德尔松和委员会决定用合成石来铺覆医院内庭的部分墙体。

然而时隔一年多，当医院建筑那引人注目的水平状的主体框架在山脊上逐渐成形，他们依然还在隔壁为此争吵不休，争论着什么材料最适合医学院建筑的外观。"如果楼体表面一直暴露在外，它将会给美国客人造成非常不好的印象。"

与此同时，在这无休止的会议讨论中，全国范围内的紧急事态在此刻听起来几乎成了当地一个平淡无奇的特点——仿佛巴勒斯坦动荡的政治局势只是又一个上天所赐的注定要面对的现实，正如那些使得斯科普斯山的工程无比艰难的阵阵狂风与崎岖地形。在坦白做出"即便当前局势已经够糟糕，未来看起来很有可能变得更坏"的声明后，王家委员会于1937年7月得出最终决议，并提议把国内的阿拉伯人和犹太人划分开来，并引用一句"古怪的英国谚语"解释说："有半条面包总比没有面包强……以永无休止的仇恨、冲突、杀戮为代价所维持的巴勒斯坦的政治统一是没有精神价值的。"

虽然门德尔松认识的大多数自由派犹太人都支持和欢迎分裂的主张，但作为有机统一体的虔信者，这依然令他十分沮丧。在给露易丝的信中他忧愁地写道，工人阶级"把首都设在特拉维夫的社会主义国家梦想正在慢慢实现"，而耶路撒冷——被规划成英国特殊殖民地的一部分——将从它的躯干（即巴勒斯坦）上被"斩首"，然后"受命继续活下去"。他告诉她，这样的安排意味着"利用政治上的让步刻意制造一个犹太人居住区，将人们的理想、观念、梦想和未来彻底剥夺"。他对于"阿拉伯—犹太人共同体"的前景怀有的由衷却稍显迟疑的冀望，在此刻显得比以往任何时候都更加一厢情愿。

即便如此，他还是能从面对大局时消沉的意志，瞬间转换到思考所有正在建造项目具体问题的愉快心情上。随着哈达萨建筑群逐渐成型，门德尔松几乎是对"建筑群狭长、平行的，伫立在荒漠陡峭的斜面和耶路撒冷之间的壮观视野"感到惊讶。医院建筑的轮廓散发着一种如自然地形一般的、细致的感染力，它低矮的穹顶与正下方不远处的阿拉伯村庄的穹顶形成了一种呼应。（门德尔松说，工人们"用类似《圣经》中的话语称它们为'这座建筑的乳房'"。）这座线条明快、曲线优美的建筑与周围景观以及综合设施中的其他建筑物紧紧融为一体，对此，他怀着一种惊叹而美妙的心情对露易丝写道，"这表现出了……自由，一种旋律般令人愉悦的建筑比例和自然不造作的简约风格，这种建筑逻辑，正是我早年就在寻找，并一直向往的目标。"

有时，在一场晚宴结束后，或者在风车旁的巨大无花果树下的一场午夜即兴演奏会之后，他们会用几辆轿车满载来宾，沿着斯科普斯山蜿蜒的山道向上攀行，在洒满月光的建筑工地上徘徊、漫步，接着——"深深地为之感动"，满怀"一种崇敬和感激的心情"（如同露易丝在记述一次满怀喜悦的拂晓的郊游时所说），观看朝阳在城市上空冉冉升起。

可能与现实

　　只有在某些特定的场合，门德尔松才能享受到这种宁静。尽管他努力在委员会面前表现随和，在他的妻子和晚宴上微醺的客人面前热切地分享建造的进度，可当他在白天刺眼的阳光下，在那群特定的人中间时，门德尔松一如既往地与他们对抗。

　　在正午刺眼的阳光中，站在喧嚣的劳工、毛驴和混凝土搅拌机之间，要说门德尔松有任何感触，那便是一种强烈的可能性，还有感慨。这远比他当初在1934年那个刮着大风的冬日和亚斯基第一次参观工地选址时更为强烈。

　　这间医院和其他医疗建筑，终究还只是他对围绕整座山岭的宏大规划的一部分，他丝毫不掩饰对自己的设计的所属权。这一所属权的分量比他开始介入项目时已经加重了许多。如今，他和他的建筑已然成为这一景象的一部分，并且他还宣称，那张"依照一种统一的规划而出"的大学蓝图，"是我在这个国家的发展规划中的特殊任务"。

　　除了他自己对方案顺利实施的渴望，他还相信，自己是在回应那些掌权者对他的一种召唤。在这种情形下，他的首要工作，便是为重要的犹太研究学院设计所谓的罗森布鲁姆（Rosenbloom）大楼。当它于 1924 年建成之时，希伯来大学校长朱迪亚·马格尼斯（Judah Magnes）[1]，一位美国拉比，将其形容为"一座圣地、一间教与学的圣所"。这所学院此前还屈居在一处租来的奥斯曼时代商栈（khan）[2] 中。在那时马格尼斯就宣称，这所学院最起码将致力于回答"什么是犹太教"这一问题。

尽管希伯来大学的这一分支机构有着最为核心的，甚至近乎神圣的地位，门德尔松还是将为犹太研究学院设计的平面图视为一份建设整个大学的定金。他知道，关于将整座校园的规划委托给他这件事，已经谈了很多年。他之后写到，从他在大卫王酒店开设那间临时事务所开始，这所大学就"一直在等待着他"，"为一个全新的总体规划做出一份提案"。肖肯作为大学的行政委员会主席，显然也在发挥影响力。他力劝管理部门："对这位曾在柏林的著名建筑师的出面，要从中获益……"而且，马格尼斯也已经迫不及待地想雇用他，他在 1935 年初兴奋地写道："他（门德尔松）将为我们呈现出一个关于大学的真实概念，并且我希望，我们未来能够在其他建筑相关的工作中继续雇用他。"

就某种程度而言，吸引门德尔松来耶路撒冷的一切，似乎就在这座山顶上等待着他。虽然，他在当地其他项目上不可避免地、接二连三地被迫妥协，但毫无疑问，他仍打算按照自己的意图来规划校园，使之最终成为他对巴勒斯坦未来的憧憬的一种终极体现。事实上，规划这块土地，仿佛一种梦想中的使命在感召他，因为这是一次既建造景观，

---

1 犹太教改革派著名拉比，活跃于美国和英国托管时期的巴勒斯坦。犹太教改革派和犹太复国主义都是犹太人在探索民族自救道路上产生的。早期美国犹太教改革派继承了德国犹太教改革派的传统，坚决反对和抵制犹太复国主义运动。

2 中东地区一种常见的旅馆形式，围绕着一个中央院落建造。

也实现了建筑师自身的宏大规划。

◈

至少，在校方看来，这个校园规划已经推迟了太久。1925 年，在它盛大的奠基庆典上，一名狂热的记者宣称这是"一个犹太历史新纪元"的破晓，然而到目前为止，校园建设的现实面貌远远落后于它的伟大意义。所谓校园的楼群，眼前还只是一些零散分布的建筑。

这些多元建筑大杂烩所包括的，首先是一座 19 世纪晚期建造的夏日别墅，这是为一位来自利物浦的亲犹太新教徒律师和他的画家妻子建造的，其建筑风格简单来说就是当地阿拉伯贵族所拥有的那种华丽的乡村别墅。1914 年，新兴的希伯来大学购置了这座产业，最近由另一位德国的犹太流亡建筑师弗利兹·科恩伯格（Fritz Kornberg）做了翻新，增添了各种装饰艺术风格[1]的修饰，现在是化学学院和微生物学系的所在地。别墅的原有的马厩用作了行政办公室。大杂烩中还包含着为数学和物理学学院设计的坚实的新楼，以及宫殿般雄伟的国家图书馆，这栋厚重的砖石大厦，有许多拱形窗户，还有一座拜占庭风格的巨型穹顶，是由苏格兰先锋城市规划师、社会独立人士、基督徒兼犹太复国主义者帕特里克·盖迪斯（Patrick Geddes）[2]和他女婿弗兰克·梅尔

---

1 装饰艺术风格，演变自 19 世纪末的新艺术运动，是当时的欧洲中产阶级追求的一种艺术风格，主要特点是：感性的自然界的优美线条（有机线条），如花草、动物的形体；尤其喜欢用藤蔓植物的颈条以及东方的图案，如日本浮世绘图案。

2 英国生物学家、城市科学与区域规划的理论先驱之一。生于苏格兰，师从赫胥黎攻读生物学，后在伦敦大学、孟买大学等任教，为英国、塞浦路斯和印度的一些城镇做过规划设计。

斯（Frank Mears）共同设计的。在国家图书馆这一项目中，他们曾与一名英国犹太建筑师本杰明·查金（Benjamin Chaikin）合作，查金1920年来到巴勒斯坦，常有外国公司聘请他监理当地的建筑项目（他也与沃格特，即设计大卫王酒店的瑞士建筑师合作过）。最后，在山坡的正东南方、面朝死海的壮丽景象的一侧，落成了一座圆形露天剧场，它也是科恩伯格设计的，带有某种新美索不达米亚[1]风格，后来，查金对这一设计进行了调整，他似乎渴望在已经风格混杂的山脊上乱上加乱，插进一堆新古典主义的柱子。

在这些年里，建筑师们为整座大学提出过许多规划设想。其中最有名的是1919年盖迪斯和梅尔斯草拟的一份带有强烈象征性的方案。他们受邀设计了一幅城市规划方案（他们将最终提交给英国军政府的报告谦卑地自题为"耶路撒冷的现实与可能"），而他们给希伯来大学的设计方案，紧扣着他们对"复兴的耶路撒冷"的愿景，那是"对以色列永恒的冀望"。根据这份精心策划的方案，整座城市将以某种方式由如同今日的圣殿山的斯科普斯山顶（即大学所在地）为中心，呈辐射状发散开来，或者说，四周的景物呈"反辐射状"向山顶聚拢，而在山顶上将落成一座"大礼堂"，它将以巨大的规模，以"大卫之星"[2]的形状建造起来。盖迪斯不仅描绘出"在一年中的各种场合里，巴勒斯坦民众齐聚于这座庞大的场馆，庆祝他们的季节性节日"的场景，他还梦想着这所大学里的各类人文学科和自然学科全部汇聚于此，从而带来学科之间——就像他以自己典型的抽象术语所述的——"更深的、更小范围

---

1 美索不达米亚建筑的特点是拱顶及由此发展的半圆顶和圆顶。

2 大卫之星，又称六芒星，通常被认为是现代犹太人群体和犹太教的象征。

的合作效应，并且日益嬗变为大规模的综合效应……乃至最终发展成一个自身的整合系统。"

　　而为了特地强调斯科普斯山同对面的山岭（即犹太圣殿遗址所在地）之间的联系[1]，盖迪斯设计（由梅尔斯绘制）了一座庞大的钢筋混凝土"悬浮穹顶"。它志在成为世界上此类建筑结构中的佼佼者，将被置于大礼堂的顶上，效仿标志性的 7 世纪的圆顶清真寺（Dome of the Rock）[2]，这座清真寺是现存最早的伊斯兰教建筑物，盖迪斯认为这座穹顶是"整个地平线上所有建筑物的魁首"。在他的想象中，这所大学的角色"不仅仅限于讲堂和实验室"。从某种意义上而言，它将成为一个全新的耶路撒冷的微缩版——既是现实的，也是可能的——而"待来日竣工之后，新的耶路撒冷"，将蜕变为"一座宽广的梦想之都"。

　　1929 年，这份方案却被废除了，马格尼斯有些夸大其词地告知梅尔斯，"你所提交的方案，至今还没遇到一个伯乐，无论他是什么职业，来自哪个国家。"

　　事实上，各种各样的权力斗争在幕后暗暗上演，诸如此类的斗争与建筑毫不相干，可这份规划方案却落为纷争的一角。期间，某些大学代表在吸引国际资助与同情的宣传活动中，强烈要求重点介绍一幅穹顶大礼堂的装饰画。大礼堂后来出现在明信片上，两侧是魏茨曼和爱因斯坦的浮雕椭圆肖像——1921 年，几名美国医生在纽约的华尔

1　斯科普斯山所属的橄榄山的对面即圣殿山，由于橄榄山比圣殿山高，从此能看到圣殿遗址的全景，因而橄榄山成为一个哀悼圣殿被毁的传统场所。

2　也称金顶清真寺，伊斯兰教的圣地，穆斯林称为 "al-Haram al-Qudsi al-Sharif"；犹太人、基督徒称为 "Har ha-Bayit"，由哈里发欧麦尔修建于 687—691 年，是耶路撒冷最著名的历史地标之一。

道夫－阿斯托里亚酒店[1]聚集，爱因斯坦亲自到场为耶路撒冷医学院筹集所需资金。当爱因斯坦在酒店舞池旁致辞时，巨幅的大礼堂草图便出现在他身后。当然他们的设计也不乏建筑圈内的拥趸。这些人中包括盖迪斯的徒弟刘易斯·芒福德，他在报纸上夸赞，这份设计是"一位社会学家兼艺术家的智慧杰作"。魏茨曼在希伯来大学的联络人、英国精神分析学家埃德尔（David Eder）为之辩护，他还写信给马格尼斯说，"我的印象是……你认为建筑是一种无用的艺术，而且对于建筑形式上关于对美与力量表达的思考，你也是兴趣寥寥。"尽管盖迪斯和梅尔斯是犹太复国主义委员会聘请来构思这些规划的，但盖迪斯自己认为，问题或许在于他和他的女婿都不是犹太人，为此，他曾向芒福德抱怨说，他们被"不公正地'肢解'了"。

姑且不论盖迪斯的规划方案被否决的真实原因是什么，此后，一些为整个校园所做的更朴素的规划方案也遭遇了相似的命运。直至门德尔松来到这个国家，这座校园依然缺乏总体的设计。于是，他将马格尼斯和肖肯的热情作为动力，立刻投入了工作。

1935 年 3 月，一套初步方案跃然于纸上——"我……"在开始绘图时，门德尔松对露易丝写道，"我希望捕捉到我的所见所闻，它们令我心驰神往。"到 1936 年 5 月，他已完成了一整幅校园及医学中心的规划图。他放弃了盖迪斯设计中的强烈象征主义的特征，转而让景观地形的起伏变化来指引他的思路。受到那些他所钟爱的阿拉伯村庄微斜的形状的启发，他发现了一种用于平衡的建筑物（已建成的和待建成

---

1 纽约曼哈顿最豪华的酒店之一，于 1893 年由建筑师威廉·华尔道夫·阿斯托里亚建造。

的）的——高度微妙的方法，如此一来，这些建筑物既能顺应不规则的地形，同时又能遥相呼应，成为一个整体。

他将工地上严酷的、极端多变的气候条件牢记于心，设计了一条新的东西向的轴线，垂直地朝狭窄的山脊延伸上去，他说，这样的轴线在冬天有利于日晒，可为建筑保暖；在夏天能捕捉到"最凉爽的西风"。不同构筑物将会通过精心的景观设计彼此相连，使整座山联结起来，成为他最爱引用的那种"完全的有机体"。他并没有发明新的构筑形式，而是从更加古老的、深植于当地的建造传统中得到了启发。"看，"他写道，从他对整个斯科普斯山园区的憧憬而言，"这些地中海村庄，例如那不勒斯湾的阿马尔菲（Amalfi）[1]，从埃利西斯到科林斯的路上的迈加拉（Megara）[2]，上埃及（Upper Egypt）[3]的尼罗河村庄和犹大山村"，他建议，应该考虑在斯科普斯山上"造一座普

---

1 意大利坎帕尼亚大区的城市，坎帕尼亚大主教教区所在地，位于萨莱诺湾湾畔，被壮观的悬崖及海岸景色包围。

2 希腊城市，在阿提卡和科林斯之间，临萨罗尼克湾。

3 上、下埃及是埃及在前王朝时期以孟斐斯为界分布于尼罗河上下游的两个独立政权。上游南方地区称为上埃及，下游北方地区称为下埃及。

通的阿拉伯村庄"。

他说道："一般而言，农民们早已比其他人更深谙自然界之道，而且古往今来，正是这种因地制宜的思路给予历代建筑师们灵感，设计出那些最重要的城镇规划的典范。"建筑物连续立面上的光影游戏，那"荫蔽的、退台式的花园"，那带喷泉和藤架的庭院——那一切在一种庄重的寂静中汇聚于此，这种感觉，正是他在社区设计中想要获取的。与此同时，尽管他对园区的设计力求"遵循一些基本原则，即地中海传统原则，而具体落实这些原则，必须与我们自身时代的精神和谐一致。带有创造性的式样是唯一恒久远的；所有时髦的模仿，则从一开始就失去了生命力"。

"吾辈之时代精神，地中海传统之原则，创造力之形式。"——这些高屋建瓴的考量，的确被大学行政人员远远抛诸脑后，他们在此时尤为坐立不安。这不单单是因为门德尔松那意气高昂的言辞弄得他们不知所措。尽管官员们最初对他的作品倍感兴奋，他们的腔调却在近来有了彻底的改变。现在，对于投身一个长期规划乃至**任何一种**长期规划的前景，在他们听来都很焦虑。他们更愿意去筹款，按赞助者的意愿零敲碎打地组织建设。他们已经聘请门德尔松来设计另一座建筑，一所被称为"大学俱乐部"的学生活动中心，但他们看上去并不想进一步推进，却急切地渴望讨好来自匹兹堡的罗森布鲁姆家族。

来自美国中部的、财力雄厚的罗森布鲁姆家族，并不热衷于门德尔松那种富有表现力也不乏精致的新地中海式的风格，他们对他所有前卫的建筑宣言也毫无聆听的耐心。1926 年，他们在给学校的捐赠中，附带了这样一条款项，即要用前任家长的名字来命名这栋楼，一位名叫索尔的银行家与慈善家。并且，还要在门楣上铭刻《以赛亚书》中的诗文："因为训诲必出于锡安，耶和华的言语，必出于耶路撒冷。"（For out of Zion shall go forth the law and the word of God from Jerusalem.）[1] 与此同时，他们毫不让步、保守古板的建筑偏好，得到了一位希伯来大学名叫 L. 格林的荣誉技术顾问在"体制上的"认可。实际上，他是迄今为止在亚斯基的建筑委员会会议上最为直言不讳地反对门德尔松的参会者。格林本身也是一名土木工程师，最开始就反对让门德尔松加入医院项目的设计，他还抱怨道，"门德尔松是一个建筑学派的带头人，其追随者认同一种极端现代的建筑风格，而这样的风格 —— 不适合巴勒斯坦。"针对门德尔松设计的罗森布鲁姆大楼，格林略为含糊地说："一栋狭长的单层建筑并不能展现美感。"

无论有没有格林从中煽动，罗森布鲁姆家族的人本来就变化无常，他们似乎在解雇盖迪斯和梅尔斯的决定中起到了一定作用，还为了以他们家族来命名一栋楼而否决了另一套设计。他们最早曾经雇过一个在法国美术学院（École des Beaux-Arts）受过训练的美国人。他设计了一个宏伟、堂皇的穹顶结构，如同一个大型仿东方式的改革派犹太会堂，雄踞于整个校园和斯科普斯山脊，与图书馆争奇斗艳。这个计划

---

1 引自《圣经旧约·以赛亚书》2:3。

因为资金原因被否决了，之后查金提出的一个简化版本也被罗森布鲁姆家族拒绝，他们同样含糊地表示"不满意"。格林曾亲自修改过那些设计，为"使外观……与邻近的图书馆建筑风格变得协调"，但受到了管理层的批评。（马格尼斯和肖肯都认为，"既然图书馆大楼从美学上看是不成功的，就没必要再在罗森布鲁姆大楼重复一遍了。"）罗森布鲁姆家族倒是热衷于这个更加招摇的设计。面对门德尔松远非繁复的方案——几个模块错落叠加，意在融入丘陵景观，作为他为整个校园所做的"因地制宜"的设计的一部分——他们又一次表达了不悦。格林的公子查尔斯即是一位热心慈善的藏书家，他依据父亲在一份关键报告中不太客观的、极为挑剔的意见抱怨道："我们很不满意。这栋建筑——又是这样——外观上像个现代工厂……没一点儿个性，尤其是作为纪念性建筑。"

最初，马格尼斯（当时已经是大学校长）支持门德尔松，并尝试向捐赠人适度施压以帮助门德尔松的设计顺利通过，他坚持说这个设计是"一个精彩的、实际的而且美丽的构思"。但是最终金钱掌握了话语权，在 1936 年夏天之前，罗森布鲁姆家族已正式表达了他们对门德尔松设计的反感——根据报告，那些方案"完全（与他们的审美）相悖……在任何情况下罗森布鲁姆家族都不会接受这些方案"。作为替代，他们又单独聘请了另外一位建筑师，来自纽约的约瑟夫·魏斯（Joseph Weiss）。此后，门德尔松那位伟大的赞助人——注重结果的肖肯彻底弃他而去，并在给罗森布鲁姆夫人的信中阐述了殷勤的喜悦之情；肖肯甚至还写信给魏斯本人，热情洋溢地表达了校方在建筑师的选择上有多么幸运。

可想而知，这事让门德尔松再次勃然大怒，到了七月，在给肖肯的信里，他极其愤怒地宣泄道："当我们看见这种独特景观和宏伟起伏，被没有任何尺度感和同一性可言的建筑贬低和丑化时，身为犹太人的我们一定会极度沮丧。"罗森布鲁姆大楼可能是一项注定要失去的事业，门德尔松也似乎不再去争取了。但是整座校园的设计完全是另外一码事，且他强烈地感觉到，校方向罗森布鲁姆家族庸俗眼光的投降，暴露了更加本质的问题。

他曾希望并期待肖肯作为那些"相信眼睛胜过头脑的人"中的一个，能够结束斯科普斯山上"那不负责任的粗鲁"，因为这种胡作非为，很大程度上导致了这片土地上当前的建筑状况。"欲望和投机"推动着建筑的进程，因为"综合规划"是"被那些不懂设计的捐赠人的个人愿望给牺牲掉了"。他坚持说，"正是这种不负责任的粗鲁，造就了这所唯一的犹太人大学今日的面貌……大学这个概念要求更多的建筑意义，而不是某人慈善行为的一堆纪念品。从没有哪所大学对这一事实如此漠视。"

尽管这通发泄出于他受伤的自尊，但他毫无疑问也说出了一些他自己和他受伤的心情之外的东西。正如这份校园规划设计代表了他满心认为巴勒斯坦所能达到的顶峰，这片土地上散落的现实每况愈下，直至恶化到极点。

◈

这些怨言并不新鲜。门德尔松早些时候去斯科普斯山的参观，同样令他非常生气。然而，这一次他已经决定不再对天咆哮（或怒骂肖肯），他要"借助他人之力，为了理想"，他在信中对露易丝说。

当绘制自己的校园区划图时，他一直在做各种调研，范围不仅局限在斯科普斯山的地势；他还一直在测绘这里的政治布局，并且决定借用他与总督和其他英国权威人士的人脉来达成他所说的"一个秘密的协定"，绕开大学的行政官员还有那些赞助人。根据这个协议，他为整个斯科普斯山顶所做的规划，会被视为一个"要以统一方式来建造实施的……整体城镇规划方案"的一部分。耶路撒冷的英国城镇规划师亨利·肯德尔（Henry Kendall）给希伯来大学寄了一份公函，提醒（他们）避免"零碎建筑"，并要求他们提交一份发展规划。

起初，门德尔松的谋划奏效了，至少一部分是如此。城镇规划委员会在八月的一次会议上宣布："鉴于这个独特的场地和大学作为一个未来文化中心的重任"，"为了形成一个和谐的整体"，其规划应当由"一位负责设计未来所有建筑的建筑师拟定"。这份文件也许是门德尔松本人起草的，因为文件里的词汇和构思与门德尔松的如出一辙："为了进一步实现这个有机整体，应当由这个规划人来设计将来所有的建筑，如果在某些情况下无法办到，这些建筑的建造也应当咨询他，由他直接指导。这样才能保证整体性，而整体性在一个如此大规模的城镇规划方案中至关重要。"这份文件规定，必须使用石材作为建筑材料，同时，市政工程师必须向"城镇规划顾问、建筑师埃里希·门德尔松先生"提交一条环绕校区的分流环路的设计方案。

这个决议是门德尔松和托管地时期政府发起的一次精心安排的运作的结果。就在城镇规划委员会开会的几天前，门德尔松与沃科普见了面，这位总督不仅给他一份额外的工作——设计海法的政府医院——而且正如埃里希对露易丝所说的那样，表明"他不会愿意

失去我 —— 我们"。 这仅仅解释了友谊层面的问题；沃科普在思想和政治上也致力于帮助犹太人建设巴勒斯坦，并将门德尔松选为监管它的结构设计的最佳人选。"在现代建筑师中，"这位总督在一份寄回伦敦的机密信件中解释道，"我认为他大概居于首位。"雇用像门德尔松这样的建筑师不仅能帮助安抚犹太人渴望工作的迫切心情，还会使沃科普满足地产生某种家长式的感觉，一种急迫的情感需求："在这个**民族家园**（National Home）[1]里，犹太人认为他们必须拥有表达自身的机会，不仅在于耕种土地，还在于其他诸如艺术、音乐等领域。"

或者，就像门德尔松向露易丝描述的他与沃克普的对话："他说只要英国存在，这个民族家园就会存在，而且他希望我可以在建筑领域里引领它 —— 正如他所说，去建造所有重要的建筑。"几天之后，亚瑟爵士甚至寄了封机密信件给门德尔松，要他等待从伦敦发来的建造海法医院的正式邀请，并宣称"这将会是 1936 年中寥寥无几的快乐之一，如果你接受了我们的邀请，我们还会确保你在斯科普斯山上建筑设计的同一性得到实现。"对于门德尔松而言，这是"我从业以来收到的最友善的邀请之一……多么与众不同，充满了信任。"

然而，他这种借助外力的做法，对于某些犹太复国主义的赞助人来说，也许做得太过火了，他们更希望把事情局限在犹太人范围内，并认为这种对非犹太力量的求助，本质上是一种背叛。（在给肖肯的信

---

1 "民族家园"，此处特指《贝尔福宣言》中英国政府向犹太复国主义者所承诺的："在巴勒斯坦境内开辟一片属于他们的民族家园。"

中，他轻蔑地描述了希伯来大学无耻地迎合了罗森布鲁姆夫人和她儿子那种赞助人，并且描述了大学如何"对这个国家里非犹太知识分子所展现出来的……针对犹太城市发展的敌意必须承担大部分责任"。）在某些犹太人圈子中，门德尔松的名声已经蒙上了一层阴影：他的傲慢臭名昭著，而当他在公共场合长篇大论地演说，没准只能让事情更加糟糕，例如"这些位于斯科普斯山上的崭新建筑的布局和建筑风格是如何必定让那些门外汉失望，他们只期待英国本土贵族式的富丽堂皇，或是美国式的雄心勃勃的、壮观的摩天大楼"。但另一方面，"若依据这片土地上最伟大的文明创造——《旧约》《新约》《古兰经》——所蕴含的深远的朴素与宁静来看，（门德尔松的）这些建筑设计，没人会感到失望"。

不仅是他的自我拔高令他陷入与犹太同胞的纠葛中。周遭人对他的怀疑态度很大程度上源于他对英国赞助和阿拉伯建筑所表现出的不加掩饰的热情。他与那位总督的密切关系已经够糟了，由于动乱一直在延续，许多巴勒斯坦犹太人因为"这场骚乱"没有被彻底地镇压而开始私下责怪那位总督。在一场与当地小农的武装冲突仍硝烟未尽时，要用什么来教会勤劳而民族情绪强烈的犹太复国主义者们去赞赏那片巴勒斯坦村庄所包含的关于气候的智慧——何况与他们发生冲突的农民就住在那同一片村庄里？或者，这一切是由于尖刻的犹太人对门德尔松的建筑和他本人的不良反应。

1936 年秋，广受欢迎的特拉维夫诗人纳坦·奥特曼（Natan Alterman）在扎尔曼·肖肯最近收购的《以色列国土报》（*Haaretz*）上献出一首希伯来打油诗。诗中如此概括他有点心胸狭窄的态度："一天接一天，一个事件发生了，是一场聚会，或者"一次招待会"——

正如它在"大流散"[1] 中所称的"接收"／我们在这里有着一座古老的风车，一个在亚洲的欧洲之子们的要塞／它的翼板遭到截断，没有面粉在那里磨成，但如果那里没有面粉，那里有幻想曲……"如此这般，诗人在诗里继续尖酸刻薄，露骨地嘲笑了那些"招待会的主持者"试图以"对英国的巴结与对东方的迷恋"[2] 来渲染"我们在这个国家的困境"。并且更糟的是，在奥特曼的诗中，那位在风车中逃避现实的犹太人接受着一位叫作穆罕默德的侍者的服务，侍者"礼貌而文明"地露出"胡茬下面的微笑"，这微笑之下潜藏着"1935 和 1929"，这是阿拉伯人针对犹太人暴力泛滥的年份。

诗人没有为这篇匕首般尖利的讽刺诗拟一个题目，他也不必这么做。

◈

门德尔松设计的流线型学生中心在 1937 年 1 月底正式开放，根据他的构想，这座建筑的外观是一个强调朴实风格的石质长方形，意在与斯科普斯山上待建的其他建构物相协调，其唯一招摇之处是一个宽大的带屋顶的面对旧城区的露台。同年，施工队浇筑了医学院的地基；医院大楼开始从横梁与托梁的初始状态，逐步发展成实际的墙与屋顶；并且巴黎世界博览会展示了一套门德尔松对整个斯科普斯山校园规划的

---

1 大流散，自公元前 1 世纪巴比伦的入侵，犹太人便开始了流散迁移的生活，在第二次起义战争失败后，犹太人开始了大规模的流迁，两千年来共发生过三次大流散。

2 指门德尔松亲英国，热爱阿拉伯建筑。

微缩模型 —— 而旁边的展品与它风马牛不相及，一个是毕加索的名画
《格尔尼卡》，另一个是由希特勒的建筑师阿尔伯特·施佩尔（Albert
Speer）设计，带有鹰标与卐字符，用以宣示"德国的骄傲与成就"的
高大纪念碑。

　　然而按照门德尔松的规划如实建造大学的想法，似乎已被宣告破
产。又或许，它根本从未存在过。相比于他对这个校园建筑的眼光
（更不用说他的远见卓识），希伯来大学高层对于他能够给英国权贵们
施与的影响力更感兴趣。为了从城镇规划委员会那里获得建造魏斯版
的罗森布鲁姆大楼的许可，他们需要提交一份校园规划，而门德尔松已
经做好了这样一份规划可供他们使用 —— 但是肖肯自己在1938年一封
写给同事的信中承认，这份规划曾是"十足的幻想，从来没有人按照这
个大学真实的需求来认真地考虑它未来的建造"。

　　与此同时，马格尼斯对门德尔松的态度突然急转直下。他宣称，
那座风格简洁的学生中心是"一个非常不成功的案例"，还说对于医学

中心而言，"从没有如此多的人认为它不适合斯科普斯山"。除此之外，他宣称他自己"完全反对"任命门德尔松为顾问建筑师，而且如今他加紧为永远持否定意见的格林先生辩护，马格尼斯给肖肯的一封信更加雪上加霜，他说格林的工作"一直很可靠，还给大学省了好几千英镑"。换句话说，高雅艺术在这样的年代难以成为高雅，而像门德尔松这样神一般的存在，只能白浪费钱。"我认为大学不该让任何建筑师作为永久顾问，无论是谁。"

相比政治上的水火不容，马格尼斯与门德尔松之间的问题更在于个人关系。或者可以说，这位拉比对于多种族的巴勒斯坦那种热忱的和平主义愿景，可能与门德尔松的阿拉伯—犹太人相融与共的想法很类似，比这场争论中其他人的观点更接近。马格尼斯只是几乎本能地不喜欢也不信任这位建筑师，他写信对肖肯说，他在听到肖肯在最近的会议上为门德尔松辩护"他（指门德尔松）是两千年来第一位真正的犹太建筑师"之后，感到"震惊"。（那么，他问道，"托莱多[1]那些伟大的犹太教堂又算什么呢？"）马格尼斯认为，门德尔松这人很可疑，"首先，因为他的风格引起了许多不同种族的人之间的暴力和普遍的对立情绪，而第二点，因为似乎人们一致认为门德尔松是一个极难相处的人。你也跟我提过，他是一个'危险分子'（ein gefährlicher Mensch）。"

但是，马格尼斯确实有些夸大其词。而门德尔松苛刻的个性看上去是此时四伏的危机之中最不重要的因素。在一个 1938 年的秋日，亚斯基报告说，医院建筑工地上的混凝土搅拌器里发现了"一个非常

---

1 西班牙中部历史名城，基督教、伊斯兰教和犹太教在此和平共存。

危险的炸弹"，（炸弹在引爆前被发现，但他写信给哈达萨的纽约总部说，"我们必须警惕阿拉伯人用大规模炸弹、炸药等来摧毁建筑的企图"），更邪恶的战争的轰鸣从英格兰、德意志、苏台德一路传到他们耳中——这些就是他们面临的种种威胁。

"在这里，政治事件让我们感到窒息，"当月，门德尔松在耶路撒冷对露易丝写道（这次她旅行去了威尔士）。即便欧洲远隔重洋，"这片土地自身充满危险，但是犹太人的命运与世界普遍的命运联系得如此紧密，我们无法让自己置身于世外桃源。"门德尔松很难获得报纸，他想办法从一个朋友处用广播收听张伯伦（Neville Chamberlain）关于他和"希特勒先生"在慕尼黑友好会谈的演讲，这个消息对他而言，"是一场悲剧的序幕，历史进程无法阻挡"。

后来他告诉露易丝，他整夜未眠，为下一步行动辗转反侧——是逃离巴勒斯坦，不留下来看着他的建筑完工？还是继续留守，冒着被英国军队征用的风险，而且"要与你分离，不知多久，也不知会处于什么样的情形"？

最初，他听凭纷乱的事务摆布自己，但第二天他开始打听航班。"斟酌着留于此地，和冒着在地中海上空被击落的风险飞离，哪一个决定更明智？"这对他往日的憧憬是一种残酷的扭曲。那片曾经令他如此迷醉的"碧波荡漾安然永逸的"大海，如今看上去是如此不祥的阴冷、黑暗，不亚于某种液体的坟墓。

难民之城

1938 年 10 月的赎罪节（Day of Atonement）[1]，门德尔松对露易丝写信说，"我没有祈祷，只是在我桌上高高堆起新的草图，包括所有建筑的花园平面图、色彩的细节、房间布置、围墙、内室、枝形吊灯和银行的铜制大门"。前一天，他在哈达萨工地上巡视了几小时，口气听起来很兴奋，却不满足 —— 为购置额外的花和树木的费用被否决，他原本要用植物来软化未加修饰的建筑的几何线条，这使他有些气恼。而这些资金却被用到"医院里的器械上，让它们看起来闪闪发亮、豪华而且直击美国人的眼球"。"如果整个校园已经建好了，"他夸口说，"那些美国小资产阶级也会哑口无言。"

与他这段时间的生活相似，信的语调在明暗间摇摆不定。前一分钟，他还惊叹于那个秋季耶路撒冷的晴空万里、风和日丽，而下一分钟便旋转直下，坠入最黑暗的绝望之中。他对露易丝说，他没有约见过任何人。他厌倦了那些闲言碎语，他知道自己已经被"连根拔起，

---

1 赎罪节，是希伯来历提斯利月（Tishri）的第十天，属于敬畏之日（Yamim Noraim），犹太人一年中最重要的节日之一，当天中犹太人要求全天禁食和长久祈祷，来为全体族人赎罪。

也许余生都会如此……我感到自己迷失在了这个迷失了它自己的世界里"。

这种语气上的极端变化，可能归结于他对"复调"般的生活[1]有着强烈的感受。"里哈维亚充斥着焦虑和不安，"那年的早些时候他对她写道，"一个人能做的事情只有敞开窗户弹奏巴赫、瓦格纳和莫扎特的乐曲，试图由幻想从现实中解脱。"但是这般极乐的旋律起伏目前已经让位于一些毫无音乐性且更令人痛苦的窘境。他的漂泊感是显而易见的。最初在耶路撒冷和伦敦之间的通勤，似乎能让他在两个迥异的地方左右逢源。但是最近他在英国收到的项目委托——从来都不够多——已经全部结束了，而在巴勒斯坦每个项目都充满极端的、无关建筑本身的困难。在这两个地方，他的建筑都遭遇了公众强烈的支持或反对，有时更糟。尽管他的英国建筑在一些特定的圈子中广受赞誉，然而他那流线般的建筑形式依然被绝大多数英国人看作当地景观中的"异端"，就像看待建筑师本人。在巴勒斯坦，他那些犹太复国主义者的主顾们看起来更专注于建设家园这项事业，而不是实际建筑中错综复杂的细节。他在那里的项目，对于大众品位来说，也许太过受制于"当地景观"，这颇具讽刺意味。这一切，连同那年秋天浸淫两座城市的紧张气氛——遍地的贫穷难民、随处可见的爆炸和轰炸威胁——似乎引发了他内心的危机感。

尽管露易丝对他如此忧郁的原因心知肚明，她也会承认门德尔松这时的坏情绪曾让她惊恐不安。而且，这再也不仅是个人问题或者内

---

1 复调，指门德尔松同时生活在现实与憧憬之中。

心的纠结。门德尔松知道，其他人也越来越不耐烦了，他们奉劝他，最终决定他生活和工作之地的时间已到，并且他也应当将此决定公之于众。"你需要，"他旧时在柏林的、已定居巴勒斯坦的朋友，一位在日益成形的犹太国家的体制生活中的重要人物库尔特·布卢曼菲尔德（Kurt Blumenfeld）[1]告诫他说，"在耶路撒冷和伦敦中做出选择。你目前的处境难以维持。"其实门德尔松在巴勒斯坦有更多机遇，但是他持续的缺席把事情变复杂了，关于在那里的角色，他自己的意思也含混不清：是去还是留？为客还是为主？有一点布卢曼菲尔德可以肯定，他写道，如果门德尔松宣布他对巴勒斯坦从一而终的承诺，大众对他的态度将会随之改变。

而哈伊姆·亚斯基——这些年来他最有耐心、坚定不移的支持者——向门德尔松详述了他同肖肯进行的一番长谈。谈话中他们讨论了门德尔松的"难题"。此刻亚斯基几乎逐字重复着布卢曼菲尔德的话，坦白说，虽然他相信"每一个有责任感的犹太人都应付出所有努力为你创造继续在巴勒斯坦工作的条件……但你必须下定决心，定居于此，做好本职工作，与我们其他人一道共同建设这个国家"。他不是一个说话拐弯抹角的医生。他的诊断听起来即便不是决定命运的，却也是最终的判定："表现得像个当红花旦（prima donna）[2]不会让你实现目的，因为这里唯一的女主角就是巴勒斯坦。"

---

1 德国出生的犹太复国主义者，1911—1914 年任世界犹太复国主义组织秘书长。

2 意大利语，意为"当红花旦"，通常是指歌剧剧团中的当家女演员，一般认为这些当家花旦都是自我中心、无理取闹的人。

如果朋友们的忠告和内心堆积的压力不足以使他倒向任何一方，历史也会很快逼迫他抛开自己惯用的辩证法，并最终下定决心。

1938 年 8 月，埃里希和露易丝正式成为英国公民，而此时，11 月里狂怒的暴徒打碎了德国境内所有犹太人商店的橱窗，也粉碎了门德尔松夫妇对德国未来可能抱有的最后一丝幻想。他们利用自己崭新的英国护照，竭尽所能地把她的母亲、他们的姐妹、姐妹们的夫婿和孩子，从迫在眉睫的死亡虎口中拯救出来。在他和露易丝匆急地为家人落实签证的同一个月里，门德尔松设法返回伦敦。手续办理的艰难过程持续了数月，其间他们必须提供银行认证过的担保书，借以证明他们会为每个寻求庇护的亲戚承担全部经济责任。在这段时间里，其他避难者听说埃里希"成功援救了亲属"，便围过来向他求助，其中有熟识的人，也有素未谋面的人。这些曾经有权有势、人脉广布的银行家、科学家、公务员，如今丢了工作，穷困潦倒，沦落到恳求他施予援手的地步。他虽然已经尽其所能，却帮不了太多。很快，门德尔松的亲戚们开始迁往伦敦，逐渐填满了门德尔松夫妇那间局促的梅费尔（Mayfair）[1]公寓，以及附近提供膳食的寄宿处——一套门德尔松花钱租下的房间。虽然他和露易丝的家底已经不多，却不曾对必须给予他人的帮助产生过一丝怀疑。

无论居住条件和日常开销变得多么拮据，他们的境况依然比周围多

---

1 英国伦敦市中心区域，位于威斯敏斯特。

数人好很多。1939 年 2 月，英国王家建筑师协会全票通过埃里希·门德尔松成为其会员。至此，他似乎终于登上了英国建筑界的舞台，虽然他依然践行着他摇摆不定的做事方式 —— 就在入会后的同一个月，他已经开始策划下一次航程。

对他而言，英国离德国还不够远。1939 年 2 月，门德尔松坚持让露易丝与他一起去耶路撒冷。经过三天筋疲力尽的飞行和车程，他们从克罗伊登机场（Croydon Airport）前往马赛，辗转科孚岛、雅典，到达希里佐岛，再前往的黎波里、贝鲁特来到特拉维夫，当他们最终到达巴勒斯坦时，他们面临的选择比从前任何时候都更加清晰。实际上，这段漫长的旅程，使得他们的两个世界形成更鲜明的对比。他们把英格兰雾色迷蒙的阴郁感置诸脑后，在巴勒斯坦明媚的春光里着陆，一切似乎明朗起来。

◈

现在，做出最终决定仅仅是时间问题。几个月后，他独自回到伦敦，他写道，"这里正在恶化的形势"让很多问题简单了，于是他迅速收拾好所有家当，安置了家人的生活，然后关闭了他的英国事务所。英国的紧张局势令人窒息，建造业的环境"保守而反动"，而且他在空气中嗅到了民族主义和排犹主义的气息。奥斯瓦尔德·莫斯利（Oswald Mosley）[1] 和他的法西斯分子把大量人群吸引到他们的集会上；

---

1 英国极右翼政治家，创立了英国法西斯联盟。

在建的建筑几乎全部与战争有关，而所有项目都得由"英国出身"的建筑师经办。不仅如此，英国的天气也太糟了："没有一丝阳光，寒冷而且令人不悦。"正当他承受着所有这一切时，"炸弹终于爆炸了……我强烈地感觉到整个氛围——如此不真实，而且孕育着更大的灾难，仿佛重回 1914 年战争爆发之时。唯一不同的是，这一次战火将燃及整个世界"。

而此时的耶路撒冷，鲜花盛开——露易丝闲情漫步在里哈维亚的街道上，忽然听到现场表演的贝多芬四重奏从石墙缝隙里流溢出来……

因此——听起来很不和谐的是——当世界徘徊在战争的边缘，他们在耶路撒冷最平和惬意的日子却开始了。很奇怪——近来的这座城市，在他们看来竟然是所有日子里相对平静的。而客观来讲，周围的局势十分紧张。大量英国增援部队拥入这个国家，镇压反抗的残余力量。英国政府为了赢得阿拉伯人对同盟国的拥护，公布了一份白皮书，严格地限制了犹太人的移民和购买土地的权利。英国人否决了早期的分区自治的提案，并公布了若干计划，要建立"未来十年内一个独立的巴勒斯坦国家……在这个国家里，以一种能够使每个团体的利益都得到保障的方式，阿拉伯人和犹太人共同参与执政。犹太复国主义官方组织抨击这份报告是"黑皮书"，不亚于"一场对民族家园的清算"。此后，非暴力与暴力的示威游行在这片土地上频频爆发；伊尔贡发动了一次恐怖活动以反抗英国和阿拉伯人。然而，出于某种原因，对于埃里希和露易丝和他们在里哈维亚的邻居而言，忙碌的生活依然自顾自地低吟。毕竟，相比于欧洲的境况，巴勒斯坦看上去几乎是平静、安稳的。与此同时，在多年辗转之后，门德尔松一家终于在某地安顿下来，就在他们钟爱的那座风车的楼下。近来，由于给助手们的活计不多，加上更急迫地需要一些收入，他们搬进了原来的一层办公室里，把磨坊的上层租给了一个朋友。

◈

难民此时已经遍布耶路撒冷的大街小巷。失业的德国犹太人仍然夹着他们的高档皮包，装腔作势地快步行走，仿佛在赶去重要的会议。门德尔松认识的一位奥地利记者到达耶路撒冷的时候，除了一条刺绣皮短裤和一顶提洛产的[1]便帽以外，就别无所有了。穿戴着一身可笑的阿尔卑斯山区的服饰，他用一声欣喜的希伯来语"您好"，问候着每一个路人。

另外，那位日后会被戈特弗里德·贝恩[2]称为"德国曾拥有过的最伟大的抒情诗人"的埃尔莎·拉斯克-舒勒（Else Lasker-Schüler）[3]也来到了城里，并处在饿死的边缘。她看上去似乎有轻微的精神错乱，穿着久未清洗的蓝色长袍和飘垂的黑裙子，一头乱糟糟的红发染色不均匀，压在一顶豹皮便帽下面。她已经七十高龄，而且穷困潦倒。在1933年匆忙逃离了纳粹柏林之后，她前往瑞士，如今又来到巴勒斯坦。她原本只打算途经此地，然而战争的威胁和重返瑞士所需的繁复手续限制了她去别的地方，最终只能落魄于一间既无供暖又没

---

1 奥地利西南的州，其中大部分是阿尔卑斯山区。

2 德国魏玛时期伟大的表现主义文学作家。

3 德国女诗人，表现主义文学的先驱人物。

有床的狭小房间。她神情憔悴，但莫名地并不显老。"她整个人看上去，"一位这个时期的熟人后来回忆道，"像是用一截儿曼陀罗根雕出来的。"门德尔松一家的朋友也是他们的邻居——维也纳建筑师兼画家利奥波德·克拉考尔（Leopold Krakauer）向露易丝夫妇寻求帮助，请他们设法安置这位曾经赫赫有名，如今备受折磨的诗人，帮忙解决她的生计。

克拉考尔算是来对了地方。尽管露易丝与拉斯克-舒勒素未谋面，露易丝却早已被她的诗作和不羁的生活作风深深地打动。这位诗人在年轻时常常混迹于柏林的众多咖啡馆，而此刻，露易丝发现自己已经着迷于她"炽热的黑色双眸"和她"优美深沉的声音"，还有夸张的想象力，从这种想象力中常常倾泻出最为繁复的东方主义意识流。拉斯克-舒勒的"希伯来叙事诗"，在"一战"前便在德国广受赞誉，诗人运用了表现主义作家的整个颜料盒，以大胆夸饰与朦胧点染，为许多《旧约》人物与故事涂上了色彩——纯金披风和银色山羊，还有猿猴的撕咬和无灯的夜晚。这些充满希伯来意象的抒情诗，组成了诗人在后来所说的她对"巴勒斯坦建设的贡献"，不带一丝讽刺意味。她对那个幻影般的东方的着迷，远远延展到了诗文之外。多年来，她把玩了各式各样虚构故事中身着阿拉伯长袍的角色——底比斯王子尤素福、巴格达的蒂诺、以色列黑天鹅——她要么穿上盛装来饰演他们，要么用古怪的画面描绘这些只存在于她人格里的、充满异国情调的另类自我：头上戴着包头巾，脚下踩着尖头鞋。这并不奇怪，耶路撒冷把她心底最稀奇古怪的戏剧感和妄想统统勾引了出来。

当拉斯克-舒勒在1934年首次到访这座城市时，哥舒姆·舒勒姆——另一位邻居——给他的老朋友、身在巴黎的瓦尔特·本雅明（Walter Benjamin）[1] 写信，告诉他这位女诗人旅居到了耶路撒冷，"一个着实令人困惑的人物，相比于真正的东方，这世上其他任何地方都要更适合她。他描述了她怎样声称和大卫王进行了一场半小时的对话，"她现在又问我要犹太神秘哲学的启示"，不过，一段时间后，舒勒姆对她的怜悯代替了困惑，他对本雅明写道，"她是一座废墟，并非彻底疯癫，而是时常被癫狂所侵扰。"即便如此，这座废墟也在无休止地创造着幻灭（无止尽的创造性的幻灭）。在首次巴勒斯坦之行后回苏黎世的路上，她写了一篇图绘游记，《希伯来人之地》（*The Land of the Hebrews*），穿插着一首十分诡异的散文长诗，诗句多数来源于她个人的一厢情愿和以赞美诗为底本的幻想，而非任何她可能在巴勒斯坦真实遭遇的事情。"阿拉伯儿童与希伯来儿童在雅法路附近的小街上一起玩耍，"她滔滔不绝地说着，"为何世界上的人不能这样融洽相处呢？"那种关于"尘世的耶路撒冷忽然成为天国的耶路撒冷"——纯净且净化人的灵魂——的想法吸引了她。"每一位进入这座城市的访客，"她热情洋溢地写道，"用身上的衣服换取圣袍。这种虔诚的转换约束着所有人，让他们的举止庄重有礼，这样才不至于辱没这座优雅、尊贵的城市拥有的虔诚精神……我从来没有，"她继续讲道，"在耶路撒冷听到一句过于喧闹的话，或一声刺耳的杂音。"

就此而言，她对于耶路撒冷的现实一定充耳不闻或者视而不见。一位耶路撒冷的常客后来将《希伯来人之地》描述为"一本可怕的混杂

着荒谬见解与华丽诗篇的书，言过其实、逻辑混乱、喜怒无常，她回避亲眼目睹的实际真相，这种态度极度不负责任"。另一位评论者仔细琢磨了她描绘的耶路撒冷，在这个"美妙的精灵之城"里，有穿着罗马贵族装束的希腊修道士们，有"身披昂贵的金箔衣裳的神奇拉比们"，还有一名叫作"开罗的科马"的墨西哥男巫，以及几名托钵僧和风笛师，一群人漫步在雅法路上。一位评论家这样说："她在眼镜店里买不到适合她的有色眼镜[1]……这真是太遗憾了。"

或者，正如常常被拉斯克-舒勒称作"雅典娜"的露易丝所言，她的表达更加简单，但带着一丝善意的忌妒："她完完全全活在她自己的世界里，与现实没有丝毫的联系。"有一次，在她 1939 年回到这里后不久，女诗人建议扎尔曼·肖肯"扔掉所有的书"，然后跟她手拉手去里哈维亚中心建造一座巨大的露天游乐场。这样，"我们将使犹太人与阿拉伯人归于和解"。她打算用传播希伯来和阿拉伯民谣的方式来引导孩子们，并由此"解决犹太人与阿拉伯人的争端"——具体方法是搭建一些可折叠的货摊和一座挂着五彩缤纷玻璃球的简易旋转木马，"还有，一个华夫饼摊儿"。

先不谈拉斯克-舒勒试图平息争端的狂欢节计划，她对于眼下巴勒斯坦生活粗糙的现实那种漫不经心的忽视，或许比她的批评者所形容的更加蓄意妄为。尽管她发表了那些耶路撒冷是"治愈灵魂的浴场"和"上帝在巴勒斯坦之地选择的新娘"的描述，但实际上，她在这座城市的遭遇还是令她倍感震惊。并且，早在 1934 年到访时，她向一位

---

1 指拉斯克-舒勒用她独特的视角看待耶路撒冷。

朋友承认这次经历很令人不安："我再也无法坚守我一度信仰的犹太人的伟大。"此刻受困于并不在维也纳的维也纳酒店的昏暗房间中，她感到深深的孤独与失落——确切而言，正像埃里希·门德尔松那样，她也迷失在了"这个已经迷失它自己的"世界中。"那黄昏（Dimdumim）来临了，"她以一种远非欢快的语气给肖肯写信，在她的德语中插入希伯来语的"黄昏"这个词。"那暮色如我这般哀伤。我想象中耶路撒冷的生活，与此大相径庭。至深的失望……让我深陷，不能自拔，我将死于这里，死于悲伤。"

无论她知不知道，她已沦为露易丝口中的"年轻的先锋队"（young pioneers）的笑柄。他们"毫无耐性，对于活在幻想世界中的人也缺乏同情"。孩子们也取笑她，在耶路撒冷的街上尾随、戏弄她，还叫她老巫婆。露易丝被这位不凡的女性所吸引，为她辩护，因为露易丝找到了由头——把拯救拉斯克－舒勒当作她的一种使命。她为门德尔松争取支持的这些年——为那个经常被误解的艺术家埃里希，来自东普鲁士的东方人埃里希，固执的幻想家埃里希——似乎早已让露易丝全副武装，足以应付这个更极端的案例。露易丝说服肖肯和犹太人事务局为拉斯克－舒勒提供一笔小额津贴——这笔钱大部分都被女诗人用来买了鸟食。她一度形容自己像一只"孤独而富有异国情调的夜鸟"，而她的双手也像一双干枯的鹰爪。每当她坐在一条公园长凳上用面包屑喂着鸽子和麻雀时，看上去最为惬意。

在此期间，露易丝和克拉考尔为她在风车磨坊安排了一场诗歌诵读会。这会给她带来一些收入，因为正如露易丝解释的那样，"入场券理应价格不菲"。

当舒勒参观风车磨坊时，这位诗人一开始似乎有疑虑，接着就"越

来越为此吸引",最后她爆发出一股子热烈的叫喊,露易丝引用道,
"(她说)这才是我的归属;这就是我梦想过,却不曾找到的那个耶路
撒冷的一部分。 在这里,我要诵读我'圣经体'的诗作。"当露易丝带
她去四周走走并看看花园时,她再次滔滔不绝:"每一个参加我的诵读
会的人必须骑着骆驼来,而这些美丽的动物必须在无花果树下歇息。"

结果人们发现磨坊不够大 —— 在这场盛大活动的前一天,拉斯
克-舒勒兴奋地告诉朋友,已经卖出了 25 张入场券 —— 于是露易丝提
议把活动改到社区里一个更宽敞的地方:埃里希设计的肖肯图书馆。

于是,在 1939 年深秋的某个周一晚上,在图书馆那朴素的柠檬木
阅读室里,即新耶路撒冷最好的新式建筑的二层,"底比斯王子尤素
福"身着她常穿的那件蓝色长袍、头戴豹皮帽到场了。 面对着一整墙
的温控式书柜,铜边镶嵌的玻璃柜门后堆满了这位前百货大亨收藏的
近乎绝迹的德语、希伯来语的初版图书。 她在一张小桌上坐下来,两
侧各摆放着一支蜡烛,就摆在门德尔松那标志性设计的伦勃朗窗台内。
虽然这种设计在拉斯克-舒勒到达耶路撒冷的几年前就成形了,门德
尔松却似乎巧合地预料到了未来这个神奇的场景,并且在脑中构想出
完美配合这种氛围的弧形窗户 —— 与此情此景和拉斯克-舒勒不谋
而合。

但不仅那扇窗户预示了这次聚会的特殊与必然。 似乎连这座建筑
也一直静候着这场仪式的上演,如同一场洗礼。 图书馆也许是那位建
筑师在耶路撒冷的建筑中最完美的一座,它的内部空间常常让人联想
到以世俗、现代的方式建造的犹太会堂的庇护内室 —— 恰恰位于这座
"圣殿与圣经之城"的腹地上所建的藏书楼的核心之中。 这些日子古怪
而且黑暗,而现在,以一种古怪而昏暗 —— 却恰如其分的方式,这位

潦倒的伟大诗人充当起高级祭司的角色，此刻，她摇响手腕上系着的小
铃铛，向一群专注的、饱读诗书的流亡人士吟咏着她的"圣经体"诗
作。 她朗诵德语的嗓音，回响在墙壁和地板之间、天花板和书架之间、
凸窗的玻璃之间，那些窗户是门德尔松为希伯来人的明日家园而设计
的。 单单在这一夜，世界上一切的痛苦与灾难都被搁置一旁，流亡者
们重返了他们失去的 —— 曾被他们称作心灵家园的地方。

巴勒斯坦与明日世界

　　此时，门德尔松终于决定了留在耶路撒冷生活，而且别无选择，他能做的其实并不多。战争迫在眉睫，而几个月之后，他将完成所有重大项目的收尾工作——这些项目在过去这些年里几乎耗光了所有的精力。

　　他在海法的政府医院建造项目被《巴勒斯坦邮报》誉为"一项速度与效率的新纪录"，相对其他项目来说仿佛一瞬之间。1936年他收到项目委托，1938年12月医院竣工，开业。尽管门德尔松骄傲地谈到建筑如何"沿着蓝色海岸的曲线和迦密山——真正的迦密山（Mount Carme）[1]的柔和轮廓而建"，但是设计这座医院也让他内心深感不安。他在巴勒斯坦的第一个也是唯一一个政府委托项目要求他遵照英国殖民地政府的诸项规定，把给"白人"（英国公民和士兵）的病房和"当地人"（阿拉伯人和犹太人）的病房隔开来。数年后，巴勒斯坦的紧张局势仍在恶化，他写道，那时这个隔离政策是"一个看上去并不能在当时的海法催生友好关系的政策"。事实上，光顾这座医院的病人们只有英

---

1 以色列北部山脉，濒临地中海。源于希伯来语"Karem El"，意为"上帝的葡萄园"。

国人和阿拉伯人。由于英国的普遍政策——尤其这座医院实施的种族隔离——直到 1948 年，犹太人都在联合抵制这家医院。

但是，危机四伏的种种麻烦给门德尔松光鲜建筑的胜利蒙上了一层阴影——项目完工的庆典氛围被一种不寻常的方式消解了。建在斯科普斯山上的医学中心大楼，克服了常人看来不可逾越的障碍，终于要在 1939 年 5 月竣工验收，然而这一消息被低调地缩减为当地报纸第二版上的一条小新闻，投纸上关于限制移民政策的"白皮书"的铺天盖地的报道占据了公众的视野。这个当月宣布的政策，又将在当月被废除。亚斯基和门德尔松不得不再次带领一大群记者与达官显贵光临斯科普斯山顶。然而，这次参观是有所节制的，"依照目前形势，"根据报告说，"举行盛大庆典是不合时宜的，只能以一种不张扬的、事务性的方式进行。"

实际上，的确有一些庆祝活动毫不声张地开始了。就在哈达萨医学中心落成之际，肖肯一家为一百个精心挑选的客人举办了一场"家庭庆典"。（在赞美了项目本身、致谢项目的各位赞助者和规划者后，主人肖肯向医学中心的建筑师，同时也是这座觥筹交错的私宅的建筑师——门德尔松敬酒。）埃里希和露易丝自己也举办了一场招待会庆祝建筑的完工，并迎接一位老朋友——被流放的德国指挥家赫尔曼·舍尔兴（Hermann Scherchen）来到巴勒斯坦。舍尔兴将出任巴勒斯坦交响乐队随后几个月出演的几场音乐会的指挥。他在耶路撒冷的首场表演献给了巴赫、布索尼（Busoni）[1]和布鲁克纳（Anton Bruckner）[2]，众

---

1 意大利著名钢琴家、作曲家。

2 奥地利著名作曲家、管风琴演奏家、音乐教育家。

人纷纷致词以表敬意。之后，正如报纸报道的，"他参加了门德尔松先生为庆贺自己设计的哈达萨医学中心的落成而举办的聚会，人们在灯火通明的风车磨坊里轻歌曼舞，直至天明。"

然而，当炸弹爆炸时，歌舞升平再也难以维系。在白皮书正式生效的数小时后，伊尔贡在梅丽桑德女王大道的移民局前引爆了一辆满载炸药的机动炮车，第二天，耶路撒冷的和平抗议演变成了暴乱，犹太暴徒在近市中心政府大楼的地方砸烂商店窗户，并开枪射杀了一名英国警察。扔石头的人群和挥舞警棍的警察之间进行了三小时的激烈冲突，当人群最终退散时，满街遍布石头路障、大片瓦楞钢板、被拆散的电话亭的木头、铁梁和弹簧床垫。由于这群乱窜的暴徒故意损毁了这片区域的所有街灯，几周内市中心隐没在一片黑暗之中。

在随后的 5 月，大规模非暴力示威仍在继续，但是在一个月内另外两个炸弹在近玛丽公主大街的一处阿拉伯人开的电影院内爆炸（后来玛丽公主大街以一位犹太女王撒罗米[1] 的名字重新命名），炸弹炸碎了建筑的每一块玻璃，把大门从铰链上炸飞，在地板上炸出一个大坑，18 名观众受重伤，绝大多数是阿拉伯人。报纸上用醒目的大字标题写着"王权下的废墟"[2]。

在那次爆炸之后，军方命令所有城内的犹太影院和咖啡馆停业，而且"作为犹太人对阿拉伯公共汽车开火的惩罚"，一些犹太公共汽车也被迫停运。但是仇杀像家常便饭一般已经生下根来，比如，伊尔贡在

1 撒罗米，即莎乐美·亚历山德拉（前141—前67），原为阿里斯托布鲁斯一世的王后，丈夫死后嫁给其弟亚历山大，亚历山大死于酗酒后撒罗米继位，史称亚历山德拉女王。

2 此处原文为押头韵的 "wreckage at the rex"。

雅法门附近埋下另外 4 颗炸弹，炸死 5 个阿拉伯人，伤 19 人；一群阿拉伯人在某个周五下午探望他们在中央监狱的亲戚，一位年轻的犹太女子企图在野餐篮里偷运一颗炸弹扔到人群中。几天后，伊尔贡瞄准了几条街以外新建的邮局，在那埋下 3 个炸药包，其中一个在一名英国地雷工兵面前引爆，而他恰好是成功拆除中央监狱的炸弹的人。

他当场被炸死，邮局柜台也被炸出一个巨大的洞，原本柜台的位置被破碎的玻璃、面目全非的钢架和破碎的水泥块所取代。大块的天花板坍塌下来，散落在主厅的大理石地板上，就在一年前，人们才热烈地庆祝过这座建筑完工。

◈

然而，在这座城市里，破坏与建造曾经 —— 并且现在依然 —— 彼此裹挟着，几乎到了不可理喻的程度。在邮局炸弹引爆的同一周里，门德尔松最新的建筑在隔壁的雅法路建成开张，而本该充满"蛮横破坏和惨烈伤亡"的报道的新闻版面，却也宣告着"今天另一个石质纪念碑也许会被誉为过往成就的见证，以及未来进步的希望"。当人们还在清理邮局爆炸后的瓦砾时，门德尔松设计的盎格鲁－巴勒斯坦银行已迎来了第一批顾客，银行由一栋 7 层主塔和附加的低矮配楼组成。

早在隔壁的事态失控之前，新建成的银行高塔为巡查骚乱的英国苏格兰高地警卫团士兵提供了一个绝佳的观察地点，门德尔松设想出这样一高一矮的建筑形式，来应对高低不平的地势条件和严格的规划条款。位于后部的低矮平楼维持在政策允许的高度，而门德尔松希望面朝繁忙街道那部分，有着光滑线条的高大楼体使人联想到希伯伦当地那种"朴实垂线"的传统建筑。总而言之，他期望银行大楼变化的高度能够再次唤起人们对犹太乡村和缓缓递进、阶梯状分布的村庄的记忆。弧形的窗台格栅，一根纤细直立、长长的旗杆，厚重魁伟、浮雕装饰的铜质大门，和几十组火炬形的细长灯台，插在壮观而简洁的门面上，如同门德尔松描绘的那般，极其高贵庄严。在一篇介绍银行大楼的报纸文章里，门德尔松再次向怀着困惑与怀疑的大众介绍了他的建筑方式，他写道，"了解地中海的人——不光是在特拉维夫当地——那些记得威尼斯和大马士革彩色石材立面的人，那些记得佛罗伦萨宫殿里纽扣式的古铜装饰和雅法清真寺里对比强烈的颜色组合的人，必定能识别出裸墙与装饰石墙交错的风格，这才符合贵族住宅与显赫商家的真实品位。"

四分之三个世纪后的今天，再读他的文字，仍能感受到他那种极度想通过建筑表现权力与高贵的热望。他其实不必如此自我粉饰，因为他和他所有的读者都知道，这间银行代表的是一个重要的犹太复国主义组织（1948 年成为以色列国民银行集团），并且，这是他迄今为止为这座城市设计的最靠近中心位置的建筑，过了这么多年，它仍矗立在市中心的枢纽地段。

当然，门德尔松似乎也比别人更能意识到，对于绝大多数在这座银行里存入支票或申请贷款的人，他在黄铜装饰和对比色方案上的精彩设计是多么无关紧要，更不用说那些能让人联想到佛罗伦萨宫殿和大马士革的彩色石质立面。眼下最重要的都是政治符号、现实状况和意识形态。虽然他在爆炸几周后发表的文章里完全没有提到隔壁发生的事件，但这件事似乎还是让他有些紧张。在文章的起首，他着力描述了银行与邮局的区位关系，把邮局称为"（这座城市里）最熙攘的公共建筑"，同时"它卓越的艺术价值，也彰显出了这座建筑的重要地位"。

恐怖分子们瞄准了邮局这件事，一点也不令人奇怪。邮局是英国政府在巴勒斯坦建造的最大、最昂贵的建筑物。它是英国托管巴勒斯坦的地标性建筑，因而对于那些被白皮书激怒的，强烈反对它所代表的含义的团体而言，这座建筑是最理想的攻击目标。

然而，恐怖分子视而不见也无法理解这座邮局的建筑意义，唯独埃里希·门德尔松暗自痛惜它的遭遇。诚然，邮局在各个方面都意味着一个宏大正规、非常英式的结构，同时也不显眼地烙印着建造者——资深的英国政府建筑师奥斯汀·哈里森的私人印迹。他是一位儒雅的终身隐居国外的英国侨民，年轻时，工作与性格驱使他离开英国来到东

方，他对伊斯兰建筑和拜占庭建筑的广博知识，甚至影响了他最为壮观的殖民地建筑。哈里森从 1922 年开始就在巴勒斯坦生活和工作，至今已经 15 年。这座邮局是他在这个国家最后完成的作品，亦是他关于此地的建筑可能性的最后声明。修建邮局的石材来自附近的阿拉伯村庄比特·赛法法（Beit Safafa）[1] 的采石场。手工切割的石块以交错的方式整齐地堆砌，建筑的拱窗和富有装饰的木门，黑色玄武岩和灰白色砖石相间的叙利亚风格的条纹，使得它一度是、将来依然是一座独特的建筑 —— 就像门德尔松遍布城市的设计一样 —— 它从东方和西方、本地和外地、古代和现代的传统中萃取了精华，将其熔炼为一个紧密结合且富有逻辑的整体。

但是确实，为何由憎恨英国的修正主义者组成的兵旅在投掷炸弹之余还要关心建筑的一丝一毫？哈里森既非犹太人亦非犹太复国主义者，在那些浴血奋战、坚定不移地要锻造一个犹太国家的人看来，所

---

1 沿以色列绿线分布的一处阿拉伯城区，大部分区域位于东耶路撒冷。

有对"阿拉伯"建筑的美好憧憬，让他显得尤为可疑。过去这些年里，民族复仇的情结紧锁巴勒斯坦地区，在这种粗暴的新形势下，为如同哈里森一般非凡且深思熟虑的知性所留的余地已经荡然无存，他领悟了这个事实，并记在心里。前一年夏天，当总督在为邮局的开幕仪式剪彩，宣称"上帝保佑国王"，并宣布邮局开张的时候，哈里森就已经尽可能迅速且悄无声息地从巴勒斯坦和英国托管地政府抽身逃离了。

门德尔松设计的这座"盎格鲁－巴勒斯坦银行"建筑本身不大可能成为犹太恐怖分子的目标——除了它名字的前半段。它或多或少是正在建立的犹太国家的一个重要经济部门，积极服务于购置土地、发展农垦以及规划城市里专属的犹太复国主义者社区——但是出于政治和美学的考虑，门德尔松感到有必要为哈里森和他设计的建筑辩护。当然，他实际上也是在为自己和一个国际化耶路撒冷新城的憧憬辩护，那是他和哈里森都渴望创造的未来。正如他所做的一切，他同样捍卫着某种世界观，要与世界上的其他人、所有人和谐相处——而不仅是犹太人——而且置身于这个即将变成精神桎梏的地方之外。门德尔松通过他旧时在地中海学院的同事、雕塑家兼字体设计师埃里克·吉尔与哈里森相识结交。（吉尔在过去几年两次到访巴勒斯坦，为哈里森的巴勒斯坦考古博物馆制作了一系列浅浮雕，还为门德尔松海法医院的一侧设计了一棵圆形的"卡巴拉生命之树"。）尽管他们并不十分亲密，个性与建筑风格也非常迥异，然而哈里森在巴勒斯坦的这些日子里，他们俩似乎志趣相投。事实上，直到哈里森离开前，他也许是门德尔松这位爱批判的傲气建筑师所认同的唯一一个与他旗鼓相当的同行。

　　然而事到如今，随着哈里森从耶路撒冷舞台匆忙隐退，门德尔松变得比以往更加孤独："你永别了巴勒斯坦，这极大地影响了我，"他于1938年1月初通过开罗的库克旅行社写信给哈里森说，"我一向认为并强调您的作品对巴勒斯坦有着至高无上的价值，它们应当永存，以展示您那衔接过去与未来的精湛技艺典范。"

　　在耶路撒冷，过往的时光或许会、或许不会真正变成过去，尽管未来的岁月一如现在，非常不明朗，然而门德尔松的话将依旧在雅法路上的邮局和银行的石墙间回荡，正如那两座建筑在他们的缔造者逝去后多年，依旧以饱含感情的对话姿态，相对矗立着。

◈

　　大约在就哈里森逃离巴勒斯坦的同时，门德尔松的朋友与支持者沃科普也宣告正式卸任，后由另一位总督接替——后者远不如他那样爱品香槟、爱听巴赫，或者为建筑委员会安排一个和他一样思想自由的犹太人。在政府大楼（另一座哈里森的不朽建筑，几年前完工）里新的政权管理下，"诗人们的作品不受待见，"一位英国的亲历者说，"书架上摆放的尽是些劣质的犯罪小说。"在他任职于巴勒斯坦的日子里，花花公子似的亚瑟爵士举办了一个半永久性的沙龙——到处都是音乐会、鸡尾酒会和所谓艺术——而他的继任者哈罗德·麦克米歇尔（Harold MacMichael）[1] 爵士，却有另一种更加庸俗的品位，他把以下这些当作

---

1 大英帝国殖民地的最高管理者。

"业余爱好"——"看地图册、读侦探小说、收集不太贵重的石头，还有砍砍树"。

不久后，扎尔曼·肖肯也准备离开。这是一个渐进的过程，在他在国外为希伯来大学筹集资金的长期旅程中便开始准备，1940 年 10 月，他从一次公差途中溜走，再也没回到耶路撒冷。尽管不久前他才把与他同名的出版社从柏林迁到特拉维夫——在柏林时，肖肯出版社曾在水晶之夜（Kristallnacht）[1] 被纳粹暴徒洗劫一空，并最终被迫关闭——但是事实上，他盘算着告别巴勒斯坦已经有一段时间了。

像门德尔松一样，肖肯发现自己渐渐地与这个粗野混乱的环境格格不入。据他所说，在德国，在希特勒掌权之前，他觉得自己"处在一些混杂的人群之中"。而在巴勒斯坦，他根本不属于任何群体。他抱怨说，政治家们仅仅把他看作某个掏钱的人；他们从来不找他寻求建议。尽管他已经切实地为不朽的希伯来知识分子阶层文化的复兴进行投资，却从来没有真正学会希伯来语；表面上，他作为这个国家的主要报社之一的出版人和大学董事会的董事长声名显赫，事实上却仍然徘徊在文化的边缘，生活在那座门德尔松按照他严谨的普鲁士规格建造的别墅里。虽然这座别墅一度为他提供了艰苦环境中的庇护所，但如今，它的大理石地板、奢华的花园和典雅的游泳池，看上去只是为了强调

---

1 这里指1938年11月9日至10日凌晨，希特勒青年团、盖世太保和党卫军袭击德国和奥地利的犹太人的事件。"水晶之夜"事件标志着纳粹对犹太人有组织的屠杀的开始。起因是一位留亡巴黎的犹太裔青年，因求助于德国驻巴黎大使馆秘书，请求协助其被驱逐于波兰的家人未果，愤而枪击之。结果纳粹宣传部长戈培尔组织纳粹党员与党卫队袭击德国全境的犹太人，造成3万名犹太男性遭到逮捕并被关入集中营，1574座犹太会堂及7000家犹太店铺、29家百货公司等遭到纵火或损毁。

他不属于此地的事实。 在这迟来的梦想成真之中，的确带有某种讽刺意味。 肖肯想要一座如门德尔松在鲁本霍恩的别墅一般的时髦小宫殿，门德尔松也为他提供了这样一座宫殿。 但正如门德尔松遗弃了在鲁本霍恩的别墅，这座在哈弗尔湖畔为露易丝建造的梦想之屋，肖肯一家在几年之后，也遗弃了它的巴勒斯坦版本。

随着肖肯一走了之，门德尔松也变得心不在焉了。

❖

在欧洲，战争最终还是爆发了，而这远方的延绵战火以某种方式扑灭了本地的野火。 当然，巴勒斯坦的问题并没有消失，但是暂时被抑制住了。"我们依旧处在由战争爆发引发的和平之中——一个自身的矛盾，真正的矛盾，"1940 年初，埃里希对一位英国友人写道，"国内的冲突完全停息了，而我们又一次享受着这个国家早春的美景：新绿的覆盖、遍野的花和橙子。 这一切，即便最贪婪的人也目不暇接。"

不过，除了吃那些吃不完的橙子，埃里希没有多少事可做。 他最近刚刚收尾了一个哈伊姆·魏茨曼委托他的，位于雷霍尔特的大型研究实验室的设计，还完成了一所农学院的委托项目。 然而在缺少其他老盟友和新委托的沮丧里，他感到孤独和无所事事。 于是他改变了想法，给一个不同类型的构筑物绘起了图纸，一个他既是赞助人又是建筑师的构筑物：一座词语造就的大厦。

《巴勒斯坦与明日世界》(*Palestine and the World of Tomorrow*) 对于建筑师门德尔松而言，却是少有的不稳固的结构——这是一本薄薄的但内容复杂的小册子，用他那不大优雅、修饰过度且拼写有误的英语写成，于 1940 年 2 月在耶路撒冷以他个人名义出版。无论这本小册子是否缺少他平素在建筑学领域的优雅和克制，它都不止是由热情、野心以及那种旧时的执念 ——**憧憬**所组成的。事实上，这篇短文比以往任何时候都直截了当地陈述了他开给这片土地政治和文化的未来最具预言性的"处方"。他写下的东西，以某种方式使他又兜了一个大圈子，回到了那些当他被派驻在俄国前线时，渴望在小纸片上抓住的"想象力大爆炸"之中。不管有没有人真正愿意建造他的设计，换句话说，那也不在他的考虑之内。他提出的概念的价值和原创性说服了他自己，他如今决定，就算为了这些创意本身，也要在纸上把它们搭建起来。

紧迫的宣言、漫无边际的讨论、衷心的请求 ——这份小册子始于一段六千多年地中海历史的概览，从埃及人发明象形文字到腓尼基人制造钱币，再到犹太教先民制定的"道德律令"，再从罗马的公民社会到希腊的哲学和戏剧诗篇。他写道，几十个世纪以来，"地中海一直是世界的主人"，而巴勒斯坦则作为"那些民族统治地中海地区的必由之路"，"它的历史与那些伟大帝国的兴衰息息相关"。与此同时，那些"建筑和艺术的遗迹，"他写道，并按德语的习惯把名词的首字母大写，"反映着各类人的入侵和它们对于巴勒斯坦文明的影响。"

在地中海沿岸的凹心地带，这些帝国的建筑遗产相互融合。门德尔松在毁掉的犹太神庙追踪到"一个由巴比伦、埃及和米诺斯克里特（Minoan Crete）[1] 文明所塑造的文明"的痕迹，而在任何地方都能看到罗马、早期基督教和早期伊斯兰教的遗存。然而，这些荣光属于遥远

---

[1] 来自古希腊神话中之克里特王贤王米诺斯，是欧洲最早的古代文明，也是希腊古典文明的前驱。以精美的王宫建筑、壁画及陶器、工艺品等著称于世。

的过去，并且随着整个地区逐渐地趋向衰亡，巴勒斯坦也沦落成"通向远东的一条不重要的商路"。

门德尔松把这种可悲的境况归因于工业革命，同样地，还有地理因素抑或土耳其的统治。在关于接下来几个世纪的历史的一段不着边际且杂乱无章的随笔，和一些令人费解的标语口号后，门德尔松回到了小册子实际的主题和论点，即它和建筑学一点关系也没有，而是关于当今寰宇混乱的现状，以及这个危机所提供的可能性——既是给这个世界的可能性，也是给犹太人的可能性。

随着犹太解放运动（Emancipation）[1]的开展，欧洲的犹太人们坚信他们可以成为他们生活着的社会的一部分，但"近几十年来民族主义者和种族主义者的仇恨"显示了这种信念是被人误导的。考虑到他们的"民族感情基于一种对《圣经》中预言的永恒信仰"，巴勒斯坦于是成为唯一的答案。门德尔松狂热地赞美道"犹太人回归于……他们在历史上发源的国度"，赞扬这批早期定居者的理想主义，以及他们在"犹太复国主义殖民化"的最初五十年里，发动的"史诗般的战役"。可是突然间，他说，考虑到今日世界的状况，一个独立国家的理念太狭隘了。

"巴勒斯坦不是一个无人居住的国家。恰恰相反，它是阿拉伯世界的一个重要组成部分。"

在小册子的这一部分里，他发出了最清晰的呼吁——犹太人必须成为"未来的闪米特联邦"中的"一个细胞"。这个新的统一体，应当

---

1 是欧洲犹太人从外在和内在同时争取权利的历史进程，自18世纪末起逐渐发展直至20世纪初截止。

借鉴阿拉伯帝国如日中天、阿拉伯人和犹太人成为"世界启蒙领导者"那些时代曾经煊赫的文明。当欧洲在"黑暗时代"[1]下衰落，犹太人蜷缩在贫民窟中时，阿拉伯的犹太人地位显著提高，直至拥有政治影响力，并创造了永恒的艺术品。

他再次宣称，一个促成"物质与精神重新联结"的时代已经到来。他说，犹太人"既不是作为征服者，也不是作为难民回到了巴勒斯坦。这让他们意识到，如果没有本地的阿拉伯人民共同参与，这个国家的重建是根本完成不了的"。在反思了英国统治下的动荡岁月之后，门德尔松宣告，军事托管已经走到尽头，而一个新的国家急需建立。

作为"通向闪米特世界的大门"，今天的巴勒斯坦象征着"最现代的文明和最古老的文化之间的联合。它是一个智识和憧憬、物质与精神相会的地方。阿拉伯人和犹太人……在这一联合的安排下都会平等受益。巴勒斯坦能否成为'新世界'的一部分的命运，取决于对它的解决方案，而'新世界'，将会替代那个已经消逝的世界"。

"创世纪，"他以一声惊雷般的修辞结尾，"在于重复它的自身！"

然而，真是这样吗？尽管门德尔松用一种集体信条般高昂的辞藻写就《巴勒斯坦与明日世界》，但在很多方面，这篇短文更像是一次孤注一掷的陈情，陈述门德尔松那固执得不能再固执的想法。——一声神谕般的啸鸣或者撕心裂肺的大声呼喊。根据他过去几年中亲眼所见的一切，他非常清楚这种憧憬是多么不切实际。似乎也是最后一次，他

---

1 指欧洲史上是指 476 年—1000 年的中世纪。

痴迷于这浮在空中的幻觉，一如他对掌握这个地方自然与气候的细节那般痴迷，仿佛他能够假装他长期以来为巴勒斯坦设想的一切都是事实。"那些犹太人，"他用一种出人意料的乐观语气写道，"似乎把握住这样的事实：只有与那些阿拉伯人紧密合作，才能建起巴勒斯坦，并且只有在两个民族达成共识的时候，她（巴勒斯坦）才能变成一处安乐之所。"他对一个和平且精巧的闪米特联邦的振奋人心的呼吁，与埃尔莎·拉斯克 – 舒勒用来解决冲突的华夫饼摊子和"阿拉伯—犹太人"游乐园的方案如出一辙。

另一方面，虽然他在公开场合高谈阔论他对这片土地和明日世界寄予的伟大希望，但在私底下，他也陷入了同样古老的怀疑甚至绝望当中，更别说他还很焦虑。"我觉得巴勒斯坦必须成为犹太人的中心……"这段时间他写信给刘易斯·芒福德说，"但是土地的尺度非常小，还有它的人口被分裂为两个阵营——政治上的和智识上的。作为一名建筑师，我没机会去传播我工作的理想价值了……所以我常常在想，美国是否能成为我下次实践的热土。"

选择离开耶路撒冷，远没有决定留下来那样戏剧化。

由于"骚乱"导致的持续的延误，以及哈达萨对修改方案的期限要求，斯科普斯山建设委员会虚耗了他很多额外的时间和金钱，而如今项目完工，他本着他俩"亲密而和谐的合作精神"写信给亚斯基，问他是否像他所说的那样，在项目开始时两人的君子协定许诺他的那样——付给他额外的报酬："即使是最恶毒的人也不会说你们的'建筑师'已经拿到了与他的能力、忠诚与成就相匹配的薪水。"

亚斯基同意了，并尝试去干预委员会。尽管他赞美门德尔松工作尽责，还描述了他"相当严重的"财务状况，但那些管账的人并没有受到一丝影响。罗丝·哈尔普林（Rose Halprin）[1]，巴勒斯坦哈达萨委员会的主席，给门德尔松写了封一板一眼的、令人气愤的信，她知会门德尔松，哈达萨已经决定不再支付他的薪水，尽管"我们彼此心照不宣，这绝不是对您伟大成就的否认，相反我们因您的贡献而由衷地感谢您"。但是，报酬毕竟还是次要的，"因为我们都懂，您通过建立起这座医学中心而服务了巴勒斯坦，您从中得到了多少满足。我们十分欣慰，因为您慷慨无私地担负起了这项工作，您最终得到了公众的认可……"诸如此类的场面话。这次"愉快"的拒绝，足以让门德尔松中风，他反击道，"这些年来"，他一直"为哈达萨的工作倾尽他技术和艺术上的所能"，万万没想到，由于他坚守那句诺言，"别人说服他接受的这项合同条款，却让他蒙受了惨重的经济损失"。

"亲爱的哈尔普林夫人，你的信打击了我的信心。如果哈达萨不能公正对待我的事业，那只好到此为止了。你的溢美之辞和对未来的诸多承诺，不会让我的态度有所改变。"

他继续承接了一些大学里零散的项目——1939年完成了一座中等规模的体育馆和旁边运动场的设计，并和肖肯共同担任了一座小型博物馆建筑竞标的评委。然而，已经明确的是，由于肖肯的离开和马格尼斯敌对的态度，他无法将大学作为一个整体来规划。他把微缩模型要了回来，搁在"未实现的项目收藏"里，可大学却反过来不知廉耻向他索要建校费。尽管此时又有关于安排他在斯科普斯山校区教建筑的一些流言，魏茨曼甚至在他的新歇脚处纽约德梦尼可酒店（Delmonico

---

1 20世纪美国犹太复国主义领导人之一，美国哈达萨主席。

Hotel）给肖肯发电报说："我很遗憾地得知，门德尔松可能要离开巴勒斯坦了……建议你以最大努力给他安排一个耶路撒冷的院长职位，以确保他对这个国家的贡献。"然而，最终什么也没有实现。由于沃科普总督的离任，那些托付他用建筑来"引导"这个国家，还有"规划所有重要建筑"的声音，也成了空谈。

此时，《巴勒斯坦与明日世界》仅仅证实了那些最为轻蔑、藐视的评论家的看法，他们即便不把他看作一个彻底的叛徒，至少也是个冷漠的假内行兼危险的空想家。"这个册子使他在巴勒斯坦地区的形象变得非常惹人厌，"露易丝后来写道，"但是，埃里克总归不是一个处事圆滑的人，他的个性就是有话直说。但这没有让我俩的生活变得更加从容。"

这一切的失望和沮丧，让夫妇俩内心感到痛苦，但同时也有别的外部因素促成埃里希和露易丝再次收拾行囊。1940 年 9 月，一枚来自意大利的炸弹轰炸了特拉维夫市和周边阿拉伯村庄，导致 137 人遇难。隆美尔的大军很快进入利比亚，并逐步逼近巴勒斯坦，正如露易丝所说，"我们清晰地认识到，他们进入巴勒斯坦后，肯定会发生一场针对犹太人的凶残屠杀。我们逃脱希特勒的暴行，不是为了又掉进巴勒斯坦的混乱当中。"

然而，虽然上述理由都可以解释他们最终在 1941 年 3 月离开，但没有哪个理由能单独且令人信服地发挥作用。如果说有什么根本原因的话，门德尔松其实是回到了原点，回到了 1933 年攫住他的同一个念头："巴勒斯坦还没有召唤我。"他在某种程度上依然等待被召唤，而且不出所料，即便在他们走后——先到纽约，最终到了旧金山，他依然在等待召唤。在那里，他接到的项目大多是美国近郊的犹太会堂，而他也愈发忧郁——他虽然决定离开，却从未真正地尘埃落定。

在几年远隔重洋的岁月里，他和亚斯基继续保持着热络的通信。然而在 1945 年，当门德尔松提出若有合适项目他可能会重回耶路撒冷时，亚斯基的回答听起来有些无奈："双方之间，即巴勒斯坦犹太人和门德尔松之间如何协调，取决于你。你知道这次和解不可能通过巴勒斯坦邀请你而实现，但也许可以通过你低头回到巴勒斯坦的方式达成，就像千千万万的人以往所做的那样，这也是千千万万的人如今渴望去做的事……我非常遗憾地看到，或许我误解了你想回到巴勒斯坦的真心，但你能否回去，还是取决于未来委托给你的项目多少。亲爱的埃里克，这不是一个犹太复国主义者该有的态度，我个人就不持这样的态度。"

事实上，他从未亲自回到耶路撒冷。然而，他，或者他那只独眼，却真的仍然留在那里，并将继续留在那儿——日复一日，年复一年。在斯科普斯山上，在 1934 年狂风大作的那一天，曾有两个男人眯着眼一起凝视着远方的胜景；而在他们离开多年以后，他所建造的医院仍继续矗立在原地。1945 年 1 月，埃尔莎·拉斯克－舒勒在这家医院里咽了最后一口气。1948 年 4 月，哈伊姆·亚斯基和 77 名医生、护士、病人、看护人和其他人员在一支装甲车队的护送下驶往医院，在半道遭遇的恐怖袭击中被一支凶残的阿拉伯军队屠杀，时间就在犹太军队在附近的代尔亚辛村（Deir Yassin）[1] 袭击 100 多名阿拉伯人的 4 天后，也是

---

1 这里指代尔亚辛村大屠杀，1948 年 4 月 9 日，来自犹太复国主义右翼恐怖组织伊尔贡和莱希的约 120 名士兵袭击了耶路撒冷附近的代尔亚辛村，村内原本住着约 600 名巴勒斯坦阿拉伯人。

以色列宣布建国的一个月前。

　　"如果还有机会，我会重新开始，"在 1953 年 3 月，门德尔松对他的一位友人写道，"因为我为了最终的、全新的创作时期，已经做了那么多的准备。我会让最初的那些草图指引我……"一个月后，医生在他的甲状腺发现了一个肿瘤（与 30 年前夺走他一只眼睛的癌症不同的恶性肿瘤）。同年 9 月，他在旧金山的锡安山医院平静地离开人世，骨灰随着加利福尼亚的风飘然散去。

BEAUTIFUL THINGS
ARE DIFFICULT, 1923

第二部

美物难存，1923

在花园中

　　在那座暗礁般的小花园（能俯瞰到大范围的旧城墙和平展的、阶梯状的村庄屋顶，他知道这个村庄得名于《圣经》中的西罗亚池[1]），奥斯汀·圣巴布·哈里森独自坐在那里愉快地画着草图。他年仅 32 岁，已是一名经历了数次战争、厌倦打仗的老兵，一个本质上爱好和平的人 —— 而和平却似乎总是躲避着他。但是，在耶路撒冷阿布托尔（Abu Tor）社区里，在一棵大柏树下，他陪着睡在他身边的小白狗。他把用桂竹香点缀的小石屋的门推开，好让微风进来 —— 这位巴勒斯坦公共事务部的首席建筑师，似乎找到了，或者说塑造了一种与这间小屋十分相似的生活品质。

　　哈里森是本地公务员中最特立独行的人，他精确地知道自己享受的是什么，而且他有一种超人般的能力，能整理围绕他的空间和时间，这样他就会柔和而确定地获得享受。例如，在 1923 年 10 月下旬，在这个特殊的时期，他请了四天假，离开他那张政府配发的制图桌，因

---

1 Siloam，《圣经》中记载的耶路撒冷城外的一处泉水。

为他只想待在家里描绘眼前的村庄。他写信给他英国老家的妹妹埃娜（Ena），"公共事务局新主管很不情愿地准了假"，他是那种"下班后就不会从生活里找乐子的人"，而"当我告诉他我准备怎么打发时间时，他几乎要气炸了"。

他过着一种他称之为"隐士般的生活"，哈里森说，"我是一个很爱交际的人，尽管表面看上去并非如此。我只是必须想法离开那个压抑着我的社会。"露易丝·门德尔松后来称他为——我们夫妇俩的朋友、"一位异常敏感的艺术家"，并尖锐地评论道："他不喜欢女人，当我有次邀请他出席风车磨坊的鸡尾酒会时，他以自己从不参加公鸡母鸡聚会[1]为由，婉拒了我。"

不管是否热衷于聚会，他都忠诚于他的朋友们——尤其是一些令人敬佩的女性友人。（在 1940 年于开罗相遇后，那位集冒险家、阿拉伯语学者和旅行作家于一身的女子芙蕾雅·斯塔克[2]，成为了他的知心女友，并与他定期通信。）后来，劳伦斯·达雷尔[3]把一本《苦柠檬水》，即关于她在塞浦路斯不安岁月的回忆录送给了哈里森——他是哈里森20 世纪 50 年代在塞浦路斯的邻居和常客。尽管达雷尔引用了另一位英国友人（哈里森在塞浦路斯的建筑伙伴）皮尔斯·哈伯德的话，将哈里森形容为"一个可怕的隐士……如果这人是个爱群聚或交际的人，他不可能总是避开男人们流连的场所"。这位《亚历山大四部曲》的作者，深知持久的友情在哈里森的宁静生活中所占的分量。"对他而言，"

---

1 哈里森将鸡尾酒会（cocktail party）戏称为"公鸡和母鸡聚会"（Cock or Hen parties）。

2 英国女探险家、旅行作家。

3 英国女作家、剧作家、旅行作家。

达雷尔评价说，"在孤岛上的生活因为有来自彼岸的访客而变得可以忍受，"因此，"他把自己塑造成位于世界主干道上的一间客栈或商驿，"在那里，他欢迎四处漂泊的相似的灵魂。

耶路撒冷也许气候干燥、位于内陆，但它同样也是一座孤岛，而当哈里森住在这个简朴的阿布托尔三居室房子里时，他学到了许多关于美的观念——这些观念最终会对他与世隔绝的塞浦路斯生活产生影响。然而，对于哈里森而言，那真的不需要太多学习，因为他自然而然地习得了很多的审美习惯。达雷尔后来回忆说，他代表着"那个被遗忘的世界，那里的生活方式不仅是走近拥有书本、玫瑰、雕塑和景观的世界的必要途径，同时也是内在方法"。在塞浦路斯岛上，哈里森"温柔和谨慎地"，"使整个构造能够放声歌唱"——他把一间破马厩般的陋室改造成了自己的家。这间房子在达雷尔眼中，"是对这个男人的一种完美诠释"。房子里有成排摆放着各类书籍的墙和发光的圣像，还有尖顶凉廊和莲花池，这些东西的存在，不仅是为了展现他的高雅品位，也是为了体现他"对自己的哲学原则的一种阐释——对过上美好的生活、应该怎样过上美好生活的阐释"。

在耶路撒冷，他也同样如此，伴随着特有的耐心与坚决，他在这所普通房子的拱形天花板和石头地板的每一寸里都烙上了他独有的风格。他铺了些地毯，并在粉刷的墙壁上挂上木版画，在主屋的凹处放了一架钢琴，并一丝不苟地布置了一张青色大沙发，几盏散发出柔和橙色微光的油灯和读书用的蜡烛，几把扶手椅，还有另外一些用灯芯草和刷漆木材制成的座椅。他也将他最爱的留声机放进了一座深窗户壁龛中，库普兰（Couperin）[1]、巴赫和普契尼的音乐，从那里源源不断地涌入巴勒斯坦的夜色当中。

就像布置他的小家和简单却妥善安置的家具那样，哈里森悉心布置了他为耶路撒冷规划的每一栋建筑。从政府大楼带尖角装饰的通风窄缝，到考古博物馆的荫蔽回廊，还有雅法路中央邮局办公室木质大门上的方形雕饰，每一个建筑元素都是他那汲取美的敏感天性和达雷尔所说的"哲学原则"的具体表现。他打从心底里认同阿布托尔的小屋通风却紧凑的质感，并有意在他所有的耶路撒冷建筑方案里复制那间小屋洞穴般的、墙体厚实的特质。"这个国家独有一种特别的碎石拱形结构，在战前广泛地用于各处，并且到今天仍在城市外使用，"他在一本官方备忘录（用于记载政府主要建筑的设计事宜）中写道，"这一仅仅使用了粉刷或油漆的拱形结构是如此赏心悦目，以致任何一种装饰或'表面处理'都成为累赘。"极为讽刺的是，身为一名公务员，他在巴勒斯坦的委托项目似乎不受个人色彩的影响，但事实上，他那位于阿布托尔的普通农家小屋，那简洁的线条与流畅匀称的比例，为他在耶路撒冷留下的所有公共建筑默默地提供了灵感。也因此，通过这样一种最本质的方法，他在耶路撒冷不折不扣地留下了他的沉着、他孤单的天性以及他为实现愿景不屈不挠的毅力。

尽管他已经被大多数穿行过或使用过那些建筑的人所遗忘，但他在耶路撒冷设计的每一座建筑，仍然是"对这个男人的一个完美诠释"——既是他个人档案的一部分，也是这座城市的一部分。

---

1 法国作曲家，法国键盘音乐古钢琴乐派的中心人物。

　　除了为他提供建筑上的灵感，阿布托尔的小石屋也是他的一处避难所——不仅让他躲开了茶会和招待会上那些令人心烦意乱的闲言碎语，也让他从一年前开始的繁重工作中暂时得到解脱。

　　他刚在马其顿、色雷斯（Thrace）和加里波利（Gallipoli）规划重建了城镇建筑，这些都是在战争中被摧毁的地区，并且他在加里波利为难民设计住所的工作，还因另一场战事（这次是希土战争）而突然中断。1921 年，在完成这些规划不久后，他便答应了巴勒斯坦首任总督赫伯特·塞缪尔的召唤。通过电报，塞缪尔已经联系了当时的殖民地政府秘书温斯顿·丘吉尔（Winston Churchill），并强烈要求"提早选派一名可以胜任巴勒斯坦公共事务部建筑师的候选人"。

他必须"实事求是而且精力充沛，最好能有一些在国外（与巴勒斯坦的气候环境相似的地区）建造的经验……30 到 35 岁的未婚男性最佳。"

鉴于他曾在与巴勒斯坦气候相近的国外地区建造的经历，这位非常务实、精力充沛，而且未婚的哈里森（那年他正好 30 岁）丝毫不差地符合了山姆的要求。尽管他骨子里的英国特质是内在的，甚至不可撼动的 —— 他把女作家简·奥斯汀认作先祖，觉得自己继承了她的大名，而且直到他生命最后时光里，他仍在喝茶，抽烟斗，喝早餐麦片粥 —— 但在他年轻时，便拒绝了英国的生活，也没有再回去的意愿。除了 1922 年的几个月里，他受雇于埃德温·鲁琴斯爵士（Sir Edwin Lutyens）[1] 在伦敦的建筑事务所，忙着从事他称之为"德里的工作"的设计（他协助事务所完成了英属印度的首都规划，也因此拥有了在殖民地设计建造的经历）；在 1930 年代末的一小段时间里，他也为牛津纳菲尔德学院（Nuffield College）做了一些建筑设计（起初，资助人以"不够英国"为理由否决了他为学院做的简朴平屋顶设计，随后，哈里森顺从地根据"科茨沃尔德[2] 本土建筑"的风格修改了方案）。除此之外，他的大半生都是在英格兰东南方向的远方之地度过的。随着他在一连串朴素，却装饰得雅致的住所 —— 在巴勒斯坦、埃及、马耳他、塞浦路斯和希腊扎根 —— 他也因此成了一个光荣的地中海东部人。无论哈里森身上有着何种英式派头，那个几次易稿的纳菲尔德项目却是

---

1 英国最伟大的建筑师，也被视为 20 世纪英国建筑从传统成功转入现代的实践先行者和精神导师。

2 Cotswold，英格兰西部一片田园区域的统称，大致位于牛津以西、巴斯以北，其特点是典型的古色古香、充满诗情画意的英国气氛。

他唯一一次在英国建造的尝试。尽管作为一名建筑师，在他巴勒斯坦和一小拨英国建筑师中备受敬仰，但在他的家乡 —— 无论当初还是现在 —— 他似乎一直鲜为人知。

他对于他的同胞们感到不舒服的地方在于社交聚会："我太崇拜英国人了，因此我不想跟他们厮混在一起，"他写道，"在人群中和他们过分接近时，他们使我显示出我最可恶的本性。"但是他对温暖的异国土地的热爱，并非出于逃离英国的急迫心情，而是由于每一个吃油橄榄的地方都能触动他 —— 无论是某个地点还是整个地区。有一次他抱怨，他一想到必须在他出生的国家生活、工作这件事，"一阵寒战"就扫过他的后背。"在一个阳光不常眷顾到的地方，"他沉吟道，"我怎么才能幸福呢？"

自从他见到地中海美景第一刻起，这里就攫住了他，他当时是一名刚从西线战场的急救站和营地退伍回家的军人。他拒绝填写加入军官委员会的申请，这对于他们这个阶级的年轻人而言几乎是不可得的机会。在一些恐怖的战役中，他以担架员的身份服役，从泥土里拽出尸体，照顾伤员。他在战争中途对日日担忧的母亲写信诉说，"这是我在军队中唯一能够不昧着良心干的活儿，"——尽管已经到了这种时刻，他依然能说出心里的疑惑："如果我坦白宣称我是一个'有良心的反战者'呢 —— 我确实是 —— 然后被送进监狱，这样是否更忠于良心？"

也许，正是那些他最近在欧洲的战壕中目睹的荒凉的现代景象，使得他在地中海沿岸邂逅的那些古代废墟变得如此鲜活，也熟悉得如此心痛。对于一个将毕生奉献给建筑业的人，他有一种对于残骸的特殊迷恋。例如在从前线寄回的信中，他形容说，那围绕着一个著名战场"凄凉的荒烟蔓草"——由于信件审查，所以没提到那个地方的名字，"随处是壕沟，带着倒钩的铁丝网和成片遭过轰炸的土地——如今部分已经被杂草遮盖，罂粟花和矢车菊令地面变得鲜艳起来。"在不远处，一座"曾经谁都叫得上名字的"法国村庄，"如今只是一堆废瓦砾"。

1919 年，在他首次去希腊的旅途中，当他形容独自在大自然中与"令人生畏的沉默，不可言喻的平静"共处，在"旧日的埃翁（Eion）[1]——如今只是一片泽国中的小岛——厚重的墙垣间"漫步，此时，他能听到某种悲伤的回响。有时，这前景和萦绕于他脑海中的回忆之间的联结更加直接："非常奇特，"他在一个午后行走在萨洛尼卡（Salonika）[2]附近的一座山顶，"在山顶，云雾缠绕着树木的枝丫，使我脑海中回忆起三年前那个重要的日子。破晓时分，我们向索姆（Somme）[3]的勒兹树林深处发起攻击，一团浓雾笼罩着我们，那一晚我们解除了这个师的伤员所遭遇的围困。"这里的景象正如怪异的寂静为战争的轰炸带来的片刻间歇，这段关于马其顿人的遐思很快就不祥地散去了，此时，他"观看着夕阳沉入大海，将海面通常的蓝色变成金色的微光"。在那些地区，夜幕通常很快降临，暮色匆匆来到山下，他想知道自己能否在夜晚来临前到达萨洛尼卡。"我很快就看不到我要追寻的骡子蹄印，凭着运气，我在石头和灌木丛里跌跌撞撞，靠近了山脉中游荡的几群山羊和绵羊中的一群。"在黄昏时分，羊群是害怕陌生人的，

---

1 古希腊埃雷特里亚殖民地。

2 又译作萨洛尼卡，希腊中北部港口城市，是希腊第二大城市。

3 此处指第一次世界大战中的索姆河战役。

于是牧羊人没有召回自己的牧羊犬，"它们一看到我就开始狂吠。 我朝它们扔石头，但这只是更加激怒了它们，有一刻我都放弃了，想着会被狗咬死。 我换上一幅胆大的表情，使劲加快脚步，任它们在我身后嚎叫或低吼。"

眼前的场景与过去的不同在于 —— 他不再带着愤怒 —— 他与他所见的场景坠入爱河。 他步行或骑驴出发去调研未来的建造场地，在萨洛尼卡的街上"爬上爬下"，"记录和测量每一座教堂每一片墙，观察欢快繁忙的集市里的人们"，他宣称"在我的一生中从来没有……这么清醒地快乐着"。 他看上去感觉到了自己的新生，从战争的恐怖中释放出来，从他在英国时受到的各种限制中解脱出来。 他也很大程度上被"拜占庭建筑的不规则"所吸引，他认为那些非同寻常；在君士坦丁堡，圣索菲亚大教堂的比例和体量让他赞叹不已。 他在那里访问的数不清的清真寺也令他生畏，而他形容那座城的市场为"一个奇迹，想象一系列长长的相连的街道覆盖着圆筒形穹隆，街道上排列着四千个货摊"。 乡村旅馆、石雕喷泉、宣礼塔[1]、摇摇欲坠的修道院、族长的坟墓、商队客栈、古老的土耳其式和威尼斯式堡垒、半埋的多立克柱，和依旧使他着迷的古老寺庙地板上的磨蚀的铭文，正如它们的存在激起他对于浪漫的信念，那就是快乐和美丽因为转瞬即逝而更令人伤感："精致愉悦的感受当然不能持久；而谁又会希望这种感觉长存呢？"他在良辰美景中煞有介事地问道。

但是在这些景观中，建筑几乎让位于考古。 文物部门的马其顿人

---

1 宣礼塔，又称光塔，是清真寺里常有的建筑，用以召唤信众礼拜。

主管要求哈里森速写一份他在萨洛尼卡的古墓里发现的古老住宅图，哈里森发觉他自己正在对着破碎的花瓶、有花饰的金叶也许是从掩埋之城塞尔玛的墓地里出土的人类牙齿沉思。在跟这位主管的另一次出差时，他拜访了上锁的 4 世纪的圣德米特里教堂，这座教堂就在 1917 年席卷萨洛尼卡城市的大火中烧毁的区域。教堂仍然矗立在那里，但是它的大理石护墙严重受损，屋顶都塌在了地板上。它精美的马赛克瓷砖被两年前的大火烧毁，这栋破败的建筑可能就是古老的劫掠或大火席卷之后的样子，它渐渐从人造的建筑复归于大自然，秃嘴乌鸦们在此间变黑的墙垣之中筑巢，教堂成为它们的产业。

❖

在希腊时，哈里森在本地和近东留意寻找未来的项目。就在他在为色雷斯和马其顿的几座"被摧毁的城市"的战后修缮画草图时，正把自己安顿在希腊的一所英国学校里。离开萨洛尼卡后，他就一直居住在校园里。在闲暇时，他会如饥似渴地阅读任何一本能找到的关于拜占庭和早期伊斯兰建筑的书和文章。与此同时，眼下这种对东方的迷恋，也并没有让他放下对古典建筑的永恒热爱——对于他这种在大学时代先后在加拿大和伦敦学习，又接受了以极端理性的法国美术学院风格著称的各种训练的建筑师，这一点儿也不足为奇。

但是，在课堂上分析庄严的对称性是一回事，发自内心地亲身体会又是另一回事。在 1920 年一次途径罗马的旅程中，他被这座城市和组成它的大规模建筑物迷得神魂颠倒："我一度厌倦了我被迫学习的无数建筑教科书里呈现的意大利……"他在给父亲的信中写道，"那句'永恒之城'的特定表达，还有一些俗语，比如'朝至罗马，夕死无憾''条条大路通罗马'等，使罗马成了一种老生常谈的存在。但是现在，我知道这些话都是真的。罗马真是太伟大了……说'看见罗马，生而无憾'可能会更恰当。战争对物质利益的追求，曾经大大损耗了我的身心；但是现在我对建筑一下有了更疯狂的热情。此刻我正揣着一本速写本呢。"

说来也奇怪，尽管哈里森后期为耶路撒冷倾注了大量惊人的想象力、时间与关怀（他所有的重要作品都在他生活于此的 15 年内建成，他最终也被当地建筑史学家看作英属巴勒斯坦的代表建筑师、官方城市规划里"几乎唯一一位缔造者"），他却没有留下任何有关初次到访这里的记录。许久以后，当他已离开这里，依然会恋恋不舍地回忆起"走下从耶路撒冷的城垣，一路来到大清真寺的露天市场的台阶，还有第一次站在圣殿前的台阶上"的时刻，这些都是"一个情感细腻的人将会珍视一生的经历和体验"。在这个空间里"修道院式的平静"和"四周世俗的喧闹"的对比，圆顶清真寺之美，与"不由自主地凝视这个沧桑的神圣领域唤起的反思"之间的对比，以一种特殊方式结合，显得"如此引人入胜，使他轻而易举地陷入一阵饱含敬畏的沉默当中"。

也许这般无声的惊叹，更能说明他刚来此地时沉默寡言的态度。那些得以留存到下个世纪的信件当中，第一封盖上耶路撒冷邮戳的信件写于 1922 年 7 月。他在寄给母亲的信里，大多写的是关于天气的闲谈、寄宿在旧城的奥地利救济所时糟糕的伙食，以及政府对于当地阿拉伯人为反对英国托管的罢工所作的惊慌失措的反应——他们临时调集了军队，"每天在街上行进，吹着军号。这些是为威慑那些尊重英国人，却反感他们越来越优越的以色列表亲的阿拉伯人[1]"——还有他在行李里找不到长礼服和外套的琐事。

　　他的沉默，又或许是由于他丰富的形容词储备已然在那些土地上耗尽了。曾经，他仅仅在那些土地上停留片刻，而如今，他已经准备在一个地方盘桓不去，继续他未竟的事业。他将自己学过的知识——拜占庭的桥墩、土耳其的方形接待厅，还有安达卢西亚[2]那些流水潺潺的庭院——统统应用到这座城市中，这座城市包容着一切，却也悲伤地厌倦着一切。

---

1 根据《圣经·创世纪》的记载，以撒是先知亚伯拉罕和妻子撒拉所生的唯一儿子，也是以扫和雅各的父亲。以扫为以东人之祖，雅各为以色列人之祖。以东人为现代阿拉伯人的祖先来源之一。

2 西班牙最南端的地区，也是整个欧洲的最南部。

倒塌的墙

　　哈里森坐在田园小屋里画图的日子，并不能概括他在耶路撒冷的整个早期生活。一开始他便发现自己承担着过量的工作，大部分都很乏味。他的建筑理想，与他在这个职位上要做的极其枯燥的现实工作之间的差距实在太大了。

　　他的才华自然受到了主管的认可。一份机密档案——被归档在英国殖民办公室（后来解散）的泛黄文件里——提供了一份成绩单式的评价：1924年，巴勒斯坦公共事务主管认为奥斯汀·圣巴布·哈里森是一位"非常有能力的公务员，并且是一位对于设计、工程量以及估价都很娴熟的建筑师"，包括所有土地的主干事在内的不少官员，都"高度评价了这位公务员的能力"。简而言之，哈里森总算是"适得其所"。因此，一系列重大的建筑蓝图都摆在他的面前——罗纳德·斯托斯总督，这位耶路撒冷的行政长官，宣称他本人渴望任命哈里森为这座城市的主建筑师，尽管这一职位还没正式设立；文物部门主管则欣赏哈里森关于考古学的知识，并想把他吸收到他的部门；一则"含糊的谣言"传说他受邀设计了一件"给博物馆的价值一万英镑的礼物"；而且他似乎还受邀规划了一些造价高昂、遍及全国的营房和前线哨所。

然而，会议、起草（和重写）官方信件、迎合像他主管那样小肚鸡肠的官员，各种琐事侵吞了他大部分的时间。尽管他的主管在机密报告中对他的技艺满怀热情，私底下却接连不断地吹毛求疵，只为了挑剔而挑剔："我给他一份信件草稿，他读了第一段后便开始批评，说我疏忽了这个、那个和其他的事，"哈里森在写给妹妹埃娜的信中发泄怨气，"当他吹胡子瞪眼地努力让我认为只有他才有先见之明时，他又读下去，发现它们都不出所料地出现在随后几段。他没有为此道歉——他从不道歉——但看起来恼羞成怒。"并非只有主管刺激着哈里森。他说，办公室里大多是"纯粹的扯淡。他们仓促地开了一个委员会的会议，因为他们要去参加另一个会议；并且当会议结束他们会立刻忘掉一切，坐着打发时间，小口品着茶，喋喋不休地闲聊，直到有人把他们赶出会议室。"

虽然军事托管才刚刚开始，却已经使巴勒斯坦像患了关节炎的老人般，到处咔咔作响。政治上的压抑、预算的制约，使有富成效的、创造性的思想看起来不合时宜。"一种普遍的不安全感和悲观情绪"，在政府办公室中盘旋不去，而作为一名政府建筑师，哈里森不得不应对层出不穷的财务问题，他为保住这份工作，还必须承担全国的城市规划顾问的角色。"这会带来，"他对妹妹叹气道，"大量琐碎又无趣的工作——我宁愿放弃这些工作。"而实际上，他很快发现自己多多少少"被任务之繁重吓到了"。"我投身于城市规划工作的汪洋大海。我不知道这片海会在哪里结束：视线所及根本没有海岸线。"他写道，这些工作"就像赫拉克勒斯的十二种挑战一样"，因为"所有市镇就是一锅粥，而这些锅的委员会对于该做什么毫无计划。鉴于没有获得预算，我不确定是否能尽可能改善这种状况。我的用处大概就是作为最高委员会的替罪羊吧"。他更愿意待在家里画画。(他画平面图、写作，把他的一些素描转印在木头上，雕成版画。)同时，他身上又冷又湿，还要学习巴勒斯坦的建筑那诸多的复杂性。第一场雨下了起来，所有人都在爬上爬下地维修自家的屋顶。哈里森自己的天花板"处处冒出小片的潮湿痕迹，这让我有些担忧"。不过，担忧似乎是他的职业生涯里的一部分。

哈里森忙得不可开交，他的工作包括加固耶路撒冷新出土的前耶布斯时代(pre-Jebusite)[1]的城墙，设计位于图勒凯尔姆(Tulkarem)[2]的一所学校、提比里亚(Tiberias)[3]的一座市场、马吉达镇的一间警察局，还有莱均镇的一个乡下派出所——他忙着做这些他称为"杂活儿"的事情。此外，他还受命为所谓"大英帝国博览会"(British Empire Exhibition)设计巴勒斯坦展馆，展会将在伦敦郊区温布利的一座巨大的游乐场举行。

展馆里有微缩的泰姬陵、玩缅甸藤球[4]的球员，以及加拿大奶农带来的、穿戴全套美洲原住民头饰的威尔士王子的奶酪雕像。除了具有巴勒斯坦特征的白色饰面、黑色条纹、穆斯林陵墓般的平实体块，代表这个特殊殖民地的杰作还要考虑其他因素。哈里森在展馆完工之前说，无论如何，它已经"毁于某个委员会之手"。他转而全身心地投入到一座"特征明显的"当地建筑的设计中，然而，在会议上无穷无尽的争吵

---

1 耶布斯人是挪亚之孙迦南所生之子耶布斯的后裔。耶路撒冷曾为耶布斯人所盘据。

2 巴勒斯坦国西岸11省之一，位于西岸地区西部。

3 以色列城市，位于巴勒斯坦北部加利利海畔的下加利利。

4 藤球运动(Chin-long)，发源于15世纪苏丹国统治下的马六甲地区。

之后，他的提案只剩下"尽头的两座穹顶"。他对父亲写信说，那些管事儿的人"修改了那么多，还要砍削它，我都不愿承认它是我的孩子了——与其说不愿，不如说无法承认。我渴望能有个赞助人而非委员会，这样我才能做些有意义的事"。

1924 年 4 月，温布利那场奢侈的开幕式由英王乔治五世亲自主持，11 万名热情的观众参加了盛大的开幕式。仪式在几支军乐队和多达3000 人的合唱团带来的超级晚宴规模的演出中结束。"派头十足"的作曲家爱德华·埃尔加爵士亲自指挥合唱队，一大群身着白色法袍的歌者引吭高歌布莱克那首炽烈的爱国诗篇，歌词通过广播传到了全世界的1000 万收音机听众耳中。

我不会停止内心的搏斗，

我的剑也不会在手中安眠；

直到我们建立起耶路撒冷，

在英格兰青翠而快乐的地面！

并非所有人都对这次展会和它预示的憧憬充满热情。 这是一次奢侈的、一厢情愿、自我满足的展览，据来此参观的弗吉尼亚·伍尔芙（Virginia Woolf）形容，当她在广场小路上闲逛的那天，扫过广场的暴风雨仿佛预示一个时代的终结，还有某种英国生活方式的消逝。"东方样式的高塔在尘土中消散，"她写道，并描述了她对于一种令人异常愉悦的世界末日的想象，"钢筋混凝土是不可靠的……帝国在衰朽，乐队在演奏，这次展览正逐渐化作一片废墟……"[1]

哈里森可能也已经预感到钢筋混凝土靠不住。 然而，身为伍尔芙笔下领着帝国薪俸的公务员，他并没有太多选择，只能在现实的耶路撒冷埋首工作。（同年 12 月，城市的一条中央大街以乔治五世的名字命名，人们举办了一场典礼纪念街道修成，这场典礼远比不上温布利的盛典：只有一面国旗挂在空中，还立起了仪式用的小拱门。 一座纪念性的、铭刻三种文字的奠基石依旧在雅法路矗立着。）1925 年夏，一位新的总督——穿着讲究、留着大胡子的陆军元帅普卢默——来到巴勒斯坦，人们议论说，哈里森将要受命设计几座大邮局、一座中央监狱、一座博物馆，甚至还有政府大楼。 尽管哈里森的地位跟那道古城墙一样岌岌可危，但他感觉自己应该接受每一个委托，无论是大是小，是零是整。

因此在那年秋天，在一个月内，他递交了英国驻安曼首席代表的住宅方案和报价，呈请批准；他还设计了新的巴勒斯坦硬币，这是英国掌控巴勒斯坦以来首次设计货币。"我并不享受这份工作，因为我不得不

---

1 出自伍尔芙 1924 年 6 月 28 日发表在《国民报》上的文章《温布利的雷声》。

与他人合作——一个希伯来书吏和一个阿拉伯书吏，他们中的任何一个都不像是对我的想法有半点尊重的人，而且我不得不讨好太多长官：殖民办公室、总督、不列颠造币厂和乔治·雷克斯（George Rex）[1]。"他设计的硬币图样最终获得批准，尽管官方通讯形容它们"多少有点儿简朴"（但政务司司长坚持说，他很喜欢"哈里森先生的朴素"）。然而哈里森却讥嘲自己的作品，说他"有理由相信那玩意并不讨人喜欢。我不是个设计奖章的人，也不是奖章得主，雕刻师也不欣赏我的方案。此外，我并不了解阿拉伯和希伯来的文字系统，所以这种结果在所难免"。

比他第一次（也是最后一次）在钱币学上的小打小闹更有意义的，是他在当地一栋重要建筑上的初次尝试。尽管安曼住宅本打算修成一种中规中矩的英国式样——带绘图室、书房、车库、娱乐室和其他种种，这些都列在一张经由伦敦批准、严格规范的"居住空间表"上——但是哈里森也希望将它设计成一栋适应当地气候和文化条件的建筑。他解释说，"这栋房子必须在干热的夏季和湿冷的冬季同样适宜居住，"他根据一种通风良好的对称性来构思这栋建筑（这一想法源于他在埃及、叙利亚和巴勒斯坦的旅途中对奥斯曼帝国时代的城市宅邸的观察）。在这些精致宽敞的家里，起居区将由一系列房间组成，它们围绕着一个洞穴般的中心生活区，呈放射状分布。很特别的是，他将宏伟的彩砖亭（Çinili Kiosk）[2]的平面图布置在建筑的核心，而这座"伊斯兰艺术博物馆"是由一位 15 世纪的无名建筑师在君士坦丁堡托普卡帕

---

1 20 世纪初英国著名慈善家。

2 现为土耳其陶瓷博物馆（the Museum of Turkish Tiles and Ceramics）。

宫（Topkapi Palace）[1] 的原址上以"一种波斯样式"建造而成的。这座亭建筑包含四个高耸的拱形房间，或者叫"里旺"（Liwan，一种三面实墙、一面敞开的伊斯兰特色建筑空间），围绕着一个位于穹顶下的十字形大厅，它是穆罕默德下令建造的带有独特风格的三座建筑中仅存的一座。每座建筑都象征着一个败在苏丹手下的遥远帝国，这些国家都成了苏丹扩张的帝国的新疆土。所有的这些，使砖亭熠熠生辉，这座按比例缩小的建筑，完美地诠释着另一个帝国、另一些代表的居住典范，而这个国家的国王曾经宣称，日头将永不落。

然而，对于哈里森而言，相比于昭示大英帝国在全球扩张的象征性声明，他更关心包着头巾的工人们在他的第一座重要建筑中取得的进展——现在他们已经开始为建蓄水箱爆破岩石；他们已经做完了底层的窗户；"（我的第一个）石质拱顶结构将很快开工，"他以平日里轻描淡写的兴奋语气向他的父母汇报着。首席代表夫人"很不幸地……才刚开始理解她将得到的是什么"。当她想象着完全英式和小资情调的住处时，哈里森的土耳其风格享乐之所的变形，可能与她脑海里的想象大不相同。

◈

他在工作时会一面行走、一面观看，其实他总是在一刻不停地工作、漫游、观察——写生、涂鸦，在休息日里游走在河谷、屋顶天台

---

1 1465—1853 年是奥斯曼苏丹在城内的官邸及主要居所，已列入联合国文化遗产。

与穷街陋巷之间。他时常独自度过这样的时光，例如周末时他会徒步
60 多公里，从雅法走到凯撒利亚（Caesarea），或在周日独自步行好
几个小时，从拉马拉（Ramallah）暴走到耶利哥（Jericho）[1]，那次他几
乎在高温天气里中暑倒下。他偶尔也会起程去远方——只带着一名司
机和自己的思绪——来到拿撒勒（Nazareth）[2]和加沙镇[3]，再经由贝鲁
特来到巴勒贝克（Baalbek）[4]。

　　尽管生活上离群隐遁，他还是喜欢有人陪他一起远足。妹妹埃娜
在 1925 年春天来这里长住的时候，他们一起在离家不远的地方进行探
索，攀登岩石和小山丘，带着相机去西罗亚池，或者塞勒瓦，那里紧
挨着他家下方的古老村庄。在她停留巴勒斯坦的几个月里，他们徒步
旅行到伯利恒（Bethlehem），骑毛驴来到恩法拉泉（Ain Farah）[5]的水
塘旁边，开着车环绕死海。而另一位来客，帕特里克·盖迪斯的女婿，
即建筑师弗兰克·米尔斯第二年到来镇里研究希伯来大学和国家图书馆
的规划，三人一同居住在他那间阿布托尔的小屋里。"一个聪颖、谦逊
的小伙子，"哈里森说道，"他比我老成许多，我从他那儿学到不少。"
他们一起参观了"有趣的建筑"，哈里森写信告诉父亲说，"我尤其享
受这件事的乐趣，而以前从未如此，我从没遇到过一个这样热衷于此的
人。"（这时）他们刚去过纳布卢斯（Nablus）[6]，正期待着不久后的希伯

---

1 巴勒斯坦约旦河西岸城市，在耶路撒冷以北，一座拥有三千多年历史的古城。

2 巴勒斯坦北部古城，相传为耶稣的故乡。

3 巴勒斯坦国加沙地带最大的港口城市，靠近埃及边境和地中海。

4 黎巴嫩东北部城镇。

5 位于今苏丹西部，是耶路撒冷旧城的水源。

6 是巴勒斯坦约旦河西岸地区城市，在耶路撒冷以北。

伦之行。

　　换句话说，他的旅伴们帮助他更好地认识了他抵达的地点和即将开始建造的场所。而这些既能交际，又能开展考察的远足旅行，不限于巴勒斯坦境内。英国考古学家、建筑师乔治·豪尔斯菲尔德是他在耶路撒冷最亲密的伙伴之一，他当时正在外约旦发掘、保护杰拉什（Jerash）的罗马古城遗址。在埃娜来探访期间，哈里森和豪尔斯菲尔德度过了"炎炎夏日里愉快的十天"，他描绘了当地一个古老竞技场的平面图，发现自己"从耶路撒冷乘车颠簸六个钟头后"，在这惊人的景象前驻足凝视，（尤其是）当"你的眼前猛然出现一座宏大的凯旋门，矗立于一片广阔的平原之上，随着你继续前行，接连出现了两座庙宇、两座剧院、两座古罗马浴池、一个带着柱廊的广场和六个带圆柱的街道遗迹，两公里多长的坍塌城墙，包围着一整个建筑群……围墙倒塌的墓地占据了一大块地方"。零落破碎的古城墙和绵延的墓穴，使杰拉什古城听上去很像另一个人烟稀少的耶路撒冷。

　　这个荒废的罗马城市绝非他有幸去过的唯一一处失落的帝国遗迹。在另外一趟去外约旦的旅途当中——同去一行人中包括巴勒斯坦的文物局主管兼耶路撒冷英国考古学院院长约翰·加斯唐（John Garstang），他不断催促哈里森调到他的部门——他们兴奋地离开安曼，前往库塞尔阿姆拉（Qasr Amra）[1]，在那里残存着最著名的沙漠城堡里的一间公共浴室。城堡由一位来自大马士革、爱享乐的哈里发倭玛亚（Umayyad Caliph）兴建于8世纪初，这栋矮小、朴素的拱顶结

---

[1] 建于8世纪倭马亚王朝时代，在约旦首都安曼以东85千米处。倭马亚王朝是倭马亚家族统治的哈里发国时期，阿拉伯帝国的第一个世袭王朝。

构建筑，独自伫立在一片荒凉广袤的地区中央。哈里森写道，四面八方都是"游牧者的墓穴，其中一座存放着一具被其他途经此地的游牧民掩埋的尸体"。这里全是苍蝇，到处都是壁画，内容都是褪色的十二宫图、花朵、动物和"跳着萨洛米舞的女孩儿与吹奏管笛的男人"。尽管那么生动逼真，这些痕迹依然让人觉得心神不宁：剥落的壁画、死尸、苍蝇，"张着大口的井……而这口井如今已经干涸"。

不过，哈里森并不一定要跋涉那么远、在优秀旅伴的陪同下才能理解当地环境。在所有教导他如何更敏锐地观察他所处环境的朋友和拜访者中，教给他最多的那一位——正如几年后他写道，"我从他身上学到的绝对远远多于从在巴勒斯坦的任何人身上学到的"——他正是在月光中，在自家的花园外遇见了他。在那一个星月特别耀眼的夜晚，他将大卫·邦勃格（David Bomberg）错认成了一根烟囱。

这位头戴软呢帽的矮胖英国画家，也许只是想把他的画架搭在黑暗中的耶路撒冷任何一处明亮的地方，可他最终选择了这个地方——正好在哈里森的阿布托尔小屋旁边——仿佛命中注定。这两位彼此还不认识，而邦勃格被这个高处所吸引，因为那里能给他开阔的视野，来观看锡安山的斜坡、旧城墙还有圣母安眠教堂漏斗形的屋顶。初到耶路撒冷，他和他的妻子爱丽斯（一位自由奔放的、转信犹太教的再婚女人，比他大了有十岁）刚搬进哈里森家坡底下的半间租来的房子里。

哈里森和邦勃格的行为举止和人生轨迹都迥然不同，很难想象他们会彼此忍耐，更不用说彼此欣赏了。沉着、矜持、举止文雅的新教徒哈里森，是来自肯特郡的"平凡乡绅"的后裔。虽然他在巴勒斯坦过着相对简朴的生活，但他还无法摆脱所有来自他旧日英国生活的上流排场。他雇了一位阿拉伯仆人雅各来料理家务，花钱去上希腊语课和声乐课。他喜欢独处；他那些留存到 21 世纪的信件里，没有任何与浪漫或性有关的字眼。

与此同时，这位抑郁、好斗、犹太做派的画家邦勃格，在贫困的伦敦东区长大，他有十个兄弟姐妹，还有一位喜怒无常的波兰移民父亲，和一位尽管深受折磨却依然溺爱他们的母亲。他与爱丽丝的婚姻关系曾极度紧张，一位他们在巴勒斯坦时的熟人在日记中写道："他们平时就像两只野猫似的，激烈地争吵。"他的生活除了吃饭便是画画，他对自己的艺术持有着一种凶狠的态度，一种折磨人的焦躁不安和一种不断颠倒他自己和他者这对概念的必要性，这些刺激着他的创作。他既渴望得到同行的注目，而又不屑于此，拒绝在他们的宣言上签名，也拒绝出现在他们的杂志上。他的一位儿时朋友在后来回忆道："对于年轻的他来说，'好斗'是一个太过温和的词"，"他想撼动整个英国绘画的传统"。

等到他将他的油画架放置在阿布托尔的山坡上，他已经 33 岁了，他与传统之间的紧张关系，源于他在第一次世界大战的战壕里的惨痛经历，也因他在战争中丧失的密友，因他在英国艺术领域日趋边缘化的地位，更因他在穷尽了绘画抽象化的可能性后产生的麻痹感 —— 已经大为缓和、模糊。苏格兰画家、蚀刻师穆尔海德·博恩（Muirhead Bone）意识到，邦勃格在创作中已遇到了某种危机，他主动干预，鼓励邦勃格换一个更现实主义的创作策略。与此同时，博恩游说犹太复国主义者的领袖雇用这位画家，因为博恩坚持认为，一个在巴勒斯坦当地工作的天才画家的作品，会"为他们的宣传带来更多变化并且……撞击深思熟虑、富有创造力的人的思想 —— 对他们而言，照片并没有什么吸引力"。在博恩像驯兽师一样不太恰当的措辞中，邦勃格理应成为犹太复国主义者们手下"被驯服的艺术家"。

因此，以色列联合呼吁组织（Keren Hayesod）[1] 即巴勒斯坦基金会所提供的基金，支付了邦勃格和爱丽丝来这里的船票；作为交换，他需要（给沼泽排水、住房建设）创作一些"犹太复国主义者的重建工作"的油画——这些重建项目的主管渴望他能立即着手创作，并用在他们的宣传海报上。但是当他和爱丽丝到访犹太人的居所时，"大卫没有从它们那里获得任何灵感"，正如爱丽丝所言，"这些住宅凌乱不堪，平庸而且缺乏秩序"。他没有去描绘犹太复国主义者要求的"恢宏的图景"，相反，他本能地受到一种吸引，描绘起宣礼塔和城墙的轮廓，耶路撒冷的穹顶和教堂尖塔；他沉迷于将这些最细微的细节重现在画布上的行为。正如哈里森后来所说，他是"我所认识的感情最强烈丰富的画家"。他会时而开心，时而沮丧；当他完成某件画作时，他会宣称那是一件杰作，或是一件完全失败的作品。

虽然乍一看，他们之间不可能会存在友情，但事实上，哈里森凑钱去买了邦勃格在耶路撒冷的第一幅画作《西罗亚池与橄榄山[2]》（这幅画是他假日中坐在花园中尝试的那些铅笔素描的更精致、复杂的版本），并且他们俩渐渐变得十分亲近。他们共有的诸多特点和魅力，让他们紧密相连——两人都是有着极高天赋的视觉艺术家，痴迷于工作并对自身创作持续地批判；他们都曾在战争中经历过死亡与幻灭。他们都摆脱了英国沉闷的礼节；他们都曾在巴勒斯坦的野外再度鲜活起来，虽然他们都对那里的社会漠不关心。正如哈里森在一群英国人中感到的

---

1 该基金会成立于 1920 年在英国伦敦举行的犹太复国主义大会，后成为世界犹太复国主义组织的官方募款机构。

2 耶路撒冷东部的一座山，得名于满山的油橄榄树。

尴尬，邦勃格在巴勒斯坦犹太人的聚会上似乎也并不舒服。

　　他们都对此地的光线做出了强烈的回应。哈里森尽他所能在他建造的回廊和庭院里创造着一处处市民们渴望的阴凉，而邦勃格开始尝试在画作中不加掩饰地捕捉光线，将烈日下焦灼的荒凉（或是月光照耀下的平静）尽情展现在画面中。尽管邦勃格已从他早期的纯粹抽象主义创作中转变过来，他仍受到他口中的"形式感"的驱使——正如曾经的哈里森一样。他们都力求从创作中剥除所有"无关紧要的东西"。他们的作品在这种环境中逐步发展，同时也在共同前进。哈里森建筑的逻辑感、限制性与令人费解的平静，镜像般反照在邦勃格在耶路撒冷的画作里，在那怪异的空旷、克制的城市景象中，画作展现了一个近乎无人的城镇，但鲜明的轮廓线、隐约可见的立柱、平缓的曲线却使它仍然充满活力。

　　他们都是内向的人，渴望友谊与真诚的交谈："我们无所不谈……"在邦勃格去世的几十年后，哈里森依然记得，"我们的话题无所禁忌，

甚至连犹太复国主义、犹太人、帝国主义、公务员这些大多数基督徒与犹太人当时避而不谈的话题都可以聊。但是，最重要的是，我们会谈论艺术……我从他那里学到了太多……他对我的蒙昧和幼稚是如此有耐心。"

哈里森过谦了，由于他们互相教导、互相学习——邦勃格后来很多次坚称——如果要举一个例子，邦勃格笔下的新写实主义、精细且着重于建筑的耶路撒冷画作，似乎反映了走进他们共同视野中的耶路撒冷。甚至在邦勃格与爱丽丝搬进雅法门里一间古罗马银行顶部的阁楼之后，这位画家仍会在哈里森的花园中日夜专注于他画架上的事业。所有他笔下最为生动的耶路撒冷屋顶的景色，似乎都来自这里，来自他这位朋友的视角。

❖

　无论是好是坏，两人之间还由于哈里森疲惫怠地称为"宣传工作"的事情，产生了紧密的联系。他们都是多疑的个人主义者，都为政府机构工作，而意识形态的确定不移让他们精神紧张——虽然在不同程度上，他们是为了饭碗才做这些的。事实证明，比起脾气火爆、眼里不揉沙子的邦勃格，哈里森更能娴熟地应付他的工作。

　这位建筑师后来回忆到，邦勃格作为一位尽职的雇员，为"巴勒斯坦开发"早期蓝图进行了渲染。那是一幅灰色和黑色形体混杂在一起的冷酷、模糊的场景，意在重现一个采石场中劳作的工人，而毫不意外地，他的犹太复国主义雇主们认为这幅作品"缺乏宣传价值，拒不采用。我记得大卫当时陷入了怎样的境地……一面要取悦雇主，一面要维护他的正直"。他或许也是形容他自己——虽然哈里森能更好地控制他的脾气，并且他已经能以习惯性焦虑的邦勃格永远做不到的方式与这种环境和平共处。

　当普卢默接手总督时，哈里森知道，他们对他的要求要变了，"正如我预料到的，我发现逃避政府议事会变得更难了。迄今为止，我都有办法逃避任何政府议事会。"他甚至得从军队和海军商店订购一套礼服，"以防有人命令我参加议事会"。这项开销让他十分气愤——他宁可把钱花在邦勃格的画和黑胶唱片上——最终，当他去到政府议事厅参加午餐会时，普卢默给他留下了深刻的印象——他"非常亲切，并且显然已经了解了我"。这位新任总督已经对政府建筑师，也对整个巴勒斯坦有了一番抱负。他"厌恶他被迫生活在其中的房子"——橄榄山上那座整日吹着穿堂风、堡垒般的奥古斯塔·维多利亚安养院

（Augusta Victoria Hospice），20 世纪初由德国皇帝威廉一世下令建成，带有笨重的日耳曼风格，大战期间是德军指挥部——他渴望重新改造这里。他还渴望公共工程局为这块良好运转的英国领土增建各式必要的派出所和邮局，还有卫生防疫站。普卢默或许曾是一位战争英雄，胸前挂满勋章，但是他为自己拥有常识而自豪，还为自己实事求是、超越党派的维持法律和秩序的方式而自豪——就像有了坚定的信念和好方法，他就能统治巴勒斯坦似的，像统治一个宁静的英国村庄那么容易。他从来都对这里的每一寸土地上所有激起碰撞的诉求视而不见。他宣称自己"没有任何个人化的政策"，他的政策就是"国王陛下的政府的政策"。他命令他的分区专员们不必再提交日常政务报告，他坚持说："这里没有什么局势——不要捏造局势！"

哈里森可没有这些对于巴勒斯坦政治局势的错觉。"一切都是宣传，"他在 1925 年给父亲的信中悲哀地重复道。他们这样那样要求哈里森，例如加入盖迪斯和米尔斯为斯科普斯山的校园草拟的、哈里森称之为"伟大的大学计划"。尽管就个人而言，他颇为欣赏这两位建筑师（他对米尔斯的好感显而易见，而之后也称盖迪斯为"不受待见的天才"）。在连续 18 个月里，哈里森倾力钻研，与马格尼斯及其他学校行政人员讨论了设计，然后发现"这整个项目仅仅基于渺茫的希望和少量的现金……盖迪斯之梦不过是一场宣传"。而他怀疑的不只是犹太人或犹太复国主义者的意图，他也对当权的英国人保持警惕。第二次，我又被（斯托斯总督）逼迫放弃我的政府差使，去当耶路撒冷的"城市主建筑师"。他要求我摆明自己的立场。我斩钉截铁地拒绝了，我认为这只是为斯托斯做宣传。

尽管他行事谨慎，却依然渴望着更严肃的工作，而普卢默的到来使之成为可能。1926 年 10 月，他写信给母亲说："眼下，一切有关政府办公楼的事情都安排好了。"尽管首相曾提出"要从本土派遣一位'有能力的'建筑师来负责此事"，而哈里森的上司们想让他来提供建造计划。他们认为他"在近东建筑史方面确实是一名专家"，他的一位上司在殖民地政府文件中潦草地写道："我时常听到对哈里森先生很高的评价，唯一的批评是，他的艺术品位太高端了，放在警察宿舍和公共洗手间的建造上太浪费了，政府办公大楼会给他更好的施展空间。"

　　而哈里森自己是这样总结这种处境的，"更夸张的是，令所有人都有些害怕的普卢默勋爵说，'即便哈里森先生不在巴勒斯坦而在英格兰，我也会选他来做这件事，他就是我心目中建造这栋办公楼的最佳人选。'事情就是如此。"哈里森希望从他所抱怨的那些劣质产品中解脱出来："这样，我就能专注在有意义的建筑上。"

地质构造学

一开始，是一记雷鸣般的声响、不稳定感、岩石裂成碎片的巨大声响——"一声巨响，就像矿井爆炸，或者一队重型卡车碾压过地面。大地可能正在摇晃，因为我感到有点恶心，"哈里森形容那个情景，两天后他依然头晕目眩。或者像另一个在耶路撒冷沉闷的夏日午后在他的小屋里坐着的英国长官后来回忆的："一记低沉的隆隆声，随之而来的是一次撞击……墙壁开始摇晃，一道一尺厚的墙裂开缝，我从中窥见日光泻下来。"他也会说他感觉"晕船"。旁边的爱丽丝在打瞌睡，接着"被一阵狂暴的撞门声惊醒，我以为是大卫要来，但我一点儿也不记得我锁过门，这才发现那是地震的摇晃。"

一旦脚下的大地停止晃动，受惊的人群就拥上了街头。黑色的尘雾升起，妇女们在路旁发出哭泣声。1927 年 7 月的那天，地震仅仅持续了 15 秒，但是后果非常严重：房屋和市场、教堂、寺庙和犹太会堂全部坍塌成了一片土堆。上百人被砸死，有更多人受伤，上千人一下变得无家可归。

当地震开始的时候，哈里森恰巧在那不勒斯的震中附近。他正在一次外出回家的途中，那次旅途中他游览了许多地区的考古挖掘现场，有《圣经》中记载的米吉多（Megiddo）[1]，还有哈米吉多顿（Armageddon）[2]。午后，他坐在一个酒店花园中，观察一座喷泉的水，他的同伴正在打盹。接着，地震的混响就开始了。他不久后试着为母亲重述那次地震的场景，"当石块和建筑裂开的时候，听上去好像一声声狠狠抽打的鞭子的。"当意识到发生了什么，他弹起身，逃出三层的石质建筑。"离我不远处有个男的，他的脸色跟他的阿拉伯头巾一样煞白。"他走下他的摇椅，表现得像我小时候装疯闹你的样子，他像在用手驱赶看不见的苍蝇，我把他推到了路上。当地震停下的时候，我们终于能够听见房子倒塌的声音。

在受命检查那些在被摧毁的那不勒斯旧城中倒塌的房屋后，他返回耶路撒冷，不得不匆匆评估那里的废墟状况。圣墓教堂的一个 12 世纪的穹顶被压塌了；斯科普斯山上，盖迪斯和米尔斯的国家图书馆被"严重损毁"，而化学系的屋顶已经坍塌，大部分器械装置被摧毁；在橄榄山上，一座宣礼塔倒了，砸死一个正在祈祷的阿拉伯长老；新犹太社区特比昂的建筑被严重破坏。大卫塔和宣礼塔的塔顶被折断，旧城仿佛像"刚经历过一次军事轰炸"，此外还有许多建筑和生命的损失。正如他对一位美国记者所写的，"我想，在世人的眼中，这次（地震）不算是惊人或反常，但是它将这一小片土地在物理现实和精神层面上都折腾得翻江倒海。"

这场地震尤其吓坏了大卫·邦勃格，震前他一直在哭墙附近的一个屋顶上作画，在地震前几分钟，他刚刚离开他的岗位。他自己没什么

---

1 古埃及通往亚述商路上的战略要地，在一块面积不大的台形土墩上累积了多达 30 层古代城市遗迹。

2 《圣经》中预言的世界末日前善恶决战的最终战场。

大碍，但是——就像爱丽丝后来记述的——第二天他们路过他曾经工作过的房子，那里已经塌成一片石堆，"他震惊了——如果他当时没有离开的话，可能已经深埋于那堆瓦砾中了，他感到了非常后怕……所以他认为他必须远离耶路撒冷，因为他再也不能在那堆废墟上画画了。"他们讨来了一些钱，给他买了一张去法国轮船的甲板票，爱丽丝用两床棉被为他缝了一个睡袋，不久后，他就会逃离巴勒斯坦和他们摇摇欲坠的婚姻，一去不复返。

在地震前后，哈里森一直都很冷静。"这场地震，"他写道，"带给我一次庇佑。我此时在我的花园中安稳地休息。蚊帐顶棚为我挡住滴落的露水，我感觉很舒服。"他在混乱中依然能够泰然自若，一如既往。

◇

除了震倒砖墙、毁损房顶、砸死很多人以外，侵袭这片圣地的地震也招致民间一片关于兆头、神迹的陈腐传言。犹太教会公布了没有犹太人伤亡的奇迹，而正如报纸上写的，"耶路撒冷的拉比们发表了一项声明，召集教众们在犹太会堂集会，感恩上帝的拯救，并祈祷灾难不会再来。"

发生在奥古斯塔·维多利亚安养院的例子，也被很多人当作神迹，虽然它是城市中毁坏最严重的建筑之一，并且英国总督的私人宅邸也遭到严重破坏，但普卢默总督及夫人在地震来袭时正好在英格兰度假。（当他们不在家时，在房子里工作的俄罗斯女佣就没那么走运了，她在倒塌的砖墙下遇难。）同时，一名记者带着敬畏报道说，塔楼的一部分掉下来，砸在教堂房顶上，"毁坏了一副德国皇帝身着教袍的壁画"。

另外一篇带有更强的超自然色彩的评论则说，当"巨石……冲破教堂的屋顶，瞬间毁掉了威廉国王那幅亵渎神明的壁画，最终，巨石安卧在一幅毫发无伤的耶和华神像下方。"

不管地震是否出于上帝之意，人们都因此疏散了奥古斯塔·维多利亚安养院，这里目前无法居住。当普卢默从英国归来，他和他的随从助理先搬到坦陀（Tantur）[1] 的女修道院，在通往伯利恒的路上，后又搬入先知大街上的一间房屋里，因此哈里森受命加快新居所的设计工作——那是一栋兼具功能与实用的房子。即便在德国皇帝画像被残酷地结果之前，总督的官邸也是英国人从"一个德国组织"手中租用来的事实也似乎伤害了在殖民局提交报告的英国人的自尊，而如今这场出人意料的地震，更使得用一栋现代英国建筑代替那栋烦人又老旧的日耳曼大楼的计划变得前所未有的紧迫。

对政府大楼适宜的尺度、价格和建址这些问题的争论，在地震发生前已持续多年，也有针对哈里斯是否应该承担这份工作的异议。他给母亲写信说道，"这里几乎没有委托建筑师承担如此重要的建筑项目的先例，许多知名的建筑师肯定在努力争取。"（几个本地犹太建筑师也向当局施压，希望举办一场设计竞赛。）由于这个建筑项目政治上的重要性，将它交给一名知名度较低的设计师的提议使得伦敦的决策者们感到不安。首相本人过问了此事并建议说，"绝对有必要联系赫伯特·贝克（Herbert Baker）[2]"——他是英国最有名的建筑师之一，也是鲁琴斯设计德里帝国酒店辉煌华丽的殖民地风格的布景时的合作伙伴——"即

---

1 位于耶路撒冷与伯利恒之间。

2 英国建筑师，曾在相当长的时间内作为南非建筑业主导者，并且是当时新德里重要政府建筑的主要设计者。

便要多花些钱。"

　　一篇篇的讨论纪要在唐宁街发布，人们发表意见，咬文嚼字，开展辩论，与此同时，哈里森一直在耶路撒冷维持低调的态度埋头苦干——他计划设计一个完全"适合于环境"的建筑，这个提议被记录在 1926 年一封写给公共事务局主管的公函里。他解释道，"人们并不欢迎在耶路撒冷增建由国外设计师根据他们的各国风格设计的建筑。"相反，他希望能"合理使用现有的材料"且"避免绕开本地传统文化"。在几个临时的选址渲染了几张房屋设计图纸后，他才在同年三月份拿出第一套囊括每个细节的设计方案。这一版本对卡塔蒙（Katamon）[1]附近的圣西缅希腊东正教修道院进行了重要的补充，形成一种宗教和政府一体化的建筑，其中一间 19 世纪晚期的修道院被用作了英国总督的私人礼拜堂。

　　英国当局略带含糊地否决了这些图纸后，基于"经济和宗教的考虑"，在远离城镇的伯利恒路上挑选了另一块地皮。毫不夸张地说，哈里森又在他的画图桌边埋头工作，他很快呈献了一份围绕同一主题的另一种变式设计，包括一个宽阳台、一条回廊，还有一座宽敞的接待厅，这些设计因太奢侈而遭到议会官员的否决 ——它们并不适合像一块像巴勒斯坦这样大小的领土，从殖民地协议的角度来看也不明智。"如果市政厅的大楼修得太大，"一位官员打着哈欠写道，"它不仅需要一大笔钱来建造和维修，还会让当局没法找借口拒绝为那些重要的 ——或自认为重要的 ——游客提供住宿，不能说'不好意思，没有为您预留的

---

1 耶路撒冷市内中南部的社区。

房间。'"他继续写道，"耶路撒冷，不像有些殖民地的首都一样，连一个能让白人游客待上几天的酒店都没有。"英王陛下政府工部分署（His Majesty's Office of Works）的技术主任们同样对这个方案存疑，"建筑师设想它们会有规模宏大的纪念碑式外形"，有太多走廊空间和"一大片只顾建筑效果的区域"。他们坚持认为，他们推翻这些平面图的决定使得"'不再认真考虑哈里森先生的作品'的意见也能成立"。尽管他们也反馈了一份对这些平面图的修改版本，哈里森在私底下说这一版平面图"每个方面都很糟糕"。

哈里森不愿看到他深思熟虑呈现的作品以这样的方式被损毁，他开始还击——回应得激愤暗涌却措词谨慎，他解释道，那些（建筑），在英国人眼中看似规模宏大，事实上正好相反。对于那些认为这些设计铺张浪费的批评意见，他写道，"我认为（这些批评）建立在一个误解上，在一定程度上，这归咎于批评家们对巴勒斯坦的状况并不熟悉的事实。"这些平面图在一个对这个环境毫无经验的英国建筑师看来也许"古怪且奢侈得毫无必要"，但事实上它们"远远比它们看起来要简单"。那些拱形的空间会照着巴勒斯坦村屋的风格，用石灰粉刷平整，这意味着"一般的现代房间"所需要的各种昂贵的配备——石膏檐口、护墙板、额枋、镶板等——将毫无必要。不仅如此，他们有最好的本地工艺。在巴勒斯坦，用碎石搭起的石拱物美价廉，而"非传统"工艺在那儿却十分昂贵且"拙劣得令人惋惜"。

然而，如今那块伯利恒路的地皮也出了问题——隔壁开了一座采石场，原本是一座市政污水渠——并且在地震后的尽快找到一块新地并继续建造的需求愈发迫切起来。除了尽力按比例缩减房间的数量，哈里森也在寻找一处适合的场地。在1927年的晚秋，他终于找到了，就在离他家不远的地方，并且"经过慎重的考虑"一个由首相亲自任命的委员会一致决定：最合适的区位是离城中心三公里远的一处僻静的山脊社区：贾巴尔·穆卡伯（Jabel Mukabber）。

他自己的花园有一个开阔的视野，而这里的视野更是开阔得出奇，高耸的山脊为它之上的人提供了一个巨幅全景，可以看到锡安山、围墙包围的旧城和圆顶清真寺、客西马尼园（Gethsemane）[1]、死海、犹大山丘，以及西罗亚村庄平缓层叠的房屋——简而言之，对于一座这样的建筑物而言，这是一个完美的位置，"无法忽略它，也无法在它四周修建东西"。虽然在他们的会议中从未提到过那个词，但这最终建立起那个房子的场地曾经是、如今依然是一些人们熟知的鬼使山庄[2]。

❖

哪些细节将被世人所铭记？哪些将随着时间逐渐褪色？而哪些又将彻底消失？

1928 年夏天，奥斯汀·哈里森坐在耶路撒冷的制图桌前，构想着政府大楼第五版（据他自己统计）的设计案时，他无法停下手头工作去想这些事，这些或许会变成徒劳或令人沮丧的思考。反复思索这件事，也一定会考虑到这种可能性：这个月之后的近一个世纪里，在这栋庄严甚至有些鬼气的建筑中——还有它四四方方的塔楼，圆穹顶的雨棚，

---

1 意为榨橄榄油之地，在耶路撒冷东、汲沦溪旁，靠近橄榄山，据说是耶稣基督经常祷告与默想之处。园中的八棵巨大的橄榄树相传在耶稣时期已经栽下。

2 出自以色列作家阿莫斯的以 1930 年代巴勒斯坦为背景的小说《鬼使山庄》（*The Hill of Evil Counsel*）。

它宽敞的圆形露台，它的花园、孔洞，以及有顶棚的人行步道 —— 在那些有着高拱顶的房间里消磨时光的官员们，或许很少会想起英国曾统治过这里，或这里曾经是巴勒斯坦总督的家。

到那时为止，发生了太多的历史事件。"巴勒斯坦"将拥有其他的意义，也不会再有总督。

❖

2000 年 12 月的一天，当我在安检口出示通行证，获得参观该建筑和庭院的许可后，我问过的人中没人知道哈里森的名字。这个禁止公众入内的特殊空建筑，如今是联合国停战监督组织（UNTSO）[1] 和其他一些联合国机构（那些名称缩写太难记了）的总部。那座曾是政府大楼的建筑，仍然是一座大胆而独特的建筑，由一系列相互连通的体块和穹顶构成。一看到建筑的外形，就可知建筑师犀利清晰的结构性思维，以及他对一种游戏性的抽象的喜爱 —— 一栋朴素的巴勒斯坦农家房屋，却有着非常壮观和古怪的轮廓。然而，这栋建筑的某些部分已然发生了变化。在哈里森精心设计的舞厅中，有着米哈拉布拱门（mihrab）[2] 一般的铺砖壁炉、方格天花板以及橡木拼花地板的舞池，如今，这里是一座整洁但略显破旧的"旗帜厅"，在这里，桌上摆放着一组微笑的圣诞老人与驯鹿的玩具。

---

1 设立于 1948 年 6 月，以协助调解员和停战委员会在巴勒斯坦境内监督安全理事会要求的停战。

2 伊斯兰教清真寺礼拜殿的设施之一，设于礼拜殿后墙正中处的小拱门，朝向伊斯兰教圣地麦加，以表示穆斯林礼拜的正向。

　　而总督使用过的那间高雅而朴素的餐厅，如今变成了一个咖啡吧。在这间冬日的早晨，这个异乎寻常的冷冷清清、巨穴一般的主室 —— 这间屋子仿佛刻意以此为中心 —— 通向带有拱顶的边厢，都是哈里森根据一个都市化的奥斯曼宅邸精心设计的。曾经的"吸烟室"和"阁下的书房"如今被改造成了毫无生趣的电脑时代办公室，白墙上是荧光灯和塑料暖气通风口。现在这里禁止吸烟，并且所有"阁下"的名字 —— 就像这里的建筑师的名字那样 —— 已经被所有人遗忘了。谢天谢地，建筑师给"本地仆人"和"欧洲仆人"设计了不同房间这一事实同样被遗忘了，因为这里已经不再有仆人了。

　　一位处理巴以和平进程的年轻美国官员，带我参观了这里异常迷人甚至有些神秘的房屋和庭院。他举止优雅，着一身剪裁合身的外交官套装。他似乎由衷地想知道关于那位逝去已久的英国建筑师的更多事情，还有他那些建筑方案。然而，当我们一起漫步穿过那些廊道和花园想要寻找某位政府职员时，我听说他知道有关这个建筑群的"档案",但我们没有找到这个人或此件档案的踪迹。

我们停下来欣赏着破败的宠物墓地,如今它占据着哈里森精心设计的"下沉花园"。"靴子""猫咪菲利斯"和"鲁迪"的临时墓碑,因为这种特殊的纪念方式,这些四足动物留给我们的记忆,比起几十年来许多穿行于此地的人类留下的记忆,更为持久。我们在一个临时的附属建筑物旁遇到一个友好的、看上去有些茫然的非洲裔副官,他在薄日下眯着眼睛告诉我们,如果他没记错,英国人在 1952 年离开了这个国家——也许是 1950 年……这意味着,比起这座建筑坚实的甜石(*mizzi hilu*)体块,即便是关于这个地方的最基本、最无可争议的事实,也比想象中更不耐久。甜石是从伯利恒路旁的采石场拉过来的,这座采石场正是为了这座建筑物的建造专门开设的,而且工人们把这种石材称为**"哈里森甜石"**,因为他们都知道,正是这个男人特意挑选了这种白色、硬质、细颗粒的石材。

不,尽管哈里森花了大量时间思索其他更久远的文明遗迹,深知整个帝国是多么快地沉入沙土之中,此时的他,却没法让自己牵绊于这些哀思。相反,他忙于起草政府大楼的方案,向缺乏耐心的新任总督约翰·钱塞勒(John Chancellor)讲解方案——身体每况愈下的普卢默在 1928 年 7 月离开,钱塞勒于半年后到达。哈林森解释说,虽然初步设计比较奢侈,但是"一座住宅不像一座工厂或者办公大楼;在那些建筑上,许多细节是重复的,而在住宅里,几乎每一个房间和每一个家居配件都需要不同的细节处理"。然而,钱塞勒没工夫玩儿审美。他正急于从他和他的妻子还有雇员勉强暂住的临时官邸中搬出来;并且,他预计威尔士王子将在 1930 年到巴勒斯坦游览,他希望新政府大楼能在这次重大国事访问前建好并投入使用。

　　对哈里森而言，这是他在巴勒斯坦的第一个重大项目，他尽量加速工作，并且出于显而易见的原因，他希望一切都能万无一失。除了证明他自己有能力承担这项任务以外，颇具名望的建筑师赫伯特·贝克依然在这次设计的幕后指手画脚。私底下，钱塞勒夫人擅自把哈里森的图纸拿给这位大人物看，他多少有些含糊地声称图纸有"根本性的不足"——其中最主要的原因可能在于它不是由贝克设计的。

　　然而，哈里森的设计过程既不慢条斯理，也不迁就别人。他就是这样工作的，而且这类项目也需要这种程度的重视，不多不少。虽然他的方案不用增加那些考究的英式飞檐和护墙板，但他仍需要用他的铅笔作为工具，思考每一个入口和橱柜上的几何纹饰。同样，他也仔细地考量了建筑的简洁性。比如在餐厅里，石制大壁炉的侧面与两个壁龛相接，一个是放煤的，另一个放木头，每一个壁龛都配有漆门，上面有类伊斯兰风格的装饰——四条简洁却又精细的交线组成一幅螺旋的风车图案，似乎是要回应遍布整个房子的其他漆门和窗玻璃上，那类伊斯兰风格的装饰以及它们简洁但精细的交线。主室里朝向走廊的木质窗饰需要手工绘制，连同天花板上的设计图案，它们将被雕成模板印在每一个珠宝盒一样精致的上层空间里；还有每一个八角星图案也都需要手工绘制出来，它们将会嵌在高处的石墙中，以及矮处的中庭石板地面。

　　他监督着一队工匠，工匠们对每个房间和每种装饰格调的设计都费尽心思；他与像亚美尼亚陶工大师大卫·欧迪安之类的手艺人紧密配合，欧迪安在他位于苦路（Via Dolorosa）[1]的工作坊里为托卡比

---

1 苦路，耶路撒冷旧城的一条古老街道，传说耶稣曾经背着十字架从此路前往受难地，因而称为"受苦难的道路"。

（Topkapiesque）[1] 风格的舞厅壁炉专门设计了瓷砖；还耐心地为室内陈
设制定了具体要求。这些要求可能看起来有些疯狂，但它们正是他艺
术原则的一条宣言，总有一天，劳伦斯·达雷尔小姐会因此而赞扬他。
换句话说，他像为自家挑选东西一样，以同样的认真态度为这片土地上
最有"代表性"的宅子挑选垫子和长枕，窗帘和灯具。这栋房子的政
治象征意义对他来说，远不如更普遍的"形式感"表达来得重要。他
构想出这样的一座建筑，它将基于这座东方城市的材料、建造方法、景
观和视觉语汇，坚实地扎根于此，甚至它将永恒地存在于时间之外，也
独立于它建造的那一刻之外。他写道，那些墙将会"抹上牙白色的泥
灰"，只有家具和幔帐是纯色的。这种留白使得其他元素的颜色更加耀
眼。他在一份报告中解释道，它们应该"醒目、明亮（可能采用红黄
蓝等原色）"，以及在这些色彩中"不能让电灯的效果喧宾夺主"，因为
"晚上这些房间会派上大用场"。他建议，中央客厅的家具套应该是蓝
色的，墙幔应该是橙色的，而且"这种橙色不能太偏红"。（当然，他

---

1 托卡比是土耳其伊斯坦布尔的一座皇宫，1465—1853 年奥斯曼帝国时期是苏丹的官邸，同时也是举行国家仪
  式及王公贵族娱乐的场所。

没有在这份报告中提到这点，但是他那间阿布托尔白墙小石屋就是用同样的颜色装饰的。）尽管空间里的大量拱顶"暗示着这栋房子应该呈现一种中世纪的效果……但事实并非如此，不应该配备带有任何'时代'风格的家具，空间上的趣味应当完全依靠清晰的结构线和干净的颜色"。

　　他进而详细说明了具体的空间格调，比如要将阅读灯置于门廊里放留言薄的书桌上。这种灯正是那种放在教堂读经台上的灯，"但是要搁放而不是粘在书桌上。材料应为陶瓷、不锈金属（黄铜除外）或者是涂漆或染成乌黑色的木头"。餐厅的窗帘应该由天鹅绒、仿天鹅绒，或者其他有丝绸般光泽的布料做成，而那些在钱塞勒夫人房间的窗帘应当由"带有生动图案的擦光印花布或印花棉布制成"。他再一次提到这里"因为没有'时代'风格的家具而十分令人满意，我建议，我们在这件事情上就别去找那些专门经营各种'时代'风格的家具公司了"。

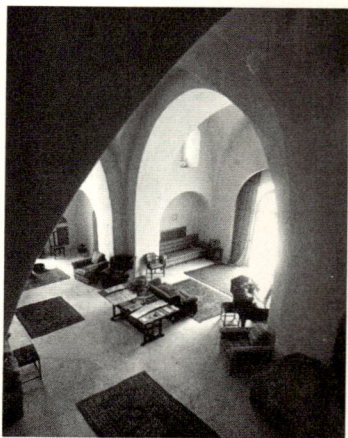

尽管哈里森努力尝试使这座建筑和它的装饰从一种特定的历史性联想中解脱出来，剥离不同的形状、式样和颜色，回到一种公正的、永恒的甚至柏拉图式的本质中，但这并非易事 —— 无论是避开他生活和建造的时代，还是回避围绕着他对地毯和烛台的每一个选择的政治力量。

在浇筑完地基，房屋框架在贾巴尔·穆卡伯的垄沟里醒目地成形的几个月后，约翰·钱塞勒和绝大多数巴勒斯坦人被其他更基本的问题所困扰。尽管前总督普卢默固执地坚持"没有任何政局"值得一提，但在他离开后，事实上，巴勒斯坦的阿拉伯领导阶层以难得的凝聚力团结起来，要求成立一个代表大会，正如他们过去要求的那样。这个代表大会将在几年里为巴勒斯坦的自治开辟道路，并且将在巴勒斯坦建立议会制度，议员代表需要根据种族的人口比例产生。钱塞勒同意考虑这种可能性。他是一位冷漠、多疑的老兵，曾被派到一些殖民地，远至特立尼达岛、多巴哥岛和南罗德西亚岛（Southern Rhodesia）[1]。他刚来到中东，既不是阿拉伯人也不是犹太人的坚定同盟。但是他很快就意识到，除非巴勒斯坦的行政机构发生变化，否则将"有理由认为反政府的政治骚乱会引起种族间的不和，甚至有危险"。因此，在1929年的夏天，他来到伦敦，并与殖民办公室讨论代表大会的想法，而当他不在的时候，耶路撒冷的紧张局势升级，一系列血腥冲突随之爆发。

表面上，冲突起因是当地一处名胜古迹的主权争议，即犹太人口中著名的哭墙，又称圣庙西墙（犹太人认为是几乎被夷为平地的第二圣殿

---

1 英国在非洲南部的原殖民地，位于林波波河及南非联邦的北边，即现在的津巴布韦。

仅剩的外墙），也即阿拉伯人所称的布拉克（al-Buraq，根据伊斯兰传统，当穆罕默德奇迹般地从麦加夜行到达耶路撒冷之后拴好双翼天马的地方）。事实上，整个巴勒斯坦都危如累卵。狂躁的锡安主义青年团的喧闹游行，被更狂躁的穆斯林更喧闹的游行取代。这些穆斯林在八月的一个主麻日[1]于阿克萨清真寺结束聚礼后，到这座护墙下，烧毁犹太祈祷书。

这次公开的侮辱在各处激荡起尖锐的反对之声，而这种口头上的紧张局面很快就演变成了严重的暴力冲突——抢劫、袭击，然后是杀气腾腾的暴乱。一小拨警卫军难以控制不断发酵的局势，到暴乱停止的时候，133 名犹太人已经死于他们的阿拉伯邻居之手；166 名阿拉伯人遇难，绝大多数死于英国军队之手；还有更多的（犹太人和阿拉伯人）在暴乱中受了伤。而位于希伯伦和采法特[2]（Safed）、建立已久的犹太社区被摧毁。六个犹太人聚居地被摧毁，同时被消灭的还有当地阿拉伯人和犹太人、阿拉伯人和英国人、英国人和犹太人之间曾经有过的一丝信任。正如哈里森的一位英国邻居，巴勒斯坦教育部主管汉弗莱·鲍曼沮丧地用建筑学的语言总结的那样，"我们在这里建设了十年，而它在短短十天之内化为废墟。"

对于奥斯汀·哈里森而言，他所能掌控的仅仅是政府大厦吸烟室里的真皮或人造革沙发"选用朱红色或淡红色"。1929 年夏天的一连串暴动更甚于 1927 年夏天的地震带来的灾难，并且（这些暴动）以它们的方式给任何"卷入这场巴勒斯坦冲突"的人的态度都造成了被当时历

---

1 主麻日是伊斯兰教的聚礼日，穆斯林于每周五下午在清真寺举行的宗教仪式。

2 以色列北部城市。

史学家称为"地震效应"的影响。甚至那些想独善其身的人，例如哈里森，也毫无选择余地，只能做好准备，因为连大地都在他们的脚下开裂了。

在最新的调查委员来了又去，钱塞勒也和他的随从在 1931 年 3 月下旬搬进完工的大厦之前，即便哈里森坚持认为他的建筑有令人崇敬的不朽的品质，但是他看上去最多也只是一厢情愿。因为他的创造力得到赞赏且不可避免地与历史的类比已然产生，现在他不得不去应付的，不仅仅是这个混乱的现代中东。一则谄媚的评论把新政府大厦称为"当代的十字军城堡"，并宣称"终于，这个大厦代表了一个将中世纪的世界点燃的梦想的实现"。根据这篇文章的作者，建造这样的一栋建筑一直是从隐士彼得（Peter the Hermit）[1]到布永的戈弗雷（Godfrey de Bouillon）[2]，再到狮心王理查一世，他们每个人的理想，还有"许多来自各个村庄、森林和哥特式北方城堡的骑士和无名的步兵"。虽然"坦白来说新政府大楼是 20 世纪的，"但它"似乎回应了我们对北方的想象，因为建筑师，有意或无意地，让我们从它的大致形式中回忆起十字军的圣地，而非古罗马的犹太省，也非异想天开的所罗门宫殿"。

某个乐观的杂志专栏登出了一张身着草帽和卡其短裤、刮净胡子的犹太人和一个穿着传统长袍、戴无檐便帽的有胡须的阿拉伯人"融洽地在这栋使用了当地石材和许多本地建造方法的建筑中"共事的图片。然而另一份报纸的报道更接近于这座房子的真相、它的背景和它象征的

---

1 法国北部亚眠的一位修士，第一次十字军东征中的重要人物。

2 布永的戈弗雷，法国下洛林公爵、布永伯爵、第一次十字军东征中的将领。

一切："这座坚固的建筑如此显眼，所有人都能够看到它，它防御工事一般的外表，或许象征着当前境况的必然结果正在强加给托管地政府的角色。"

　　有意或无意地，哈里森已在一处遥远的山丘上建造了一座城堡，一座足以装得下十字军耶路撒冷王国（Crusader Kingdom of Jerusalem）[1] 的城堡——正如所有了解这里的人们所知，这座城堡足足矗立了两百年。

---

1 指第一次十字军东征后于 1099 年在巴勒斯坦南部黎凡特建立的天主教王国。

地面上的，地底下的

在规划着政府大楼的同时，哈里森还心怀一个建筑的秘密——正如他在地震前半年在信中向母亲吐露的，"那是一个真正的不可言说的秘密"。甚至就在地震几天后，他向她描述了当地地层移位带来的大面积破坏，此时他的脑海里仍浮现那栋建筑。比起其余的任何建筑，他更希望它能够建造起来，尽管具体情况仍是"高度机密"。

自从来到巴勒斯坦，他已经认识了各种令他着迷的事物——用碎石、细枝和密实的泥做的拱顶；不同尺寸和颜色的耶路撒冷石块以及不同凿刻样式；农民房屋的接待室（madafeh）和起居室（mastabeh）；现代艺术与古代遗迹、亚美尼亚瓷砖和被称为条纹石的明暗交错的砖石条纹。他还学会去了解政治和琐事，去了解他仍称之为"宣传工作"的东西，这些都远远地超出了他原本会关心的范畴。"我非常反感将政治宣传看作审美批评，"他在某个厌恶情绪即将爆发的时刻，在写给一位好友的信中如是说。并且在这种隐秘的情况中，他很清楚地意识到，"所有限制都会绊住我，来阻止我完成这项宏大的事业"。在他之前，没有人比他更擅长估量空间，而如今他也正确地估量了现实形势。

这是一个大项目，是他迄今为止接到的最大的项目。美国慈善家小约翰·洛克菲勒（John D. Rockefeller, Jr.）[1] 秘密捐赠了 200 万美元，要在耶路撒冷建造一个考古博物馆。他曾宣称，"相比于其他国家的历史，巴勒斯坦的历史对于这个世界更加重要。那些向我们展现这片土地——这片所有文明人都怀有敬意的土地——的过往历史遗迹，比其余的遗迹都更加珍贵。"洛克菲勒的慷慨解囊，源于詹姆斯·布雷斯特德（James Breasted）[2] 的劝说。他出生于伊利诺伊州小镇，求学于耶鲁和柏林，很有事业心，是一名埃及学家、考古学家、语言学家和位于芝加哥大学的（洛克菲勒捐资的）东方研究所（Oriental Institute）[3] 的创始人。他对洛克菲勒说，这座圣城——事实上是所有人类的圣城——极度需要一座新的博物馆。当时容纳许多巴勒斯坦最重要古物的建筑，是一个光线很差，破败且过于拥挤的三室建筑，无数珍贵的文物简陋地陈列在室外，暴露在恶劣天气下，冒着被损坏或偷窃的风险。并且，布雷斯特德除了要拯救这些当地文物并给它们提供一个适宜的陈列环境，更决意在近东创立一个保护中心，因为在那儿，他也许能进一步实现自己拥有一个"历史实验室"的梦想，献身于"文明的起源与发展"等研究。

布雷斯特德想得很宏大——尽管宏大，却并非华而不实。作为史无前例地获得埃及学博士学位的美国人，他创造并普及了"肥沃的新月地带"（Fertile Crescent）这个术语，意指从尼罗河奔流至地中

---

1 美国慈善家，洛克菲勒家族的重要成员。美国标准石油公司创办人老约翰·洛克菲勒唯一的继承人。

2 美国考古学家和古埃及史学家，是第一位获得埃及学博士学位的美国人。

3 芝加哥大学考古博物馆和近东跨学科研究中心，成立于 1919 年。

海、幼发拉底河流域的新月形地带。用他的话来说，这里是"人类最初的家园"。而且，他所筹划的致力于研究和展示近东工艺的巴勒斯坦博物馆和研究所，实际上是一个未通过的方案的缩小版本——几年前，他和洛克菲勒，还有洛克菲勒喜欢的巴黎美术学院风格的建筑师威廉·博斯沃思以建筑平面图和一套综合方案的形式，为埃及国王福阿德（Faud）勾勒了一座位于开罗的、造价千万美元的博物馆和考古研究所。

1925年，他们隆重地向这位埃及君主上呈了提案。正如提案中形容的那样，这笔投资将是"来自西方伟大民主治下一名公民友好与欣赏的示意。他对于那遥远的精神起源深感兴趣，这精神上的起源既属于您的子民，也属于美国人民"。博斯沃思以前的作品包括凡尔赛宫和枫丹白露宫的修复工程、麻省理工学院位于剑桥的新古典主义风格的校园，以及洛克菲勒韦斯切斯特郡庄园的几何形庭院。而对于埃及的这个项目，建筑师的赞助人再三鼓励他构思得再雄伟壮观一些。依据布雷斯特德（这座建筑的才智卓绝的设计者）的说法，他打算在尼罗河两岸树立起来的豪华建筑，"可能是现代最宏伟的博物馆"。它的外墙由坚固的琢方石建造而成，门廊由12根高达14米的立柱支撑。这些立柱"最好是从花岗岩上凿下来的整根石柱，而且必须从阿斯旺采石场开采。要知道，从建第一批金字塔到卢克索神庙和卡纳克神庙[1]的方尖碑开始，古代埃及建造者们就是在那里开采他们的花岗岩的"。

---

1 卢克索神庙，位于埃及卢克索的尼罗河东岸，即古埃及新王国时期的首都底比斯，大约建于公元前14世纪。卡纳克神庙是底比斯最古老的庙宇，在尼罗河东岸的卢克索镇以北4公里处。

　　然而，这些为了颂扬古代埃及工艺的花哨设计，并没有考虑现代埃及人的需求和愿望。而当福阿德国王和他的首相实际调查了这位富有的美国人和他充满野心的埃及学家门客提供的"礼物"的详情后，他们声称这些条件"绝对无法接受"，因为"它们践踏了埃及的主权！"他们确实有些道理。根据布雷斯特德和洛克菲勒的条款，他们计划在未来三十年间，让一个由美国、英国和法国的"科学人"组成的委员会而非埃及人来管理这座博物馆。欧洲人和美国人还负责管理支持博物馆和研究所的基金——很可能是永久性的管理。其时，国王正在应付一场严重的反政府民族主义运动和对于他权力的诸多威胁。本质上而言，他们要求的是国王放弃自己对埃及文物的控制，让给一帮西方闯入者——而且认同闯入者们在那些对外国旅客示好的展览中，策划上演的那一版历史。这些展览将勾勒出他们在简介中所说的"人类发展史"："从原始的野蛮"到"高度文雅的文化……经过一个雄伟的高潮，进入一个衰退期，最终是欧洲的霸权，以及……欧洲对文明的领导力"。

　　布雷斯特德把他自己对这片历史不再眷顾的土地和它的人民那居高临下的态度，也应用到了福阿德身上，他认为福阿德是"一个自负、自我意识强烈的东方人"。他打算用一顶大礼帽和全套晚礼服装扮自己，然后呈上一本精心制作的全彩手册来描绘这个项目，用来"麻醉"这位国王。布勒斯特德断言，这本奢侈的水彩插图书中呈现的远景，将会"给他一个如《一千零一夜》之中诸多愿景般的白日梦"，由此"我们便能俘获他"。而最终，这位陛下没有轻易认输，倒是洛克菲勒这个埃及博物馆的理想半路崩塌了，有一根与卡纳克神庙的石柱体量相当的巨大的花岗岩立柱倾其全力砸毁了它。

随着那些浮夸的新埃及风格[1]图纸的破产 —— 也为了适应更加严酷的巴勒斯坦当地环境 —— 耶路撒冷博物馆将要变成一个远比之前简单的项目。起初，布雷斯特德小心地推进着项目，把握着洛克菲勒提供的两万美元拨款，用以支付初步草图绘制和一块 48.5 亩的土地交易。哈里森和他的朋友、文物部主管约翰·加斯唐发现了这块土地，它就在旧城墙的东北边上，在那个被人们叫作"谢赫[2]的花园"（Karm ash-Sheikh）的地方。哈里森最初给洛克菲勒资助的博物馆的设计都是秘密绘制的，那是在 1927 年的春天，美国人热情地接受了他的设计，他们赞扬他处理"交通流线、照明以及建筑外观这些基础问题"的方式，也转而认同哈里森的判断 —— 相对于他一开始设计的对称建筑，这里需要的是一座不对称的建筑。

尽管布雷斯特德送给他一沓各式各样有着强烈巴黎美术学院风格的美国博物馆的平面图 —— 从纽约的现代艺术博物馆、芝加哥的菲尔德自然史博物馆，再到克利夫兰艺术博物馆，每座博物馆拥有着希腊圆柱、曲折的大理石楼梯和圆形大厅以及雄伟的大堂，每一座都设计得令人晕眩。哈里森提出了他自己独特而接地气的想法，阐明了耶路撒冷博物馆应该采取的形式："就像在西西里发现的那种罗马式样一样。我并不是说应该模仿西西里，而是应该在巴勒斯坦让东西方的特色相互碰撞。更何况两个国家的建筑材料还是如此相似。"他还将一座四四方方的塔楼纳入他的设计，因为 —— 正如他用工整字迹给他的芝加哥客户写

---

1 19 世纪的一系列事件促成了欧洲尤其是法国建筑界"新埃及风格"（neopharaonic）的风潮。1789 年拿破仑远征埃及，随行学者对埃及古迹进行调查，后出版了《埃及记述》等书，拿破仑掌权后推动了一股埃及热，狮身人面像、埃及神庙的门楼和金字塔成为欧洲常见的建筑装饰。

2 谢赫（Sheikh），阿拉伯语中一个常见尊称，意为"酋长""长老""伊斯兰教长"等。

的信中所说——"如你所知，给重要的建筑加上塔楼，是这里的一项传统。"若没有塔楼，建筑多多少少会隐没在新城之中；塔楼也可以提供俯瞰旧城的绝佳视角。布雷斯特德同意他的观点，两人友好、真诚地讨论了塔楼的精确形状，博物馆立面和旧城城墙形成的角度，等等。哈里森以他一贯的自我批评的口吻说道："你在我的方案中发现了一些优点，我真是高兴啊。方案的缺点太明显，以至于连我都忘了还有这些优点。"

　　然而，即便在他们已经开始对所有几何、地形和形式上的可能性展开持续的讨论（1928 年 9 月，当哈里森充分修改了自己的初步设计后，他提醒布雷斯特德，"为了让你看到我现在手头上的方案时不至于受惊，我写了这封信……因为我又从不对称改回了对称……"），甚至在洛克菲勒同意给这个项目捐赠整整 200 万美元后，他们还由于外交原因对这个博物馆的方案保密。尽管此项目的报价比埃及博物馆的报价明显要少，但是洛克菲勒和布雷斯特德给托管政府提出的合同条款却比给福阿德国王的条款要恭敬得多。条款中提到，巴勒斯坦政府需要同意征用"谢赫的花园"，并且迁移附近的屠宰场和市政焚化炉时，却没有提及外国考古学家要掌控当地文物。根据洛克菲勒的条款，"在未来所有的日子里，"博物馆会被明确地移交给"巴勒斯坦政府，无论未来的巴勒斯坦政府怎样管理它"。针对这个安排，布雷斯特德在给普卢默的一封秘信中写道："毫无疑问，这个安排的原因是显而易见的：酝酿中的巴勒斯坦博物馆将会由英国人掌管。"抑或，像洛克菲勒的另一位顾问在给他的老板的字条上说的那样（洋溢着直率而兴奋的口吻）："在跟其他种族的人打交道之后，跟英国人打交道是一件多么令人满意的事！"

　　布雷斯特德似乎认为，哈里森跟他一样是个文化人。例如，当建

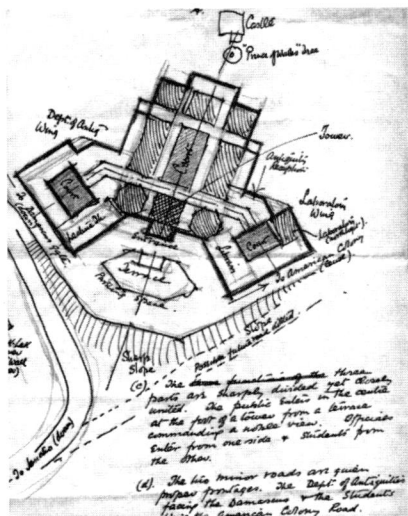

筑师又改回对称的平面图时，这位来自伊利诺伊的埃及考古学者显得很高兴——哈里森充满逻辑条理的英国人个性和他的结构化思维都认同对称的方案。他表明："一个有勇气多次改变自己的观点，并且主张每一次改变都基于一定事实的人，就是我要找的那个人。"他因此备感宽慰。在长久的寻觅后，他终于在这个脏乱的曝晒之地找到了他要找的人。

◈

除了一些高深的地缘政治因素导致了博物馆设计工作的审慎，在更实际的层面上，是巴勒斯坦的政治纷争导致了这一项目起初的遮遮掩掩。 洛克菲勒的赞助一揭晓，哈里森便料想到，"再一次，哀嚎与无数的建议将不绝于耳，他们希望通过竞赛来挑选建筑师"，正如当他被任命为政府大楼的建筑师时那样。 那些刚来到这个国家的犹太建筑师们更是因为没有受到任命而沮丧。 但是，他最起码赢得了英国总督普卢默的信任（当时他还未宣布退休的消息）。 他告诉哈里森，"虽然信中条款的大致意思是要选择造诣出众的建筑师"，但这个工作已经归他所有了。 这为哈里森未来展现他高超的水平打开了一条道路。"不带任何偏见地说，"在 1927 年 11 月，他向他的母亲倾诉道，"我认为他这个决定没有错，我比任何人都更懂巴勒斯坦的建筑。 而对于博物馆的设计，有什么不懂的我可以去学。"

他很反常地说出这些像是自夸的说法，没几句话，就又变成了他那平日里的怀疑和自我贬抑："已经决定了，但是……说到底，我可能拿不到这项工作。 我想不通为什么普卢默阁下对我如此信任。"

后来的事情证实，他说对了一半。 一方面，他错在如此自我怀疑，因为最终他确实得到了这项工作——似乎自从他成为一名以考古学为方法的建筑师，或者一名从事建筑的考古学家的初期，就开始为这项工作做准备了。1926 年，他的朋友加斯唐辞去了文物部主任的职务，而第二年年底，他的继任者欧内斯特·T. 里士满——本身就是建筑师，也是伊斯兰建筑的专家，和巴勒斯坦的政治和规划都有复杂的联系——报告说：哈里森已经"愉快地得到美国和巴勒斯坦两方权威的信任，并且完全有能力承担这项工作"。 与此同时，无数跨越大洋的信件都表明了同一个意思。 布雷斯特德在信中向普卢默表示，他对哈里森十分满意，普卢默也向布雷斯特德表达了同样的意思。 当这项工作确定无疑地落到了哈里森身上。 当表面的沉默像面纱一般被掀开时，哈里森受命去往伦敦，在那里，他雇用了三名助手协助他规划这座博物馆。

不出所料，随着这个决定被公开，各界的怨愤纷至沓来。他的到来引发了对当局引进英国建筑师且没有举办比赛的攻击，哈里森称之为"一场本地犹太媒体的恶意抗议"。他补充道："他们说我之所以被派到英格兰，是因为我对博物馆一无所知，我不过是雇了懂行的人。"但是，他也收到不少信，"不少犹太人在信中为这场抗议致歉"。然而，这些事情干扰了他的工作。

同时，工作中还有其他干扰因素——还有一些需要表演的"外交舞会"，因为在这个环境中，每一处石墙和天窗的放置已然成为一段政治上的两步舞。尽管主持者大体上已经通过了哈里森的方案，里士满和负责监督博物馆建造的当地委员会的其他成员却开始质疑他的设计中的塔楼。正如里士满1928年1月在给布雷斯特德的信中写到，许多委员会成员认为，塔楼是一项不必要的开支。此外，"我想你一定会同意，基于美学上的考量，这个设计不仅是一个独立的建筑单元，还关乎它的周边环境，包括紧靠它南面的旧城本身"。

即便这是听起来有些温和的抱怨，而哈里森和里士满又保持着大体友好的关系，但这简直就是"将政治宣传当作审美批评"的绝佳例子，使得哈里森感到"腻烦至极"。考虑到博物馆以及巴勒斯坦文物部办公室将比古城略高一些，委员会认为那座塔楼有一种过于抢眼的威胁。关于这样的提议，里士满写道，"这肯定是令人遗憾的，它甚至可能被视为违背了建筑应有的礼节，因为那博物馆将像以往那样，服务于这座圣城伟大的历史与考古名胜。照我看，在圣城的城墙之外，它无疑应自豪地伫立着，但也得有适度的谦逊。"私底下，里

士满 —— 这位不久前皈依的虔诚天主教徒承认道："耶路撒冷已经有足够多的塔了。"他认为，"徒增一座塔楼，或似乎去加入一场为了吸引多余注意力的竞争，这会是一种遗憾。"（回顾历史，值得一提的是，在里士满对那样的建筑物流露出厌恶的时候，美国建筑师亚瑟·L. 哈蒙[1] —— 他的纽约事务所当时也忙于帝国大厦建筑的设计 —— 正在起草设计图，并获批为一个基督教青年会在耶路撒冷建造类似的建筑。这个崭新且花哨的奢华作品，它最显著的特征是那座 46 米高的"耶稣塔"，是迄今城中最高的建筑。它坐落于以大卫王酒店为起点的街道对面，那条之后被称为朱利安大道的路上，并且主要由一户来自新泽西蒙特克莱的富裕家族提供资金，洛克菲勒也出了钱。）

根据里士满的说法，哈里森一度愿意重新考虑塔楼的设计，然而从伦敦回到耶路撒冷后不久，哈里森便向他的母亲发牢骚，描述他是如何"与当地委员会争论塔的设计"，并且抱怨他们没有问过他就直接联系了布雷斯特德："他们不喜欢公然反对自己拿不准之事，并且他们害怕跟赞助人对着干，所以他们扭扭捏捏、含糊其辞。我也一样。"

然而，布雷斯特德身处远离纷争的芝加哥，几乎没有纠缠于耶路撒冷棘手的政治纷争与教派阴谋 —— 他在委员会面前坚决地维护着哈里森，并且坚持认为"作为一个整体，哈里森设计的自洽性应当是关键考虑因素，而不是耶路撒冷是不是已经有了足够多的塔"。而且，缺少了哈里森设计的这个垂直结构体，建筑里余下的部分那冗

---

1 美国建筑师，纽约帝国大厦设计师之一。

长、低矮的轮廓看上去"极其纤细、扁平，缺少任何隆起"。哈里森已深思熟虑地"为他的建筑赋予了非常克制与朴素的线条，仅仅在结构上体现了建筑的特点。因此，还要有更多的东西"。布雷斯特德提议，或许可以通过降低塔的高度（而非完全去除它），来让他们达成妥协。

对布雷斯特德的辩护，哈里森在私底下感谢他"把能夸的地方都夸了"。此刻，他宁愿不去评论关于那座塔的问题，"因为一切都仍在商议中"，但是哈里森写道，他会"因为你对利害关系有着如此透彻的理解而欣慰。我已经为此事伤透了脑筋，而我还在不停地伤神"。

尽管他们都忙于朝上看，想象着那座塔楼和它对那条神圣的天际线的影响，但哈里森也不得不朝下看，仔细考虑摆在地面上和地底下的事实。

❖

在耶路撒冷，从来没有哪一块土地是真正空旷的。"谢赫的花园"当然也不曾空旷，甚至恰恰相反，这一小块地皮带来的建筑挑战，一度使它成为（今天依然如此）这整座满当当的城市中的一个满当当的小宇宙。

除了建筑体下面隆起的岩石构成的等高线，旁边那条不规则弯曲的路，以及它和世界上最有名的城墙之一的紧邻关系——还有和许多这个世界上最神圣的空间与建筑的紧邻关系——哈里森的博物馆还必须小心翼翼处理与旁边某座建筑的关系。这座建筑早已长立于此，一座濒临崩塌的两层别墅，由出身贵族的宗教学者和领袖人物——谢

赫·穆罕默德·哈里里[1] 建于 18 世纪早期。当时他从希伯伦来到耶路
撒冷，并在他的私人土地上建了一座葡萄园和一座盛产无花果、油橄
榄、杏仁和杏子的果园。布雷斯特德和那些古文物的权威称这座建
筑为"十字军的城堡"。（虽然布永的戈弗雷和他的军队与这座濒临
崩塌的精美建筑毫无关系，但在 1099 年攻陷耶路撒冷前，十字军似
乎的确在这附近驻扎过，当地人至今还把这座建筑称作"谢赫的城
堡"。）这里的地标是一棵大松树，相传在两百多年前，当谢赫·哈
里里来到这里时，他用头巾包裹着这株松树苗带到此地。而在另一
个传说里，英国人把这棵松树称为"威尔士王子之树"，源于这位日
后的爱德华七世国王在 1862 年到访耶路撒冷时，曾将他的帐篷安在
树下。

不论那座别墅和那棵松树叫什么，两者的确都是哈里森重回对称平
面的主要因素。根据一则报道，"出于洛克菲勒的特殊要求"，这棵松
树必须"和博物馆保持一种有机的联系"，而这棵树似乎已经和别墅保
持着某种有机的联系了。当哈里森警告布雷斯特德"我真的觉得，我
们很容易过于把这些东西当回事"，在他的设计中，他已然清晰地想好
了要如何与这些早已存在的元素相互动。那栋老建筑"外观上太朴素
了，似乎在暗示着我们最好尊重它，而非神化它"。还有，"一棵树的
生命是有限的，唉，而我认为这座建筑的未来不太会受这棵老树的影
响，我提议，"他写道，"我会简单地通过设置轴线来纪念这棵树，轴线
会穿过它。"作为一名园艺老手，事实证明他的判断是对的。过了大约

---

[1] 谢赫·穆罕默德·哈里里，18 世纪穆夫提兼科学家，生于希伯伦，住在耶路撒冷。

60 年，树枯死了，而且被砍伐 —— 而只要哈里森的建筑矗立在这里，他博物馆平面的中心线就会保存着对这棵树的记忆，仿佛一截幽灵的肢体。

比起前人在这里留下的可见的痕迹，地底下那些隐秘的遗迹使得在附近进行设计更加艰难。1928 年 6 月末，哈里森监督着探坑挖掘工作，为博物馆打地基做准备。此时，工人们突然挖出了一座庞大的罗马和拜占庭的墓地。

这座墓地的重见天日并不完全是一场意外。早在 1874 年，法国考古学家与东方学家查尔斯·克莱蒙-贾诺（Charles Clermont-Ganneau）[1] 曾发表过对于这"凿进岩石之中的墓葬群"的评论和描述，还附带有一张地图。（"我们在那些墓葬中发现了，"他写道，"大量的骨头、破碎的陶器、软石之中的'盒子'，以及单只金耳环……"）十年后，他的这段描述被收录在广为流传的《巴勒斯坦西部调查》（*Survey of Western Palestine*）中。而早在 1927 年，在布雷斯特德和古文物权威们的各种信件中，他们忠实地引用了这段文字。尽管在为博物馆选中这个地点时，他们不认为这些墓葬会是什么难题。如今，当工人开始挖掘，那些本来不多的骨头和破碎的器皿迅速翻倍，很快，一大堆出土的物品和骨骸代替了原先那些东西。工程才开始一天，哈里森就向里士满报告，他听起来丧了气，而且他那些阴魂不散的失败过往再一次飘荡而起，纠缠着现在，"我们已经在每个基坑里都发现一座坟墓。"一周之内，工人们已经在篮筐中装满数以百计的发簪和珠子，

---

1 法国考古学家，耶路撒冷考古的先驱。

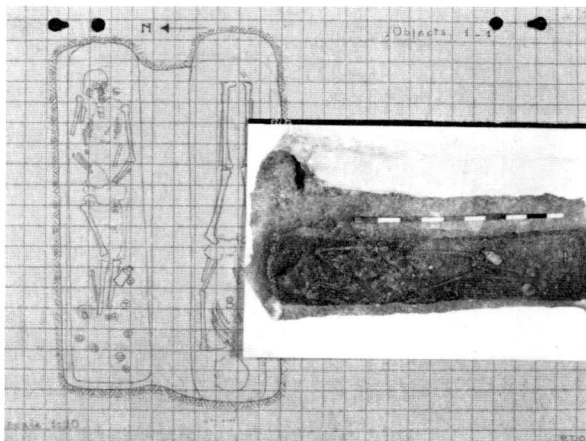

陶瓷碎片和灯具。"头骨和许多其他人骨，"用文物检查员的话说，"还有斜对着交叉的肱骨和夹在其间的头骨，都有被仔细埋葬的迹象。"正如几个世纪前的人们小心翼翼地将它们安葬在坟墓里那样，如今的人也要必须严格、专注地发掘这些遗骸。

这块圣甲虫与骸骨之地是如此广阔，以至于发掘进行一个月后，哈里森被迫叫停了地基工程，"以待进一步的调查研究"。在耶路撒冷情况常常如此，死者使得生者手足无措。在花费近一年的时间让挖掘重新开始，又过了九个月后，他才得以写信向母亲报告，尽管"一场瓢泼大雨没有帮上什么忙"，但"博物馆的地基仍尽在掌握之中"。另一些事态的发展同样延缓了工程进度——普卢默已经离开，新总督也已到达，而且不耐烦地等待着新政府大楼的建造，相对于博物馆，当局对这一项目给予了政治优先权。再者，由于 1929 年的骚乱，哈里森事务所的工作暂停了数月，不得不再花些时间让事情回到正轨。

在这种尸骨与杀戮营造的氛围之下，哈里森也处在一个特殊的境况之中，即在图纸上用石材创造一块完全属于他的遗迹。这些图纸最终也将被后人挖掘出来，因为它们最终会被埋藏在建于坟墓之上的博物馆档案室中。

挖掘这些图纸不需要泥铲和篮筐。多年以后，坐在笔记本电脑前的塑料椅子上，我打开一份磨损的文件夹，读到一封1929年哈里森写给里士满的信："当我上一次见到您时，有件事我想和您讲。可能——我担心——得有这么一个人来安放奠基石。天晓得我是多么愿意不谈这件事。但我还是得做好准备应对所有紧急情况。"

我此时坐在哈里森的平面图上标注的"记录室"里，迅速翻阅着这些纸张，我感到很奇怪，甚至有些诡异。正如他在那些信件里用铅笔写的，他是否料想到或许有一天他的档案会存放在这个房间里？"我已经考虑了这块奠基石的位置。我本该去找一块合适的石材（或许是一块来自英格兰霍普顿的石灰石）并且小心地刻上字母。但是，我现在还不能做什么，直到我知道该刻些什么。简洁是很必要的，我可不想模仿在伦敦公厕里的那些刻字。"

无论他如何绘制这一建筑的未来，他根本无法料想到，在20世纪50年代，这个房间将会以"经卷室"（the Scrollery）[1]这一称呼闻名于世——那间狭长、明亮且通风的约旦风格内室，在那里，《死海古卷》[2]曾经首次被仔细研读、分析。在这里，古老的过往将会有一个辉煌的

1　1953年《死海古卷》的大部分内容被转移到此处，学者在此翻译研究古卷，此后这个房间以'经卷室'而为人所知。

2　《死海古卷》是为目前最古老的希伯来文《圣经》抄本，包括《以斯帖记》以外的《旧约全书》全部内容都能在《死海古卷》中找到，还含有一些虽然已经得到天主教承认、但仍被新教视作外典的经卷，此外，当中也包含一些不属于《圣经》的文献。

未来，即便属于哈里森的当下，将会渐渐从视野中退去，成为我们的过去。"我所担心的是，有一天某个来自秘书处或别的什么人将冒出一个绝妙的主意，要求我在一天或更短的时间里备好石块。由于我对刻字相当敏感，这种事情对于我来说会是一场灾难。"

也许，他活到今天也不能辨认出自己的建筑作品，就是这个后来充斥着小隔间和罐头架的以色列办公室。而在此处，在古卷碎片被排列在长桌玻璃下的半个多世纪后，在希伯来语的电话闲聊与混合着速溶咖啡的气味中，我正把他的字句敲入电脑文档。

哪些细节将会被人铭记？哪些又将褪色与消融？

相关遗迹

在 1930 年夏天的奠基仪式上，那些端坐在升起的木质讲台前，戴土耳其毡帽、男式软呢帽或裹着穆斯林头巾的客人们也许不曾想到：这座遍布古迹的博物馆，有一天也会成为一处古迹。抑或，这些戴着各式帽子聚在一起的权贵们，真诚地相信这座建筑物的意义永久持续下去 —— 同样长存的还有大英帝国和巴勒斯坦本身。这些当权者当然希望他们的子孙后代能永远铭记自己。否则，还有什么能驱使他们郑重地宣布并刻下这些铭文呢？

陆军中校，圣迈克尔和圣乔治大十字勋章爵士，

维多利亚大十字勋章爵士，战时优异服役勋章

约翰·罗伯特·钱塞勒

英王陛下的总督与巴勒斯坦总司令

奠基

耶稣纪元 1930 年 6 月 19 日

还有什么能驱使他们精确地记录并收藏所谓"规定流程"中的每

个步骤的计划 —— 从钱塞勒阁下从北面台阶登上讲台的那一刻，到文物主管的演讲和对他演讲的翻译；从钱塞勒阁下的演讲与翻译，到公共事务主管把装满"巴勒斯坦铸币"的铅质盒子递给钱塞勒阁下；钱塞勒阁下把盒子放在基坑中，公共事务主管把小铲子递给钱塞勒阁下……这些细节被极其僵化地记录在案，直到那个高潮的来临（尽管不算自然发展的高潮），此时钱塞勒阁下轻拍那块石头，公共工程主管把水平仪递给钱塞勒阁下，钱塞勒阁下用水平仪测量石头，宣布奠基石放置好了，然后（在另一段翻译之后）由南面的台阶离开了讲台……

到底出于什么，这里依然保存着洛克菲勒发给钱塞勒的电报？电报中充溢着诚挚的祝贺和对这座博物馆长久开放的愿景。而又是出于什么，这里会记录、保留那些古尸被发掘后，受邀来这次埋藏庆典的人们的名单？奥尔布赖特博士、A. 巴尔鲁兹先生、E. L. 苏勒尼博士[1]、迦南博士和夫人、D. C. 巴拉姆基[2]先生，L. A. 麦耶博士[3]，加罗德女士，修道院名誉院长卡里斯托斯，雅各布·斯帕福德[4]，阿迪勒·E. 贾布里……在保存、归类这些墨水写下的短效物证的时刻，人们脑中有闪过某种"这一刻转瞬即逝"的意识？ 在所有种族、宗教和语言的多样性中，这些客人代表了一个混杂的也相对和平的耶路撒冷。然而，前一年夏天那起剧烈的爆炸对他们中的一些人而言，即便不是严重的威胁，也已使

---

[1] 希伯来大学考古学教授。

[2] 巴勒斯坦考古学家。

[3] 以色列伊斯兰艺术学家、耶路撒冷希伯来大学教区牧师长。

[4] 耶路撒冷美国侨民。

耶路撒冷变得极其脆弱。 虽然他们心怀焦虑，但都不表露出来。 在那个晴朗的星期四下午，众人齐坐在古城墙前折叠椅上的照片，传达出一种几乎称得上慵懒的平静气氛。

　　无论照片之后是粘在了哈里森的个人相册中，还是和图片说明一起转送到芝加哥的布雷斯特德那里接着保存在东方学院的档案中，抑或寄给洛克菲勒在曼哈顿标准石油大厦的办公室，让他的秘书存放在细纹木保险柜中 —— 所有这些黑白照片都将那一天巨大的平静感甚至是无聊感定格在时间里，就像凝固在琥珀之中。 教授和牧师们，法官和记者们，穆夫提、市长、犹太事务局的代表们，阿拉伯执行委员会的代表们，戴尖头巾的主教们、戴钟形女帽、穿时髦高跟鞋的女士们（她们当中有贵宾的夫人、秘书，一位德高望重女校长和几位考古学先驱）。所有人都并排坐着，脸朝向上方，当钱塞勒阁下宣布奠基时，隐约微笑着——钱塞勒致辞的手稿（这份稿件之后在不同大洲被整洁地归档）中说道——"我今天来到这里，奠下巴勒斯坦考古博物馆的基石，是一项极大的殊荣。"

所有人——除了哈里森，他向来厌恶官方的集会，却似乎无法避开这个场合——都在致敬"这座美丽建筑物"，钱塞勒在演讲中向众人保证了这一点。这场仪式的照片，在接下来的几十年里被仔细地收藏在那些散布的相册和档案盒中。而这位建筑师高瘦的体格和短发脑袋的侧面在照片中只露出了一个不完整的轮廓，在讲台后排的角落里。演讲进行时，当那块石头从它的绞车中下降时，哈里森转开他凝视的眼光，落在了旁边或者盯着地面，他看上去极度不安，仿佛他宁可在其他任何地方，也不愿出现在这儿。

❖

即便这些典礼仪式令他感到痛苦，我们却从博物馆建筑本身看不到他的一丝厌倦。在博物馆完工，他在 1937 年悄悄地从耶路撒冷飞走之后，他回想起这个博物馆时，将它描述为"唯一一个能把我和巴勒斯坦联结起来，同时给予我某种程度满足感的作品"。

撇开这些低调的叙述不谈，他为建造这样一件作品已经等待了多年，比他的其他任何一件作品等的时间都要长。这件作品是他自己穿梭于时间中，凭借万花筒般的想象力和强大意志力而创作出来的。由于接受了一个富有的外国私人投资者的赞助，作品本身免受了不少令人厌恶的妥协，即那些他在一些官僚作风盛行、政府赞助的情境中被迫接受的妥协。当它呈现在最终的平面图上，化身为一个放在六月典礼的平台旁展示的微小陶瓷模型——进而成为最终完成的建筑——这座博物馆将会以一种微妙但可触摸到的方式，成为一个灰白石砌的实体，具现了他在此地吸收到的所有建筑精髓和所有他最喜爱的建筑。它拥有弧形的瓮城、低矮的八角楼，带有垛口的窗户和较宽的拱形窗户，洞穴式的回廊，被日光曝晒的庭院，错落的屋顶和各种低穹顶的立方体。他的设计从伊斯兰墓葬和十字军堡垒、拜占庭教堂、巴勒斯坦农舍，甚至从阿尔罕布拉宫[1]借鉴元素。在这个过程中，它运用迥然不同的部件命运般地造就了一个神秘的整体，在暗示的同时，超越了每一个突角拱和每一根立柱所特有的文化情境。这仿佛是哈里森渐渐入梦后，梦见了这座建筑，建筑因为它的庄严感也展现了一种诡秘而且甚至迷一般的智慧。这座建筑看上去是对称的，但其实不然。它精心设计的几何形状，带给人们两边对称的错觉，但这种不显眼的差异其实遍布着整个空间，仿佛押着建筑的半个韵脚。通过光影的游戏，它坚挺的线条让位于平缓的弧线和圆润的拱顶，让位于隐藏的角落和广阔敞开的空间。它如同一则轻声的谜语——多多少少与耶路撒冷本身有些类似。

这座博物馆并非单独致敬了某一种文化传统或建筑风格，而是更悄无声息地效法了附近旧城的城墙和穹顶，但它将原本杂乱喧闹的景观中

---

1 西班牙格拉纳达的摩尔人王宫。

混乱冲突的炮塔与堡垒，转化为统一和谐的整体。这所博物馆并非某种乌托邦（它从未属于任何地方），相反，粗石砌口的拱顶和柠檬色的石块，宣示着它完全属于耶路撒冷。然而在某种程度上这栋建筑是有抱负的，它体现了哈里森对这座城市的个人憧憬——不全是它本来的样子，而是它在一个更美好的世界里可能呈现的模样。

他当然和其他人一样清楚，要想建造这样一个纯然明净、带着耶路撒冷天国般神圣色彩的建筑，他必须面对来自这个极其世俗之城的需索。眼下的拖延情况十分普遍，他几乎懒得把它们写进信里。然而布雷斯特德不得不谨慎地跟进，因为洛克菲勒的资金如果没有在 1931 年 1 月之前用尽，便要失效了，因此他和好几任总督不得不礼貌地重复请求资助人予以延期。（1929 年股市崩盘也给洛克菲勒的参与增添了一丝紧张，他的总财富依然可观，但也损失惨重。）那一年，就在钱塞勒搬入哈里森建造的崭新政府大楼的短短几个月后，他便离开了巴勒斯坦，职位由亚瑟·沃科普爵士接任。他是埃及学家布雷斯特德的一位老朋友，布雷斯特德坚持说，工程缓慢这事"根本没法归咎到谁头上"。除了古墓的发掘和1929年"爆发的……阿拉伯人在巴勒斯坦多地屠杀犹太人"事件外，建设又因为找不到足够多合适的石料陷入停滞。即便哈里森与修养极高的苏格兰人沃科普一样秉性沉稳，天然能成为盟友，作为建筑师的他仍由于必须学会讨好下一个总督——从他来到这以后的第四个——而在语气中带着惶恐和疲倦。"我就指望他不是一个难对付的人，"在新总督接任的几周前，哈里森给他的母亲写信道，"他是个单身汉……听人说他喜欢音乐和艺术，但现在我知道这不一定就是我想象的那样。听说他乐于享受自己的房子，这同样也说明不了任何问题。"而事实上这个一头银色头发、拥有不错品位的瘦小的苏格兰人在当地很快积累了各式各样的名声。埃里希·门德尔松如此仰慕沃科普，后者在一个英国官员的记忆中就留下了深刻的印象，"他的不宽容，他的魅力，他突然爆发的情绪，他的精明，他的易变……他的诸多善良之举……他就像一个活生生的化身博士（Mr. Hyde）[1]"。

但是在对付总督那似乎有些分裂的人格之前，哈里森不得不处理差强人意的石材问题。首先他试着拼凑了来自17个不同采石场的一小批石材，然后政府在纳布卢斯附近为此项目特别开设了一个采石场，他和他的助手们不得不调整图纸来最大限度地利用原料。一如往常，美式派头十足的布雷斯特德也将那"建设……所需的惊人时长"归咎于文

---

1 《化身博士》（Dr. Jekyll and Mr. Hyde），是苏格兰作家罗伯特·斯蒂文森的小说，讲述了体面绅士亨利·杰柯尔博士喝了自制的药剂化身邪恶的海德先生的故事。"Jekyll and Hyde"一词后来成为心理学上"双重人格"的代称。

化差异，并提出"在一个像巴勒斯坦一样原始的国度里，建造一座别
具个性的建筑不是一件平常的事……所以可能会有一些延迟"。另外，
"我们在巴勒斯坦的英国朋友像他们的同胞一样，比我们慢，也比我们
细致"。

事实上，哈里森一直在坚持不懈地工作——同大约700名本地
工人一样，截至1932年6月，他们共使用了3000平方米砌墙石材、
1000吨水泥和2500立方米砂子。根据哈里森所写其中一份当月的进
程报告，他们几乎完成了底层的建造，并且随着部分拱顶的到位，上
层的工程正在"疾速"进行着。他急于在1934年1月之前监督该建筑
物主体的完工情况，而在1935年，负责饰面的厂商将完成建筑主体的
附带装饰。考虑到这一点，哈里森已经在叙利亚挑选了大量的核桃木，
现在这些木材已经在工地上被锯好，堆放起来。

在记录所有的建造和装饰博物馆所用的石料、木料和混凝土的简明精确的账目中，没有提到这样一类资源：它与建筑不甚相关，却与血肉紧密相连 —— 换句话说，在巴勒斯坦，哪个族群最终会在数量上超越其他族群呢？这段时间，来自德国和奥地利的犹太难民挤满了这个国家的港口。本地的阿拉伯人因这些新移民的出现越来越苦恼，即便政府早已设定了移民限额。1933 年 10 月末，升级的暴力行动取代了抗议如此多犹太人到来的游行。一个本地阿拉伯人领袖团体安排了与沃科普的会面以传达他们的抗议，并再次强烈要求成立代议制政府。根据一份报纸报道，他们"宣称阿拉伯人脑海里最根本的恐惧，来源于犹太人将在巴勒斯坦大权在握。针对这个问题，沃科普爵士回应说，阿拉伯人完全没有必要恐惧，因为他正在公正地统治着这个国家。"接下来的一个月，哈里森坦然地对母亲说："您没有任何理由担心，叛乱都结束了。我并不觉得有趣，也没有像 1929 年那样激动。在上次的麻烦里，您要知道我曾是犹太人的目标；这次，我成了阿拉伯人的目标。他们曾经伏击我们同车的五个人，朝我们开火 —— 所幸没打中。下次，我必须问我年迈的房东借几件武器了。"与此同时，政治因素渗透进建造的每个阶段，从建筑师任命到工人招募。哈里森刚出道时最初的工作地点，东边相对落后的乡村，今天已经成为世界上最残酷最你死我活的民族斗争的中心 —— 在这场斗争中，他与双方都没有什么利害关系。尽管他意识到，保持一种旁观的态度本身也将带来不稳的前景。他所相信的最基本的公理正义，仿佛在每个环节上都受到了挑战。

然而，尽管周围的种族对立加剧，尽管哈里森强烈感觉到沃科普并不重视他的工作（"就像以往那样，他不认可我，"他向埃娜写道，"并且觉得我做的所有事都出了差错"）。而且这位总督对他施加压力，让他尽可能迅速且便宜地拿出其他建筑的规划——包括一个位于朱利安道、靠近大卫王酒店和基督教青年会的大型政府建筑群，它将容纳目前还仅是个设想的立法机构——哈里森仍然决定不站队，也毫不马虎，而是监督着他这件风格融汇的杰作逐渐成形。此外，他还密切关注着政府大楼的工程，用的是同一群意大利承包商——亚历山大港、开罗、耶路撒冷和伦敦都设有办事处的蒂法诺有限公司，这群承包商经营着一个既有阿拉伯人也有犹太人的、囊括了工人、手工艺人和技师的大型团队。软木地板、卷起的百叶窗、电力照明设施、大门装置以及门锁等，将从英格兰船运而来，连同余下的大部分博物馆设备——从灭火器、电子钟到有着可调式青铜底座的展示柜。一整套所谓的幻灯机房设备将从瑞士运来，而水磨石材料和水泥贴砖将交给一个在雅法的犹太公司生产。并且，哈里森再一次安排陶艺大师大卫·欧迪安去创作一些生动的陶瓷部件，来装点整个建筑的色调，以免它毫无生气。首先是一种精美的、充溢着青色、绿色、蓝色和米黄色的大不里士风格（Tabrizi-styled）的瓷片，它们将会覆盖复杂的穹顶亭（位于回廊式中央庭院的一端）的墙壁和天花板。此外还有一些朴素的装饰，黑白两色的碎片拼成粗重的希腊字母，组成了一句柏拉图名言。这些文字会环绕在圆形的考古顾问会议室墙壁的上方，仿佛一小段古董电报纸带。

　　哈里森选择柏拉图的这句话，表面上是因为其中第一次使用了希腊语中的"考古学"（archaiologia）一词，即关于古迹的研究——关于诸英雄和人物的谱系、苏格拉底，以及建城，比如在古代诸城邦如何建立，总之，那些个古代传奇故事，才是他们最乐于聆听的。但这不过是圈内流传的关于这栋建筑的一个冷笑话，因为在所有人中，偏偏只有哈里森知道，柏拉图《大希庇阿斯篇》(*Hippias Major*)中的这段对话和古迹并没有多大关系，这段对话是关于美以及什么是美的问题。美丽少女? 黄金? 富裕并受人爱戴? 美是合适的事物，是有用的，有益的? 美是由听觉、视觉带来的快乐?

苏格拉底和他的同辈哲学家希庇阿斯[1] 在彼此的对话中没有解决这一问题，但在结尾，苏格拉底尖锐地告诉希庇阿斯，他从他们的谈话中受益匪浅:"因为那句古老的谚语'**美物难存**'，我好像明白了。"可以说博物馆的墙上写满了这句话。

❖

大约就在近几次暴乱发生的同时，哈里森邀请埃里克·吉尔来到耶路撒冷为博物馆的庭院雕刻一组共十个的浅浮雕。他对这位有个性的天主教手艺人提出的想法中并没有明确表示自己的政治倾向，然而，倾向也许深藏其中，因为彼时激进的民族主义拉锯战正围绕着他进行。哈里森希望吉尔创作一组这样的雕刻: 它们在庭院的墙上一字排开，代表着"造就了巴勒斯坦这片土地上独特文化的各种文明"。

尽管这个方案实质上是在回瞻过去，甚至或许有些老套，但同时，这个方案也有它恳切的一面。每块浮雕以等长的间隔安置在回廊的立柱之间，彼此间维系着一种平等的关系，没有哪一种文化占主导位置，而是整体共存于博物馆内圣所那种光明的静穆中。虽然哈里森在政治

---

1 厄利斯的希庇阿斯，古希腊智者学派的一员，他教授诗歌、语法、历史、政治和数学等多方面知识，享有博学多才的名声。对他的记载多来自于柏拉图的两篇对话录。

上如此缄默，从不把他的建筑造成一则公开的宣言，可他构想为建筑物心脏的那个空间，似乎确实传达着一种压抑着的、不曾说出的要让冲突停止的欲念。 抑或至少如他所愿，冲突能暂时平息，就像在这个围合的小小和平世界中一样，伴随着长满睡莲、盛满金鱼、反射着阳光的池塘，还有向天空敞开的视野。

　　脑海中有一片这样的和平绿洲的哈里森，列出了长一串"古代民族"的清单供吉尔参考雕刻，而这位雕塑家同意接下这个耶路撒冷的任务——这对他而言，既是一个实际的石匠工作，又是一次深刻的宗教朝圣，反之亦然。 尽管哈里森与吉尔在许多基本的层面截然不同——前者一心一意追求隐退的生活，为人内向、朴素、深思熟虑而多疑；后者魅力超凡、目光卓远、情欲旺盛、冲动而热诚——他们对于"艺术包容一切"这一信念的热忱，还有无可动摇的、基因层面的英式作风，从本质上将他们联结在一起。 吉尔以自己对国教的强烈抵触和震撼四方的才能自矜，但他仍然给英国体制内一些最为显赫和僵化的机构制作了公共雕塑：威斯敏斯特大教堂的耶稣受难像，面对伦敦地铁总部的"天的四风"（four winds）[1]组雕中的三个浮雕，英国广播公司广播大厦前方的"爱丽儿和普洛斯彼罗"，等等。 当吉尔在博物馆雕刻，在耶路撒冷走过真正的耶稣受难处时，吉尔的门生之一，诗人、画家以及雕刻家大卫·琼斯（David Jones）[2]和吉尔一起待了几周——在吉尔死后，大卫·琼斯形容他的朋友兼导师有着"绝对惊人的英式作风。 我想我

1　'四风'引自《圣经》，指东南西北四个方向，泛指世界。此处则是指吉尔在伦敦的三座浮雕（分别为东、南、北风），现收藏于伦敦泰特美术馆。

2　英国画家、现代主义诗人。

从未遇到能像他这般拥有独特英式作风的人。"人们也常常这么形容哈里森，尽管他在外那么多年。 不管有意还是无意地，在他的生命中和这个国家的生命中，他在这个特殊的时刻把吉尔带来耶路撒冷的决定，无疑强化了他身为英国人的自我意识，也强化了他最贴近巴勒斯坦的建筑群中那种根本性的英式观感。 换句话说，巴勒斯坦考古博物馆除了将要呈现的所有古代民族，最终这个综合体将代表的文化，即凌驾于其余文化之上的文化，是大英帝国和英国托管时期的文化。 这就是他创作这件作品的心路历程。

在 1934 年 2 月初，吉尔咨询过哈里森的老朋友考古学家乔治·豪尔斯菲尔德之后，快速画好了每一面浮雕的草图，送到哈里森那里。他一同送去的还有一张便条，"我希望，"吉尔写道，"你不会觉得这些画像显得过于粗短、笨拙和滑稽。 你明白，在这样狭小的画板上……不可能保持自然、考究的比例。"吉尔标志性的真诚与幽默的确为这些短粗的人物画赋予了接近卡通的形象 —— 这种方法颇为奏效，它使这项工作不至于沦为沉闷呆板的活计。 这些铅笔画附带着绘本一般的插图说明，用简短的话语概括了巴勒斯坦每一个文明阶段中的贡献。 这些说明不会呈现在最终的雕刻当中，但似乎起到了阐释概念的作用："迦勒底人带来了农业""埃及带来君王的统治""腓尼基人乘船而来""以色列人带入律法"……还有希腊人带来的人文主义，波斯人的"奇特的仪式"，伊斯兰的《古兰经》以及十字军带来的建筑。 拜占庭人"找到了真正的十字架"，而罗马"征服了自然（例如，扼住公牛的犄角或抓住狼的乳头制服它）"，是这些大胆而充满童趣的图像中最天真无邪的画面，展示了赤身裸体半跪着的罗穆卢斯和雷穆斯，从雌狼乳母卢帕（Lupa）身下贪婪地吮吸乳汁。

Rome conquered nations
(i.e. took them by horns or wolf by the teeth)

"与此同时，我希望，"在预想到哈里森对如此风格化的图像的反应后，吉尔对他说，"不要出现太多考古上的批评——腓尼基海艇或一顶十字军头盔的准确形状之类。我这周会去大英博物馆、维多利亚和阿尔伯特博物馆考证这些图像，但我想先把这些草图发给您，方便您了解我的提案。"

到三月末，吉尔和他的助手库里布（Laurie Cribb），先乘船再转火车来到耶路撒冷，在这里，他们与哈里森会面，并立即喜欢上了他。"可以说，他确实是一个非常好的人，十分和蔼、热心（当时42岁）。"吉尔在给他在英国的妻子的信中写道。吉尔眼光尖锐细致，但他以一种实事求是、轻快随意的方式，只是大致地描述了哈里森的样子："胡子刮得很干净，典型的建筑师的面孔"，也不管"建筑师的面孔"具体是什么意思。一下火车，他们立马被送往哈里森"美丽的"

家，享用了一顿"美妙的"早餐，还有热腾腾的沐浴，然后坐车前往博物馆参观，在那里存放好他们的工具，接着在大马士革门¹外的圣艾蒂安的多米尼加修道院中安顿下来。第二天他们已经在勤奋工作了。

"我们开始了这项工作，上手非常困难。这里已经很热，太阳很刺眼，满是尘土。但生活愉快得难以用语言描述——愉快得难以置信。"就像完成从中东往原煤产地纽卡斯尔运送煤炭这样的任务一样，吉尔用船运送了大量来自德比郡的"霍普敦木"石材，一路运到了石材已经十分充足的耶路撒冷——而他就像在他白金汉郡的工作室里度过的寻常的一天那样——开始在博物馆旁的一间小棚屋里画草图。一旦石块在墙上固定好，他便开始在石板上雕刻，一周后他就汇报说："一切都很好，我们很好……工作正在进行中，但因为需要为其中三块石板设计新的图案（出于当地专家的苛求）耽误了进度。"他在给他妻子的另一封信中写到，他和哈里森都受到了不同考古学家关于石板细节的"诸多干扰"，"但最终我们决定，（既然）已经得到了我们想要的，我们就可以把考古学家抛到一边了——他们说那得去求证考古学，可其他人（我跟哈里森）说这与考古学无关，他们的话虽然没起什么作用，不过也可以说是胡说八道了"。

吉尔脱去平日的石匠工作服和呢帽，换上定做的金黑条纹的摩洛哥大袍，戴上传统的巴勒斯坦头巾与伊格尔，以防止太阳晒伤脖子，他的雕刻工作持续了漫长而艰辛的一天又一天，从早上七点半到下午五点半，在耀眼的强光下站在木头脚手架上——"现在为止，"他在四月底

---

1 大马士革城门，耶路撒冷旧城主要城门之一。

The Sculptor at work

写道，彼时他已完成了十副石板中的五副，"我一直在院子的背阴面工作……但明天开始我得到朝阳面去，那时我可就真的够受了。现在这里非常热 —— 如果你把凿子放在太阳底下就很难再捡起来了。"

吉尔完成浮雕后，还在博物馆的入口雕刻了一块三角型墙饰 —— 正如他形容的："一个半圆代表了人类！（即从博物馆策展人的角度看到的人类。）"虽然初期的草图呈现了一棵树下一个木匠锯木头和一个农民打谷的场景，但他最终在十分严重的牙痛中完成的雕刻，展示的是两名无脸的士兵，将佩剑放在两侧并跪下身，在一棵枝叶茂盛的树前平和地举起手来，也许是正在投降的画面。这幅雕刻意在表现非洲和亚洲在巴勒斯坦的相遇，他们可能是亚述人，也可能是十字军，但吉尔对哪个版本的设计都不满意。在后来写给哈里森的信中，吉尔说

道："我觉得大门惨不忍睹。我雕刻的时候生病了，这从作品上能看出来。"

　　吉尔忍着牙齿脓肿，在这各式各样的雕刻品上留下多少有些浓重的标志性符号，但也使那些装点哈里森建筑的小物件和各种指示牌带着几分轻松，给这座东方纪念碑式样的建筑几许温和的英式奇想。例如，他将雨漏做成玩具般的形状，朝庭院的喷泉缓缓地喷水，还设计了清晰且友好的英语、希伯来语和阿拉伯语刻字，并让库里布将它们刻在石头上。

入口 → 南展厅　衣帽间

　　指示牌上的内容，从"公元前 3000 年—前 2000 年青铜时代早期"到"饮用水"，吉尔怀着无私的敬意处理刻在上面的字母。下图正是一块警示牌，从它放置的位置来看，就像是另一个古代遗迹，紧挨着庭院回廊里的古罗马祭坛和拜占庭式过梁。

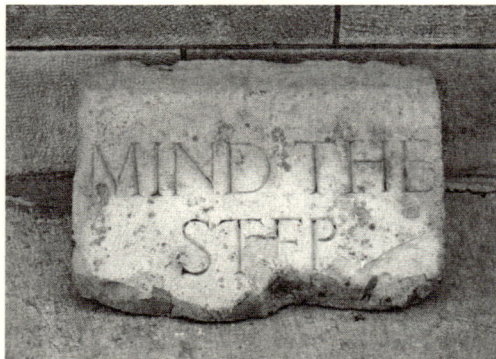

◈

　　工作之余，吉尔和库里布会跟哈里森一起消遣，散步，聊天，用心感受这块基督教的场所——吉尔作为一个狂热信徒，格外地被它所吸引。这段日子里，他和哈里森变得十分亲近。（吉尔后来"充满情意地将他的耶路撒冷日记——他在这段行程中写给他妻子的信件集——"献给我的朋友：奥斯汀·圣巴布·哈里森。"）而在后来的岁月里，当吉尔热情洋溢地回首耶路撒冷岁月时，他将巴勒斯坦称为"赐予他的最终启示录"。

　　"在耶路撒冷根本找不到让人失望的地方，我只发现了美妙。"他坚称，听上去有点儿像快人快语的英国版拉斯克-舒勒。而拉斯克-舒勒碰巧在这个月第一次游历了这座城市，尽管这两位穿着阿拉伯长袍，痴迷于耶路撒冷的人没有彼此遇见。"巴勒斯坦是一块圣地……是我们英国所代表的一切的对立面，"不仅如此，他还写道，"我从未见过或者想到过比圣地更美妙的东西……因此，我也从未见过什么，比圣地更出离人类的虚荣和罪恶带来的腐朽。"在他记下文字的同时，这些文字也古怪地滞留在狂喜和厌恶之间混乱的轮转关系中。在某个情感特别强烈的时刻，吉尔写信给他的妻子说："（我）无法在信中向你转达耶路撒冷（给我的感觉）。它令人诧异的孤寂和它的混乱……我在喜爱，憎恨，对手头工作的担忧以及它所带来的徒劳感之间被撕扯成碎片……我感到很遗憾。"含糊的语词中一定另有隐情："这座城市从根本上令人绝望——悲惨、混乱、分裂，涌动着被压抑的恨以及相互冲突的文化——唯一的和平是英国警察维持的和平，他们怎么还为了占有它大费周折？"

这些问题也正是近来越发焦虑的哈里森考问自己的问题，当博物馆接近完工时，他努力工作，尽可能快地完成其他建筑的平面图——包括耶路撒冷邮局，政府机构所在的整块社区以及社区中的立法议会，一座异常时髦、白色饰面，几乎是门德尔松式的政府出版社——总之，他办公室的公务，乃至整个国家的政治，在他身上越压越重。

"我基本完成了博物馆的工作，有一种强烈的解脱感——巨大的担子从我的肩上卸了下来，"1935 年 10 月，他在给他母亲的信中写道，"如果我不是在这里闷闷不乐地工作，也许还有更麻烦的事情。"因为要搬入并拆封展品、图书馆的书籍以及实验室的设备，这栋建筑在其后三年里都没有向公众开放。然而，别的建筑师已经极力称赞了它的设计：弗兰克·米尔斯（吉尔说他是"一个不耽于激情的男人……他知道我因为在这个国家工作而不得不奋力解决的一些问题"）写信告诉哈里森，这座博物馆"对我们所有人而言，都是一个兼具简洁与克制之美的实例"。同年，一份柏林犹太报纸刊登了一篇绿蒂·贝瓦尔德

（Lotte Baerwald）写的文章，她是一位德裔犹太建筑师也是曾在耶路撒冷留下不少重要建筑的亚历山大·贝瓦尔德（Alexander Baerwald）[1]的遗孀。 在文章标题"一名伟大的建筑师：哈里森"（*Ein Großer Architekt: Harrison*）的下面，她写道，"巴勒斯坦应当为它自己拥有一位伟大的艺术家，它的主建筑师哈里森而感到欣慰。 他所经手之处，皆矗立着杰作，但是，"她又写道，"谁真正了解哈里森？ 谁又提起过他？"

1 德裔犹太人建筑师，以在海法等地的建筑作品闻名。

　　然而，哈里森面对着这些吹捧，尽管也有万般感慨，却唯独少了一些振奋。他思索着："即便费了那么多力气，我也没有感到一丝得意：我太清楚我的笨拙与失败之处了。"即使他受到来自远方的盛赞，身边的压力却增加了。"我的困难在日益加深，这逼着我开始琢磨——我到底要不要离开。只要我能够经受住这场风暴，巴勒斯坦仍有着不少有趣的差事可以去做。沃科普对我穷追不舍，"他精疲力竭地对母亲写道，"以至于我几乎感到他想逼我辞职。对您而言，这听起来一定很愚蠢吧，因为他是那样一个大人物，而我不过是一个无名小卒。"

　　如同以往，那场风暴是政治上的，但这一次，它酝酿于最灰暗、阴冷和官僚化的心思之中。虽然哈里森的艺术才能或许得到了广阔外部世界的赏识，但是回到公共事务部的小圈子，根据一位亲历者所说，"糟糕的事情接二连三"。不少工作派给了私人建筑师们，这"对哈里森而言相当于朝他的眼睛打了一拳……因为他本应设计所有的政府建筑，然而要做的项目多得堆积成山，而哈里森又是个艺术家、梦想家。"他的朋友豪尔斯菲尔德甚至写信给哈里森的母亲吐露他对奥斯汀的担心，他"艰难地生活着。那创造性的灵魂牢牢占据他的内心，他也因此受了不少苦"。

　　民族主义更浓厚的政治倾向也直接影响着他。沃科普不仅对哈里森的设计无动于衷，他还专门去雇用犹太建筑师。"我们是，"他说，"一股英国托管的力量，而且我认为在有可能的地方，我们应当雇用巴勒斯坦人，尤其在那些他们可以在这片土地上留下他们印记的地方，一如建筑那样在这片土地上留下印记。"当他说巴勒斯坦人时，指的就是犹太人："这里，"他写道，"阿拉伯建筑师无法得到认可。"尽管政府对于建筑项目委托的分配不太可能是爆发于 1936 年 4 月的阿拉伯大起义的导火索，然而这种经济和政治上的偏袒，的确是促成最近的——

目前为止最持久的 —— 地方暴乱的部分原因（哈伊姆·亚斯基彼时正经营着他的临时战地医院，就在先知大街的老哈达萨大楼外面；埃里希·门德尔松此时正在为那位于斯科普斯山上的新建筑群的规划而努力工作。）

直到 1937 年 8 月，哈里森都在忍受着永无止境的个人与民族斗争。更不用说新产生的各式危机也同样撼动了他的建筑事业。"我感到非常、非常疲惫 ——"彼时他向英格兰的朋友写信说，"两年来我们几无建树。私人事务所抢走了一个又一个工程，给我剩的也都烂尾了。我画完初步平面和做好预算之后，门德尔松又拿到了我的海法医院的活儿……我要趁着混沌的政治局势努力跳出这种困境……我的精神状态已经到这个地步，我留在这儿，就要冒着脑死亡的风险。现在的我本该在做我最好的作品 —— 我今年 45 岁。若要离开，我想，我必须放弃建筑。我正盘算着搬去希腊或者博斯普鲁斯……"哈里森打算四处"云游"半年或者更长时间，"去找寻我内心的平和。我想我在英国没法待着超过一个月。"

他在信中询问，"你不会恰好认识哪个土邦王公，比如苏丹或者别的东方君主那样的人，又恰好需要一个熟知近东传统，能为他服务十年或几年的建筑师吧？我想我会当一个挺不错的宫廷建筑师，我会小心一点别设计一个太完美的建筑，以免冒犯君威，让他砍了我的脑袋。"哈里森似乎是在开玩笑。

◈

一切都结束了，哈里森最终"潜逃"。他形容自己"就像畏罪潜逃"，写信给妹妹埃娜，不停地重复这个词，品咂它的意味，"像是从南美的某个罪犯流放地逃了出来。"从他在巴勒斯坦开始自己的事业算起，在等待了整整 15 年零 1 天后 —— 这是领取一份政府抚恤金的时间下限 —— 哈里森秘密逃亡了。他只将计划告诉了几个密友和他的助手。他在阿布托尔的小屋里的所有家当杂物，都在他离开后被变卖了。

在离开之后，哈里森收到许多仰慕者和熟人的信件，他们在信中对他的离去表示震惊和遗憾。"愿你不受拘束的未来好运常伴。"他的好友、一位警官这么写道。"我很后悔那时候咱们没能一起建造一座充满美感的警察局，只留了一栋令人沮丧、机构又漏洞百出的大楼来承受民众集中的暴怒与绝望。大家都被这项政策弄得身心俱疲，他们原本能在执行这项政策时最小程度地伤害人们的身心，如果那样的话，到现在也会比真实的此刻好受得多。"

而在老家英格兰，埃里克·吉尔却对哈里森离去的消息有些振奋："谢天谢地你终于自由了。真是再好不过了，不用再看你像一座被压抑的火山那样待在耶路撒冷日渐憔悴……在阿布托尔打包行李时你想必也不好受，不忍想象这间小屋就此冷落下去 —— 那是我踏入耶路撒冷时走进的第一个房间。事到如今，我不忍再想起耶路撒冷。再也不见在荒野中叹息的奥斯汀。"

他逃走了，就在博物馆 1938 年 1 月盛大开幕仪式前 —— 这场仪式因为英国考古学家 J. L. 斯塔基[1] 在去参加的途中遭到暗杀而在开始前

---

1 英国近东及巴勒斯坦地区考古学家。

一刻宣告取消。有报纸称这是"一伙阿拉伯人恐怖的暴行"。哈里森逃走了，就在他的耶路撒冷邮局完工并举办开幕宴之前。在伊尔贡组织和他们充斥着犹太复国主义情绪的硝化甘油炸弹爆炸时，邮局的柜台被迅速地炸成碎片，炸死了前文提到那名英国工兵；他逃走了，就在1948年5月中旬之前，那时英国对耶路撒冷的托管一瘸一拐地走向终点。在那一周，英国著名的建筑杂志发表了一篇报道，包含哈里森设计的政府大院的照片。报道称，该设计已遭到"弃用"，因为1947年联合国通过了阿拉伯人与犹太人分治巴勒斯坦的决议。因此，已经不再需要一个供所有立法议员坐在一起开会的地方。如今，虽然"此项决议已不再实施……虽然在混乱中建立了某个中央政府，但再也无法实现这个方案了"。

并非只有这些未建成的建筑前途未卜。在1947年12月，恰在联合国通过分治决议引起以色列内战爆发之时，管制当局将巴勒斯坦考古博物馆的犹太员工连同物品和不少档案书籍的一份卡片索引，穿过全城转移到了门德尔松的肖肯图书馆的临时办公室。那位英国馆长、那些阿拉伯工人还有大部分博物馆的财产都保留了下来。那时在以色列这个新生国家的发生的内战愈演愈烈，1948年11月，哈里森在从塞浦路斯去埃及的旅程中，在伦敦中转时，给在耶路撒冷的犹太好友写信说："我期待在某天听到这座巴勒斯坦考古博物馆——我唯一怀着敬意设计的建筑——被炸飞到天上。它已经变成了一种可悲的样子。我相信它已经被某些阿卜杜拉[1]的人占领了。"

---

1 指当时的约旦国王阿卜杜拉一世。

事实上，这座建筑一直完整屹立着，在某个国际保护委员会的掌控下，几乎毫发无损。直到 1966 年，约旦国王侯赛因一世暂时将其收归国有。在 1967 年以色列占有东耶路撒冷后，以色列文物部在此办公，插满了以色列的蓝白旗帜。新的管理机构将自 1948 年以来遮住吉尔镌刻的希伯来字母的胶带撕开，将其重染上与先前同一种红色……而有意不重新上色的阿拉伯语铭文则写着：

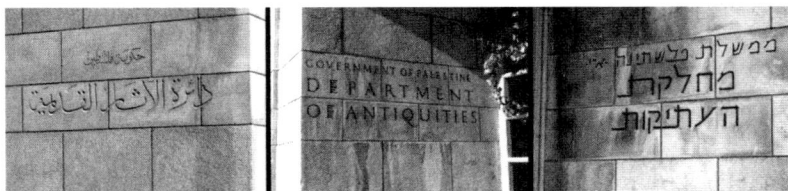

巴勒斯坦政府 文物部

这栋建筑很快就被并入以色列博物馆，并且成为今天人们所说的"洛克菲勒的建筑"中的一员，而文物部后来也发展为以色列文物局。

然而，即便在离去时表达出如此多的厌恶，哈里森其实曾经几次短暂地溜回耶路撒冷，他在 1948 年前后回过耶路撒冷的约（旦）占地区。1940 年中期，他甚至在那儿为英国文化协会设计了一栋综合大楼，也为圣约翰眼科医院设计了一座院长住宅——虽然两份方案最终都被弃用了。（"我，"哈里森在 1946 年末对开罗的朋友写信说，"最近忙于设计那些永不可能建成的建筑。"）但是许多年来，他尝试着远离耶路撒冷，想以异常极端的方式消除他在这座城市里留下的个人痕迹；他烧毁了自己大部分的私人文件，只保留了一札纸张老化、经过重录并且像是删节过的信件。不管出于何种原故——职业的、政治的或是情爱的？——哈里森在这个国家的最后两年，已经完全从他的个人记录里消失了。纵然如此，他并不能清除自己在耶路撒冷留下的挥之不去的印记。

自那个炎热的七月暑天起，哈里森就一直待在那儿，直到21世纪。比方说，当我迈步走在东耶路撒冷拥挤的街巷，在几个操着俄国口音、配枪的以色列警卫的注视下穿过一道金属探测门时。他们对那些步行来这个繁忙的巴勒斯坦社区中堡垒般的以色列博物馆的人，总是会多看几眼（因为这种人很少见）。但是，不管哪个政府宣称接管这座十分敏感的房产，它依然是哈里森的博物馆。

彼时的我，在光滑的外碉堡曲壁旁来回走着，外碉堡现在是一个专供犹太食品的食堂，我绕过店员停得歪歪扭扭的车，爬上阶梯，穿过华丽而凉爽的入口，来到吉尔雕刻的下跪的战士和劝他们停战的树下。我告诉自己，即便它目前处于围困当中，这依然是我在整个城市中最喜欢的建筑之一——像一座平静而凝练的岛——当我穿过空荡荡、传来阵阵回响的塔楼，走下冗长的拱形走廊后，我从一侧进入了一间屋子。在那里，我打开一个装满速写本、明信片、剪报、电报和园艺笔记的硬纸盒，抽出那张褪色的打印稿，上面手写着"我的一些信件"，而如今"一些"这个词，成了对未来的哈里森传记作者带有黑色幽默的嘲笑。

这些是他没有烧掉的信——对于严格保护隐私的哈里森来说，他只想由某人或某些人来读这些信：一个由纸张构成的时间胶囊。在跟着他从埃及漫游到塞浦路斯，到希腊依云岛，再到雅典——他在那居住了很多年，86 岁去世后被葬在那里 —— 之后，这些纸片以一种难以置信的方式回到了耶路撒冷，回到了他自己设计的空间里，前英国档案室、旧时的约旦经卷室、如今的以色列文物局档案馆，它们将负担起别的使命，尽管使命是什么还未明确。

几年内，这个档案馆，连同馆内奥斯汀·哈里森的书写笔记，将会被挪走 —— 移到摩西·萨夫迪（Moshe Safdie）[1]，21 世纪最负盛名的以色列建筑师中的王者所设计的一座不规则平面的新考古学院中。如果说哈里森，"那位英属巴勒斯坦托管地的建筑师"，喜欢稳重、比例和保守；那么萨夫迪，1967 年生的"那位以色列建筑师"，完全没有那些偏好。他惹人注目的校园规划，其特色是一个庞大的、下垂弧线形的顶棚。玻璃纤维材质的顶棚被有弹性的绳索高高撑起，毫无创意地模仿了当地考古队的大帐篷。校园将坐落于毗邻以色列议会和总理办公室的地方，据说将拥有 200 万件文物，和《死海古卷》中的 1500份残片，以及在整个中东地区最大的考古图书馆。校园规划的象征意义不止于此，它还将唤起关于《圣经》中记载的那些帐篷与记忆的宏大变奏，并由此昭示上帝赋予犹太国的权利，不仅包含着地下的古迹，还有已经建立了的国家的未来。

但是那些都还未到来。凝视着曾经的博物馆建造者留下的丰富地层，在此时此地，我能做的就是挖掘，继续挖下去。

---

1 著名加拿大籍犹太人建筑师，生于海法。

WHERE THE GREAT
CITY STANDS, 2014/1914

第三部

伟大之城在何处，2014/1914

一种征兆

2016 年夏天，我出发去寻找一个幽灵。

经历了炎热的七月，在八月的酷暑中，我发现自己正偏执地行走在耶路撒冷的大街上，仿佛我知道自己能追踪到一个幽灵的足迹。奇怪的是，在锡安广场对面，延伸四方的雅法路似乎特别吸引我。多年前，这里曾是那个幽灵的家人所居住的社区。听人说，是这个幽灵建造了这里，他的办公室也在这里。他肯定每天走过与我相似的路。他现在还能认出这里吗?

撇开灰白的石质建筑不论，一排排装嵌了阳台、被划为 21 世纪西耶路撒冷商业核心区的楼房，的确能让人联想起 1925 年雅典的某一条时髦街道。社区规划的基本架构有一种无可置辩的精致的完整性，下层的商店和咖啡厅有拱门入口；上层，一个个小阳台，被精致的装饰风格的铁艺格栅框住，下面由各式弯曲的、下部凹入的托臂所支撑。

面对这座建筑，必须花些工夫才能辨认出它原本的高雅和精致，现而今，这些门面充斥着俗气的遮阳棚、生锈的空调外挂机、以色列国旗、监控摄像头、缠绕的电线、花哨的塑料路牌与广告牌（混杂着英语、希伯来语还有食谱等级的简单意大利语）：

SICILIANO PIZZA PASTA KOSHER

LorD KitscH

WELCOME TO HAVE A LOOK!! JERUSALEM HOSTEL AND HOTEL FROM 250 NIS

CHANGE

Shai Kong unique clothing

AROMA espresso kosher

LOTTO
7 million shekels

BURGERSBAR since 1999

47 SHEKEL BUSINESS LUNCH

JOSEF SHOES AND BAGS SALE SALE SALE SALE SALE

INTIMA

ALDO gelateria

A Spoonful of Italian Love kosher

HAIR CITY the Israeli Center for Stimulating Follicles: extensions
& Japanese straightening—Quality Prestige Style

西西里披萨、意面食品

主的大众画廊

欢迎光临！耶路撒冷旅社宾馆 低至 250 元

交易所

特色服饰

芳香浓缩咖啡 食品店

乐透彩票 头奖 700 万

汉堡吧 始于 1999 年 超值工作餐 47 元起

约瑟夫鞋包大甩卖

因缇马腕表

奥尔多冰激凌店：一勺意大利人最爱的犹太食品

发型都市 以色列毛囊激活中心 接发 & 日式直发

质量 口碑 时尚造型

曾以一座山而命名，又把名字借给一座广场的锡安电影院，是耶路撒冷新城的中心。1979 年，当电影院被拆除后，一栋傲慢、丑陋的 11 层银行双塔大楼挤进了原来电影院的位置 —— 在双塔之间是一座石头和玻璃材质的立柱，于是有了一丁点儿空隙，然后几家商铺（书店、药店、老珠宝店）还在街对面坚持了几年。即便这些商铺外观平庸，只有简单的塑料招牌，丝毫没有诱惑力，但由于经济实惠，它们至少在这个不断变迁的景观里成为一种不变的元素。同时，附近大多数的汉堡店和涤纶服装批发店，似乎因其劣质的设计而存活得更短暂，它们更适合出现在美食街，或城郊破旧的购物中心里空气不流通的底层铺位，而非在耶路撒冷曾经精致、时尚的市中心。

造成这样糟糕现状的理由各式各样。1967 年后以色列政府鼓励犹太人流向郊区的扩张主义政策、贫困，一种在文化上根深蒂固的对审美的漠不关心、恐怖分子的轰炸、新轻轨线拖延已久的建造（它在十年间留给这里一个尘土飞扬、难以穿行的工地）—— 所有这些，都对市中心造成了严重损害。

这里距离门德尔松的银行大楼和哈里森的邮局仅几条街之遥 —— 银行如今被一帮商人租给了政府部门，据报道称，他们希望通过在银行建筑的后面增加一些楼层，来“统一建筑高度”，并将其改造成一家奢华酒店；幸好邮局依然完好，只是看上去有些老化，门头悬挂着亮红的塑料招牌，盖住了原先“邮票”和“信”的字样 —— 锡安广场的建筑上的那排签名，在几年前被打磨清除了，以便配合轻轨线推迟已久的首次运行。自那以后，一些租户会尝试收拾一下周围的环境，在塑料盒里栽上天竺葵，给自家阳台刷上油漆。尽管做了不少努力，但总体上，一种不可阻挠的颓败气氛还是笼罩着这里。一层斑驳的尘垢重新覆盖

了粉红的石墙；有人在一块手工石雕上喷上了愚蠢的涂鸦。那些点缀在庄严立面上的拱形窗户和棱角分明的门框上，淡蓝色和青绿色的亚美尼亚瓷砖尤其肮脏，有些地方几乎露出黑色的粗砂。在建筑物的二三层，一些办公室和公寓依然保留着多年前代表新潮、如今却正在腐朽的灰绿色木门，它们大概和那道粉墙一样年代久远吧。剩下的办公室和公寓，装着脏兮兮的现代铝合金窗户；地板抹布和塑料弯管从屋顶和晒衣绳上垂了下来。在那间古旧的珠宝店入口，一对石柱为那些闪亮的商品增添了一分庄重，然而在同一座建筑的顶层，窗玻璃上破了一个巨大的口子，他们任它那么豁着 —— 一道隐隐作痛、未经处理的伤口。

　　这个夏天，如此强烈的对比到处都是 —— 在第一次世界大战的百年之后，在以色列最近琐碎却又打击沉重的"军事行动"几周之前。尽管从性质上看 —— "军事行动"这个说法不太站得住脚 —— 这是一场战争，毫无保留，十分残酷。如果说"一战"塑造了现代的中东[1]，那么后来的军事冲突则是它引起的残酷余震——数不清的冲突和危机，在过去的一个世纪里不断冲击着这块土地。也许这一切都是一场漫长无休止的战争？此时此刻的耶路撒冷，你看不到战斗的场面，却能看到战争来临的迹象充斥着城市空间。我这么说毫不夸张。例如，还很新的市政厅大门对面就悬挂着一面写着希伯来语的巨大旗帜，以某种黑色幽默的挑衅宣告："耶路撒冷人拥抱以色列国防军的战士们。"

六月末，即便 F-16 之类的战机还远在天边，最近这场决战发生的契机，却就在很近的地方出现——一群巴勒斯坦暴徒在约旦河西岸枪杀了三名以色列少年，随后在城郊一个树林里，一群以色列暴徒强迫一个巴勒斯坦少年喝下汽油，并为了所谓的"复仇"活活烧死了他。从那晚起，犹太暴徒在耶路撒冷的街上失控闹事，搜寻阿拉伯"猎物"。我从未见过任何类似的状况，然而在明亮的烈日下，到处都是冲突的事件的蛛丝马迹，它们暗示着即将发生之事，黑暗最终还是降临了。例如，某天当我走着平时的路线穿过锡安广场时，我注意到三个穿着紧身牛仔裤和吊带上衣的高中年纪的女生，一边大笑着阔步前进，一边挥舞着用彩色纸板做的海报，反复呼喊着。在别的国家，她们这样做也许是在为自己的毕业舞会筹钱，或者卖力地打着洗车广告；然而，在这个残酷且充满敌意的环境下，她们用白板笔写的潦草的笔迹——还有恶意的呼喊——宣扬的是**"人民要复仇"**和**"卡哈纳拉比[2]是对的！✡"**。

---

1 到 1914 年为止，巴勒斯坦大约有 70 万人口，61 万为阿拉伯人，犹太人口不到 10 万。第一次世界大战爆发后，巴勒斯坦的统治者奥斯曼帝国与德国联盟。这时巴勒斯坦地区爆发霍乱和伤寒，土耳其军事首脑决定赶走所有外国人，大批的犹太人被驱逐出巴勒斯坦，只有俄国籍的犹太人免被逐出，这些犹太人，后来在英军与土耳其的争夺中与英国人合作。

2 原名梅尔·卡哈纳，著名美国犹太教拉比，1990 年在纽约遇刺身亡。

生于美国的犹太法西斯分子梅尔·卡哈纳，曾因他大张旗鼓的种族主义观点而被逐出以色列国会，可现在，人们对他的观点如此广泛接受，以至于没什么人在意这些逍遥的青少年。

然而，并非每一次当地的抗议游行都遭到如此冷遇。在另一个下午，一群人聚集在某处一起斥骂一个男孩，他默默地抱紧用记号笔手写的潦草希伯来语海报。我必须凑得很近才能看清楚这句招致狂怒的标语："我是一名不恨阿拉伯人的犹太人。"

而我，还在寻找着一个幽灵。寻找着一个在这片燃烧着怒火的城镇广场上，在这片好勇斗狠的犹太社区中不再有容身之所的幽灵。

熬过了炎热的七月，在八月的酷暑中，我带着笔记本和相机走来走去，时不时回到原地，沿途遇到过抗议者，也遇到了那一排曾经引人注目的作为市中心脊骨的浅粉色建筑。当我在寻找线索时，我也是在寻找他，那个我遗失之人的线索，关于这个城市已经遗失或正在遗失的人的线索：从某种意义上而言，也是找回一个比这受虐者与施虐者的"永恒团结之都"更加多元化、包容更多的种族、更为丰富多彩的地方。关于那些建筑起源的线索，以及关于曾在此处构想出它们的建筑师的踪影，仿佛那些他从未想到过的戏剧的背景。

或许已经太晚了。他终究不过是一个幽灵。但他是一个我近乎绝望地要寻找到踪迹的幽魂，仿佛我在它完全消失以前找到，就能够在这里与他相拥得再久一些——拥抱着他的城市的某些残片，和这座城市中渐渐黯淡却稍稍持久的人事沉浮。但当我写下这些话时，我发现，那个我一直努力避免从这片风景中消失的人，或许正是我自己。

眼下，我仍在这里，也相信这个幽灵也和我同在。因此，在这永不停歇的战争与酷暑之中，我动身去寻找斯派罗·霍利斯。

何许人也？

今天，他的名字已近乎被人遗忘，尽管据耶路撒冷当地的建筑史学家大卫·克罗扬科（David Kroyanker）[1] 所言，在英国托管时期，他是"耶路撒冷最著名的阿拉伯伟大建筑师之一"。

对于这个现代城市的建设史，克罗扬科比任何一人了解得都多。克罗扬科 1939 年生在有大量讲德语的犹太人活动的古朴的里哈维亚社区，他在伦敦学过建筑，在 20 世纪 70 年代在耶路撒冷市长泰迪·科勒克（Teddy Kollek）[2] 的市政局里担任一名规划师，在向这个正在消除许多近代建筑历史的城市引入国外建筑保护理念的过程中，他起到了关键作用。在他写的许多部关于耶路撒冷社区和建筑的希伯来语畅销书里，通过多种考证将不同的设计归到斯派罗·霍利斯名下 —— 从雅法路中段这排建筑到整个东耶路撒冷最豪华的大楼，从立面繁丽、铺满瓦片的别墅（也是巴勒斯坦著名作家、学者伊萨夫·纳夏西比的故居），再到几处富丽堂皇的建筑，他们坐落在曾聚集着阿拉伯基督徒、现今为

---

1 以色列建筑师，耶路撒冷建筑史学家。

2 以色列政治人物，1965—1993 年长期担任耶路撒冷市长。

犹太人聚居地的塔尔比亚和巴卡（Ba'qa）[1] 社区。在雅法路的另一头，有着托管时期整个耶路撒冷最为华美（如今是最破旧）的建筑之一，这栋建筑在那座庞大的新中央汽车站的衬托下，显得格外低矮。这栋美丽的建筑，拥有微红与粉色条石相间的石质结构和雕刻成齿形的石质垛墙，以及更为繁复的亚美尼亚瓷砖，上面刻着《古兰经》铭文，包括"祝你平安，你已过上了美好生活，进入天园并永居其中"这类的话。克罗扬科说，这些设计同样出自霍利斯之手。

事实上，在这个问题上他很难有十足的把握。克罗扬科把自己的研究称作"建筑的种族性"。他依据这个这种有些靠不住的标准来区分建筑风格。为了编写有关 19 世纪末、20 世纪初犹太人的住宅和公共建筑，以及同时期和（英国政府或犹太复国主义政权）托管时期的"欧式"建筑（例如教堂）的书稿，克罗扬科详阅了大量文件。在此过程中，他也不得不面对几个世纪以来私人建筑史书写中的一个文献黑洞——非犹太人士建造住宅和商业建筑的材料。而这些工程的官方记载简直凤毛麟角。1918 年前统治耶路撒冷的奥斯曼帝国，只留下了极少的文件，克罗扬科在他 1985 年出版的《旧城之外的阿拉伯建筑》（*Arab Building Outside the Old City Walls*）一书中竟然说，当时的建筑资料之所以"无文件记载现存"，是"某个错误造成的"——粗略可判是"英国军事托管期间的建筑的有关许可文件于 1948 年在市政府储藏室里被烧毁了"。

1948 年也是耶路撒冷历史中一道黑暗的分界线。私人建筑的主人们看着家宅灰飞烟灭，而这段历史也烟消云散了。许多居住在这些建

---

1 耶路撒冷南部社区。

筑里、保存着关于建造的记忆的人们，也从当地消失了，一起带走的还有他们住宅的历史。几十年后，克罗扬科到此寻访时，已少有居民能回忆起当时情景，他只好两手空空地离开了。克罗扬科写到，他拼凑着几个还健在的亲历者口中残缺的信息。然而他的叙述方式太过温和，没有指出多年来耶路撒冷犹太居民刻意对历史的遗忘。不过，他是首位提出"阿拉伯式建筑"一词在 21 世纪以色列犹太人心中所代表的意义的人——高价房产，精致、坚固，带有昂贵的老式建筑结构和某些建筑的特征，比如轩敞的房间、厚墙、彩色瓷砖铺设的地板、拱形窗和刻意吊高的天花板。但真正建造并且居住在里面的阿拉伯人，却几乎没有插嘴的余地。克罗扬科用一种并不咄咄逼人、甚至带着怀旧感情的方式，开始重新叙述这些建筑故事中关于人的那部分，而这并非易事。在《阿拉伯建筑》（*Arab architecture*）一书中，他竭力拼凑出一副马赛克瓷砖，但结果却只得到了众多无法确认细节的碎片。克罗扬科以一种忧郁的口吻解释说，这项工作"许多时候不可避免地变，成了一场与死亡的赛跑"。

因此，克罗扬科通常把霍利斯所作的贡献描述为"或许""可能"或"看起来"。有时克罗扬科认为设计是出自霍利斯的一位只知道名叫"佩塔西斯"（Petassis）的神秘工作伙伴。有时他却不这么说。（霍利斯可能曾和佩塔西斯合作设计过雅法路沿锡安广场段的两侧建筑。）在他多部著作中，克罗扬科反复将城市里的"绝大多数陶瓷房屋"都归功于霍利斯。这些 20 世纪初的私宅，外墙嵌饰着亚美尼亚陶艺大师欧迪安烧制的明彩瓷砖，他的作品同样出现在奥斯汀·哈里森主持设计的政府大楼还有博物馆里，还出现在同时代一些英式建筑的外墙或内室。20 世纪 20 年代以来，特拉维夫的某些建筑装饰着大量象征犹太复国主义的彩色瓷砖图案：牧羊人、拾穗者、骆驼，还有意味深长的《圣经》祷

词 —— 这种霍利斯的建筑上装饰着的抽象花草图案和样式丰富的陶瓷，在国内其他地方都已难觅踪影，当地人和游客都把这些看作耶路撒冷的精华所在。 也就是说，即使只有克罗扬科和我，还有其他极少数人才知道斯派罗·霍利斯这个名字，但他的建筑已经成为这座城市本身的象征。

　　克罗扬科的书中有丰富多彩的插图和逸闻轶事，信息量无疑十分巨大，能带来愉快的阅读体验，也少有理解上的障碍。 书的精巧开本适合在咖啡厅里阅读，或者装进书包，你可以在周末带上它们，走过耶路撒冷城里绿树葱郁的街道。 以色列人都有这样散步的习惯，而对于那些受过良好教育的稳重德裔犹太人而言，他们进行这类增益知识的漫步，通常是和一群可靠、健谈的人们一起，那么，克罗扬科的书在这里就好像装备里的一双结实的鞋、一顶好的太阳帽、一瓶饮用水一样不可少。 出于这个原因，克罗扬科书中脚注尽可能少，甚至完全没有，这就不奇怪了。 但现在，我已经迷上，甚至有些迷恋神秘的斯派罗·霍利斯，我想跟着这些毛细般的小径寻找他的踪迹。 克罗扬科指认出了不同的几个霍利斯的作品，但除此之外提供了很少信息。 他写道，霍利斯曾在雅典学习，常常与佩塔西斯一起工作，与希腊东正教联系密切，他是"一个阿拉伯人"，他的建筑代表着一种"阿拉伯"风格。 克罗扬科经常用"一千零一夜"作为总谓词，来描绘他那种折中主义的装饰外观。

　　但我想知道更多，关于这位建筑师，还有克罗扬科如何认识他的经过。 克罗扬科搜集的耶路撒冷城市肌理的档案可以说是世界上最全的，考虑到他关于城市肌理主题的海量著述，我想，他一定有一厚沓关于霍利斯的档案材料。 即便意识到自己可能像一个讨厌鬼或愣头青，我依然打算约他出来聊聊。

　　于是我拨通了一个特拉维夫的电话号码。 讽刺的是，在耶路撒冷过了大半辈子之后，克罗扬科夫妇带着120箱关于这座城市的文献资料（估计有 14 万—20 万份单独的文件）搬到了沿海平原。他对很多报社采访回道，他们并不是要逃离耶路撒冷，而是为了离女儿和孙辈近一点。他的孩子同许多宗教情节淡漠的年轻人一样，为了追求更好的生活而离开了耶路撒冷。（人们的猜测与这些声明完全相反，他们怀疑克罗扬科的离开是因为秘密得知急速增长的极端教派的威胁、持续不断的政权纷争还有其他内幕，克罗扬科经常表达自己对故乡爱恨交织的情绪："一座破败的城市……一个非常极端的地方。"他还时常对耶路撒冷有一些负面评价，比如他在 2005 年说："说到城市退化与疏于管理，我认为在西方发达世界（而我们假设自己是这个世界的一部分），没有哪条城市主干道可以与雅法路相比。"

在交谈时，克罗扬科态度十分亲切，虽然他还是流露出那么一丝丝心不在焉。尽管他强调，无论他把特拉维夫的新家安在哪里，他都会继续研究和描写耶路撒冷 —— 实际上他已经逐渐厌倦了这个主题，我对此完全感同身受。像我这样用斯派罗·霍利斯的问题连珠炮似的叨扰他的人，也因为我对这座城市和其表层下深埋的历史那种令人费解的固执，他感到些许力不从心。克罗扬科对我表示抱歉，他说他所了解的也仅仅止步于自己书中所写了，也并不全记得这些信息从何而来：从人们的口述中看，有些事实众所周知，而很多亲历者已经逝去。而他提及的一些霍利斯传记的片段，或许来自那本希伯来语书，一本叫作"某种事物、别的什么"的辞典。克罗扬科无法确切记得书名，他说我应该查查他的参考书目，现在离他这本书写成已经过去很久了。

碰巧，我早已反复查看了他的参考书目。所以我试着换一种策略：一张引人注目的霍利斯照片出现在他的几本书里。（第一本书没有图片来源，而第二本引用了第一本书。）克罗扬科知道他是在哪儿找到的吗？他其实并不知道，但又不想令我失望，叹了口气。但他表示怀疑，还有什

么更多关于霍利斯的事值得我去了解。他只能祝我好运……然后我们
转而谈论起他童年时的邻居埃里希·门德尔松，谈话变得更加热络也更
加犀利了。对于门德尔松，他有很多可以说而没有写进书里的话，他赞
赏门德尔松的作品，还称他为"20 世纪最伟大的建筑师和国际风格的开
创者之一"，但现在，看到我对这个难以归类的、流亡海外的犹太人显
现出的钦佩和热情，他开始不耐烦起来，突然改变了声调。他有点儿严
厉地提醒我，"这里有很多跟他一样有才华的建筑师！"门德尔松只希望
整个国家都能装在一个盘子里交给他。他非常傲慢自大，他根本不在乎
这个地方和这里的文化。(他没有说出"犹太复国主义"这个词，但是
这话里强烈地暗示着门德尔松拒绝迎合而压抑自身艺术追求的行为。这
位建筑师对犹太王国而言并不是好的合作伙伴。)"他离开也是件好事。"

当这个城市近期历史的某些片段已经蒸发在稀薄的空气中，往日
的积怨却很难彻底散尽。尽管，年过七旬的克罗扬科是一位学富五车、
屡获殊荣的建筑史专家，但我仍旧仿佛能听到某些恶毒评价的余音，也
许是来自他在 1947 年的里哈维亚无意中听到的成年人的耳语。

但是斯派罗·霍利斯本人那些行将消散的记忆是什么呢？与 21 世
纪普遍应用的电子智能相反，这些人没有谷歌，没有 Facebook，甚至
也不在那些圣徒教会[1]建立的、多到令人发毛的数字档案中。人类历史
的各个方面都暴露在这些先进的探测手段之下。在我对他表示感谢之
后，彼此挂掉了电话，我重新回头研究手头的证据。

---

1 耶稣基督后期圣徒教会，也称为摩门教。

手头的证据

　　他在城里留下的建筑，为他本人的存在提供了最坚实的证据，同时，也正是这些建筑，给了我急切寻找他踪迹的希望。

　　这的确是一场奇怪的追寻。有一些更具知名度的建筑师那时也在耶路撒冷工作，如果你们坚持认为他是一个世界级的人物——如执着且富有远见的埃里希·门德尔松或平稳中充满灵感的奥斯汀·哈里森——肯定是错误的。他设计的规模小得多，并且似乎更愿意做出风格上的让步以满足客户不同的需求品位。也就是说，在我看来，远没有那么出名却更加灵活的霍利斯，设法在他的每一个差异相当大的建筑中注入了奇妙性、复杂性，还有人性（我找不到更合适的词了）的品质，风格独特，并能完全适应当时的条件，使他的建筑混杂东方与西方，盛大与亲密，新与旧。霍利斯设计中所包含的自由、温暖，还有令我感受深刻的丰富性，纷纷打动了我。他的作品模糊了类别与地域，而这正是一部分耶路撒冷自身在历史中的样子。当我开始出发寻找关于他的任何信息时，试图把破碎的拼图重新拼凑起来，然后挖掘出——这个能让建筑大杂烩变得井井有条的人到底是谁？

　　这三座风格极为独特的耶路撒冷住宅，都在奠基石上铭刻着建筑师的署名，这是建筑师霍利斯曾存在于耶路撒冷，并建造这些房屋的最确凿的证据：

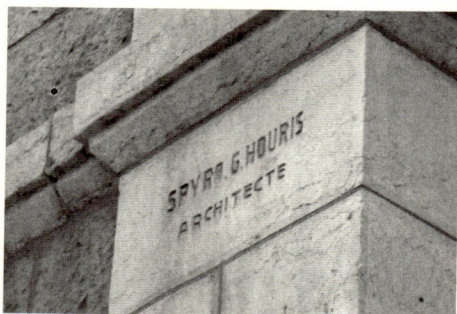

这些铭文，不单单是他作为建筑师的证据。至少在我看来，也是他的灵魂从另一个世界传来的暗号。

首先，整体来看，铭文是拉丁语而非阿拉伯语。斯派罗（Spyro），前名是希腊语；"G"，用了古怪的花体，根据当地习惯，中间名缩写无关紧要；霍利斯（Houris），这个姓在阿拉伯语中很常见，英语中通常写作 Khoury 或 Khouri（意为"牧师"）；但不知什么原因，这位霍利斯不想被写作 Khoury，于是他命令工匠把 Houris 这个不太常见的写法刻进石头。在希腊语中，名词末尾的 s 发音时应当省略。至此，似乎这种外来词的感觉还不够，他还有最后一着 ——Architecte（法语：建筑师）。到底，他选择法语是为了浮夸地装装门面（他的客户通常都是有钱的俗人）？还是他要传达什么更重要的事情？比如，关于斯派罗·霍利斯的故事，还有他所向往的某种语言。

　　和署名的语种一样重要的，是铭文本身存在的意义。据我所知，这个时期没有其他耶路撒冷建筑物以这种方式承载设计师的名字。（有些房屋会铭刻工程师或建造者的希伯来语名字，但是这做法在这附近很少见。）除了能够说明这种做法是由其他国家引进的，更引人注目的是，"斯派罗·G. 霍利斯，建筑师（Architecte）"，这句话想让别人注意到他创造了什么。当然，霍利斯在这三个建筑物上留下的名字，令人对其余那些被认为由他设计的建筑的著作权问题感到更加困惑。如果他会在作品上署名，为什么不在所有建筑上署名呢？

　　现在，我暂且搁置这则谜语，出发到以色列国家图书馆——一个20世纪50年代末建成，外观庄严但有些许破败的建筑。它可能模仿了柯布西耶的萨沃伊别墅，坐落在开阔的、满目青翠的吉瓦特·拉姆（Givat Ram）[1] 的希伯来大学校区（1948—1967 年），很快将被一座全新的、更先进的、由瑞士人设计的建筑物所取代，它距离新建的仿帐篷造型的以色列文物局、新建的最高法院、总理办公室、以色列银行、外交部，还有"国家停车场"都不太远。在霍利斯的年代，这片如今被以色列控制的地方，曾是一个有名的阿拉伯村庄——谢赫·巴德尔（Sheikh Badr）。

　　"斯派罗·G. 霍利斯，建筑师"——坐在通风的阅览室里绿色塑料长桌的一边，我阅尽了所有的托管时期留下来的商业目录，寻找这些幽灵般的字眼。例如，由耶路撒冷的阿拉伯商会用英语、阿拉伯语和

---

1 耶路撒冷市中心的一个社区，许多以色列最重要的政府机构和文化教育机构都集中于此。

法语印行的《巴勒斯坦和跨约旦的阿拉伯贸易、工业、工艺和专业目录（1937—1938）》至少涵盖了以文字记录下的这个失落时代的全部商品，包括了城里各行各业的阿拉伯企业，从沥青到牙医，到报纸和丝绸贸易。它为林德与布哈拉比的固特异轮胎和管道、奥托曼银行，还有爱德华·萨义德（Edward Said）[1] 的父亲沃第尔·萨义德开的巴勒斯坦教育公司（成立于 1910 年，"出版各类型书籍和期刊、各种文具、办公和教学用品、账簿、国产活页文件夹……"）。目录中还打出了整版的标语："鼓励购买阿拉伯民族产品，鼓励阿拉伯企业。如果你不知道去哪里购买，请参阅本目录。"

耶路撒冷的阿拉伯建筑师和工程师协会工作人员的名字也出现在这里，有一个叫阿迪卜·霍利（Adib Khoury）的协会秘书。这个霍利自称是"持证土地测量师、建筑施工主管"。有没有这种可能，斯派罗·霍利斯曾偶尔使用这个明显属于"阿拉伯人"的名字？虽然在阿拉伯语中，"建筑师"和"工程师"是同一个词（muhandis）——在这种情况下，建筑与工程也常常混用。我不确定一个只有土地测量师和建筑承包人头衔的人，是否敢自称建筑师，并在豪宅上刻下大名。两人的差别太大了——这个阿迪卜·霍利肯定另有其人。在这本目录中失落的世界里，我似乎依然找不到斯派罗·霍利斯的身影。

我在 1932 年的《巴勒斯坦目录手册》（*Palestine Directory and Handbook*）（一本当年特拉维夫"黎凡特展会"的筹办者用英语和希

---

1 国际文学理论家与批评家，后殖民理论的创始人，也是巴勒斯坦建国运动的活跃分子，由此也成为了美国最具争议的学院派学者之一。

伯来语印行的小册子，旨在宣传犹太复国主义工商业）中搜索耶路撒冷的工程师和建筑师时，我认出了许多熟悉的名字，大部分是犹太人，名字拼写有些奇怪（比如考夫曼、克拉科夫）。虽然书中散落着耶路撒冷其他主要的阿拉伯建筑师的名字（施佩尔、巴拉奇），有哈索勒大街的"佩法西"，和一个叫作"法塔西斯"的工程师，也在哈索勒大街。难道他们是同一个人？是那个谜一样的佩塔西斯吗？一本历史书告诉我，这个神秘人的本名是"尼克弗鲁斯"。而霍利斯似乎又一次缺席了，或许他偷偷藏了起来。为什么？在我准备最后一次合上这本书之前，手指划过纸页，心中越发困惑。此时，另一个词条跳进我的视野——萨皮罗·G.霍利——他肯定就是"斯派罗·G.霍利斯"。或许这本目录的犹太编者，被这些外文音节弄得一头雾水（这是希腊语，还是阿拉伯语？），于是赋予了他一个新的、难以辨认的、听起来像是东欧人的名字。

然而，名字猜谜还在继续，在我翻看的下一本黄页里，按字母顺序排列的条目里有一条"斯派罗·G.，建筑师（Arch）"。在希伯来语里，他的名字写作"夏皮罗"（Shapiro）。这一刻，我既找到了他，又**没有**找到他。然而，一次对报纸过刊的数字化检索，为我提供了另一个答案，这在某种程度上缓和了我追寻某个幻影的焦虑感，可也让它变得更加扑朔迷离。那是在1919年11月17日，耶路撒冷《多尔日报》（Doar Hayom）刊登了一则不起眼的广告："斯派罗·霍利斯，建筑师"，接着是："建筑事务所、平面规划、造价估算、各类投标"——是用希伯来语写的，而非其他文字。

今天，我能知道的关于他的一切，仅仅是——

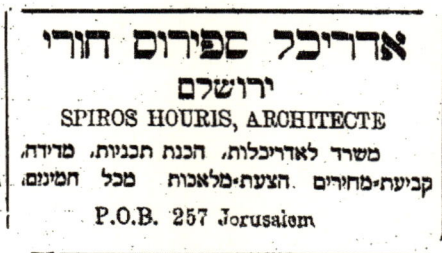

אדריכל ספירוס חורי
ירושלם
SPIROS HOURIS, ARCHITECTE
משרד לאדריכלות, הכנת תכניות, מדידה,
קביעת-מחירים. הצעת-מלאכות מכל המינים.
P.O.B. 257 Jorusalem

　　电话号码：427；邮寄地址：耶路撒冷 257 号邮箱；1932 年的办公
室在"雅法路上"

　　可到底，谁是斯派罗·霍利斯？

一张照片的价值

在克罗扬科的书中反复出现的那张照片，是那个时代一张典型的侧写：正规照相馆出品的肖像，画面里是一个年轻男性，有着猫一般的眼睛，毛刷般的八字胡，宽阔而平坦的前额。他穿着一身黑色西服，前胸口袋露出一条白色手帕的边角，整体上透露出一种温和感。他的皮肤有些苍白，面颊光滑，肩膀宽阔，看上去似乎个头很高——也许是个身强力壮的人？——然而这很难断言，因为他是坐着的，双手交叠在他的膝部，双腿交叉。他以一个略显不适的角度倚靠着木质座椅那精心雕刻的椅背，扶手的曲线在末端盘成一只狮子或龙的头，他看上去像一个"欧洲人"（没有更好的形容了）——然而，或者这仅仅是那个年代（是1910年左右？）巴勒斯坦他那种阶级和背景的阿拉伯男性，在照相馆摆拍时标准的穿着和姿势。又或者，这张照片传达了别的什么，比如他的确切来历，还有他对自己种族的自我认同。

然而，他的这种仪态和格调在某种程度上并不陌生。另一张更常出现的照片，想必大约拍摄于同一时期，通常认为是1920年前后——画面中展现了一位以个人魅力闻名的知识分子、教育家兼特立独行的政客卡里尔·萨卡基尼（Khalil al-Sakakini），还有他的几位朋友，即学

术团体"流浪社"的资深成员（其中许多人也是他在宪章学校的同事，他于 1910 年前后在耶路撒冷创建了这所学校）。他们都像霍利斯一样僵硬地摆好姿势，唇须、西服、领带也都差不多，他们看上起就像在摄影师漫长的拍摄中不知手该往哪儿放。萨卡基尼心无旁骛地盯着相机，就坐在表情精悍的记者阿希尔·塞卡利（Achille Seikaly）旁边，这位记者倚靠着木座椅精心雕刻的椅背，扶手的线条在尽头也盘成一头狮子或龙的头。也许这把椅子正是霍利斯在同一家照相馆里用过的。

　　霍利斯留下的只言片语，或许能成为他传记的线索，而萨卡基尼则恰好相反——他是一个非常能说会道的公众人物，严格详尽地记录了自己的生活和时代，并打算用他记录的事迹为子孙后代留下永久的纪念。他是一位乐于奉献的父亲与老师，也是一个热情的现代派，一个目不转睛地凝视未来的人。在许多卷用阿拉伯语书写的详细而热情洋溢的日记和信件中，萨卡基尼不仅巨细靡遗地记下了他 45 年中的日常（一般是以"沐浴、运动和吃完早餐后，我开始……"作为开头），

探究了他（对周遭人展现的）偶尔极度痛苦的情绪——包括某些亲近的哥们儿，和他青梅竹马的远房亲戚兼最后一任妻子苏丹娜——而且，他还记录了那时他所参与的各种激烈冲突事件。从 1907 年开始，包含长达三四百页的手写稿，记录了他对漂泊的事业、团体、身份的拥护。在颠沛流离之中，萨卡基尼于 1953 年去世于开罗，不久，他的女儿哈拉出版了一部精心编选的《萨卡基尼日记》；而最近，未经删减的八卷本日记也以精致的阿拉伯语平装本的形式面市了。

　　自从他的文字被初次印刷，学者们已经仔细钻研过它的各种版本，甚至包括哈拉亲自删节过的版本，并且从中描绘出那个时代大概的模样，尤其是这位了不起的萨卡基尼。一些读者选择将他单独看作一个典型（"他的日记……为他那一代人中他所属的社会团体中的智识阶层的思维状况提供了显著的证据"），而多数评论者都懂得萨卡基尼曾经是一位在不同政治关头和事件中善于表达的代表人物，这些事件界定了中东时代，并且完全定义了他这个人。他是一位 1878 年生于耶路撒冷的希腊东正教徒，他在不同阶段把自己看成一个自豪的、无教派的奥斯曼帝国公民，一名"大叙利亚运动"（Greater Syria）的坚定支持者，一位说阿拉伯语的民族主义者，一名巴勒斯坦爱国者，一个纵情狂欢的酒色之徒，以及一名思想自由的世界公民。他在自己的名片上宣告着："卡里尔·萨卡基尼，人类的一员，应上帝之意旨"，尽管他本人深深地系绊于希腊东正教会——该宗教团体当时可以勉强称之为巴勒斯坦最大的基督教派——却也是一个坦率的无神论者，曾经建议用伟大的伊斯兰诗人乌姆鲁勒盖斯的诗歌，代替在礼拜中对主的祷告。他对希腊主教制度的轻视，既带有政治意义上也带有神学意义。如同许多其他的本地阿拉伯东正教徒，他强烈反对了对教堂等级制的外来干涉。尽管在 1909 年，巴勒斯坦教会成员中有 85% 人说阿拉伯语，但它的领导层却来自完全源于希腊的一个修会分支——即著名的"圣墓兄弟会"。这个兄弟会，正如萨卡基尼和他改革派同僚们坚信的那样，既不正当，也不在乎当地社团的需求。萨卡基尼所宣扬的愿望即是通过将兄弟会驱逐出巴勒斯坦来净化耶路撒冷的教堂。"我的目标，"他在他的日记中写道，"是终结希腊人的暴政。"

　　萨卡基尼在 1913 年写了一本名为《巴勒斯坦正教的复兴》（*The Orthodox Renaissance in Palestine*）的小书，被立刻逐出了教会，因为这本册子强烈地谴责了兄弟会的"希腊化"的势力，并称允阿拉伯东正教改革的观念。（这禁令似乎是相互的："我无法在那些腐化的神父的领导下生活"，同年的晚些时候，在一次与耶路撒冷宗教制度冲突以后，萨卡基尼在日记中怒斥道，"我不能再做这个教派的一分子了……自今日起，我不再是东正教徒……我不再是……我不是。"）然而除去所有他对教堂领导者的厌恶，以及对阿拉伯人民和他自身的阿拉伯特质

的热爱 —— 比如他将他在耶路撒冷住宅的每一个房间以阿拉伯历代首都命名，因而能够在一天中"从萨那（Sana'a）前往大马士革、科尔多瓦和开罗"——希腊自然流淌在他的血液中。他深深感受到与他祖母的文化背景之间的密切联系，他这样称呼他的祖母："君士坦丁堡希腊人中的希腊人。"他一样热爱希腊哲学、诗歌和艺术。即便如此，对于萨卡基尼，对于我们所有人，这些听上去都很复杂，这些无用的种族标签，基本上没有一个能够真正描述清楚他所感受到的 —— 自己作为一个复杂且不断发展的存在。正如他的一篇常被引用的 1915 年日记所写的："我既不是基督徒，也不是佛教徒，既非穆斯林亦非犹太教徒，正如我不是阿拉伯人，不是英国人、法国人，不是俄国人也不是土耳其人。我只是众多普通人类中的一员。"

那么斯派罗·霍利斯如何看待他自己呢？他是否坚持记日记？若是如此，他是否会记录他的早餐，他的沐浴，他的房子？用阿拉伯语，还是希腊语、法语？他是否也考虑着给子孙后代留下什么记录、言辞与智慧？他有没有子嗣？我可以追问，追问我想知道的一切。然而照片里的他，只是沉默不语地望着我。

密谋、神父与族长

一个七月的午后，我走进一间俗称"希腊殖民地"的耶路撒冷社区的边缘（毗邻更加有名的"德国殖民地"）的普通三居室住宅，我发现这张照片的放大版就悬挂在墙上，他依然那样望着我，依然沉默不语。这片曾经宏伟、如今严重缩水的西耶路撒冷希腊社区的管理员安纳斯塔斯·达米亚诺斯，为我打开了住宅的木质大门，门上装饰着不规则的几何嵌板。该社区在托管时代中期居民人口到达顶峰，一度超过七千人。如今，就像这位（希腊东正教徒）达米亚诺斯开着玩笑说的："对于群体祭祀而言，我们人数还算少的。"这位谦虚的、毫无架子的七旬长者，正以某种漫不经心的仪式化动作，挥舞着一串巨大的老式万能钥匙。

尽管我用希伯来语和达米亚诺斯交谈，曾居住在这座城市的我，仍十分意外地搞错了他的种族和母语。他布满细纹的深色皮肤和金框眼镜，轻盈的步态和温柔的举止，以及他那口发音很陌生的流利希伯来语。当我再三询问后，他终于开口说明，他是加利利村（Galilee）唯

一一户希腊人家 —— 他的祖先在 1850 年前后从马其顿的比托拉[1]来到巴勒斯坦 —— 所以小时候他在家里说希腊语，出门说阿拉伯语，他在耶路撒冷住了 50 多年，长期服务于以希伯来语为主的以色列教育部的阿拉伯语部门，如今退休在家。老先生喜欢收集画像，他的孩子们生活在希腊和西班牙。他同意为我展示这间（最近被精力充沛的希腊和以色列犹太人、美国海归建筑师以利亚·梅西纳斯翻新的，旨在展示耶路撒冷希腊社区历史的）简陋的博物馆，这里大多数时候都是大门紧锁 —— 除非有人约梅西纳斯喝咖啡并促膝长谈，他才会提供达米亚诺斯老人的手机号码⋯⋯当我联系到老先生时，我对他说，我十分想见识霍利斯建造的住宅内部。

或者，这看上去 —— 又是一所像是霍利斯建造的住宅。这种一贯的不确定性盘旋在这座建筑的署名权上，正如它也盘旋在组成这片齐整社区中心的建筑群之上，人们认为霍利斯在"一战"前规划了这片社区。坊间传说是一名"希腊建筑师"负责这一项目。据克罗扬科推测，霍利斯就是这位希腊建筑师，其他以色列历史学家和地理学家也一致认同。而达米亚诺斯本人并不那么确定 —— 建筑时间不太符合（我同意），并且大多数建筑的风格看上去和霍利斯的其他作品明显不同，材料和工艺上更粗糙 —— 但看来，霍利斯的确曾负责规划这片社区里的一部分，包括这栋挂着他照片的房子。

正如故事里常说的那样，19 世纪末，一位名叫埃弗西米奥斯的颇有远见的希腊修道院长在耶路撒冷的南边，自费购得一大片农田 ——

---

1 现称为比妥拉（Bitola），位于马其顿共和国境内。

占地约为 1000 德南（约合 1500 亩），他成立了一个建造协会，为这些令人向往的地皮筹划了一种彩票，彩票的赢家将负责建造他们自己的家园。首先建造起来的是一座社区中心，和四座毗邻的房子。接着，在 1902 年和此后的 16 年间，霍利斯（或某个人）依照同样整齐的方格布局，建造了另外 16 间房屋；社区中心在 1902 年某一天落石奠基，这一日期被铭刻于横梁之上；16 年后，在"一战"中德军战机掠过了这座城市，并为这片社区拍摄了一组清晰无比的航拍照片。

也许这位有魄力的修道院长，或许真的对缓解旧城区的拥挤抱有兴趣，当时大多数居民都挤在极端狭小的生活环境里，当然他也另怀政治目的——在耶路撒冷常常如此。似乎他渴望在城墙之外创造强大的希腊裔势力，而这片高档社区只是他计划的一部分。他利用教区充实的金库——几个世纪以来，朝圣者奉上并捐赠无数钱财——在其他各处也开始购买土地。在雅法门外那座新兴的市镇广场上，他开了一排商店，又建造了一家豪华的新酒店，名字就叫"豪华新酒店"（Grand New Hotel）；他还购买了一座十字军时代留下的大市场，俗称"收容所市场"（Mauristan），位于基督区。如今，这个露天市场的一部分也是以他的名字命名的。

虽然随着战争爆发，朝圣者不再来，金库被掏空，而教堂被迫抛售或出租某些房产——包括尼克菲利亚的一大片土地。最终，那里建立起了大卫王酒店和基督教青年会大楼——在很大程度上是由于埃弗西米奥斯和其他同样有开拓精神的传教士，希腊东正教会才能变成它如今的样子——全国最大的地主之一，除国有土地以外，他们在以色列拥有第二多的不动产。教会今天仍然对这些大块的敏感地皮宣誓所有权，这使得它的历史远比尘封的文物珍藏之类更加令人好奇。在今天的以色列，最大的权力斗争便围绕着这些产业展开，比如，2005 年有一位宗主教（最高级主教）被当地的阿拉伯团体驱逐。他声称自己被贬为了修道士，他被强行拘禁在教堂建筑群中长达几年，只有一根绳子和吊篮供给他的日用品。据传，他曾密谋把埃弗西米奥斯的雅法门酒店及其附近土地出售给一群犹太移民，通过推动耶路撒冷"犹太化"，谋得以色列当局对他的支持。

但是我的跨度太大、太远了，远远晚于斯派罗·霍利斯的时代，他也许没能目睹身后这些肮脏的斗争，但他为希腊侨民区所做的规划——如果那真是他做的——确实暗示了他与神职人员、与权力阶层的紧密联系。无论规划建造整片社区的到底是不是他，他和教会的关系都并非一种单纯的推测：我在阅读电子资料时，发现了一条短新闻，来自 1930 年 7 月 16 日的《巴勒斯坦公报》，消息说"斯派罗·G. 霍利先生由于呈上杰里科（Jericho）附近一所女子修道院的修复计划，被至福的希腊宗主教授予圣墓骑士的荣誉"，这所女子修道院毁于 1927 年的大地震。无论他的宗教信仰是什么，他显然不像萨卡基尼那样蔑视教会里说希腊语的主教团，甚至可以说，某种程度上而言，他的部分收入正是源于他和教会的联系。"他们说，"克罗扬科写道："希腊东正教会的代理人……要求那些从他们手中购买地皮的客户雇用教会相关的建筑师霍利斯和佩西塔斯。"

事实是否如此呢？在希腊侨民区，我游览着这些房子朴素的主室——白色的墙壁，高高的天花板，还有简易的木质窗框，如今被漆上了一道暗淡的柠檬色——我在思索的不是传教士的策划和推动，而是尽力想象着斯派罗·霍利斯为他的亲密教友构想一所住宅时的情形。

希腊医生的女儿

　　我也在尽我努力寻找铁的事实 —— 追寻资料记录和建筑构造，发掘老照片和泛黄的地图 —— 但是霍利斯跟埃弗克里德斯家族关系的故事，远没有那么真实可信。据说霍利斯为这个家族修建了这座住宅，直到 20 世纪 90 年代最后一位居住在此的老者去世，它都属于这个家族的房产。这则故事带有神话传说般的色彩，无法准确证实，尽管从几处历史来源中或者从至少跟某些当事人有私交的达米亚诺斯之类的人的回忆中发掘的细节，可以被拼凑起来，宛如梦醒后残存的只言片语，由于模糊不清而显得更似魅影。担心哪里有鬼，哪里就有鬼故事。故事是这样开始的 ——

　　很久以前（准确来说是 1891 年），27 岁的弗提乌斯·埃弗克里德斯医生（Dr. Photios Efklides），一名土耳其裔希腊人，生于布鲁萨，即今布尔萨（Boursa）[1]，他是一名君士坦丁堡大学医学院的应届毕业生，随后来到了耶路撒冷。他是被奥斯曼土耳其当局招募去新的市立医院

---

[1] 土耳其西北部城市，位于乌卢山北麓，奥斯曼帝国时期仅次于首都君士坦丁堡的第二大城市。

指导工作的。 他在临近旧城希腊东正教牧首区附近的几间房子安置下来，随后在雅法路恢弘的建筑群中的一间屋里开始了工作，而此处传说正在闹鬼。

有一种传言说，在这里建造住宅的富人，搬来后不久就去世了，第二年，他的儿子也突然去世，然后另一名亲戚也神秘暴毙……至此再也没有人愿意靠近这里，因为这整座雄伟的建筑，石质大门，还有两座深水池全都被诅咒了。 而根据另一则更夸张的哥特式怪诞谣言，这里曾是一对已经订婚的阿拉伯天主教小两口的新房。 新郎在婚礼前不幸去世，宾客们将他的遗体支在一把椅子上，牵着年轻美丽的新娘走进来，新娘已穿上织锦礼裙、戴好珠宝和面纱。 这冥婚似的场面接着进行，在燃烧的烛光下，新郎的母亲一边哭泣，一边跳着传统舞蹈。 有一本当代人的回忆录提到——新郎的母亲接着"撕碎自己的衣服，发出凄厉的惨叫，并一把扯下了新娘的面纱"，这种"暴露悲伤的疯狂仪式，显然也让新郎的母亲一起陨落了"。 在她死后，这座宅子荒废了十年。

不论这种恐怖的仪式是否真的发生过，在埃弗克里德斯到达耶路撒冷以前，当局决定给所有关于尸体和诅咒的谣言画上句号，接管了荒废的宅院，在立面上加上了苏丹使用的繁复纹样，改造成了一间所有穷苦人平等就医的免费医院。 在几年之内，这位善良的医生为自己和这间医院都建立了与居民们的友好关系。 在街坊之间，他被称为弗提乌斯医生或"那位希腊医生"。 而且医院也有几个不同的昵称——"那家医院"（al-Mustashfa），"那座城"（al-Baladiyyeh），也叫"健康之地"（as-Sihiyyeh），源于阿拉伯语的"健康"，这个单词清爽的发音，暗示着埃弗克里德斯最终能成功驱散飘荡在走廊中的恶灵。 他不久就

跟玛利亚·萨普托波洛（Maria Samptopolo）结婚了，她是一个从达达尼尔海峡附近村子来的瘦高美丽的朝圣姑娘，她为他生了三个漂亮的孩子——亚历山大、海伦妮和科里奥。

除了管理医院和一个乡村诊所以外，埃弗克里德斯还被任命为耶路撒冷市的主任医师，一个看起来对持续变化的病人名单肩负责任的职位。一方面，他要做一个光荣的乡村医生要做的乏味且疲劳的工作。虽然理论上医院是对所有人开放，病人主要是穷人和穆斯林，而医院资源匮乏，有 12 张病床的病房里只配备了两根温度计和一支注射器。另一方面，作为一名奥斯曼的高层官员，他还要出席旧王室政权在 1908 年倒台之前举办的浮华盛典。在官方场合里，弗提乌斯会穿上一件有精美刺绣的制服，辅以固定精美袖子的金银丝细工袖扣，并佩戴希腊人和土耳其人颁给他的多枚勋章。在 1901 年，苏丹亲自颁发给弗提乌斯医生一份诏书，对他为国家的服务表示了特殊的认可。鉴于他的身份——拥有如此美丽的妻子和漂亮的孩子，如此精美的袖口，还有佩戴在胸前的和写有他尊名的华丽诏书上的如此威严的荣誉——这位医生需要一座与他相称的引人瞩目的豪宅，以便向所有人炫耀。所以在大战爆发前的某天，他与一名建筑师签下了合约，在雅法门外新兴的居住区里建一所住宅，毗邻一个古老的池塘和巴勒斯坦最重要的穆斯林公墓，这里因"马米拉"或"神的庇护所"（Ma'man Allah）之名而声名远播。

在 1985 年出版的一本阿拉伯建筑著作中，克罗扬科写到，1912 或 1913 年，斯派罗·霍利斯在马米拉路 25 号为"埃弗克里德斯家族"设计了一所住宅；另一位历史学家在 1986 年 5 月 25 日海伦妮·埃弗克里德斯的九十大寿当天采访了她，随后证明那是她本人的房子。如今，已经没人（更别说海伦妮本人）能参观这栋建筑了，因为弗提乌斯医生和孩子们熟悉的马米拉街道——曾经繁华的，混乱的，杂居着阿拉伯人、犹太人、希腊人、土耳其人、德国人、英国人、法国人和亚美尼亚人的工商业和居住区——早已被夷为平地。1948—1967 年，一个主要是库尔德犹太人的贫民窟逐渐在此萌生，位置紧挨着约旦边界。1967 年第三次中东战争后，以色列占领了东耶路撒冷，推倒了墙壁，这些贫民也从他们的住所中被"清除"了出去。

如今，在长达 40 多年的规划、拆除、开挖，更多的规划、延期、建造和更长的延期（一定程度上是因为第一圣殿和拜占庭时期的大量古墓被发现，以及随后极端正统派犹太群体的强烈抗议所引起的）——这片区域已经被一个价值 400 万美元的豪华商业开发项目所占据。项目包括一栋豪华而整洁的公寓大楼，大部分的住宅被富有的境外犹太人用作高档度假村；还包括一座超大的豪华酒店，不出所料地取了一个非常浮夸的《圣经》式的名字；还有一座奢华的"当迈阿密遇见中东"风格的购物中心——所有这些设计鲜明地标识着摩西·沙夫迪个人的风格手法。

　　刻意营造这种奢华的商业区，显然意味着要消除 1948 年之后耶路撒冷历史上那些困难时期的记忆，还有东耶路撒冷阿拉伯社区和西耶路撒冷犹太社区之间的裂缝，企图强行统一在本质上依然分裂的这座城市。尽管在一定程度上，确实出现了在两派当中颇有市场的融合——头裹穆斯林希贾布的姑娘与包着头巾的犹太姑娘在街上擦肩而过——在这一环境中出现如此富有高端的消费主义场景，只会反衬出其他方面的分裂："在以色列最贫穷的城市里，"明察秋毫、言词犀利的建筑评论家埃斯特·赞德贝格写道："这个巨大的建造项目，将是一座被石头覆盖的狂妄之罪的纪念馆。"

　　并且，尽管所有关于"统一"耶路撒冷人民和地区的话题沸沸扬扬，这块以色列著名的马米拉开发区，从政治角度而言，很难称得上中立区或者共管区。在开发者煞费苦心地拆解，继而一砖一瓦地重建后，西奥多·赫茨尔（Theodor Herzl）[1] 曾经安度良宵的房子（如今被一家与他同名的咖啡馆占据着，就在劳力士表店斜对面），以及埃弗克里德斯住宅被重修后的立面，也许是霍利斯在耶路撒冷建造的第一栋建筑仅存的遗迹。宅院的内部已经被拆毁，并且被一座发出刺耳流行音乐、昏暗如洞穴的中庭所替代——中庭由"盖璞""计算机""比克斯·福克斯 T 袖""美国鹰"等几家小店，还有一家名叫"低声耳语"的内衣店所占据着。

　　其余的拆除也发生了。克罗扬科后来出版了一本厚重的希伯来精

---

1 20 世纪初奥匈帝国的犹太裔记者，现代政治上"犹太复国主义"一词的首创者，著有《新犹太区》《致罗斯柴尔德家族》《古老的新国家》。

装书，它是用于记录社区的历史和翻新 ——（这本书）由总部位于特拉维夫的项目开发方委托编写 —— 在书中，克罗扬科省略了所有对埃弗克里德斯住宅和霍利斯的介绍。与此同时，沿着这条街下行，来到曾属于穆夫提的皇宫酒店附近（如今是大力翻新、装潢华丽的华尔道夫 – 阿斯托里亚饭店，主要接待来此朝圣的犹太富豪），总部位于洛杉矶的西蒙·维森塔尔中心，正在建造一座博物馆，它也许会成为被石头覆盖的狂妄之罪的终极纪念馆。这座价值 2.5 亿美元的所谓"宽容博物馆"，直接盖在马米拉的大部分墓地上。据说，这块墓地可追溯到 7 世纪，甚至保存着先知穆罕默德的几名随从的遗骨，还沉眠着几千名 12 世纪十字军的士兵。直到 1948 年，这里依然是一些当地最显赫穆斯林家族的专属墓地。

　　名望至高的建筑师弗兰克·盖里（原名弗兰克·戈德堡）是首位受聘来设计这座博物馆的人。看来，盖里的构思比较倾向于洛杉矶的沃尔特·迪士尼音乐厅或毕尔巴鄂的古根海姆美术馆那种夸张的俯冲式金属感，而非埋葬于耶路撒冷土地下尘封已久的古老遗迹 —— 他设计出了又一个他标志性的没有严格秩序感而且盛气凌人的建筑。这座高达 36 米的建筑主体悬浮于空中，由 16 根高低不同的钛合金"宽容之柱"（Pillars of Tolerance）支撑，据博物馆赞助人所言，"建筑从好几里外都能望见"。这座建筑另一特征是一个球茎状的大厅，盖里说这是耶路撒冷"居室"的象征，"因为它在各个方向上的开放性"。（对于建立在以色列已被约旦河西岸和巴勒斯坦人由一道蜿蜒曲折的 7.6 米高的混凝土墙和畜栏般的检查站封锁起来的城市中的博物馆来说，真是一种非常奇特的巧妙构思。）或许，更多是出于预算而非国内政治因素，以及宣布在这座重要的穆斯林墓地上建造一个宣扬"宽容"的博物馆之后产生的国际骚动，盖里最终选择退出——但他一直坚称他的构想"极其重要"。在一份官方文件中，他表明了对这所"将成为人类的尊重与同情的化身"的博物馆的想法由衷敬佩。他被名气远远不如他的一对特拉维夫建筑师夫妇所取代，后者设计的是一种非常迥异的（而且更加含蓄）的建筑——无论人们是否谈及他们的设计中各自的优点，该博物馆气氛紧张的选址和目的，并没有因为盖里的离开而有丝毫改变。根据新闻报道，主管这个不合常理的项目的美国拉比曾说，这号称"人类尊严中心"的展厅的一个区域，将"致力于回答'犹太人如何存续了三千五百年'这个问题"，而展厅的其他区域将会"面对当今的以色列的国内和国际问题，而非中东和平进程……"他解释道，"它与巴勒斯坦人的历史无关……等他们也有一个国家的时候，就会有自己的博物馆了。"

换言之，众多的商场与文化中心，或许就像这里众多的民宅一样，免不了闹鬼之嫌。在各个时代不同种类的墓地上建造，这整个社区于我而言，似乎遍布着幽灵。

但是即便埃弗克里德斯在马米拉的住宅已经消失了，他的另一座住宅还存在着——这栋位于希腊社区的简易建筑里，有斯派罗·霍利斯的照片，还有雕刻精巧的木质椅子，此刻，安纳斯塔斯先生让我参观裱了框的弗提乌斯医生那张用希腊文写的奥斯曼行医执照，还有他那卷华丽的金字诏书。

使这座建筑物如何建造的情境也同样模糊，而一个比较清晰的细节就是埃弗克里德斯的运气在某一天似乎有了转变。也许鬼魂对医院下的诅咒附在了这位希腊医生身上；或者他只是单纯的不走运。首先，他和美丽的玛利亚的婚姻走到了终点。接着1916年5月，在战火纷飞中，一场可怕的大流感席卷了这座城市，当弗提乌斯医生争分夺秒地抢救更多生命时，自己却不幸死于这场瘟疫。他当时年仅 52 岁，据一名亲历者说，他的葬礼"真是一场悲恸的见证"，一场集中体现洗刷全城的悲恸与令人畏惧的疾病的见证。在这场突如其来的灾难中，医院不仅失去了主管，还失去了几位药剂师、秘书，还有三位护士。弗提乌斯医生的死在当时是一件大事。有犹太报纸报道说"那位医生死了"，并且缅怀了他的"亲切、温和与良好品德"，如何吸引"令人印象深刻"的大量人群去参加他的葬礼。"我们城市所有社区里的"高官、医生、领事和书记们，军官和达官显贵们，统统自发聚集起来，护送他的遗体到锡安山上的希腊东正教公墓的墓穴中下葬。

在他临终前一个月的最后一份遗嘱中——看来他已经清醒意识到死亡将近，因为他已经在流感病房里劳作多日——弗提乌斯医生将财产留给了三个孩子，还留有一小笔抚养费给分居的妻子，把各类店铺和住宅捐赠给希腊社区，在这片社区里，他曾经是一名正直的成员；还把他所有的书籍捐赠给了旧城里的那座希腊医院。由于他明确的要求，他的孩子没有和他们的母亲住在一起，他似乎还给斯派罗·霍利斯留下了一条非书面的指示，要他为孩子们在希腊社区设计一所稍小的住宅。虽然人们常常说这座房子建造于本世纪之初医生还健在的时候，但是德国空军在 1918 年航拍的照片显示，房子所在的位置那时仍是一片空地。随后的地图——从 1925、1926 到 1927 年——都显示了同样一片空地。然后，在 1929 年之前的某个时候，政府的地图绘制者在那处空白上，负责任地画上了一个小方块，代表一所房子。不论这所房子在何时建造，埃弗克里德斯兄妹们最终定居在这个小空间里。虽然生活简朴，而且父亲留下的钱财日渐消耗，三人依然努力表现出身为伟大父亲享有特权的孩子，他们将父亲的名牌像镇宅符一样钉在房间入口。纨绔子弟一般的亚历山大（医生的儿子）在贝尔利茨学校教授英文，但下班后戴着白手套，开着一辆花俏的菲亚特轿车；两个妹妹的美貌和魅力也远近皆知。

而此时，他们的母亲陷入了艰难的处境，那些年月里她不知身在何处。1948 年后，玛利亚不知为何沦为旧城的难民，接着去了约旦，而她已经成年的孩子们则留在以色列这边。一个基督区的老居民回忆起这位曾经富有而优雅的女性（"她有一种特有的高傲"）逐渐陷入穷困，向任何愿意施舍的人借钱 —— 直到小女儿科里奥设法偷渡约旦，把母亲带回希腊社区的住所，她才最终逝于此处。

早在那之前，令人沮丧的是事件发生的情形仍然很不清晰，那个时常处于不幸中的埃弗克里德斯家族，再次拥有了庆祝的理由，当时，美丽的海伦妮宣布订婚 —— 她要嫁给建筑师斯派罗·霍利斯。

灵魂之书

　　当然，计算年份很重要——海伦妮·埃弗克里德斯生于1896年，而她的父亲在1916年她20岁生日的同一个月死去。她和斯派罗·霍利斯是否已经决定结婚？还是他们的结婚计划是在医生过世之后才成形的？

　　如果霍利斯确实在1912年建造了马米拉的住宅，并且花时间在雅典取得学位，那么我估计，他在获得第一个委托项目的时候年仅23岁，这意味着他比海伦妮大7岁。也许他还要更年长一些，生于19世纪80年代初。如果他1902年确实在希腊社区建造了第一所房子，这意味着他还要再大一些——生于1879年，仅比卡里尔·萨卡基尼小一岁，比海伦妮大17岁。这可能吗？那张照片（摄于1912年，1914年？）里的胡须男人看上去很年轻——尽管从这么远的拍摄距离看来，一个老成的23岁青年和一个娃娃脸的35岁男人之间的区别微不足道。

　　这些年月上的推测，模糊得令人发狂，正如那些没有答案的问题一样，关于霍利斯最早与埃弗克里德斯家族之间的联系，以及建筑师出生地的问题。医生的职业似乎使得弗提乌斯医生在耶路撒冷社会的所有圈子中都能自由地进出，因此在任何场合中他都可能结识霍利斯，并且雇用他建造一两座房子。但是，将他大女儿的未来托付给霍利斯（如果医生的确知道他们的关系）暗示着一种更密切的联系。而尽管他可能在霍利斯和海伦妮宣布他们结婚的意向之前就死去了，这位医生的遗嘱已经规定好了不仅他的孩子们要保有他的美德，而且他的女儿们要和"他们的同类人"结婚。一个女人如果会费尽心力把她先父的名牌钉在房子的墙壁上，那么看上去她也会选择一个父亲可能会认可的丈夫。根据这一逻辑，斯派罗·霍利斯跟土耳其出生的弗提乌斯一样，是一个奥斯曼土耳其东正教徒，他的母语可能是希腊语，而且把耶路撒冷当作自己的家乡。

尽管由于所有相关的人都已经不在人世，这个算式中，情感的和浪漫的变量都消隐得不可知了，国籍成为另一个更明晰的问题。在搜寻斯派罗·霍利斯法律地位的证明时，我去了以色列国家档案馆，这是又一个将要从它目前的地点转移到一个新建场所的政府机构，而新的场所还未建成。可是现在这座建筑的处境十分凄凉，那些管事的人自作聪明地决定不再等待建造的开始，而是锁起了档案。并且最近几个月，他们将档案的目录转移到一个临时场所——这些档案连起来能有40公里长。搬迁日期不是很清楚（根据政府网站上公示的声明，这里一到晚上就会"关门，直到另有通知"），但是一种容易察觉的惊慌感似乎推进了这次搬迁。在2012到2013年初的几个月里，这里被关停了三次。其中一次，就像报纸上说的那样，发生"在发现它缺少市政厅的某项安全许可之后"——可是它在整整19年里都是如此；第二次是掌控档案的总理办公室，毫无理由地疏散了雇员，并且用写着"禁止进入"的胶带封锁了整个建筑物；而第三次，是当入门通道的楼梯在一次大雨后发生了坍塌。出于一些典型的未知的"安全因素"，档案馆禁止从楼外拍摄照片——在这里，讽刺重重叠叠，因为对于这座建筑物而言，真正的威胁似乎源于它的内部。

然而，在这栋禁止拍摄的办公楼的三层，在它存在的最后的夏日里，这间在城市里原先的半工业、半居住的汽车展示厅里的阅读室，自我想去拜访之前，已经存在了这么多年——一个看上去很疲惫，永远像个临时空间的地方，充斥着仿木家具和塑料盆里日渐枯萎的植物。与其说这里是为它历史而骄傲的国家拥有的历史宝藏的储存室，不如说更像一家快要倒闭的保险公司、挣扎谋生的会计师事务所。真应该把档案从这个摇摇欲坠的地方撤走，再早都不为过。在目前的状态下，头顶上摇摇欲坠的荧光灯、晃动的电梯、一大堆磨损的文件和破旧的纸板盒子，胡乱散落在档案室的各处，这间档案室以某种方式，令这些近期的历史档案看上去异常脆弱，几乎濒于毁灭。尽管在这个国家，人们都以最高的敬意对待犹太人的古代历史，几乎到了崇拜的地步，然而，20 世纪的文献遗存（尤其是关于土耳其或者英国统治的，以及有关更近代的、虚构成分更少的以色列犹太人的历史）被以一种过于随意的方式处置，几乎算是虐待了。这间杂乱、破败的阅读室看上去便是这显著的忽视状态的一个终极体现。

今天，一种特别阴郁的气氛笼罩着以色列国家档案馆。这个夏天，战争依然肆虐，似乎赶走了绝大多数外国学者和本地博士生，他们以往会在这样的炎热暑假占满这里的座位。而就在本周，这个国家唯一的国际机场由于来自加沙的火箭弹袭击关闭了数天。阅读室通常都很安静，尽管表面的平静不时被外面嗡嗡作响的锯子声，或者室内突发的令人焦躁的声响所打断。几位老人似乎正在研究大屠杀或家族史，他们沉浸在自己的工作中，其中的一位挂着拐杖，膝上缠着一圈夸张的绷

带，不断吃力地跛行穿过房间，去向那位郁闷却有点儿逗的俄罗斯档
案员 H 小姐大声抱怨，说施乐牌复印机"吞掉了他的钱"。每一次，H
都从桌子后面站起，疲惫地走过去帮助他。某一刻，这位档案部的年
轻管理员突然站起来，穿过房间，消失在角落里的办公室。比她挂在
脸上的一副厌倦、心烦的表情更糟糕的是她那种让别人厌倦和心烦的习
惯，她开着门，然后迅速抓起电话，滔滔不绝地说起来，于是她的嗓音
和絮絮叨叨的，又不知为何愤懑的音调倾泻而出，传遍了整个档案馆。
尽管我竭尽全力专注在查阅，她的希伯来词语仍然填满了这个糟透了的
空间。"火箭弹……警报……士兵们……其他任何国家都会有……阿
拉伯人……警戒……我们能做什么呢？……可耻……阿拉伯人……
他们只学会了怎么憎恨美国。"她戏剧化地叹着气，而这也勾起了我叹
息——并不是因为我赞同她对整个房间广播的标准种族主义言论，而
是由于那声叹气，就像打哈欠一样会传染。

　　我会叹气，还因为今天的查阅比平时更艰难。通常我享受查询档
案带来的挑战，然而在这次特殊的查阅上，我可能遇到了对手，我不得
不在一台老旧的微缩胶片机前坐定，并企图眯着眼睛将 1875—1918 年
巴勒斯坦人口普查的手抄记录全部检索一遍。当 H 小姐——那位忧郁
又愉快的俄罗斯档案员带着一丝同情轻柔地提醒我，"你知道这是奥斯
曼土耳其语写的吧？"她帮我从那可恨的胶片机上错综复杂的滚轴、透
视镜还有电源中把第一卷胶片卷了起来。

　　我知道这很不容易，但是我猜，懂点儿阿拉伯语也许能在拼写上助
我一臂之力。可是我错了，我根本没法理解这些名单。透过显微镜，
难以捉摸的潦草笔记几乎根本不是字母，而是挤成一团，有一百多年的
涂鸦还有蹩脚的草书，那老朽的机器，还有黑白胶片本身，让破译的

难度陡增。为了便于税收和征兵，奥斯曼当局在一系列名为"户籍册"（Nüfus Defter，关于一些重要的人口与家族的历史文献）或叫"灵魂之书"的文献里记录了当地人口的细节——其中有465册保存在档案馆里——分别列出了每座城市的犹太人、穆斯林和基督徒，将这些人进一步地归类在40多个目次之下，从德系犹太人、布拉哈人、格鲁吉亚人、摩洛哥人、西班牙与葡萄牙系犹太人，到库尔德人、也门人和哈西德派等各类犹太人，再到被分为乌兹别克人、阿富汗人、印度人、摩洛哥人、苏丹人、苏丹德尔维希人、吉普赛人、黑人等各类穆斯林，最后还有基督徒——其中的教派区分在所有宗教中尤为复杂众多，并且包括亚美尼亚人、亚美尼亚天主教徒、科普特人（埃及基督徒）、希腊人、希腊东正教徒、马龙派教徒（黎巴嫩的天主教派）、新教徒、五旬节派教徒、贵格会教徒、圣公会教徒、叙利亚公教会教徒、亚述人、说古亚述语的人、亚述天主教徒，等等；更不用说切尔克斯人（高加索人的一支）、德鲁士人、（阿拉伯）巴哈人……多亏了这些清单上细致到疯狂的教派分类，我至少大概知道在这一堆堆微缩胶卷中，应该从哪里开始搜索了——耶路撒冷地区、耶路撒冷城、希腊东正教派。

然而，当我面对这些扭成一团的奇怪符号时，这样的排序对我而言就毫无用处了。事实上，在猜了几分钟字谜后我已经准备放弃了。（我在跟谁开玩笑？我为什么费这样的力气？这是学者，而不是一个作家的工作。我为什么不放弃所有在档案上的白费功夫，来试着写一部虚构性的作品？）当我在那机器前垂头丧气，也许把我的绝望全部注入到我沮丧的坐姿中，这时我听到一个声音——

有人用阿拉伯语问道："你会说阿拉伯语吗？"

"你会说阿拉伯语吗？"这句主动关怀的话，轻柔却又清晰，尽管那位档案官还在几米外用大嗓门不断叱骂着阿拉伯人。

"是的。"（Aywa.），我惊讶地答道。发生什么事了？提问的年轻男人留着胡须，有点儿矮胖；他有一双绿色的眼睛，穿着白袜子和棕色学生鞋。精心修剪过的胡须暗示着他的穆斯林身份，我把这叫作"哈马斯式胡子"。虽然一个人的面部毛发不一定表明他的政治主张，我却发现自己已经用这种方式解读了他的脸，并下意识地借助所有清晰可读的非语言符号，在这座城市里，人们往往会这样过度解读。在战事频发期间，他或许是我在以色列国家档案馆最不可能巧遇的那类人。

我们一开始说阿拉伯语，很快又换成希伯来语，他问我是否需要帮助。当然！他直到我问他时才告诉我他的名字，他似乎是一位研究"灵魂之书"的专家（虽然他没有明说，但我渐渐听出来了），而且十分擅长奥斯曼土耳其语。我好奇，他是否在档案馆工作？也许是这里的奥斯曼档案的权威人士？由于他走来帮助我的那种大方的态度，一开始我就认定是这样。但是当我们接着聊下去，我知道 N 先生今天来到这个阅读室是为了做研究，而现在他主动放弃了工作来帮助我，这本不是他分内的事，但他十分乐于助人。也许是一名在读博士？我没有追问，他看起来不太爱聊自己的事情，而我也不想继续窥探隐私。他的举止平静而从容。他有一点儿疏离，又十分得体。他向我这样一个奇怪的、埋头破解艰涩的土耳其文的犹太女子，提供的帮助里面没有搭讪或炫耀的意味；实际上他的介入，并不全是因为我明显需要帮忙，而似乎是这段历史本身在呼唤人们的关注。

我简单地介绍了斯派罗·霍利斯和我正在做的事。他流露出了些许怀疑。他说，这是一个外国名字……非奥斯曼居民没有义务向当局注册，所以霍利斯可能住在耶路撒冷，但这里没有他的档案。不过，如果我需要，他可以帮我查查看。 他说他能比我更查得快，我同意让他帮忙。

于是，N 低调地接替了我在那台机器前的位置，开始通览。 他目光低垂，以一种镇定的专注力，在接下的半小时里十分笔直地坐着，悄无声息查阅着耶路撒冷城市和地区的希腊东正教名册的每一页上难以辨认的墨迹，搜寻着霍利斯的某种踪迹。

当他旋转机器把手，胶片快速转动时，所有那些名字呼啸而过 ——一如那些灵魂。 官员仍然废话连篇地在电话里闲扯着种族偏见；缠着绷带、执着拐棍的老人跛着脚走过阅读室，向好脾气而疲惫的 H 小姐再次大声抱怨那台问题不断的复印机，她又一次撑起身来给他帮忙，而我则试图用难以辨认的潦草字迹抓住这个不断变幻的场景中转瞬即逝的片刻，记录一些耶路撒冷的生灵……而战争仍然继续着。

迷宫

"这里面没有斯派罗·霍利斯。"

N 先生用他跟我讲话时一贯冷静的、有些疏远的语气宣布了以上裁决。也许他住在伯利恒，或者比特·杰拉？那会使他名字出现在另一本人口普查册上。他问我是否试着找过希腊宗主教区（Greek patriarchate）。又向我提供了其他线索，包括中央犹太复国主义档案馆（Central Zionist Archives）。

查找希腊宗主教区还比较合理——但是，中央犹太复国主义档案馆？我以前曾在那里做过研究：那里保存着一些门德尔松的信件；盖迪斯为《耶路撒冷的现实与可能》（*Jerusalem Actual and Possible*）所绘的平面图也在那儿。但是既然那里是全世界犹太复国主义组织、犹太人组织、犹太人全国金会以及其他几个主要犹太机构的历史文献的官方存放处，老实说，去那儿花时间搜寻一个确定不是犹太人，想必不是犹太复国主义者，没准是阿拉伯人，但肯定是希腊东正教徒的建筑师斯派罗·霍利斯？我从来没这么想过。然而，这位泰然的、拥有虔诚穆斯林髭须与举止的巴勒斯坦人 N 先生，似乎真的认为那里值得一试。

在此刻，我们的交流转入了超现实领域，因为，我的耳边依然回荡着档案官员的抱怨声"他们只被教过怎么憎恨我们"，而我跟着 N 来到阅读室的其中一台档案电脑前，他坚持耐心地调出犹太复国主义档案馆的官网，代替我开始了低速的互联网搜索，先用希伯来语搜索名字"斯派罗·霍利斯"。结果搜索出了一行有些类似，却过于犹太化的名字——Shapiro、Sapiro、Spiro……没一个看起来和我要找的斯派罗有什么关系。当我刚要感谢 N 的热心帮助，他已经转过身，避开目光，回到他自己的研究工作里去了。

于是，我又开始靠自己。

我忙着让自己在各式各样的历史线索和文献记录中走马观花，如此花费了数天时间，最后，我决定转向另一个希望同样渺茫的档案库。

一开始我决定不再搜寻，既然 N 的搜索完全找不到任何霍利斯的踪迹。再次的搜寻不过是我那一系列打击士气、无功而返的尝试中平添的又一次失败。在托管时期国家档案馆的文件里唯一出现的"斯派罗·霍利"（Spiro Khoury），结果是一个海法的粮食商人，他有一位叫乔治的兄弟兼生意伙伴，显然，他和建筑师斯派罗·霍利斯没有任何关系。

当我告诉一位巴勒斯坦的博士朋友 T 我正在热衷的事情，他说他认识一个住在拉马拉、名叫"斯派罗·霍利"的建筑师。建筑业一般是家族事业，他一定是他的后代……于是刹那间我幻想出从一张制作齐整的西岸风格的床底下翻出来的，从未被查阅过的重要储物箱，里面收藏着一些书信、日记、草图、照片、平面图和蓝图之类的藏品。更别说我希望斯派罗人丁兴旺、感情和睦、精通建筑的家人会欣然向我的智能手机和录音笔倾吐好几个小时，关于他们最近的伟大家长的甜蜜回忆。然而，当 T 向这位霍利询问斯派罗·霍利斯的事，他却断然回答"这肯定不是我，而是某个同名人"。拉马拉的霍利（结果只是一个做过室内设计的工程师）似乎对他的建筑业祖辈或同名人士一无所知，虽然这样的联想不断被提示。我不断地询问各种知识渊博的当地人，他们都说好像听说过一个斯派罗·霍利斯，但仅仅知道他的名字……然后他们建议我去问问拉马拉的一位建筑师斯派罗·霍利，那一定是他的子辈或孙辈；建筑行业靠家族运营……

　　一位以色列建筑师朋友向我提到了另一个霍利的名字，一个他觉得可能与霍利斯有关的海法土地测量师。然而，当我以电话询问这位霍利的妻子时，她同情地说道，她从未听说过什么斯派罗·霍利斯。"他不是我们的亲戚，他是住在海法吗？"她又指出了一个我已然知晓的，让搜寻变得难上加难的事实——霍利这个姓氏的常见度，大概相当于"科恩"或"史密斯"，仅在耶路撒冷的一本黄页里就有 151 个，所以，通过这种方式寻找斯派罗·霍利斯的子孙似乎是大海捞针。

　　我与美国的巴勒斯坦裔法学教授兼时政评论员乔治·毕沙拉特（George Bisharat）进行了友好的邮件往来，他的家族别墅位于耶路撒冷的塔尔比亚社区，这栋华美的瓷面别墅一般被认为是霍利斯的手笔。这条线索刚开始看起来充满希望。乔治经常撰文凝练地叙述 1948 年后他的家族如何失去了这座宅院的历史，宅院的入口有座门廊，铺覆着青色与黑色的瓷砖，用英文和阿拉伯文雕刻着"哈伦·阿希德别墅，1926 年"。瓷砖上的其他阿拉伯纹饰，被以色列前总理梅厄夫人（Golda Meir）去除了，她曾居住在这里。有一种说法是（也许是虚构），当时梅厄夫人在等待达格·哈马舍尔德（Dag Hammarskjold）来访时，命人把这些砖纹用砂轮磨掉了，如此一来，这位联合国秘书长才不会觉得她住在一栋阿拉伯建筑里。

　　乔治对这栋建筑的历史不是很精通，但他同意去联系他住在离加州有半个地球的耶路撒冷的亲叔叔易卜拉欣。易卜拉欣也被熟人们唤作"弗雷德"，1928 年他正是在这栋宅子里出生，而他的双胞胎兄弟查尔斯·哈比卜三岁时因患肺病在宅子里早夭。不仅如此，乔治还告诉我，弗雷德以前是一名建筑师，也是住在这老宅里的同辈人中唯一还在世的一个。这个消息让我再次觉得找到了线索，关于霍利斯的缺失信息，此刻都将水落石出，就像宝箱里的金币在沉埋多年后重现天日……经过了几周的沉寂后（在第一次联系时，乔治告诉我他"很害怕"加沙地带的人，我不想逼他太紧），弗雷德从加州帕罗奥图镇（Palo Alto）的家里写信给我，娓娓讲述了这座宅院的建筑历史。

　　弗雷德对斯派罗·霍利斯作品的了解，来源于网上的图片，但是他告诉我这座以热爱正义的阿巴斯王朝哈里发命名的宅邸的建筑师，应该是一名天主教本笃会修士毛里修斯·吉斯莱（Mauritius Gisler），他是一名瑞士考古学家、传教士兼教堂建造者。他曾在耶路撒冷居住多年，与弗雷德的父亲汉拿·毕沙拉特（Hanna Ibrahim Bisharat）是故交。汉拿出生在约旦，于德国弗赖堡接受教育，而后成为商人。他委托吉斯莱设计了这所宅院，后者还参与设计建造了锡安山上的圣母安眠教堂。这些事实与我的所知所闻完全吻合，暂且不论前院的瓷砖，我一直认为这座哈伦·阿希德宅院与霍利斯其他的作品似乎完全不同：它的石匠工艺过于粗糙和乡野化了，开阔对称的前院也和霍利斯的其他作品不符；甚至于建筑立面上的瓷砖也过于板正、稀疏。一旦我们确认了这栋别墅的真正建造者，弗雷德便马上话题一转，开始以一种沉郁思乡的口吻，对我们讲述了位于隔壁的他叔叔的住宅，还有他们家与赫赫有名的乌德琴[1]演奏家瓦西弗·奥杰阿瓦耶（Wasif al-Jawhariyyeh）的亲密友情。"他和我母亲一起在游廊上表演二重奏，他也会在犹太婚礼上弹奏他的琴……"

　　我的这次研究带有迷宫般的质感。当我去拜访旧城区基督教社区的希腊东正教会时，身心皆体会到了漫步迷宫的感觉，在劝服看门人我有要事必须进去之后，他（一位令人愉悦、戴眼镜的亚历山大，除了坐着和观察这个战火纷飞的夏天里稀少的游客懒散地走过，他很乐意干点儿别的事情）带我走进了一个石头铺路的庭院，穿过露天的长梯，经过几番兜兜转转，然后走进了一套庄严华美的内室。第一个房间是一间完全现代风格的办公室，除了大理石地面，悬挂的金色长毯和许多绘有耶稣基督被从十字架上放下的画——身着黑色教袍、说着希腊语的僧侣和修女们头戴尖帽、披着披肩，实际上却正使用电脑办公、接听电话，就像这里是教会的客服中心或者天堂总部。接下来依旧是一个很华丽的房间，里面坐着几个涂着唇彩、身穿迷你裙的巴勒斯坦女孩儿，周围是厚重的宴会厅般的描金洛可可家具，她们打电话、查看邮件和浏览 Facebook，并用英语聊着天。其中有两个人在互助学习，一个美国人和一个阿拉伯人。当我进去的时候，他们恰好在聊"冰淇淋"这个词在标准阿拉伯语和巴勒斯坦口语中的发音区别。他们端出一个精致的彩绘托盘，请我喝果汁、吃巧克力。

　　我抿了一口果汁，加入了闲聊。他们看起来对在教区的夏季工作有些厌烦，很愿意和一个新的女性朋友聊天，用一些非宗教的对话消

1　乌德琴（Oud），北非、西亚和中亚等地区使用的一种传统拨弦乐器，有"中东乐器之王"之称。

遣。 虽然我现在身处巴勒斯坦东耶路撒冷的中心，但加沙地带的战火犹在数光年之外。 姑娘们在讨论今晚去特拉维夫的繁华郊区拉马特·沙龙（Ramat Hasharon）看哪一场电影。 另一张桌子旁，还有一位美丽的巴勒斯坦妇女，她穿着牛仔裤和 T 恤，一副闪亮的耶稣受难像吊坠挂在颈间，她也在教阿拉伯语。 她的学生是一名茫然的年轻僧侣，头发绑成蓬松的髻。 这位女士用温和的希腊语调侃学生发不出来的几个重点喉音。 终于，几个穿着飘逸的黑色斗篷的长须灰发男子鱼贯走进房间，大家看到，都坐直了身子。 很快我就被一个年轻人带进了如衣柜般狭小的教区秘书办公室。 一位身材矮小的大主教，戴着高高的主教冠，他看起来对我的问题明显没有兴趣。 尽管这里的氛围有点诡异，却没有任何人听过斯派罗·霍利斯的名字。

穿过宗教法庭的长廊，科尼利厄斯主教也对此一无所知。 他有一张瓜子脸，胡须稀疏，眼神慵懒——尽管起初我对他抱着很大期望。 主教在沉闷的气氛中往我写着斯派罗·霍利斯名字的纸上胡乱涂了一些什么。 之后，他缓缓地站起身来，带着含糊的决意走到了一个锡柜前。 他从里面搬出了一堆精致厚重的分类簿，但是一本都没看就又放回原处，关上柜门并上了锁。 他执意说这些婚礼或者葬礼登记簿，不可能记载与霍利斯相关的年代。"您确定吗？ 我能自己看看吗？ "文献的说服力如今对我毫无用处，科尼利厄斯主教已经拖着脚回到了桌前，继续涂涂写写。

在一座名为"马尔·雅各布"或"圣詹姆斯"的希腊小教堂里——就在著名的圣墓教堂（the Church of Holy Sepulcher）的旁边——有人告诉我说，多年来，这个社区所有人口的出生都被记录下来了。 一位高大、满头白发、粉红脸膛的男士热情地接待了我，他用英语介绍自己名叫亚伯拉罕。"你是霍利家族的？"他好奇地问我。"不完全是。"
我说。尽管到目前为止，我对于我调查对象的感情，就像在找我失散
多年的斯派罗叔叔似的。同时，我对于亚伯拉罕并没有一眼就对我的
种族下结论这事儿产生了某种感激。说真的，希腊人、阿拉伯人、犹
太人，谁能分得清楚呢？同样，亚伯拉罕也有一本分类簿——跟一张
桌子那么大，皮面装帧，显得十分老旧。"这些是，"他宣称，"我在耶
路撒冷的家族。"他将名册小心翼翼地置于桌面上，然后他的手指在
以字母排列的阿拉伯语栏目中快速滑过，他说，这些栏目记述了将近
两个世纪以来在耶路撒冷出生的希腊东正教人群：萨义德·霍利、以
利亚·霍利、乔治·霍利、安东·霍利、迈克尔·霍利、以利亚·霍
利……霍利、霍利、霍利——念到这里，他合上册子，抱歉地对我
说，这里没有叫斯派罗的。

　　我在这个教区迷宫里的最后一站是希腊领事馆。几天后我穿过一
道金属探测器，然后坐在非常干净空旷的（除了一尊柜台上闪闪发亮的
圣像之外）接待室里，这里似乎以前是一家以色列银行的分行，摆设着
颜色惨淡的新式仿木办公家具，墙上挂着英语、希伯来语和阿拉伯语的
"禁止吸烟"标识。这儿很安静——太安静了，令人压抑。空气中这
种悲哀的寂静，也是希腊衰颓的经济形势造成的吗？抑或是加沙的战斗
造成的？还是因为放暑假？我不知道，但我可以猜测。因为前台接待
员接电话时用近乎耳语的音量说着阿拉伯语和希腊语，而唯一的访客是
一位巴勒斯坦父亲和他的三个孩子。他们来这儿取走自己的希腊护照，
刚一拿到文件就飞速冲了出去，仿佛要直奔机场离开此地。

　　除了那位巴勒斯坦的接待员，两个孤独而烦恼的希腊裔雇员便是这
里唯一的活人，而终于，其中一个向我打了招呼——一位身材修长的

金发女性，戴着时髦眼镜，穿着宽松的卡其布裤子——她看上去一脸哭丧样。她手持一叠厚厚的签证申请单，招呼我进她的办公室，甚至脱口而出说她简直累坏了。上个月，原本的 13 名员工被裁到只剩下 3 个，而她特别卖力地干活，只是为了保住这份工作。尽管她很想帮我，却从没听说过斯派罗·霍利斯，她看上去确实对此感兴趣，甚至提出带我去看一间满墙褪色的文件室和另一个锁上的柜子，它们共同组成了这间领事馆的档案处，而我有种强烈的预感——这儿一定有关于他的某些记录——但她又说不能带我去了。她解释道，一些迫切想移民希腊的巴勒斯坦人，最近正在拼命证明自己的血统。他们的请求也许是真的，也许是胡编乱造，但由于这类申请越来越频繁，且必须参考这些历史档案，它们最后都被封存起来了。

同时，她本人也无力替我查找这些档案，因为她的时间全部耗费在那些堆积如山的急迫签证申请和护照申领文件上了。"我正在努力，"她轻柔地说，"帮助人们生活下去。"鉴于此，我自然无法与她争辩下去，而当我回到街上时，她的话语也随我同行，轻柔地对我发出了质疑。斯派罗·霍利斯的事，也许比不上这类"失不再来"的紧急事件，但我同样在以某种方式努力帮助一个人活下去，或者说世代永存。然而，我开始怀疑我到底胜算几何了。

犹太法官

　　我开始怀疑，怀疑起斯派罗·霍利斯和他的名字所暗示的所有空白。如果他曾经是这样一个重要的建筑师，城市中如此有力的力量，为什么他留下的痕迹这么少？也许他是克罗扬科凭自己想象虚构出来的人物？

　　这倒是不大可能。我亲眼见到了在那些奠基石上的他的名字，而我也相信克罗扬科归到他名下的建筑确实是出自他手。我又想到了耶路撒冷各处的其他几座令人印象深刻的房屋，克罗扬科没有提到，它们也许同样出自斯派罗·霍利斯之手。根据社区里的传闻，安纳斯塔斯老人和建筑师梅西纳斯都已经证实，霍利斯在说希腊语的耶路撒冷社区曾是一个重要人物。出于对斯派罗·霍利斯作品的热情，我对几位当地的文物保护建筑师产生了兴趣，他们几位曾将几座建筑归到他的名下，并记录在精心准备的、必须在一处保护建筑翻修前上呈市政府的材料中。我们在一间咖啡厅碰头，碰巧位于哈里森的邮局背后的街对面，这时，在这些建筑师——所有目前参与到保护这座新城市的历史肌理的人中最有见识也最出力的一群人——其中有一位 M，一个带着犹太圆顶帽的青年，他就像一本当地百科全书，同时也是霍利斯名下建筑保护项目的主持者之一。他为我描述了霍利斯，一个长久以来的魅力之源，也是他最喜爱的耶路撒冷建设者之一。"我真的，真的爱他！"他这么跟我说。"我想不出还有谁敢于做他做过的事，"他继续赞叹霍利斯的探索、他的适应性、他的建筑上那些出色的细节和体量，还有他在外饰上的创造性。"就算你认为这些建筑物被'过度设计'了，可他所实现的丰富性仍然是足够杰出的。"虽然 M 没有什么关于斯派罗生平的细节可供加到资料库里，可是他的专业知识和对霍利斯各类作品的专业欣赏，对我意义重大，而我们的对话至少让我觉得我不是白跑一趟。

发现他在这座城市生活的档案证明后，我更加释然 —— 不是什么陈年遗迹而一度是热乎的新闻。霍利斯的名字曾经在各类文章中赫然出现，比如，英文的《巴勒斯坦邮报》1931 年 10 月一条不重要也无关建筑的新闻中提到，"巴勒斯坦足联选出了纪律委员会。斯派罗·霍利斯先生加入，与哈鲁兹和萨多姆斯基以及委员会主席伯恩斯先生一起共事。"

1932 年 6 月，"斯派罗·霍利斯之家"中的一个房间要"招租"：

Room
TO LET
Furnished.   With or without pension. Apply: Miss Waldes. Spiro Houris House, Queen Melisande's Way, near Immigration Dept., Jerusalem.

房屋出租

家具齐全，可包、可不包膳食

联系人：沃尔兹小姐

斯派罗·霍利斯之家，梅丽桑德女王路，近耶路撒冷移民局

　　显然，这所房子就是（或曾经）是那栋贴着亚美尼亚瓷砖、面朝雅法路、正对锡安广场的优雅建筑。他和跟他同名的房子名气足够响亮，因此这个模糊的地址足矣。

　　然而 1933 年 3 月 21 日，斯派罗·霍利斯出现在大卫王酒店举办的安妮·兰道的六十大寿宴会的"五百多人"宾客名单里，安妮是托管时期耶路撒冷最杰出的公民之一，是一位广受爱戴的英国犹太教师兼校长。尽管名单开头写着"所有群体都一致赞美校长的奉献和慷慨"，客人名单里有一些煊赫的阿拉伯、希腊和法国名字，但受邀者却大部分是英国人和犹太人。霍利斯竟然出现在这张时髦的英国犹太复国主义群体的名单上，这事很不寻常的一点在于，他竟然是那个圈子里的大红人。同时，不同于报纸上那种像诺亚方舟登船顺序似的出席名单，就是那种绝大多数人选择两两相伴（包括一向神秘的佩塔西斯夫妇）出席——他竟打算独自参加。到记者发稿时，没有任何记录显示有一位霍利斯夫人出席了宴会。那么，也许你要纳闷了，那个三月的下午，海伦妮·埃弗克里德斯又在哪里？

　　但这些只是零零碎碎。眼下，我渴望寻求他作为建筑师而存在的某些真实的文件证明，而正是这种稍显饥饿的感觉——连同 N 先生的建议和一次相当偷懒的深夜互联网搜索——最终将我引向中央犹太复国主义者档案馆。

敲过了所有这些我能想到的，在那扇以"斯派罗·霍利斯"为密钥的门背后，我已经在寻找有关雇他建造的雇主们的资料。其中的一位，霍利斯为他建造了一所宏伟的，也许稍微古怪的大厦——那些刻有他名字的建筑物中的一所——这个住区，似乎是英国征服之后，在耶路撒冷建立的新住区中的第一片。这个位置当时是城市的边缘，而现在是熙熙攘攘、泥沙俱下的中央车站，罗梅玛（Romema）是1917年12月奥斯曼土耳其正式投降英国的地点。这里有一块非常英式的石质纪念碑标明了它的历史意义。

正如今天某些以色列人所说的那段相当一厢情愿的居住地创业史，邻近的两座阿拉伯村庄——利福塔村和谢赫·巴德尔村——各自声称拥有这块土地。1918年，一位曾当过法官的犹太产权律师约姆－托夫·哈蒙（Yom-Tov Hamon），被请来解决这件纠纷，他看到"在城市入口附近建造一个犹太居民区的意义"并且做了这件事——买下这一大片的土地并让村庄的首领们分割了收益。这个故事可能确有依据（也许这真是一处有争议的地皮），即便在这一大片的土地上建立罗梅玛的这个有些犹太复国主义特征的决定，貌似是叙述中后来增添的。1921年，一群不常厮混的当地富人——包括塞法迪犹太人（Sephardim）、阿什肯纳兹犹太人（Ashkenazim），还有一些穆斯林——把它规划成充满豪宅的高档社区，还有辐射状扩散的花园、街道，就像一扇围绕纪念碑展开的轮辐。

然而，这块土地被买下了，而且不管出于什么原因，这位法官在建立这个居住区中所起到的核心作用确凿无疑。约姆－托夫·哈蒙，或者叫阿蒙（Amon），是一位出身贵族的土耳其犹太人，其家族起源能追溯到一名来自格拉纳达的哈里发御医。哈蒙家族此后的几代人中也包括几位苏丹的私人医生。哈蒙在君士坦丁堡出生、受教育，1911年来到耶路撒冷，在巴勒斯坦的犹太人社群的要求之下——犹太社群的成员想要一个在奥斯曼权威面前代表他们的法官。虽然一些人抱怨说他不懂阿拉伯语，而且不熟悉"本地规矩"，这座城市最终还是接纳了他。人们认为他的土耳其语和他的性格都极为出色，而曾经发生过要将哈蒙的名字放到奥斯曼在君士坦丁堡议会的"犹太人席位"中去的讨论："即便他不是一个犹太复国主义者，"一位社群领袖写到，"他对于这个科目十分了解；他是个正直的人，也是一个年轻的有名的法官。"哈蒙谢绝了这个职位，并留在耶路撒冷，在那儿的一些年里，他担任过法官，直到当局把他调职到阿勒颇；他拒绝调任，转而当了一名律师。在"一战"期间，由于他与某些犹太复国主义者的联系，被土耳其人驱逐回到君士坦丁堡，而当他战后回到耶路撒冷时再一次做了律师，并直到去世。

我不介意你在午夜朦胧时，或在网上读这些书的大部分内容，但是在六月天明媚的阳光下，这些枯燥的希伯来语典籍——关于在以色列土地上的法官和律师们，关于在以色列的东方来的犹太人——没有哪本像是能找到一个被世人长久遗忘的名叫霍利斯的建筑师的线索。然而这场关于他身世的曲折迂回（而在这个特别的夜晚，我无法再读进网上更多关于加沙的惨烈新闻）给了我一丝暗示，这一丝暗示就在我刚要关上电脑，滚到床上的几分钟前，从我的屏幕里闪现出来。这些文字埋藏在显然可疑的约姆-托夫·哈蒙的希伯来语维基百科页面之中："1952年，哈蒙去世，享年79岁。最近在他直至去世一直居住的房子的地下室发现了他的私人文件，这些文件被转移到了中央犹太复国主义档案馆。"

　　他直至去世时一直居住的房子当然就是那座斯派罗·霍利斯为他建造的、豪华中带些诡异的房子，而且恰好的是，它就在距离中央犹太复国主义档案馆步行五分钟远的地方。第二天早上，我几乎在档案馆开门时就在那儿了。跟国家档案馆不同的是，这个机构运营得不错，有着一座令人愉悦的种满迷迭香和薰衣草的小花园。这座花园莫名地起到一个气味香甜的缓冲区的作用，隔在朴素的建筑物和围绕它那一切尘灰和车流之间。这里保有的档案也远比在国家档案馆中，那些政府控制的副本要更有序，于是我在那间阅读室里，将自己安置于其中一台电脑面前，并打出"哈蒙、约姆－托夫"这几个关键词，我高兴地看到他的名字和一个记录组的编号弹出来，但我接下来又吓了一跳，因为紧随着我点击那条链接之后，猛地现出了一条提示：无法找到相关内容。

　　诚然，维基百科不一定是可靠的资料来源，但是哈蒙的名字和这个编号确实在档案馆的系统中出现了，这意味着他的文件一定在这座建筑物的某个地方。我在服务台问了，一贯冷漠的办事员们中的一位报以一个耸肩的动作，表示他无能为力。我应当下楼去，跟S女士谈一谈。

　　楼下那层是上级所在的地方，在那里我找到了S，她是一位头戴贝雷帽的中年法国犹太女性——不，那不是法式贝雷帽，而是一顶正统派犹太人贝雷帽，也许两者都是？无论如何，她那种讲求实际并稍微有点爱管闲事的举止，好像一个过度劳累的高中校长，也许真诚地想要帮助人，但又有一整个大厅里的学生和老师们等在她的门外，要她处理他们那些十分迫切的问题。当我向她解释了我在找什么之后，她看上去有所顾虑，并且一开始她似乎不知道我在说什么——即便我一直唠叨着约姆－托夫·哈蒙和斯派罗·霍利斯（我意识到，我听上去有点精神错乱，就像某种档案追踪狂），她稍稍放松下来，眼眸明亮动人，然后用她那轻柔的法国口音说，"是的。我们这儿确实有那些文件，但是它们，"她不否定地摇着头，"在任何条件下都不能被查阅。它们还没有被妥善归类，眼下只有一个初步的参考目录，而且还是脏的，需要清理。"

不论她看上去多么淡定或多么忙碌，一个好的档案管理员都懂得其中滋味。她赞赏，而且甚至间接地对我这种搜索强迫症产生了兴趣，所以当我开始放下脸面央求 S 让我至少瞥一眼那儿有的档案时，她很快变得温和起来（也许是为了将我们两个都从我这一请求造成的尴尬状态之中解救出来），并且提出要打印出那个清单的草稿。对于我的要求，她显然感到不悦——并且，当她试图从她桌子后出故障的公共打印机取出塞纸时，一直重复说这些文件实在是在任何情况下都不能给人看的——然而，她显然理解这对于我而言有多重要，于是，就像国家档案馆的 N 先生，她效忠于大写的"历史"事业本身，她放了我一马，并在她办公室的桌面上清理出一小块地方，让我在那儿坐下，浏览档案。

组成哈蒙档案的 114 份文件的这份清单上，精确地列出了这个文件库中希伯来语的这一部分："关于索赔单号码 4888/28，由公共基金关于一处建筑物内公寓的占有权向华沙·克莱尔和伊莱泽·金索赔案的法律裁决"和"尤素福·贝森关于他双亲梅尔和查西卡的庄园产业分配问题给哈蒙律师的委托书"。哈蒙是一位说希伯来语的律师，肯定有大量法律文件，而这些法律文件最终堆在了他宽敞的地下室里。除此之外，哈蒙还是一个真正来自黎凡特的自由人，而他的文件跨越了语言和学科——并且，这看上去远远超过了一个来做粗糙的初步调查的实习生或志愿者的分类能力。（说真的，S 也提醒过我。）因此，她从那台颇不情愿的打印机里出来的纸中，还包含数十页非常模糊的描述，是关于一些包含"阿拉伯语写成的东西"（还是土耳其语？）的文件，还有"法语和阿拉伯语的信件和文档"。英语和拉地诺语也出现在这张清单上。我推测这里能找到的关于斯派罗·霍利斯的某种踪迹，很可能会在那些非希伯来语的神秘档案王国里现身。

于是，极度令人惊讶的是，就在我打开的第一份文档里，他就出现了。

在三份草稿中（一份用铅笔潦草地写着，一份用流畅的笔迹和整洁的棕色墨水手写，第三份是打印的，并且包含若干复印件），一份是 1922 年 7 月 15 日的法语合同，详细地记录了一份两人间的协议："签名于文件下方的约姆·阿蒙先生，律师，本地人，居住在耶路撒冷，甲方"和"斯皮罗斯·霍利斯先生，建筑师，希腊人，同样居住在耶路撒冷，乙方。"合同声明，双方均同意斯皮罗斯·霍利斯先生接受委托，建造并在四个月之内交付"一栋住宅，此住宅将会成为约姆·阿蒙先生位于谢赫·巴德尔（阿伦·玛尼先生的住所）的家，根据双方达成共识的设计（来建造）"。而约姆·阿蒙先生根据设计同意支付建筑师斯派罗·霍利斯先生 2400 埃及镑的总额，等等。紧接着的是一份仔细拟定的支付方案概要，（方案中提出）需预先支付给霍利斯 200 镑的定金，并且后续的款项在（以下节点）支付：在地基和水箱完工以及房子的高度达到 1 米的时候；在建筑的一层"包括天花板"完工后；在第二层建完后；在"所有木工活，例如门、窗以及其他"安装完毕的时候，诸如此类，从"门窗镶边的粉刷"一直列到"房子的竣工"。紧接着还有许多技术上的条款，还有一份保证书，上面写着霍利斯会履行他的所有责任，并且不能晚于 1922 年 11 月 1 日交付房屋。

这里面没有任何一份协议是被签过字的，尚不清楚这是否是他们合同的最终版本，但其余的一些文档表明，建造工作并没有如计划那般进展迅速。直至 1924 年 1 月 13 日，巴勒斯坦建设贷款和存款协会的一个代表给阿蒙写了一封信，声明说一位检查员已经检验了房子"并认为它已经彻底完工"。并且当（我发现）关于建造工序的其余一些详细资料仍存在，另一份令人惊讶的文档从这堆已然让我手指上覆盖了一层灰的文件中冒出。在平时，这些尘土会惹我烦心，然而由于它来自这栋房子的地下室，而房子的基础和墙体在我握在手中的合同里得以详细说明，这层灰尘摸上去就像是档案的一部分。

在 1923 年的秋天，当房屋的建造工作如火如荼地进行着，一份紧急信函——一张用希伯来文打印的信纸上，信头用古希伯来语和英语写着耶路撒冷犹太人委员会（Council of Jerusalem Jews）——从另一位建筑师那儿派送到了可敬的约姆·阿蒙先生手中。建筑师名叫埃利泽·耶林（Eliezer Yellin），他是某个令人尊敬的耶路撒冷家族的子孙，他本人也是城市一些新社区——包括里哈维亚，次年他在那儿建造了第一座房子（他自己的房子）——建设中的一个重要角色。耶林代表委员会里的移民和劳工委员会（Committee for Immigration and Labor）写了一封信，口吻很不客气：

尊敬的阁下：

近一个月前，我们与您书面接洽，提到好一些我们的同胞如今正赋闲在家，并且提到我们的民族责任要求我们尽可能多地为他们提供工作。

令我们遗憾的是，我们必须再次与您接洽这个问题，因为我们的愿望——您会以合适的方式权衡我们所说的话并尽可能多地雇用犹太工人——落空了！与我们这次建造买卖中所雇用的外国工人数目相比，我们犹太同胞的数量简直少得可怜。

我们相信，并不是阁下造成这种状况，而是承包商的错。但是，我们认为这是您的责任，应该坚持让承包商增加犹太工人的人数，并且绝对地落实这件事情是您的义务。

我们希望您将会留心我们所说的话，并认识到雇用犹太工人会为这个国家带来的利益。我们坚信，这次合作的结局会比开始时更好……

尽管"承包商"没有在耶林的遣责信中被提及，（但从文中）看来，非犹太籍建筑师霍利斯对于建筑工地上的"外国工人"（无疑是阿拉伯人）的数量需要承担责任。然而，这位在君士坦丁堡长大且很可能不是犹太复国主义者的哈蒙，似乎并没有特别受到建造团队人种和信仰组成的困扰。这个事实本身就能说明问题。毕竟，他不仅雇用了一个非犹太建筑师，还忽视了委员会对他所雇用的工人的第一次警告。也许，他对于"这个国家"从何事中能获得最佳利益这个问题，和他在耶路撒冷犹太委员会的同伴们有不同见解。当然，这仅仅是猜测——也许他对阿拉伯劳工的偏爱仅仅关乎成本（的考虑）而无关原则问题——但是值得注意的是，雇用犹太人（并排挤阿拉伯人）对于这位前土耳其法官而言，并不是头等大事。

与此同时，斯派罗·霍利斯开始从哈蒙的档案中浮现出来——缓缓地浮现，仿佛一张在洗印药水中的相片。文档清楚地显示，他是一个希腊公民，他确实住在耶路撒冷，他依靠他的设计赚得真金白银。

［很难说清准确的总额，但是 —— 正如一位学过经济学的朋友告诉我，在 1922 年，2400 埃及镑相当于 18 万美元，可能还不止。不管（具体的）数字是多少，在那段时期，一个巴勒斯坦建筑工人的标准薪水大概是每天 10—20 披亚士特[1]，这意味着一周工作五天可以让劳苦的工人赚来 1 镑。］法语确实是他所掌握的语言之一。1933 年，在大卫王酒店里一位犹太女校长的大型寿宴上，霍利斯也许受到了宾客们的热捧；然而，英国托管时期的头几年，他投身于犹太耶路撒冷艰难的经济形势中，却暗暗地引起了那个群体中一些率直成员的不悦。

我仍然不了解他，这和从律师或法官的卷宗中倾泻而出的细节形成反差，令人多少有些沮丧 —— 这些细节包括来自他妻子、罗迪蒂贵族出身的雷切尔写的一封艳丽又有些正式的法语信件（"亲爱的：伴随巨大的喜悦，我收到了你 6 月 17 日的信件，告诉我你身体无恙……"）还有用阿拉伯语详尽写着的清单，记录了他每月的私人开支（邮票、发往伊斯坦布尔的电报、一罐绿豆）—— 我很感激我此刻对斯派罗·霍利斯的了解程度，在几个小时以前我还一无所知。我想知道，还有什么藏匿在这一堆布满灰尘的信和皱巴巴的法律文书里，藏在那些被臭虫咬过的收据和破烂的银行声明里？我很想知道，斯派罗·霍利斯到底是从哪儿来的呢？他是否，也像阿蒙那样，是从君士坦丁堡开始工作生涯的呢？他们是否可能在故国时就已经彼此相识？我读到，要在奥斯曼帝国末期获得希腊护照，一名希腊东正教团体的成员只需要在希腊住满三年。无论他生在哪里，只要霍利斯在雅典学过建筑，他肯定可以轻易

---

1 阿拉伯国家中货币的辅币，相当于"分"，是科威特、苏丹、埃及、巴勒斯坦等地的货币单位。

拿到护照……

　　我沉浸于摆在我面前的文档和它们激荡起的思绪里，以至于几个小时里我都没站起来过，一直弯着腰，用数码相机给文件拍照。我没吃午饭，也没喝水，而且工作人员宣布档案馆将在五分钟后关门，我觉得我正从某个奇怪的梦里醒过来。带着轻微的头晕，我蹒跚地走出档案馆，走进依然明亮的阳光下，而且我感觉自己是在某种精神恍惚下走向了那座房屋。

房屋本身

在霍利斯和哈蒙签署合同的时候，这些山里已经涌现出许多果园和田园。今天，一个人如果要从档案馆附近走进拥挤、堵塞的罗梅玛，必须通过一座圣地亚哥·卡拉特拉瓦（Santiago Calatrava）[1]设计的桥——高耸的白色大桥标志着进入城市的破败入口，构成一个显然不符合逻辑的推论——接着，会穿过一条阴暗潮湿的莫斯科风格的地下通道，里面有一位喜好阴暗的俄罗斯街头老艺人，他戴着一顶棉帽，对着一台电子乐合成器，总是挂着一副阴郁面容，永远播放着 20 世纪 60 年代的以色列感伤音乐，低缓地演奏着。

在雅法路中央汽车站巨大的混凝土板楼背后，阿蒙曾居住的田园式社区，已经变得破旧、肮脏，而且彻底被希腊东正教极端派同化了。我很难不把这个几度繁华的社区的废弃看作整个耶路撒冷丑陋现状的写照。环境上的失序，在这里基本是蓄意而为的，仿佛 21 世纪的罗梅玛居民都坚信，只有搞砸眼前居住的世界，才能更好地证明他们已经准备

---

1 西班牙建筑工程师，当代最著名的创新建筑师之一，其设计风格饱受争议，以桥梁结构设计与艺术建筑闻名于世，最近的作品有 2004 年雅典奥运会主场馆。

好要迎接一个新世界。此处很多往日优雅的建筑,都以最粗糙的方式扩建了,伴随着极不协调的扩建和粗野加盖的加层,以及被有机玻璃围挡、堆满脏衣服、破拖把和旧电器的阳台。多年前曾种满果树的美丽花园,如今四处遍布着垃圾。

然而,一个惊喜之处是——在阿蒙街和非常值得注意的哈德里奇奥路(又名建筑师路)的交汇处——我发现哈蒙法官的宅邸比几十年前看上去更完好了(或者说得到了不错的照顾)。路标上的"建筑师"并不是指斯派罗·霍利斯,而出于某种原因变成了理查德·考夫曼。虽然他也在耶路撒冷规划了许多社区,并且好像在罗梅玛暂住过,但据我所知,他与这座建筑毫无干系。

由于刚经历了一次浩大的、有些奢侈的重修,这栋宅子诡怪地插在飘着柴油烟和煤烟的贫民窟当中。建筑表面精致的米白色石块被彻底地清洗过,木条做的百叶窗、带古怪虬曲装饰的大门都已翻新,侧面阳台上的花式金属扶手刚被粉刷过。这座建筑最高贵也最古怪的特征,即带有惹眼的红色墙裙的镀铜屋面,被仔细地统一翻修过,还有一座美丽的花园环绕着整座宅子,同样环绕着的还有一圈被茉莉花掩映的石墙。石墙上安有一道厚重的新铁门,一块登着景观公司广告的招牌,还有几个显眼的监控摄像头对准了那些不速之客。

这座宅子的规模几乎扩大了两倍。这座曾经落落大方、比例均衡的宅子,如今按照本地的标准来看,显得过于庞大了,就像打了类固醇一样,变成了在侧面和背后有着大量扩建的中东巨无霸豪宅。在这个炎热的以色列夏天里,门前还不协调地出现了一片修剪整齐、有些美式风格的草坪,经过精心灌溉的绿地,让人误以为身在佛罗里达。这场奢华的扩建和翻新呈现出了一种奇怪的效果,因为这座建筑(很多年里

它一直是个腐朽的巨形残骸，如今再次成为宏伟的住宅）在因疏于管理造成的损坏中幸免于难，这种破败正发生在它的四周；一定有人毫不掩饰他对这座建筑和它地盘的关心。按照耶路撒冷在建筑上常见的低标准，这次翻新是经过深思熟虑的。现代建筑师煞费苦心地对新石块进行了做旧处理，并且以极为接近霍利斯的风格来营造；沿着扩建部分的屋顶周围，点缀着壶形装饰和白色栏杆，还加上了拱顶石饰来模仿原作。尽管在这些技法中不乏仿造得像婚礼教堂一样的质感，但确实体现出了设计师对往日建筑的认知。

　　另一方面，扩建的部分让这座建筑的尺度和它与周围环境的关系几近失衡，出现了某种格格不入的浮夸感——尽管当霍利斯在 1924 年的冬天建成它的时候，阿蒙的住宅也许看上去同样浮夸而且格格不入。伴随着它滑稽的维多利亚风格的金属露台，还有球根状的新文艺复兴的栏杆，它永远也不会是一座朴实的、"典型"的耶路撒冷民宅。而且，似乎它的设计就是要让人注意到它和它主人那种浮夸的异国情调。阿蒙显然是想炫耀——霍利斯或许也想这样干。无论在哪里开启了职业生涯，这座住宅都是他在耶路撒冷的最早的大型委托项目之一，而且他似乎觉得，最好在这次项目上拿出全部看家本领。这是在基石上刻有他"署名"的最老建筑，署名在翻新中保留下来，我必须站在一个特定的角度，踮起脚，穿过新种植的密集柏树的阻挡才能看清楚。

正当我要做出这个尴尬的举动时，一对年轻的极端正统教徒[1]夫妇出现了，他们刚从通往房子背后的宽敞扩建部分的楼梯上下来。妻子带着一头假发，丈夫戴着一顶软呢帽。他们相互说着英语，而我几乎不假思索地问道：你们是住在这儿吗？

那个年轻女子疑心地打量着我，我的短袖衬衫、纯棉长裤、我没戴帽子的头顶。她说是的，从他们结婚前就在这儿……当她的丈夫走到一个固定的距离看着我们时，她和我聊了一些关于这座房子的事情——"这里曾经住着一个法官。"她告诉我。不久后我发觉自己——依然没戴帽子，且由于脱水而几近昏厥——正在登上了同一座楼梯，步入这座房子崭新的扩建部分。在这里，我受到了一个极端正统女教徒的问候和欢迎，伴随着一股慷慨到令人吃惊的暖意。她和我年纪相仿，穿着一套家常便服，带着一顶方巾帽。对于我突然出现在她的门前台阶上，她好像毫不紧张，而且当我介绍自己的时候，她听出了我的口音而从希伯来语改成说美式英语。她还引领我穿过门厅——门厅里是光亮的大理石地砖和干净的白墙——之后登上了几段台阶，我走进她一尘不染的厨房。在这一串连贯的动作中，她用塑料杯为我倒了杯水，为我拉出一张凳子，迅速地走进隔壁房间，找出一个妥善包裹着的文件夹，里面是关于这座房屋、法官和他孩子的老照片的复印件，然后

---

1 也称哈瑞迪派（haredi），是以色列犹太教正统派中最保守的一支。哈瑞迪教徒认为其信仰和宗教常规直接传承自先知摩西。

径直坐下来绘声绘色地谈论起她了解的关于这座房子的历史 —— 包括他们从阿蒙的后代那里购买了它，房子怎么翻新的，他们是怎么废弃了储水箱（因为"到处都是小孩"）诸如此类。她坚持要送我一张照片，让我留着，并允许我给其他的资料拍照。

尽管遗憾的是，她不能让我观察原房屋的室内，因为里面住着她的亲戚（我曾了解到，原房屋内部已经毁坏，而且被彻底重建了），但她可以并且确实带我领略了我闻所未闻的城市的另一半。当然，她并不知道她正在向我展示这一切，尽管我在耶路撒冷已度过很多年，尽管我认为我足够了解耶路撒冷，我却从没有一次踏入城里一个极端正统教徒的房子，更不用提在其中的一个厨房桌子边坐下来，并放松地跟别人聊天。并且，我极少会遇见一个耶路撒冷人，对自己的住所如此自豪。虽然她对斯派罗·霍利斯知之甚少 —— 于她而言，那位犹太法官才是故事的主人公 —— 她却引领我到了这里，并带领我走进此前想象不到的地点和空间，走上楼梯，顺走廊而下，并进入我从不知晓其存在的房间。

名人录

　　哈蒙的住宅看上去并不类似于耶路撒冷其他建筑——除了某一处——它位于曾经的谢赫·巴德尔村的另一端，也是今天里哈维亚的边缘。 在一条以俄罗斯犹太复国主义领袖乌色什金（Menachem Ussishkin）命名的街道上——伴随一座怪异的红色铜质屋顶被建造起来，它带有宏伟的意大利风格的弧线，弧线与装饰间的关系非比寻常，它也许是，也可能不是斯派罗·霍利斯设计的。 克罗扬科将它的建筑时间定位在 1927 年，并认为是其他人设计的，尽管其他本地历史学者和建筑师都推测，那确实是霍利斯的作品。

　　这个困惑其实不难理解："霍利斯的风格并不是连贯的，"克罗扬科用生硬的希伯来语写道，"他的许多建筑都迥然不同，但大多以其风格化的特征著称，有着装饰性的彩色瓷砖、华丽扶手，以及小圆齿状的垛墙。"他用一个不太严谨的建筑术语"折中主义"来形容霍利斯那种混搭的手法。 尽管此刻我们也可以考虑，将这个词与疑似霍利斯建造的混杂风格建筑联系起来。 并不是所有的联系都能一眼辨认，但是，一旦它们被辨识出来便能展现出人与人之间复杂的关系网络，而这种网络，在这些年里造就了整个耶路撒冷。 斯派罗·霍利斯的身份（就像卡里尔·萨卡基尼、弗提乌斯医生、哈蒙法官的身份一样）也许是由复杂多变、彼此矛盾的元素凑成的一盘大杂烩——他到底是生于希腊的希腊人还是阿拉伯人，土耳其人，巴勒斯坦人？他是本地人还是外国人？他会不会同时具备以上身份？——这一事实似乎强调了另一个事实，即他正在卖力营建的这座城市本身，在种族、政治、宗教和审美上，都自我满足于折中主义。人并不总是要选边站，但事实上，关于这个城市的谈话或是大声争吵很快就充斥了让人吃惊的犹太—阿拉伯两极分化。霍利斯为希腊人、犹太人、天主教徒、穆斯林建造房子。恰好在一段时间里，他既监理着西班牙犹太人法官住宅建造——一栋位于罗梅玛西北角的庄严的意大利住宅；同时也监理着穆斯林诗人、散文家、教育家伊萨夫·纳夏西比住宅的建造——它位于谢赫·贾拉村（Sheikh Jarrah）的东北角，就在通往斯高帕斯山的高地上，是一栋严谨的土耳其风格建筑。两座房子都由霍利斯署名，地基也都在1922年浇筑。其中一栋带有特别的金属斜屋顶，而另一栋是平顶的，立面上点缀着亚美尼亚瓷片装饰，这与其说是暗示着霍利斯一方风格上的不稳定，不如说是体现了他对语境灵活适应的意识，也体现了他周遭互相搅动的多样文化。

尽管有这些差异，霍利斯的建筑本身为这些年贯穿这个城市的社会联结提供了视觉上的线索。例如，当另一个位于谢赫·巴德尔村（即今里哈维亚）的引人注目的意大利风格房子，在距今约九十年前构想出来，注定要成为另一位君士坦丁堡出身的产权律师埃利胡·弗拉济（Elihu Fraji）的住宅，他在比哈蒙晚几年抵达耶路撒冷（并且，他和萨卡基尼一起上过每周三次的阿拉伯语私教课）。也许，他们都曾雇用霍利斯为他们建造带着奇怪金属屋顶的豪宅，或许，年轻的弗拉济雇用了某个建筑师，来效仿霍利斯为他备受尊敬的同事所建的房子。在任何一种情境中，他们彼此肯定都非常熟识。在 1921 年，在英属巴勒斯坦第一批取得律师执业许可证的 45 位律师中，只有 4 位犹太人——哈蒙、弗拉济、哈蒙的妹夫兼合伙人托菲卡·阿达斯（Tawfik Adas），以及哈蒙在罗梅玛的邻居阿伦·玛尼（Aharon Mani）。

从这里起，连点成画的游戏开始了，因为阿伦·玛尼（此人出现在霍利斯与阿蒙的合同里，作为"侨居地"的业主或牵头人，他的住宅将建在谢赫·巴德尔村）不仅住在阿蒙的隔壁，很快还聘请霍利斯建造雅法路上其中的一栋粉色石墙的精致商住两用建筑。它位于锡安广场对面，我最近常常经过的道路的一侧。玛尼出身于一个伊拉克犹太贵族家庭（属于古老的希伯伦犹太群体），他是一位颇有声望的产权律师，也是一名阿拉伯语、伊斯兰法律和传统犹太史领域的专家。在往后的岁月里，他写了几本相关著作，并且将迈克蒙德的《迷途指津》（*Guide for the Perplexed*）从犹太－阿拉伯语译为希伯来语。

阿蒙和玛尼不仅拥有着相同的职业、相同的邻居、聘请了同一位建筑师，甚至他们似乎对城市中各个群体，以及怎样（切实地）一起工作也有着相同的看法。正如阿蒙由于雇用"外国工人"而被埃利泽·耶林责备，玛尼也因同样的理由被犹太媒体抨击。在 1925 年 5 月初的犹太报纸《多尔今日报》上，"每日耶路撒冷"专栏作者描述道，"在最近几周里，建造速度明显加快了，并且几乎所有大街小巷都在不停地建设。"在罗列了好几个更重要和更吸引人的项目后，这位匿名作者接着埋怨道，"在雅法路上，锡安电影院和索莱尔大厦（如今迁至哈瓦特·泽莱特大街）之间，阿伦·玛尼先生正在建造一排带有底商的公寓。可以说，前面提到的大部分项目都是由犹太工人修建的——唯独

玛尼的住宅，他把工作交给了一名非犹太建筑师，因此，所有的工作都掌控在非犹太人的手里，而不会有人见到或提到犹太工人。"

在同一份报纸上，一封写给编辑的信出现在标题"有关犹太劳工"的下面，16 名犹太的"建筑工人、石匠、劳工"联合署名，这封信表明了这些作者对于"阿伦·玛尼这种行为的深深失望……因为他把他在雅法路上的建筑工作包给了一个非犹太建筑师，而他使用了非犹太工人……我们几个都是家里的顶梁柱，靠犹太建筑师提供的薪水独自支撑整个家庭，而从别人那里，我们过去没有、将来也不可能赚到一分钱！……"他们控诉说，玛尼最初找了一个犹太建筑师，而后又反悔，转给了一个非犹太人，"只是因为（在造价上）少了 5%。"实际上，这件事最让人难以忍受的就是，玛尼自己就是犹太复国主义组织巴勒斯坦地产开发公司的雇员。他们请大众明鉴，"我们的高级官员怎么花人民的钱……难道这就是建造民族家园的方式吗？"

玛尼花了好几天正面回应了这个质问。然而当他回应时，他以无声愤怒的措辞表达了他对于信中的诸多错误的厌恶——他不是，也没做过巴勒斯坦土地开发公司的雇员；他从来没有榨取人民的钱财；他原本雇用的犹太建筑师到后来效率低下，不可信，而且在财务上不可靠；有一些工人确实是犹太人，他们大多数都是一些地基开挖后就不知所踪的人。"我真心希望，"他话里带刺儿，"当简单一些的建造工作开始时，这些事情不会再次发生。"他以更强烈语气提出自己的信念，"一个人应该像自己期望别人对待自己的方式来对待别人。"他写道，"如果有人再敢以这种（歧视性的）方式对待我，或者世界上我所有的兄弟们，我定会向上天呈上一份诉状。"

同时，他也表明了，"现在的建造商不完全是阿拉伯人，有两个，其中一个是犹太人。"

"不完全是阿拉伯人"是形容斯派罗·霍利斯的一种令人费解的说法，尽管玛尼那样说，似乎并不是强调"他是希腊人"，"跟一个犹太人共事"。我们并不知道这一项目中他的另一位犹太合伙人是谁——尽管我们知道的是，在这个语境中，这种类似霍利斯、阿蒙、弗拉济和玛尼之间的联系十分正常（超越了种族、宗教的界线朋友关系）。类似的社会关系和商业关系，在那些年里为霍利斯带来了不少项目，且随着他为了适应每个委托以及他各种各样的客户的偏好而进行调整，他的建筑风格发生了转变——尽管这些转变并不总与他雇主的种族有明显的联系。在20世纪20年代末到20世纪30年代初，雅法路上那排似乎是霍利斯（和佩塔西斯一起？）建造的建筑——在玛尼住宅的旁边、锡安电影院的对面——与周遭环境极为流畅地融合，形成了一个有机整体——并且这些建筑分别由以下人委托——萨巴·拉加，一个来自于比特·杰拉的富有巴勒斯坦天主教徒；尤素福·阿米诺夫，一个

最近刚从马什哈德移民过来的波斯犹太商人；还有另一个名叫库利的神秘投资者（他名字的首字母"CK"仍然被镌刻在建筑门廊的栏杆上）。这个社区的第五座建筑——有时也会被归为霍利斯和佩塔西斯联手设计的——是为一对西班牙犹太企业家兄弟建造的，他们的家族 19 世纪 70 年代从格鲁吉亚来到巴勒斯坦，并且将自己的姓氏从库卡什维利（Kukashvili）缩写成库吉亚（Kukia）。据说，霍利斯本人的办公室就位于那座铭刻着"CK"的建筑里，而某段时间埃及领事馆也设在这里。

尽管我从这段相去久远的时间中无法勾勒出所有的线条，以此从这些委托事件中的一个引向另一个，但是某些递进的关系链条仍然似乎十分清晰。例如，阿蒙和玛尼两人另一个生意上的关联，是一名来自于利弗塔（Lifta）的富裕穆斯林采石场老板，名叫哈吉·穆罕默德。他似乎在 1925 年聘请霍利斯为他在罗梅玛社区边缘建造豪宅，正好就建在雅法路上，旁边正是咄咄逼人的中央汽车站，这栋壮观的三层半豪宅，以一种克罗扬科口中"更华丽的东方主义风格"建造起来，它那装饰着红白条纹的镶边，尖拱状的窗户，稍带马穆鲁克风格的雉堞，颜色与图案繁复的地砖，还有外墙立面上镶嵌的蓝色马赛克瓷砖，螺旋状雕刻的《古兰经》铭文："将仁慈的心放在他们身上，给他们提供打来的果子，好让他们感恩。"它的拥有者既是阿拉伯人也是希腊人。

连点成画的游戏仍在继续……哈吉·穆罕默德的生意伙伴，正是富有的耶路撒冷出生的阿拉伯天主教贵族——以利亚·T. 格拉特（Elias Thomas Gelat）。1926 年在塔尔比亚社区，霍利斯为他建造了最得意的住宅作品之一。同年，格拉特娶了一位黑色眼眸的可爱姑娘凯瑟琳，并被英国外交部任命为驻巴勒斯坦的匈牙利名誉领事。从他们在马米拉路的办公室，格拉特和哈吉的公司可提供所有种类的紧急服务。在另一本 1937—1938 年阿拉伯贸易、工业、工艺和商业目录上，我没有发现任何霍利斯的踪迹，这本目录上却将这个公司列为"所有等级和量规的碎石和尘土的供应商"和"建筑与道路修筑承包商"。与此同时，在另一次深夜网络检索中，我找到了格拉特本人在 20 世纪 20 年代的公文信件。

关于石材供应和美国耶路撒冷东方学校（如今被称为阿尔布莱特学院）建设的账单、信件和合同的一份电子档案，醒目地写着格拉特的名字。那些文件中形容他是一个"建筑与市政工程承包商、房地产代理人、过户代理人"，还有"格拉特和哈吉·穆罕默德碎石厂联名拥有者"，并且在某处，他那业已臃肿的信笺头仍进一步展开，为一张照片腾出空间。照片中是一辆如今有些过时，当时却是最先进的黑亮奢华的汽车，连同一串写着克莱斯勒汽车代理公司的字符。他们不仅修建道路，并且还销售驰骋在路上的汽车。

如果说霍利斯为哈吉·穆罕默德在雅法路建造的住宅，以某种有点儿便宜，甚至有些浮夸的方式，集合了能凑出一整本建筑图册的东方主义技法（这个建筑是为投资而建的，而非是为采石场老板而建）；那么位于塔尔比亚的格拉特住宅，从过去到现在都是同一建筑主题上的一种更精致的升级。这座住宅的特色，在于许多与穆罕默德住宅相似的外部元素——条纹相间的门窗镶边、齿状相合的拱形窗户、锯齿形的雉堞[1]，还有镶嵌在立面上明艳生动的马赛克——但是它具有穆罕默德住宅所缺乏的一种统一的、高雅、可控性以及装饰上的趣味，从那时到现在都是如此。与霍利斯为伊萨夫·纳夏西比建造的住宅颇为接近，尤其在建筑上，它的内部以一种与众不同的混杂方式，结合着某个典型叙利亚—巴勒斯坦都市大厦的平面，有一座洞窟一般的中央接待厅，即"里旺"；沿着走廊还有一种更"欧式"的房间布局。里旺是一种公共客厅，平时用于招待客人，而住宅内的其余部分仅仅是给主人一家和仆人们使用的。在房子的外部与室内，霍利斯用一系列精妙的技艺，煞费苦心地排布格拉特之宅，从内部灰色和黑色的卡拉拉大理石地面，饰有五颜六色图案的瓷砖和拱形木门，到外部嵌入式的圆形陶瓷雕饰——它们经过仔细且出人意料的设计，有着各种各样的形状和尺寸。这个房子一丝不苟的设计还包括刻成棱柱状的大写字母，还有几个显眼而且独特的钻石形状的石柱，它们搭建起屋顶阳台的框架。

不管我们是否了解斯派罗·霍利斯——需要强调的是，与那些他为之建造的人们充分的传记信息相比，遭遇这些关于他的相对匮乏的有用细节会令人迷惑——（我们）似乎可以下结论，尽管他没有根据种族或地区来区别待人，然而他只为那些站在社会和经济阶层顶部的

---

1 雉堞，也叫垛墙，古代城墙之上外侧用于瞭望和防御的矮墙，城墙内侧的矮墙称为女墙。

那些人设计建筑。作为商会的一名成员，后来又成为扶轮社（Rotary Club）[1] 的主席，并且还是政府的常客，以利亚·格拉特可说是耶路撒冷有钱有势的显贵之一，正如在他委托霍利斯建造住宅时，必定也表达了自己的想法。他只想为他的新娘和正在建立的家庭提供最好的一切。在搬入宅子不久后，他们接连地生了四个孩子——亚托万、葛罗瑞亚、薇薇安和诺尔玛，孩子们会去法国学校上学，有一名德国保姆，并且会有一个厨子、两个仆人和一个司机（开着那些今天看有些过时，却是当时最先进的亮黑烤漆的克莱斯勒豪车中的一辆）来服侍他们。据说凯瑟琳会在开罗和巴黎最高档商场买衣服，并且全家一起说英语和法语，还精通阿拉伯语、德语、意大利语和西班牙语；出于某些已经无法知道的理由，以利亚还会说匈牙利语。

语言和外交天赋似乎格外青睐这个家族——他们已在巴勒斯坦延

---

1 即"扶轮国际"（Rotary International）的前身，一个全球性的由商人和职业人员组织的慈善团体，在全球范围内推销经营管理理念，并进行一些人道主义援助项目。

续了许多个世纪，家族成员自称是十字军骑士的后代。以利亚·格拉特的父亲安托万·格拉特，由于在 19 世纪末担任耶路撒冷美国领事馆的第一位翻译官而出名，还担任着美国东方研究学校考古学家的顾问。（这才有了他儿子建造学校新建筑的最终委托，以及出现在 21 世纪网站上他那字体臃肿的信笺头。）美国的考古学家们赞扬了老格拉特的贡献，在"一战"期间，当土耳其当局忙于征用所有的境外财产时，（老格拉特）帮他们保护了许多财产，他还成功保存了许多"珍贵的金银财宝"，这些财物如今遍布在耶路撒冷的法国、意大利、俄罗斯教堂里，被当作"供奉的祭品而珍藏起来"。

由于他这方面的努力，还由于他与一个敌方势力代表们的友谊，安托万及其家族成员——包括以利亚，那时他已经二十好几，并且已然成为美国领事馆的第二翻译和员工，也是他父亲最得力的翻译助手——被流放并踏上一段横穿叙利亚和土耳其的艰苦路途，在途中他们饱尝苦难。流放过程中，病痛自始至终折磨着他们。以利亚被强征进一个非穆斯林工兵旅，而他的一个弟弟在战争结束前死于一种斑疹伤寒，最终他们悲痛地踏上归途。

说来奇怪，早上当我坐在位于中央犹太复国主义档案馆的阅读室里，等着他们把约姆－托夫·哈蒙的档案从储藏室搬过来，并相当闲适地查阅着电脑里的目录的时候，偶然发现了另一份档案，一份我未曾想过会出现在这里的档案。在这份用英文书写、长达 22 页的感人报告中——时间是 1919 年 3 月，题为《以利亚·T. 格拉特和他的家族在小亚细亚流放期间的经历，和此事的起因》，由老格拉特署名——他形容（他们）怎样"在那片陌生的土地上……寒冷的天气，气温零下 25 度……我们忍受着各种各样的孤独、不适、病痛和贫困，连带着健康和财富的惨重损失，并且，最重要的是，我们将永远为这个家庭的丧亲之痛而悲叹。"

以利亚·格拉特在聘请霍利斯为他和凯瑟琳在塔尔比亚建造豪宅时，大战已经过去了八年，离他父亲过世已有两年。尽管如此，我还是想知道小格拉特让他的家族安居在如此引人注目，几乎是宫殿规模的豪宅里的愿望，也许不是随性而为，还有可能是一种补偿心理——源于记忆中那些寒冷的天气，贫困的状态，那些流亡的岁月？

而斯派罗·霍利斯战争期间又身在何处呢？他是否在四处漂泊，是否遭受了苦难？他是否感到悲伤？不管他在哪里，其余那些人在战时（所经受）的贫穷、寒冷与流亡，显然在广泛意义上对他的住宅设计和建筑语汇产生了更深远重要的影响，正如它们塑造了今日耶路撒冷面貌的关键部分。

那些瓷砖——正是一种印记，最为清晰地表明格拉特住宅是霍利斯的作品之一，（它们）不仅是这个特别城市的象征，也是一个更广泛的世界性网络的象征……并且尽管那些杂乱镶嵌的骨白色和蓝色、红宝石和绿宝石的马赛克瓷片，如今已经沦为一些纪念品商店里常见的商品——但并不是一直如此。事实上，在斯派罗·霍利斯让它们成为他的标志之前——当他将它们镶嵌进位于谢赫·贾拉村的纳夏西比住宅和雅法路的哈吉·穆罕默德住宅的立面上时——似乎没有其他人曾想过将这种最豪华的土耳其元素，用在新旧相间的耶路撒冷城中杂乱的居家场合里。

然而，当我们在建筑外部，比如格拉特住宅的外立面上出现的闪闪发亮的马赛克中努力地寻找蛛丝马迹时，我们仍然难以找到斯派罗·霍利斯褪去的指纹。为了理解这些马赛克瓷砖是如何出现在这个阿拉伯天主教家庭优美住宅的外墙上 —— 并且最终出现在 21 世纪耶路撒冷众多犹太居民家里的门柱上 —— 关键在于理解这个如今几乎被遗忘的希腊建筑师，是如何从一位远道而来的亚美尼亚流亡陶艺家那里汲取灵感的。 为了修补耶路撒冷整座城市里最为标志性的建筑，也是各地穆斯林眼中十分神圣的建筑物的立面，一群精于品鉴的英国官员从遥远国度将这位陶艺家带到此地。

在无数城市中的这座城市，在无数夏天中的这个夏天 —— 在第一次世界大战爆发百年之后，在另一场规模不大却破坏严重的战争中 —— 继续连点成线对我而言至关重要。 换言之，我要理解事物之间的因果关联。

褫夺

    1917、1918 年之交，英国托管巴勒斯坦后的第一个冬天，空气极度潮湿，风雨交加，而且正如自以为是却又颇有先见的耶路撒冷军事总督罗纳德·斯托斯所说的那样，这些极端环境"对于圆顶清真寺——这件颜色、韵律和几何结构上的顶峰之作——被风雨吹得摇摇欲坠的西北外墙发出了可悲的影响"。这个坐落在"哈拉姆·谢里夫"[1]的最高点——神堂或圣殿山——并且在世人心目中是耶路撒冷代名词的 7 世纪重要伊斯兰历史建筑表面的光亮瓷砖，"正在不断从墙体上剥落"，并竟然在这个城市的市场中出售。正因为如此，政府官员首要并且当务之急之一，便是采取紧急行动来保护这个最壮观的建筑——它是现存的最古老的穆斯林礼拜堂，建筑在所谓的"基石"上，后者是一座被神秘感洞穿的巨型岩石，上面涂抹着历史与神话的浓稠药剂。

    在熟悉《塔木德》(*Talmūdh*)[2]的拉比看来，这块巨岩是创世纪的

---

1 阿拉伯语意为"最尊贵的圣地"，圆顶清真寺所在地，是一整块巨大的岩石基座。

2 犹太教最重要的典籍之一，是公元 2—5 世纪犹太教律法条例、传统习俗、祭祀礼仪的论著和注疏的汇集。

圣地；他们认为它封印了来自地狱深渊的洪水。据说，亚当的坟冢也坐落在这附近。某些早期穆斯林传统仍然认为，真主在创造了宇宙之后，正是踩着巨岩登上天堂，并留下了一个足印。犹太教和天主教的信徒也将这块沉重的巨岩看作亚伯拉罕献祭以撒却被赦免之地；虔诚的穆斯林还相信，在穆罕默德夜行登霄的过程中，在他从麦加"圣寺"涉险夜行到阿克萨的"远寺"，在这里骑着千里马布拉克飞升天堂。

几千年来，多个神圣的建筑正是在此地或近处拔地而起，然后又化为齑粉：包括在这片圣地上的两座犹太神殿，据传说，所罗门王的绝代奢华的宫殿和神秘的水晶池、宝石镶嵌的金色宝座也难逃此命运。后来，哈德良在此建立了一座罗马神庙，配有朱庇特神像和皇帝本人的骑马塑像。到7世纪初，第五位倭玛亚哈里发阿卜杜勒·麦利克开始营建圆顶清真寺的前几年（约在692年），这条大道上还散落着柱子、柱头和楣饰，并无任何特别的宗教、社会功能。据一位现代专家所说，这块神圣的区域"那时是一处混乱的地方，四处堆积的建筑碎片来自全城各处，或许是其他往日辉煌、现已无存的建筑物的废墟"。圆顶清真寺建成后，本身就成为一盘最令人叹为观止的大杂烩 —— 显然是由两名本地穆斯林监督下工作的外国工匠的手笔，似乎是根据拜占庭式的设计图，用波斯人占领期间从拆除的教堂扒下的材料建起来的。

这就是说，这块并不大而蕴藏生机的区域，就像整个耶路撒冷一样，总是与纪念性的建筑和毁灭性的浩劫紧密相连。一位不知名的英国官员高度关注了这一事实，他在 1918 年 3 月从埃及指挥部发给伦敦的陆军部一封秘密急件中警告当局圆顶清真寺的糟糕状况，而这座圆顶建筑当时被英国人误认为欧麦尔清真寺（Mosque of Omar）。虽然后者也坐落在阿克萨清真寺（重要的穆斯林朝圣遗址）旁边，但穹顶本身并不是清真寺，它与历史上的穆斯林征服者哈里发欧麦尔毫无关系。无论人们怎么叫它，这座建筑都严重需要修理，"如果再拖延，可能会有更多危险"。至于危险是物理上还是政治上的，他没有明说。

就像自我满足和虚华的英国中心主义者斯托斯总督在随英国人来到巴勒斯坦的暴风雨天气里开始讲述他穷极朽败的故事一样，所有的手表都在此刻停止，日历翻回到 1917 年艾伦比将军下马步行穿过雅法门的那一天。英国外交部终身成员、36 岁的斯托斯被他的朋友兼同僚 T.E. 劳伦斯夸张地评价为"近东最杰出的英国人"；如果没有发生别的事情，斯托斯肯定想扮演这一角色，而且为鉴赏者的身份而自豪。他自称"对往日世界的物质呈现感兴趣"，因此他从年轻时就开始搞收藏 —— 拜占庭神像、波斯地毯和一些雕像。但是斯托斯的艺术情怀，远远超越了他对积攒东方小玩意儿的兴致。他鼓励那些举步维艰的雕塑家和画家（他将是大卫·邦伯格在耶路撒冷时期最热心的主顾之一），他广泛阅读，撰写歌剧评论，会说好几种语言，并炫耀学会的其他语言的知识。当被国家委派来、委派去时，他深入到所在各个城市的文化生活中，举办定期展览、聚会，策划"音乐剧"。他以谈话技巧和绅士派头而远近闻名，一位耶路撒冷的熟人将他描述为"此地最有趣的演说家……尤其是你不在乎他说什么的时候。"

自 1917 年底抵达耶路撒冷以来，斯托斯将城市物质层面的保护当作自己的面子工程，并承诺通过维持审美、礼仪和政治上的现状来保护这座城市。毫无疑问，这位总督对如何定义"现状"有着很大选择权。身为一位贵族、牛津－剑桥东方学家和虔诚的基督徒，斯托斯对改变城市景观以符合心目中耶路撒冷模样这件事没有丝毫顾虑。根据斯托斯的纯粹主义和不容置喙的赞助人眼光，耶路撒冷的核心价值在于它古朴典雅、风景如画的旧城——或者，只是那座在他心目中是如此的旧城。正如他后来哀叹的"前半个世纪不加限制的宗教盘剥，顺着北侧和西侧的旧城墙建起了巨大骇人的修道院，已经遮蔽了城墙，或使它们丧失了原来的尺度"。

既然奥斯曼人已经逃离，英国人接管了受战争涂炭的城市，并恢复了正常的生活，斯托斯明白立刻推倒一切再"大规模建设"的强硬手段，似乎会迅速地赢得民心。这是他阻止这种行为，并阻止别人将他轻率地比作"亚里士多德的施仁政的独裁者"的绝佳机会。他夸下海口："我的话就是法律。"——随后发布了几篇大有影响的声明，包括一篇以法律修辞掩饰的禁止在旧城内使用灰泥和波纹铁的声明，在后来影响深远。根据斯托斯的说法，这些都是"不被允许的建材"，这些禁令随后逐渐演变成一系列法令，规定无论旧城、新城，在耶路撒冷全境使用任何石头以外的建材都属于违法。

尽管市政建设的边界已经扩大到无法辨识的范围，尽管建筑规范多年来一直反反复复地改变，从早期规定的坚固的承重块到贴在混凝土表面越来越薄的石头覆面 —— 斯托斯的基本想法至今依然影响着人们。而且，在某些方面，比百年来任何单一的法律或建筑规范对塑造现代耶路撒冷样貌所起的作用都要大。无论世人如何看待这位总督的傲慢、彻头彻尾的独裁和对建材的原教旨主义般的态度，我们都可以 —— 我也已经这么做了 —— 望向 21 世纪拥挤的耶路撒冷，默默感谢这位胸有抱负的统治者。斯托斯早已预见，这座最难对付的城市，非常需要统一感和视觉上的连贯性。他之后的耶路撒冷，会冒出很多越发混乱的工地，但假如没有总督的远见，在距今很遥远的托管时期的最初几个月就采取了非常手段，这座城市很可能早就被一片混乱的工地所吞没。

颁布禁止用灰泥和锡箔的法令要求斯托斯具有超凡的直觉。当时有一种更广泛的共识是，圆顶清真寺的状况很糟糕。在一些机密信件中，英国外交部内部就如何处理这种情况争论起来，比如英国天主教外交官、旅行家兼保守党议员马克·赛克斯（Mark Sykes）警告说，修复圆顶清真寺和穹顶，是一项"危险的事务"，最重要的是"任何欧洲雇员都应由清真寺来雇用，我们不该承担任何责任"。（1916 年备受争议的《赛克斯－皮科特协定》提出划分原奥斯曼帝国的土地，并分配给英国和法国来控制，作为协定的发起者之一，赛克斯对中东多岩石地貌的危险性多少有所了解。）首相贝尔福爵士强势介入了哈拉姆圣地的抢修问题，同意"应该竭尽全力去调和隐含的穆斯林敏感问题"。斯托斯这边，他经过努力游说把在开罗时的室友 —— 建筑师欧内斯特·T. 里士满拉进了修复工作。

里士满日后成为巴勒斯坦的文物部主管，曾与哈里森礼貌地争论考古博物馆塔的高度，他是著名肖像画家威廉·布莱克·里士满的儿子。正如父亲的中间名"布莱克"代表的含义，一种对耶路撒冷的非常英国式的看法在里士满的血脉中涌动，他的视觉天分同样源自血脉。威廉是艺术家乔治·里士满的孙子，也是细密画[1]画家托马斯·里士满的曾孙——托马斯在那位痴迷耶路撒冷的好友威廉·布莱克（William Blake）[2]去世时帮他合上了眼睛。在第一次世界大战前，欧内斯特在埃及度过了 16 年，担任英国军方和政府的建筑师，沉浸在伊斯兰建筑的历史实践和阿拉伯语中。由于这种经历，现在他认为耶路撒冷"迫切需要"他的服务。一旦穆夫提准许了"英国专家的贷款"后，他被命令前往巴勒斯坦，"必须穿制服"，并被要求评估圆顶清真寺现状，因为他提出了一项"长期必要的保护工作"计划。

里士满瘸着一条腿，有一双冰蓝色的眼睛。人们形容他的眼睛具有"穿透而火热"的质感，这种目光"让人感到有点不舒服，当他把目光固定在你身上时，你永远不能确定他是否在友善地打量你"。他去世后的许多年里，一个侄女回忆到他"相当苦相的嘴巴有轻微的扭曲，这不知怎么的，与他青年时期就患上的腿部僵直不无相称。她还指出，他身上具有"收放自如的极大魅力"和"残忍的性格"，并承认"尽管我非常喜欢和赞赏他——也许是因为他的关注让我受宠若惊——很高兴作为他的侄女，而不是他的妻子或女儿"。

里士满在战争期间被迫关闭了在伦敦的建筑事务所，此时正在护理各种伤员。据他自己所说，他行动不方便，不适合上战场。但讽刺的是，他正是在军需部的阵地战分部工作，供应手榴弹时，受到了严重的

---

1 细密画（miniature），是波斯艺术的重要门类，一种精细刻画的小型绘画。主要用作书籍的插图和封面、扉页徽章、盒子、镜框等物件上和宝石、象牙首饰上的装饰图案。

2 英国第一位浪漫主义诗人、版画家，英国文学史上最伟大的诗人之一，虔诚的基督教徒。主要诗作有诗集《纯真之歌》《经验之歌》等。他曾写下众多关于耶路撒冷的诗篇。

伤害。当他为一名访问官员展示这些装备时，发生了爆炸，造成他的左手永久残废，而且经常疼痛。（据另一位熟人回忆说："他瘦得像把刀似的，总是在生病……有着枯美的面容和紧张的手指。"）耶路撒冷对他来说是一次新的开始，1918 年初到达那里时，他又一次和另一名英国人一道搬进了斯托斯在先知街上租的一个旧牧师住宅里，而那名英国人曾经住在一座带有蜿蜒拱廊的房子里。

接下来，里士满仔细评估了穹顶的现状，并打算写下一份报告，他坚持认为（与室友罗纳德·斯托斯看法一致）穹顶正在逐渐恶化："在超过 1200 年里，"他写道，"这座建筑已经遭受了冬季风暴、夏季烈日、地震、火灾和'纪念品'收集者的破坏性损害。它做过很多次修复，但是间隔分明；在这些间隔的岁月里几乎没人做任何事情，因为工人都已经离开了。"那些"工人"是指外国工匠，几个世纪以来随着翻新穹顶的材料一起引进的波斯人和亚美尼亚人。这个过程可能从 15 世纪就开始了，苏莱曼大帝完成了这座建筑的完整而华丽的修复，他还带来了土耳其的陶匠专家，他们用精美的绿松石、绿、白、黄、黑和蓝五色的瓷砖，拼凑成迷人的动态几何图案和《古兰经》铭文，就这样重新铺设了瓷砖覆盖的外墙表面。

里士满正在研究中世纪早期结构的码头、鼓和"有趣的烧制釉面黏土的雨水滴嘴"，他后来搬到了圣殿山上一间狭小的办公室里，被那位风雅的英国室友邀请到耶路撒冷，斯托斯请后者写了一份官方报告，内容关于一个似乎并不可信的"与新市政规划有关系的圣城艺术，工艺和工业"的话题。由于多年前在英国求学，斯托斯曾经听过建筑师、设计师和"工艺美术运动"的热情支持者查尔斯·R. 阿什比的演讲，并留下了深刻印象。而看来他正打算雇用这位年轻能干的威廉·莫里斯

的门徒，把他带到他所有艺术成就的展廊中。 即使在总督挣扎于严重的粮食短缺、疯狂的失业率、斑疹伤寒和脑膜炎疫情的威胁中时，如他所说，他正在"尽力遏制着两种传染病和 20 个互不和谐的教派"，他也渴望听到阿什比对一切的看法，关于耶路撒冷家具制造和砖石业，关于景观园艺、木材车削、烫金、印刷工艺的状态。 他似乎也希望让英格兰最受赞誉的工匠之一来帮他策划一种能让这座坐落于世界之轴（Axis mundi）[1] 上的伟大纪念碑恢复往日荣耀的方法。 一座刚刚翻新的圆顶清真寺，将是帝国的 —— 和罗纳德·斯托斯的 —— 收藏品的绝佳补充。

---

1 世界之轴，在某些信仰和宗教中被认为是世界的中心，天堂和地狱的连接处。

伟大之城

所有在耶路撒冷复杂和矛盾的个性中留下了自身的复杂与矛盾的无数人物中，似乎最不可能包括查尔斯·R.阿什比。他有一半犹太血统，身兼英国圣公会教徒、双性恋、已婚者、社会主义者、保护主义者、浪漫主义者、反叛者、自卫者等多重身份，还自诩为"真实的唯心主义者"，他根本没想过来到耶路撒冷或中东。事实上，他并没有真正考虑过这个地方，他曾在英国快乐地过着自己的生活，如他所言，"是大战让我们的艺术家风雨漂泊"。1916年，他像里士满一样被迫关掉了伦敦的建筑事务所。这个痛苦的举动紧随着一次更大的痛苦。1907年，一家他投入了他前半生心血的企业（一次创意产业的激进冒险，名为"工艺品协会"的公司），进行了破产清算。

在公司倒闭之前，对于阿什比而言，该公司一直是他对艺术和社会抱有的崇高观念的具体实现，总体上也挺快乐，这些理念在他在剑桥大学求学以来就一直吸引着他。这个基于工作坊的工艺团体维持了近二十年，已经生产了无数工艺品，部分是阿什比亲手设计的。从镶嵌的乌木和冬青木写字台，到精美的半圆形钢琴，以及用已故的老师威廉·莫里斯的凯尔斯科特出版社留下的设备印刷的牛皮纸精装书。

但是，对于阿什比而言，比任何美丽的工艺品更重要的是，协会带来了紧密合作的工匠们的友情，他们的作品中仿佛带着一种共同的自豪和喜悦。这也是他最宝贵的信念的一种体现，即"启发人们想象的东西，必须是真实的"。这不是一套讲究的、形而上的、为艺术而艺术的概念，阿什比痛骂将协会看作"奢侈品托儿所，为富人生产纯粹的琐碎奢侈品的温室"的言论；相反，他怀着一种对世界的动人憧憬，工人阶级可以参加有意义的劳动，而能工巧匠的作品，不但可以传达技术工艺，还能传达每个人的独特之处，还有与他人联系的纽带。他写道："人必须将他自己的烙印放在材料上，要在作品上留下记号。"而且，必须通过自己的双手自在地制造。根据他的说法，协会所体现的"工艺美术运动"，"通过与生活现实的接触，呈现了最伟大时刻的伦理意义"。

虽然工艺协会大实验已经化为泡影，但阿什比仍是一个不折不扣的乌托邦主义者，因此他转向了一个新的领域——城市规划，并坚信"通过城市来关注文明"的时代已经来临。这段时间里，他在伦敦郊区设计了一座大型庄园，更雄心勃勃的是，为了重新设计拥挤、贫困的都柏林市中心，他在一次高水平的国际比赛（由他的偶像帕特里克·盖迪斯主办）上提交了72页的详细计划。

尽管一直号称"关注文明"，但在这段日子里他似乎已经失去了自己的目标。除此之外，他所设计的庄园，是一座基于大型文艺复兴时期模型的向心排列的花园社区，这项设计并没有受到重视，"一个从没听说过的乡下人"赢得了比赛。即使盖迪斯说阿什比的计划体现出了"非比寻常的潜能"，而且他个人最喜欢，但最终还是被拒绝了，因为其他评审们认为他的计划具有更多社会学价值而非空间价值。当战争到来时，阿什比萌生了一种复杂的飘离感。有时这种飘离感会让位于绝望感："我今早是哭着醒来的，"1914 年 8 月，他向杂志社汇报，"我们所做的所有工作，过去 25 年来一直希望的……就要因为评审团而付诸东流了。"不久后，他在信中对一位友人说，这些艺术和工艺的工作，"实际上已经不管用了"。

作为一种抵抗这场危机的手段——或者说是在失去协会和他的建筑事业的情况下让自己忙碌起来的方式——他回复了《时代文学补编》上的一则招聘广告，去开罗的英语教师培训学院工作；学院此时已经在征募年轻兵役了，跟阿什比一样过了征兵年纪的人，都想抓紧这次机会。他时年 53 岁，身材瘦长，相貌并不显老。他将妻子珍妮特和三个女儿留在大雪围困、四处漏风的坎普登住所里，在 1917 年 2 月向着亚历山大港航行，第一次遭遇东方，遭遇截然不同的城镇，他马上就被震撼了。开罗的贫民窟尤其令他激动，特别是，他在那里发现了真实的中世纪风格的工艺品协会和传统工艺品。

在给珍妮特的信中，"持续的阳光和暴晒"被阿什比风趣地比作"治疗疟疾的奎宁或者补药"，此外，阿什比继续积聚他所谓"新公民"的想法，并着手编写一本名叫《伟大之城在何处》（ *Where the Great City Stands* ）的书，灵感来自沃尔特·惠特曼那首庆典般的《斧头之歌》[1] 中的一句。这本书将作为他写给这座城市的一首诗，其核心是将大都会视为一个统一的和充满活力的民主空间，在那里"美与历史是共同的遗产"，它们"既非国籍，也非宗教……是我们打动同胞的地方"，

---

1 《斧头之歌》美国著名诗人惠特曼的作品，旨在赞颂蓬勃发展的美国，赞美普通劳动者的伟大人格和创业精神。

每个公民都愿意参与超越个人的事业，"虽然个人也在创造，"阿什比说，"但这是因为社区持续和开放的生活，让每个人都能各就其位。"

与此同时，在阿什比找到自己位置的这座真实的城市里，英国和埃及当局以一种几乎无声的警惕来看待他的存在。阿什比在他的埃及学生那里找到乐趣，他跟他们一起排演莎士比亚剧，常在尼罗河岸边野餐，而这种乐趣似乎特别让当局头痛。事实上，在到达开罗的一个月内，英国军情五处（MI-5）向埃及内政部公安局长发出一份秘密备忘录，警告他们阿什比就在这里。据报道，早年在格洛斯特郡时，当地警方就认为阿什比是"一个狂想者，一个不正常的家伙，他的邻居怀疑他是极端左翼分子"。因此"最好不要放任他在埃及学生里活动"。

当斯托斯总督要求阿什比来耶路撒冷的时候，军情五处很高兴看到他走了，而斯托斯渴望找来他。威廉·麦克莱恩（William McLean），亚历山大港工程师与喀土穆[1] 城市规划师，被斯托斯邀请为耶路撒冷的发展提供初步计划，他阅读并赞赏了《伟大城市在何处》，自然也将这本书及其作者推荐给了斯托斯，后者也回忆起了自己少年时听过的那些鼓舞人心的演讲。斯托斯写信告知阿什比，会为他提供开销和口粮；他应该马上提醒自己所在的部门，并且"准备随时开工"。

阿什比略带含糊地宣布了这个安排，他说"一切都非常浪漫、美好而令人振奋"，而珍妮特则非常惊喜："你所有的郁闷都因为要去耶路撒冷而烟消云散了，"她一看到他的新闻就立刻写信，"与其在绿色宜人的英国把欧麦尔和布莱克结合在一起，在更接近心中渴望的土地上重建

---

1 喀土穆，苏丹共和国首都。

你的从容会更好些……听起来就像是'建筑之神'为你专门创设了一份前无古人的工作。"

　　同时，邀请这样一位根深蒂固的反传统人士来充任这个官方职位，对于罗纳德·斯托斯来说也是大胆的尝试。阿什比与总督进行了一次详谈，斯托斯叮嘱道："我已经打点好了一切，你也来了，但我遇到了一个最大的困难——这有三位将军害怕你，你要跟我保证，不要再说'社会主义''民族主义''专制主义'还有其他什么主义了——但是，要紧扣要点！"

　　"我保证。"

皮与骨

    无论是哪一个冬天对石质穹顶造成了破坏，到 1918 年夏，当里士满和阿什比在位于哈拉姆巨岩北端的一个小圆顶房间上开设办公室时，往日宏伟的建筑物已经处在极度损毁的状况了。

    在近百页关于耶路撒冷艺术和工艺品的详细报告里关于"黏土、陶器、玻璃和马赛克"一节中，阿什比描述道："铺瓷砖的那部分……已经变成了灰色的水泥块，原本的样式和颜色已经不见了。"而在描述建筑状况的时候，里士满写道："由于潮湿，野生植物的根已经能在瓷砖之间生长了。"穹顶因为曾经镀过金而著称，而现在覆盖着沉闷的铅；千百年来，被里士满称为"鸟屎"的东西，在窗沿表面形成硬壳，在雨季泡在水里，腐蚀着砖底，恶心至极。他大胆地推测，建筑物的结构虽然坚固，但它的表面 —— 穹顶的外壳和瓷砖 —— 正在快速腐朽。他像一位建筑医生，对其进行了全面身体检查，发现了病人的病灶。"建筑物的骨头是健全的，然而，它的皮肤需要大幅度的更新和修理。这应该立即开始，"他敦促道，"每一次延误都将增加它的破败程度和速度。"

    阿什比将他和里士满的工作形容为"彼此交织"，但在焦灼的夏日里，当他们共处这间办公室，用阿什比的话说，当他们"策划我们的报告方案，并讨论行政细节还有这个国家的未来"时，情况却发生了改变。

里士满和阿什比也常常一起进入现场。在里士满对穹顶的调查中，这个"现场"恰好越出了他们在圣地的小房间的窗户视线范围之外。当他们探索圣地附近宽广、多石的延伸区域，探索此地许多马穆鲁克和奥斯曼时代的圣祠、学校和沐浴喷泉时，突然发现了一处被称为"纳杰拉"或"木工店"的小建筑，里士满认为它是"12世纪法兰克人的杰作"。它里面保存着维修屋顶所需的铅，还有似乎是穹顶上最早的月牙尖顶部件。纳杰拉就在"所罗门的马厩"上方，按里士满粗略地估计，里面保存了无数数量与质量各异的瓷砖，还有——令阿什比最为兴奋的——可能是一套古老窑炉，明显是以前在穹顶工作的陶工用过的。显然，这套窑炉是能用的，因为他们发现了一些碎片和"烧制中被烤坏"的瓷砖，还发现了烧好的完整瓷砖。

将自己的治理与苏莱曼大帝，甚至是所罗门王的统治联系在一起时，他们的老板斯托斯开始将这些动听地形容为"最初的窑炉，清真寺的瓷砖曾在里面红彤彤地燃烧"——不过更可能的是，窑炉的时间似乎只能追溯到1874年最后一次穹顶修复期间。对于阿什比而言，历史上的繁文缛节根本无关紧要，窑炉存在，是一件明确的吸引人的事实——耶路撒冷有一个瓷砖工艺的先例可供参考了。他想本着他所说的"我们的穹顶"的精神，尽其所能地复活这种先例。对他而言，"我们的穹顶"是"那座伟大的、异教徒修建的、富于想象力的东方建筑"，代表着耶路撒冷本身。他认为，对于基督徒、穆斯林和犹太人，这是"将他们团结在一起的象征"，虽然它"改变和超越"了任何单一的建筑传统。

　　他坚持说，"在它之上没有任何犹太的特征。它既不是基督教堂，也不是穆斯林建筑，因为在 7 世纪，希腊工人是通过炉火纯青的技术、用一个破碎文明的材料建成了这座建筑"。虔诚的穆斯林、有学问的艺术史专家们毫无疑问地强烈抨击了这种观点，而性格更谨慎、虔诚的里士满也一样如此。即将成为天主教皈依者和伊斯兰建筑专家的他，认为穹顶是"一种鲜活的信仰的生动象征，凭借它蕴含的信仰的力量，经历万般磨难后依然存活了下来"。

　　即使有点格格不入，在政治上很顽固的阿什比也真诚地相信——如果不是在《圣经》里，那么就是更普遍的、对于审美的信仰造就了这座岩石穹顶。他写道："建筑代表着一种宁静的绵延，代表了知晓美不会凋零的创造艺术家心中永远的乐观主义。"他热切地借用了里士满的皮肤病学词汇，"结构，是一条永远在蜕皮的蛇……每过十年左右皮肤就会彻底变化。为了维持我们的穹顶的生命力，你必须保证它那光芒四射的蓝、绿、白、金色的皮肤；除非你有整个学校的工匠一直在保护和研究它，否则根本难以延续它的生命。"

　　换句话说，如果不信仰上帝、耶稣或真主，阿什比崇拜的就是艺术和工艺之神。虽然他对穹顶非常敬畏，对他而言，圣地上最神圣的建筑或许仅仅是法兰克人制造的、放着填满灰烬的旧窑炉的简陋纳杰拉，他渴望着，再一次用黏土和熊熊的火焰填满那座窑炉。

土耳其房间和亚美尼亚瓷砖

建一所房子需要多少人？建一个社区，建一座城市呢？一个城市的故事里包含着多少角色？

追逐着斯派罗·霍利斯的幽灵，我不断被不同的灵魂所牵扯——所有这些占据了他自传的中心，或者要紧地填补了他的生平或建筑作品的其他人，他们缔造了这座城市本身的建筑物，写下了新耶路撒冷的传记。当我深入到日记和信件，深入到这些"人物"的照片和草图时，在几乎所有情况下，我对他们的了解都比我对霍利斯的了解要多得多，无关的细节却都活灵活现（我可以但不会去写这些琐事，例如阿什比有复杂的私生活，里士满的法西斯主义潜滋暗长），我开始怀疑，这种搜寻是否偏离轨道，它无法引导我进入霍利斯的内心世界——就像大多数传记事业一样——关于他和他的踪迹的搜寻，只是不断地把我向外推，再向外推……

我被推向了其他省份……来到了亚美尼亚的小镇屈塔希亚(Kütahya)[1]。第一次世界大战前，年轻的塔维·欧迪安（Tavit Ohannessian）是镇

---

1 土耳其西北部城市，屈塔希亚省的省会。

里的主要陶瓷车间的老板和经理之一。他是农村人，他的游方染匠的家族曾经很富裕，但后来因为酗酒而走了下坡路。他是地方学校里最好的学生，很小的时候就已经精通法语。但从那时起，他就一直不安、好奇着，仿佛觉得自己生来就注定要干出一番大事业。14 岁时为了养家辍学之后，他来到了伊兹密尔 [1] 和君士坦丁堡，最后还是在屈塔希亚工匠手下当学徒。从屈塔希亚到君士坦丁堡的主要邮局，还有那座苏丹修建的圆顶清真寺，他沉浸在大都市那些著名的工艺中，与几名亚美尼亚人和一个土耳其人合作，合伙买下了他工作过的工作室。他很快就成为一名出色的陶匠，一个富有进取心和想象力的人，据说，他能"用石头画出一个面包"。欧迪安与奥斯曼帝国政府有着很好的联系，并执行了各种重要委任——从在屈塔希亚省城的立面，到君士坦丁堡的主要邮局和苏丹陵墓，到科尼亚（Konya）[2] 的梅乌拉纳清真寺的圆顶（土耳其回旋舞的故乡），再到开罗的罗达岛上穆罕默德·阿里王子奢华的玛尼奥宫殿大门和清真寺。

这些令人印象深刻的尊贵委任经历，毫无疑问使他受到斯莱德米亚的第六准男爵的青睐，他和准男爵 1911 年某天在屈塔希亚会有一次命中注定的相遇。这位准男爵不是别人，正是那位马克·赛克斯，他后来划定了现代中东的边界，并正告外交部耶路撒冷清真寺修缮中的政治事宜。作为狂热的冒险家和殖民地的使者，赛克斯在整个中东四处游览，那一年，他家族一座宏伟的约克郡庄园遭了火灾，只剩下四堵覆满灰烬的墙壁，仅做了一次简单的修整，几个月后，他又踏上一系列的

---

1 土耳其西部爱琴海沿岸地区。

2 土耳其城市，安纳托利亚高原中南部农业区的主要中心，科尼亚省的省会。

土耳其之旅。 马克爵士希望以他挑剔的品位，重造一座家庭牧师住宅，他在这次旅行中发现了令他印象深刻的屈塔希亚瓷砖厂。 虽然他嘲笑这个城镇周围只能看到"泥土和废墟，破败、枯萎的干枯历史遗迹"。但他不可遏止地对当地陶器产生了兴趣，并立即画了一份草图，是他想象中的他齐本德尔式[1]的、乔治王时代风格的豪宅劫后重生版中的一间"土耳其室"。 他想要的正是君士坦丁堡的耶尼清真寺里苏丹母亲房间的复制品，它与地下室中的一组复杂的浴缸和淋浴间相连接。 他想将它作为非常英式的"土耳其浴"后的"干身室"。

欧迪安和奥斯曼帝国所有的尊贵关系和他外露的才华，给赛克斯留下了深刻的印象，随后，欧迪安意识到，赛克斯对当地陶瓷的兴趣也意味着打开了一个外国高端定制的窗口，两人就"土耳其房间"需要 2600 块瓷砖这一问题达成了协议。 当几年后赛克斯再次来到屈塔希亚时，雄心勃勃的亚美尼亚陶工甚至邀请这位贵族范儿的英国人回家吃饭，并面见他的家人，并向他显示了斯莱德米尔委托的各种试验颜色。两人都是难以对付的挑剔者，虽然他们争论了一些细节，但是，源于两人共同的想象力，也基于陶瓷家现实的工作坊，房间开始成形了。

赛克斯很快就会拥有他梦寐以求的豪华土耳其浴室。 与此同时，欧迪安的梦想变成了噩梦，因为在穿越屈塔希亚省的途中，运送亚美尼亚流亡者的车队被迫穿过叙利亚的沙漠，向着代尔祖尔（Der Zor）的屠杀场[2]方向前进。 在运送流亡者的早期，屈塔希亚的穆斯林总督仍然

---

1 齐本德尔（Chippendale），18 世纪英国流行的一种设计风格，其桌椅的风格来自中国清代广式家具的影响。

2 这里指 1915—1917 年的亚美尼亚大屠杀，土耳其人对其辖境内亚美尼亚人基督徒进行的种族大屠杀，受害者多达 150 万。

很同情他治下的亚美尼亚人，但是没多久，他们的幸运之火就熄灭了。欧迪安一家很快就会发现，自己将和成千上万的同胞们一起向着沙漠疲惫地行进，他们眼前很有可能是死路一条。

疲惫、口渴加上恐惧，这家人在旅途中曾有过一匹骡子和一辆车，这已经够走运的了。塔维的妻子维多利亚在裙子的下摆偷偷缝进了几个金币，这样她就能贿赂守卫大篷车的宪兵。她还会把小扁豆、大米和其他材料做成口袋面包，并设法在沿路采了些野菜。换句话说，她尽力让家人不被饿死，但情况依然非常严峻。某段时间，欧迪安因为斑疹伤寒而神志不清，他们不知怎么（这段细节很少）在阿勒颇（Aleppo）[1]附近跟车队走散了。他们在那里租了个房间，发现自己被一种难以言喻的悲伤和恐怖所包围，与战时流亡的格拉特一家没什么区别。虽然众人逃离了沙漠里的死亡营地，但死神已在城市的街道上扎营。难民正由于暴晒和粮荒而纷纷倒下，饿殍遍野。

简而言之，塔维·欧迪安距离他在屈塔希亚用浅色的黏土、亮色的油漆和石英釉料获得充实的日子不能再遥远了。他从斑疹伤寒中恢复过来，一下子与自己的事业断了联系。他首先在阿勒颇的露天市场上转悠，售卖维多利亚烤制的放了干杏仁的口袋面包。后来他在火车站找到了工作。不管怎么说一家人安顿了下来（不知怎的，这段细节也很模糊）——当英国军队在1918年秋天进入阿勒颇的时候，前屈塔希亚的大陶工与他的老顾客兼朋友、外交官赛克斯再次聚首，而因为这次重聚，耶路撒冷的面貌发生了微妙的变化。

---

1 叙利亚第一大城市，阿勒颇省的省会，位于叙利亚北部与土耳其交界附近。

烧制

　　像往常一样，罗纳德·斯托斯表现出令人畏惧的官威，并且把功劳都抢走了——尽管如此，他也常常想办法做些好事。他在回忆录中说，在圣殿山的窑炉被发现后，"我记得马克·赛克斯的亚美尼亚人大卫·欧迪安，他在斯莱德米尔建造了波斯浴室，马克从大马士革召唤了他，加上从屈塔希亚找的另一名专家，他们报告了用古代窑炉重新设计、绘画、上光和包覆新瓷砖的可能性。"

　　如果不是故意混淆，他这里的虚假陈述是如此纷繁复杂，以至于斯托斯的回忆像是一个幻想。这位富有成就的欧迪安（此后在英语圈里被叫作"大卫"），当然不是马克·赛克斯爵士的私人财产；他细心周到地为斯莱德米尔别墅设计改进的苏丹等级的新式房间，绝不仅仅是一间浴室（也不是什么波斯式的）；斯托斯是"邀请"欧迪安来耶路撒冷的，而不是"召唤"一个低级人员来进见。欧迪安一直住在阿勒颇，而不是大马士革，而且窑炉也不是"古代"的东西。

　　但是传说依然言词凿凿。在阿勒颇与欧迪安团聚的几个月里，39岁的赛克斯因大流感而去世，所以也没有机会验证斯托斯的话是否真实了。里士满后来回忆说，"正是在赛克斯的建议下，他（欧迪安）来到耶路撒冷，开始了陶瓷事业，希望能够最终生产质量上佳的釉面瓷砖，保证可以用在岩石穹顶的瓷面装饰上。"在 1920 年的一份演讲稿中，斯托斯甚至承认了"在我的朋友、已故的马克·赛克斯的帮助下"，他把欧迪安带到了这座城市——当然后来又把这句话删掉了。

不管怎样，欧迪安和他的家人很快就被安置在大杂院的一个房间里，或者说，是旧城区内的一座微型瓮城，一处亚美尼亚社区中心的封闭式修道院建筑群。虽然塔维不是一个积极的基督徒（事实上，家族内传说他可能是个秘密的苏菲派），而维多利亚却是相当虔诚的。回忆起这座拥有九百年历史的圣詹姆斯教堂附带的干净整齐的院落，他们一定惊奇地感到宾至如归，这座教堂的墙壁上覆盖着世界上复杂多样的18 世纪屈塔希亚瓷砖，天花板上挂满了精美的蛋形装饰，展示柜里塞满了亚美尼亚朝圣者带到耶路撒冷的陶瓷祭品。耶路撒冷不单是庇护他们此前苦难的天堂，塔维·欧迪安再一次将自己奉献给将灰泥、油漆转化为色彩光线的闪烁平面的炼金术，鬼使神差地，耶路撒冷是发生这类事情的最自然不过的地方——这里与那个失落的世界中所有的陶瓷图案近在咫尺。

但是，在炼金术大功告成之前，他跟阿什比和里士满准备去看看圣山上的窑炉是否好用，他们做了很多艰苦的工作。阿什比被任命为耶路撒冷的第一位市政顾问，正忙着在全城修建公园，拆除旧城的堡垒，为修一条充满戏剧性的道路[1]腾出空间，并制订了计划来各种复兴本地艺术和手工艺——编织、吹制玻璃和（他想要有的）陶瓷。但是，初次

---

1 即后来的雅法路。

的烧制是"一个令人沮丧的失败",同为顾问的欧迪安和那位大马士革陶工就失败的原因缺乏共识。耶路撒冷促进会(斯托斯和阿什比召集来监督某些市政项目的城市各个社区的一些要人)已经在这些实验中投入了好几百英镑,他们决定通过解雇欧迪安和其他陶工,并关闭刚刚起步的业务来减少损失。也许可以改从欧洲进口修复穹顶用的瓷砖。

走了这么远,也付出了这么多 —— 欧迪安不会轻易被劝退的。他一定认为自己已经没什么可输的了。所以他站了出来,就像阿什比说的:"他要自己掏一部分项目资金。"他仅仅要求允许他继续使用圣山窑炉,更大胆的是 —— 要允许回屈塔希亚收集材料、工具,寻求技术支持,阿什比和斯托斯全部同意了,尽管有关耶路撒冷知名历史的这一伟大的章节没有任何谈话记录留下来,但我们可以想象,尤其是阿什比,一想到这一行动的美学和社会意义就会感到激动。他们不仅拯救了一种注定要灭绝的艺术,而且正在帮助一群人躲过致命的危险。欧迪安想带回来的亚美尼亚陶工已活了下来,或避免了被屠杀,但他们在土耳其顶多只有脆弱的未来。这些幸存者都是工匠;假如一切顺利,他们将会在这伟大城市的心脏缔造一门历史悠久的艺术,这些全都非同小可。

　　仅带着一张火车票和一封介绍信，欧迪安踏上了一次相当受伤的旅程，独自回到他和他的家人几年前被迫离开的土地。虽然在战争开始时，屈塔希亚是 350 名亚美尼亚人的家，但当他再回到土耳其时，据一名当时的亲历者说，这个镇的亚美尼亚人"彻底跑光了"。不过，根据阿什比的说法，欧迪安最后不知怎么将"他的一队工人，包括男人、女人和孩子"从屈塔希亚运送到了耶路撒冷，还送来了大量优质的白色高岭黏土，一种使陶器带有特殊的泥土光泽的氧化物颜料，还有沙釉和硼砂。该组织很快就着手干事，"经过四个多月的新奇实验和辛勤工作，"用阿什比的话说，"制作的瓷砖可以与穹顶上的一些早期瓷砖媲美了，并且肯定在美观和技术上超过了过去五十年修复穹顶的欧洲工厂产品。"

　　专业的手工艺人们如今齐聚一堂，并点燃了陶窑，每个人都积极参与，使得这个项目看起来进展顺利 —— 欧迪安与"瓦合甫"（Waqf），即负责照顾耶路撒冷穆斯林历史遗迹的宗教捐助组织签署了合同，宣称他会"永久性地建立这一行业"，而耶路撒冷促进会提供了一份能保证他经济稳定的担保。瓦合甫付清了协会原本的借款，并购买了欧迪安的材料。预见到屈塔希亚的供给可能逐渐减少，在继续测试圣地窑的同时，欧迪安和陶工同行们试着采用当地的替代物。阿什比在理想和可行性上同时充满了热情，"是的，这将耗费欧迪安和他的亚美尼亚工人们很长时间，才能使他们的瓷片达到苏莱曼大帝规定标准，但是，"他写道，"要有耐心，并且牢记那句阿拉伯谚语：'手抓着旧的，无论如何你都会失去新的。'"同时他继续夸张地问道："难道你没看到我们的穹顶宣告着其他建筑不具有的团结与和平吗？"

　　他可能抱怨得太多了，或许意识到了这样一个事实，标志着这个项目早期的合作即将消磨成一种持久而且最不正当的停滞。 出于诸多不可告人的原因，圣地窑的火焰熄灭得就像燃起时一样快。 有人传说是资金短缺；另一些人则坚称陶窑是有缺陷的，无法保持稳定的温度。斯托斯说的是，穆夫提对在圣地上做生意的想法感到忧虑，而其他人解释说，基督徒陶工在如此神圣的穆斯林纪念地工作，信众们是不会高兴的。

陶窑熄火的真正原因或许远在圣地的边界之外。 这是阿什比后来称之为"巴勒斯坦社会历史上一段非常可塑的时期的终结"的开始。 民族主义者带来的紧张气氛在各个阵营中日益升温，并且"在政治上，耶路撒冷正变得愈发困顿和不友善"，斯托斯愤怒地说，听起来他对市民们破坏他的私人聚会的无耻行径感到心烦。 他写道，"不同之处或许在于野餐的开始和结尾。"尽管斯托斯试图让这听起来是真的，但事实上根本没有什么野餐。"在 1920 年，"他写道，"空气中弥漫着谣言和无疑是耶路撒冷的高海拔带来的紧张气氛。"一些暴力冲突将事态引向了沸点——以 1920 年 4 月在传统的朝圣节（Nebi Musa）当天爆发的恐怖骚乱最为著名，据斯托斯所言，"所有英国人、阿拉伯人、犹太人此前精心建立的相互理解的关系，似乎在恐惧与仇恨的痛苦中燃烧殆尽。"

回到圣地本身，气压也有了变化。 在英国当局放弃控制市民政权不久后，首位巴勒斯坦总督赫伯特·塞缪尔在同年到任，他将当地修复的权力移交给了新成立的穆斯林最高委员会——一个他建立的管理当地伊斯兰事务的机构。 同时作为心存公正的英国自由派和自觉的犹太人，塞缪尔清醒地意识到，有必要或多或少介入或者抚慰一下本地阿拉伯人的需求，而建筑事务权力上的交接，似乎是一条达成目的的显见之途。

要让一群受人尊重的耶路撒冷穆斯林管理这一场所，还有更深层次的原因。在1921年4月极具争议的新任穆夫提选举前夕，阿拉伯的标语出现在旧城各处，咆哮着要唤醒穆斯林们；并且警告说，在这片土地上的伊斯兰最高机构的某些候选人，计划"帮助将麦加大清真寺、耶路撒冷圆顶清真寺和阿克萨清真寺移交给犹太人，他们会统统拆掉，并就地建起犹太会堂"。如今，在机警的新任穆夫提——哈吉·阿明·侯赛因的领导下，穆斯林最高委员会的成员致力于"保护并守卫圣地"。里士满在这方面协助了他们，他在完成他的报告后，离开了巴勒斯坦又在最近以塞缪尔政治秘书助理而非建筑者的身份回归。在官方层面，他是政府与本国阿拉伯人之间的调解人；而在非官方层面，则扮演了英国政府中最直言和冷酷的反犹太人复国主义的成员之一。

里士满凝视着他坚信将会支配这个国家的"涌入的布尔什维克式犹太人"，他称为"国际金钱权力"的模糊、无处不在的力量支持了这些人，此时，他对犹太复国主义合理的政治批判，就常常摇身一变，成为明显对他事业毫无帮助的反闪米特人的全面咆哮。里士满的敌意源自他确信英国政府被神秘的"费金·夏洛克帮"（Fagins and Shylocks）所控制。他带着一丝冷笑，私下提到"我们受犹太人劫持的政府"，并警告说"犹太人种在精神和道德方面的构造和我们完全不同"。他所辨认出的遍布周遭的"犹太人气质"，是"鬼鬼祟祟，神出鬼没，像落入铁夹中的老鼠般羞怯，又时常极度傲慢，从不冷静；除了自从上帝将世俗的祖先称为'特选子民'之后，犹太人所主张的真相，以及犹太人所渴望的所谓应得之物以外，他们从不遵守任何准则；无论怎么卑鄙，怎么邪恶，他们不择手段。他们都会变得很聪明，而这一点如此致命……"关于日益加剧的穆斯林对犹太人预谋推倒麦加大清真寺重建一座新圣殿的忧虑，他也没有一丝犹豫："这可能令人震惊，"他在一份公开发行的报告中写道，"某希尔出于他们自己最心知肚明的原因，期望看到圆顶清真寺在世人面前名誉扫地，被当作一座饱受时间侵蚀和守卫者轻视的建筑，因而丧失它曾拥有的一切价值——一座任其自然快速腐朽的建筑，终将迎来被提早拆除的那天，被一座或者几座对其他信仰更具价值和荣耀的寺庙所取代。"

如今，通过将这处场地交给在德国受训的土耳其建筑师艾哈迈德·卡马雷丁，穆斯林最高委员会擅自扩大了泛伊斯兰的范围，卡马雷丁的作品以强烈的爱国主义风格而闻名，他还自诩为伟大的奥斯曼帝国建筑传统的后继者。（他之后提出的设计，最终被弟子重新构想为委员会位于马米拉的奢华酒店公寓建筑。）在卡马雷丁心中，只有在苏莱曼大帝当政期间，"伊斯兰建筑和装饰艺术才达到了它的顶峰"，并且受拜占庭影响的圆顶清真寺，必须依循"更加适合伊斯兰精神的线索"才能重新装修。阿什比非常欣赏的文化与视觉风格的融合，对于这位扎根安卡拉的建筑师而言，是一种最可怕的堕落。"感谢真主，"在1922年前后他写道，"哈拉姆四周的墙壁保护了伊斯兰的神圣感免受耶路撒冷多宗教迷信的危害……真主啊，您所赐予这些圣所的美，是多么令人惊奇，受您激发的伊斯兰工匠的创造力是多么伟大……"诸如此类。在这种非常奥斯曼、非常伊斯兰、非常夸大的幻想中，仿佛没有给一群亚美尼亚的基督徒难民陶工组成的乌合之众（或是秘密的苏菲派，也可能不是）留下施展空间，更别说那个一半犹太血统、双性恋、放浪不羁的英国人，常常念叨着拉斯金[1]、最务实的艺术和手工艺振兴者了。

---

1 这里指约翰·拉斯金（John Ruskin），19世纪末英国著名诗人、画家、思想家。

　　由于如此多暴戾的祈祷与宣传人群聚集在哈拉姆圣地，欧迪安和他的陶工们显然要找另一处工作场地了。而在各方漫延的紧张气氛中，无论怎么看都很伟大的是，他和阿什比还有斯托斯并没有在这一节骨眼上因憎恨而放弃，反而设法将他们原先给清真寺生产 3 万块瓦片的天马行空的计划，转变为一些脚踏实地的基础工作。在圣地窑关闭的几个月里，耶路撒冷促进会安排欧迪安在沿着苦路的十字军第三车站附近的洞穴式老房子中建了一座新窑，并开设了一间作坊。这个名为"圆顶清真寺瓦片"的新计划延续了伟大圣地之名，但离开了倾注在建筑里的骚动，使得欧迪安能够专心投入训练下一代手艺人的事业当中——他们当中的许多人是亚美尼亚孤儿、土耳其大屠杀的幸存者。他教导男孩们使用磨轮，绘制或临摹从镂花模版到黏土表面的图案，他教授女孩和妇女们如何高效地用驴毛刷或猫毛刷给釉面上色。除了管理这一作坊，他还监管所有的工作——依据他自己的配方亲手混合釉料和颜料，同时，他在作坊二层院子里一个深坑中用橄榄油和松木点燃了新窑，开始烧制瓷器。

在放弃为穹顶大面积铺设瓦片这一想法后，欧迪安现在将他的注意力转移到了美化更小的（尺度的）市民的生活和居住空间。1921年，他和他的工匠们已经纷纷满足了市民们对缤纷的碗具、花瓶、碟具、灰缸、啤酒杯和烛台的需求，在这些器皿底部都有细小的赫石色圆顶清真寺瓷砖字样。许多瓷器都出口到了欧洲、美国以及整个中东的餐具柜中。在当地阿拉伯贵族、英国官员、犹太收藏家以及游客之间，这些陶器迅速拥有了一种象征性徽章的地位，就好像这些来自屈塔希亚的亚美尼亚彩釉瓷器神秘地变成了耶路撒冷本身的载体——就像导致了它们输入此地的那座神秘的穹顶建筑一样。1920年，当耶路撒冷促进会委托欧迪安的作坊用英语、阿拉伯语、希伯来语制作街道路标时，斯托斯和阿什比一起努力强调着他的陶器与这座城市之间近乎护身符般的联系。如果这三种语言在现实生活中无法和谐共存，那么它们至少可以在瓷片中实现了。那位"华丽辞藻的珠宝商"斯托斯，正为耶路撒冷巷道与大街设计三种语言的名字，像绿玉髓和青金石般，与她素净的墙壁互相辉映。1922年，英国玛丽公主大婚的特殊时刻，或许有了这座城，它的象征与这彩釉瓷瓦之间最大的联系，斯托斯委托、阿什比设计、欧迪安制作，以"巴勒斯坦的穆斯林人民"的名义向公主殿下和驸马赠送一块圆顶清真寺微缩画像的瓷砖——这位陶工标志性的孔雀绿光蓝，替代了它那著名的金色圆屋顶。

同时，就在这特别年份的某个时间——什么时候，又是怎样？又一次，问题远远多于答案——斯派罗·霍利斯首次委托大卫·欧迪安

Ronald Storrs

铸造、绘制并烧制了大型的花纹镶板和小型嵌入装饰，用以装点耶路撒冷城里这座破天荒的住宅，其最大特征就是立面上的那些瓷砖，在基石上还有霍利斯的名字——或许是城中最华丽住宅的纳夏西比的宅院。那么纳夏西比本人——一位旧耶路撒冷的贵族之子，虔诚的阿拉伯文化的学生、自豪的文化民族主义者——是否能够成为在这一切之间——圆顶清真寺装饰的历史、亚美尼亚陶工、希腊建筑师，以及他自己豪宅的墙垣，人们普遍认为是他的公司、他的城堡——建立联系的那个人呢？

　　纳夏西比另一位最亲密的好友，卡里尔·萨卡基尼，定期会在日记中提到里士满，"我最信任的朋友"。（大概在这一时期，萨卡基尼和家人就住在门德尔松夫妇俩后来称之为家的风车磨坊中。）萨卡基尼也在他的日记中记下他向阿什比教授的每一次阿拉伯语课程，就像他教似乎是斯派罗·霍利斯另一位客户的埃利胡·法拉吉时那样。这些纽带中是否有两条汇合到了一起呢？

或者，欧迪安和霍利斯是否已经在其他时间和地方彼此相识？或许，霍利斯用屈塔希亚瓷片装饰他的建筑的想法并非源于圆顶清真寺，而是来自于在如此精巧的覆有瓷砖前立面的奥斯曼建筑影子中玩耍的童年。尽管我仍没有找到这位建筑师出生地的证据，但他如此多的委托项目指向君士坦丁堡和其周边区域，我疑惑着或许他的故乡在那里。

我继续思索着。这个夏天很快画上了句号。最近一轮冲突已经结束，超过 2100 名巴勒斯坦人和 72 名以色列人死亡，整个加沙地带一片碎石瓦砾，数千人无家可归。而在以色列，发生在夏天的事件已被人们迅速遗忘，犹太人在耶路撒冷的生活，疲惫地回到了单调的日常。锡安广场的示威者们消失了，散去了，取而代之的是成群的美国犹太青少年的聒噪。在路边带有大卫之星标志的亮黄色献血车旁，一个头戴犹太圆顶小帽的电吉他手一整天都在走调地演奏着《通往天堂的阶梯》（Stairway to Heaven）。这一幕在雅法路那一排似乎是霍利斯建造的粉色建筑的对面展现着，就在他曾坐着并工作的那个办公室的那扇窗外——只不过他终究成了一个幽灵。

结语

石头剪刀纸

在孩子们玩的这种伸出拳头或手指的游戏里，石头总是打败剪刀，剪刀则胜过纸[1]，而纸必然会赢石头 —— 但一涉及耶路撒冷的历史时，纸和石头，或者说石材，似乎争执于无止境的争斗中，一场永远无法判决谁将是最大输家的争斗。

当然，一些纸片保存了下来 —— 连同老旧的干花一起，露易丝·门德尔松保存着她和埃里希多年往来的超过 3000 封信笺中的几乎每一封；尽管两人四处漂泊，她还保存着他涂抹过的几乎每一张草图 —— 在速记纸、草图纸、音乐会的节目单上 —— 在他死后，她写下了他们一起生活的记忆，将其保存为几个版本的手稿。扎尔曼·肖肯在门德尔松一家离开以前，就离开了雷哈亚和巴勒斯坦，但他离开后不久，多位有学养的中欧移民们就整理好了他的文件，整理的日耳曼方式无可挑剔甚至有些滑稽，一位受过同等教育的认真负责的俄国移民如今看管着这些文件，它们锁在埃里希·门德尔松为他的赞助者

---

1 即石头剪刀布的游戏，在英语里"纸"就是汉语中常说的"布"，因为此处"纸""布"都有双关含义，故保留其原意。

建造的耶路撒冷图书馆的柠檬木陈列柜中。 忍痛烧毁了一些证据，奥斯汀·哈里森收藏了"某些信笺"，朋友和业主们保存了他手里的一些其他文字（材料）。 约姆－托夫·哈蒙的档案不知如何幸免于斯派罗·霍利斯精心建造的水槽中的湿气和烂泥。 那位曾经掌控耶路撒冷的英国官员强调将日志保存在扎实装订的笔记本中。 他们书写信笺并保存拷贝，或将那些信件寄给会这样做的联系人们。 意识到后代们的好奇，他们也写下回忆录。 比如，尽管阿什比在耶路撒冷仅仅停留了四年，他对这地方的印象在几乎一个世纪后依然存活着："这个城市属于我们所有人，"1920 年他在一封愉快的信中宣称，"让我们关注于创造性的当下，忘却那古老的上帝神明（Jahweh and Elohim），以及向太多人承诺这片土地的拜占庭的诸神们。 对于任何一个排他的宗教民族主义或选定的子民而言，此处已没有容身之处，在巴勒斯坦这一点确凿无疑。"

阿什比随后意识到，这些想法只是一厢情愿。1922 年他离开的时候，政治和个人的幻灭感同时笼罩了他早先的乐观看法。次年他出版了关于他耶路撒冷时光的尖刻论述《巴勒斯坦笔记》(*A Palestine Notebook*)，明确了他的信念："在巴勒斯坦对犹太复国主义的理解和一些时候的实践是基于一种根本上的不公正，因此对文明和对犹太民族都十分危险。"然而对这个地方如此阴郁的看法，并没有使他停止为后代们记录他在这话题上改变着的思想。如果有什么想法的话，似乎那些想法只会刺激他写满一张又一张的纸。除了他所声称的"报告、规划、新的街道平面图、公园与花园系统、市民条例与地方法，以及散乱堆叠的成千的备忘录与数百个或多或少有些无用的文件"，他剪贴簿般的日记和信笺、水彩和耶路撒冷的幻灯片组成了浩繁的卷册，搁在他剑桥大学国王学院的整齐书架上。

当阿什比逃离中东时，他带走了所有的日志和笔记。但即使那些继续留在这里，写作事业饱受当地政治暴乱影响的英国人们，也留下了庞大的书面文档，如罗纳德·斯托斯。在他耶路撒冷的委派之后，斯托斯被任命为塞浦路斯的地方长官。大约在 1931 年 10 月的一个夜晚的 10 分钟里，那里的暴乱分子点燃了政府大楼和地面上的一切东西。那场大火使得他的大多数信件、他的日志、他的书籍付之一炬 —— 还有他当时已经拥有的大量艺术品与手工艺藏品，包括了一副在奥斯汀·哈里森花园里绘成的价值连城的大卫·邦伯格画作。但对于斯托斯而言幸运的是，溺爱着他的母亲保存了所有他每周从家寄往英格兰的信件，加上"战争期间特殊任务或旅途中的若干日记"，因此他也就有了足够多的一手资料去组成他毕生筹备书写的个人回忆录。

哈里森离开了，门德尔松一家离开了，阿什比和斯托斯总督也离开了。大卫·欧迪安在 1948 年同样离开，并去往了埃及，后来又去了贝鲁特，数年后在那里去世。里士满去而复返，又再次离开。他不仅亲手书写了一本愤然回首他巴勒斯坦生涯的回忆录——《圣地上的玛门》（*Mammon in the Holy Land*）（"一段关于我们如何'用血水建立犹太国和用邪恶建造耶路撒冷'的描述"），他还保留了一份关于他在 1922 年为总督赫伯特·塞缪尔——"不列颠"支持下圣地阴暗历史中重要的一员——担任一年政治秘书工作的潦草日记。他将这篇冗长的文章定名为"一口行政污水井"。

与这些在图书馆或私家阁楼等场所安全保存的档案相比，其他人留下的文件的命运则暗淡许多。斯派罗·霍利斯为纳夏西比在通往斯科普斯山的路上建造的精致住宅，本意是作为这位受过高等教育的单身知识分子和他巨大的藏书馆而建。他收藏了 3 万到 5 万册古籍、几百卷中世纪手稿，同时考虑到他本身是非常高产的作家，他留下的草稿、信笺和速记本，必然也在这大房子中的各处占据着许多书架和抽屉。传言他数月里在他的穆沙塔城堡中足不出户，单纯地享受着阅读与写作。

换言之，纳夏西比壮观的图书馆，丰富的写作和个人的文件，无论在哪里都会构成最为重要的巴勒斯坦文献之一——只是，在他于 1948 年早些时候前往开罗的途中意外逝世之后，掠夺者破门而入并劫掠了他的财产，将那些穴状房间里的东西洗劫一空。（尽管日后有传言说，这并不是那动荡年份里的政治暴动的一部分，而是获知无人在家的暴徒犯下的盗窃，涉案者们却从未被抓获。）这些珍藏中有一些也许被卖给了图书馆或书商，而一位目击者后来揭发，在纳夏西比逝世和这座霍利斯建造的房子的盗窃案发生几个月之后，有人目睹附近某些食品商人把纳夏西比珍贵的书套，变成了锥形的糖包和盐包。不过，作为已知的唯一一座坐落于如今位于巴勒斯坦东耶路撒冷之地的斯派罗·霍利斯的建筑，那座建筑本身仍如往常那般精致并坚固地矗立于此。尽管欧迪安最初的瓦片已被换成了更加明亮但缺乏特色的复制品，近期一位耶路撒冷出生长大、受训于英国、在当地慈善组织工作的巴勒斯坦工程师，细心地修复了这座霍利斯最得意的庄园之一，将它恢复到了原先的壮观模样。几年的疏忽之后，它浓艳的粉色石块、黑白大理石地板和尖拱窗都令人欣慰地回到了原样。这里如今成了巴勒斯坦的文化中心和图书馆，曾经藏有纳夏西比藏书的房间，如今正以仔细分类保管的其他书籍缓慢充实。

尔后，这座建筑成为斯派罗·霍利斯档案的一部分。尽管他没有留下什么信笺与日志，他踏实地建造——希望他的作品可以延续至今——在纳夏西比、阿蒙住宅以及位于希腊社区的最后一栋建筑的基石上，他有预见性地刻下了简明的文字——"斯派罗·G.霍利斯的建筑"。

在居住着埃弗克里德斯亲戚的低矮住宅的街对面，还有一栋霍利斯最优美也最不起眼的住所。因其石材发红的色泽，它以"红房子"（并非真正的红色，而是暖粉色）而广为人知，该建筑有着凸显霍利斯特色的、并不花哨的瓷砖瓦片。并且，它并不像哈蒙或弗拉济的住宅那样拥有奢华的屋顶——但它的确有着能够自证身份的精致比例，经过缜密思考的构筑细节。而且他在基石上留下的"署名"让这一点确凿无疑。克罗扬科说，这座建筑是英国犯罪调查部门的阿拉伯警探沙乌吉·萨德（Shauki Sa'ad）的住宅，建于 1928 年。但也有某些当代耶路撒冷居民讲了另一个故事——霍利斯将这座住宅建成了自己的家。尽管这完全是间接推测，鉴于它离埃弗克里德斯家非常近，我难免猜测：这里其实是他为自己和隔壁即将做她新娘的海伦妮而设计的。

在20世纪20年代后期，霍利斯忙于建造项目。在他完成了格拉特住宅的工作后，似乎正在设计雅法路上那些形形色色的主要建筑并监督着建造，他还在为阿拉伯基督教徒马苏（Masu）家族设计一个令人难忘的铺着瓷瓦的商住两用建筑，在位于德国殖民地中心区的比特·赛法法路上——如今的"德国殖民地"（Emek Refaim），即使多彩的瓦片已经破碎，但它依然在那里；他也在巴卡社区为一个叫作舒克里·迪卜的人建造了一座雅致的住宅——包括欧迪安制作的精致陶瓷浮雕嵌板与一条巨大的、玻璃围成的走廊——迪卜是城里最大的汽车经销商，听说当时在筹办婚礼。

但在这诸多建筑落成之时，他的私人生活却似乎行将溃崩。这里的细节不得而知，但我们知道的是在1930年10月中旬的一个周三，在《巴勒斯坦公报》的最后一页出现了一则让人脊背发凉的小字布告，宣称："建筑师沉冤昭雪"。这篇文章简短并有些苦乐参半：

> 我们很荣幸地得知，斯派罗·霍利斯先生这位著名的耶路撒冷建筑师，被公诉人解除了约14个月前针对他提出的错误指控。
>
> 斯派罗·霍利斯的清白已完全得到证实，一封停止诉讼的官方信件已寄给了他的法律顾问……

另一篇同一时期的文章没有提及霍利斯，但提供了一份关于这一极其混乱的诉讼的使人瞠目结舌的简洁陈述，涉及被指控付钱让另一个男人谋杀"引诱他妻子"的他的两个兄弟的"一位比特·杰拉村的著名富豪"的贿赂案审判。被告似乎试图去贿赂一位之后自己也被控告试图贿赂别人做伪证的法官。根据另一份陈述，作为一位"著名的富豪"霍利斯也被控告试图贿赂法官，尽管他"否认了他曾经做过这样的事情"。

这一案件的案情如此混乱——斯派罗·霍利斯此前又表现得如此无辜——对他的情绪或即将到来的婚姻而言，这个指控以及媒体累次的提及不是什么好事。令人激动的细节再一次在视野中消失了，但某些更加赤裸的真相也算是一种记录，比如在1933年1月的第一天，《巴勒斯坦邮报》上出现了一则宣布海伦妮·埃弗克里德斯小姐和一位 L. 卡迈尔先生婚礼的小小公告。

据那些记得这位老妇人的人所言，海伦妮·埃弗克里德斯非常在乎形象，尤其是她自己的。尽管我们永远无法确认她为何离开了斯派罗·霍利斯并嫁给了法国执政长官卢锡安·卡迈尔（Lucien Caumeau），我们至少可以猜到，她喜欢晚礼服与卡纳普的生活，而不是与那位只是可能有犯罪嫌疑的人生活在一起，不论这种嫌疑是多么严重的误会。在一段短暂的时期里，卡迈尔夫妇的名字在《巴勒斯坦邮报》的社会版会定期出现：如今他们正在大卫王酒店举行晚宴，有幸招待在叙利亚和黎巴嫩履职的法国总督；现在他们正与总督阁下，以及市长和他的妻子一起，还有诸多其他达官显贵，在政府大楼共进晚餐……

海伦妮似乎有些善变。几年后，她与这位法国外交官离婚，并回去和她的兄妹一同住在斯派罗·霍利斯建造的那栋小住宅里，三人在那里待到了很大年纪。他们中没有一个人结婚，也没有孩子。科里奥和海伦妮共用一间卧室，而大哥亚历山大被他有些宠坏的妹妹们强迫睡在住宅的三个房间之一，那间贴有白瓷砖的蒸汽室里。他们告诉我，"海伦妮喜欢优雅的事物。"这间蒸汽室便是优雅的事物之一。

当安纳斯塔斯·达米亚诺斯老人跟我一起坐在埃弗克里德斯家族重新整修的起居室里那笨重的实木椅子上时，他低声告诉我这些三兄妹最后一段时光里的事情。科里奥和亚历山大最先去世，其后是海伦妮。除了彼此以外，他们再没有什么人可以依靠，并且西耶路撒冷的希腊社区已经如此穷困，以至于无法凑出一辆灵车钱，因此，三次都是安纳斯塔斯将他们的遗体装入他的车里，运往锡安山上的希腊东正教公墓，他不得不靠自己完成这项残酷的任务。

除了海伦妮漂亮的漆皮缝纫箱——依然装满了她的细线、缎带和缝针——这里现在的任何一件家具都不属于他们，在主人去世以后，这座房子也被人侵占、掠夺。当该社区决定将这个地方变成一个博物馆时，安纳斯塔斯和其他寥寥几个人自发来这里清扫。有一天当他打扫的时候，在地板上偶然发现了揉成一团的苏丹颁发给弗提乌斯医生的聘书。今天，它和几张年轻美丽的海伦妮的照片一同被悬挂在这里，在这些照片里，她仍在为一些被世间遗忘许久的宴会盛装打扮着。

在同一面墙上紧挨着她的，是单独相框里的斯派罗·霍利斯，他依然坐在那把精心雕刻的宝座上，沉默地望着一切。

故事似乎到此结束，却又是另一个开始。

一天早晨，我打开电子邮箱："这里有一些和霍利斯有关的链接。"这条消息来自西薇亚·K小姐，以色列最大方的阿根廷裔以色列档案管理员，西薇亚负责将奥斯汀·哈里森的大部分文件从雅典带到耶路撒冷。在我在洛克菲勒博物馆里埋头于他的信件、草图本、他的照片和园艺笔记时，她与我成为了不可思议的真心朋友。就像是她所称呼的"奥斯汀"是那位介绍我们相互认识的共同好友，并且他的建筑和个人的成就仍然为我们的大部分对话提供了素材。此外，我告诉了她关于我对斯派罗·霍利斯的研究，而我并不知道的是，她以我的名义向一位以色列保护建筑师寻求帮助。她认为或许他知晓一些关于这位神秘莫测的耶路撒冷建造者的事情。虽然他并不了解，但他找到了这些链接，有两个我已经浏览过，但有一个是新的。在一个以色列旗帜和一个建筑师的金色方矩与圆规的图片下面，是长达 12 页的关于以色列共济会的 24 页法语历史的古怪概梗，并列出了在 1932 年 12 月 1 日一次特殊会议上被选为新组的巴勒斯坦总支部的权贵与官员们。犹太人和阿拉伯人的名字相继出现（古罗迪斯基、纳夏、桑德伯格、霍利、布扎格罗、塔马力、耶林、艾尔法，等等），还包括了一位秘书长——就是斯派罗·G. 霍利斯。

当我最初意识到这一点时，霍利斯与这个世界上最为著名的秘密社团之间的隶属关系似乎是一个精心策划的哑谜。他不仅仅是一个实际的石材和砂浆的建造者，他还是为共济会成员们提供他们复杂神话系统中枢的城市的建设者。根据共济会的传说，所罗门王将各个种族的石匠召集在一起，来修建他位于耶路撒冷的圣殿，而这恰恰导致了兄弟会的建立。据一本 19 世纪写给新成员的手册所言，"（兄弟会）团结了各个国家、教派和观点的男人；它抚慰了那些原本该有长久隔阂的人们之间真正的情谊"。在这一建筑与地理的势力范围里，霍利斯与欧迪安以及圆顶清真寺的陶匠们（他们的陶瓷瓦片原本是用来装饰那座占据着圣殿曾经矗立的同一位置的神秘伊斯兰神殿的）之间的关联，也似乎如此荒谬地妥帖、合理，以至于难以被看作是事实。在世界各地，共济会仿造所罗门圣殿建造了他们的支部，公会成员将神殿推崇为一种遗落的象征，同时也是一种理想。当共济会仍在传递、培养成员时，没错，是那些建造了覆盖着瓦片的支部工人们被授予了特殊荣誉。今天，更加隐喻的说法是，"石匠们"是那些奉命在会议期间看守大门、保守公会秘密并阻止闯入者进入的人。

　　然而，当我重新思考之时，当我调查加入共济会对于霍利斯而言的意义时，我意识到这次探索所涉及的文化与历史意义。围绕着共济会的诸多传奇，或许有些朦胧，甚至有些诡秘，意味着种种古怪的入会仪式，秘密的握手和在已充满阴谋论的巴勒斯坦的空气中重建圣殿的谋划。（比如，在其著名的、愤怒的章程中，哈马斯斥责他们的敌人共济会是"身处法国革命、社会主义革命和我们曾经耳闻、如今知晓的大多数革命背后的家伙"，也是那些将资金用在了建立"秘密社团，如共济会、扶轮国际、狮子会以及其他一些社团……为了破坏社会和实现犹太复国主义的利益"。）但实际上，共济会在中东不过是一个自18世纪初就已存在的男子俱乐部。随着拿破仑攻陷埃及，它在整个地区广泛传播，并在19世纪后半叶发展成为一个牢固的慈善与社会组织。对于奥斯曼帝国背景下的共济会论述甚多的美国史学家米歇尔·坎波斯称其为"奥斯曼帝国中最具影响力的社会组织"。在这一时期，帝国中的每一个城市和大型城镇几乎都有一个它的支部或支部群，而且除去围绕着其行为或仪式的猜疑，这些理事展现出了强烈的社会吸引力。坎波斯解释说，这一社团在促进现代启蒙运动理想化的同时，也为成员们提供了强大的经济和政治人脉——进入庞大、神秘的名人录的网络中。法国的革命本性，确实是以奥斯曼共济会信仰为中心，而且许多进步的社会运动都将这一地下社团作为组织基地（哈马斯不一定全错，虽然他们的章程听起来很疯狂）。1882年埃及反殖民者的革命也是由共济会暗中推动，1908年推翻苏丹的青年土耳其党亦是如此。在20世纪初的巴勒斯坦地区，共济会理事们吸引了来自各个不同社区的中上层阶级的年轻有为的男子，所有的穆斯林与基督教徒、南欧犹太教徒与北欧犹太教徒、亚美尼亚人、希腊人、英国人、法国人以及美国人都彼此称兄道弟。

　　那么斯派罗·霍利斯呢？如果他在 1932 年被选为秘书长这种极高职位，他必须在更久以前加入共济会——甚至早到奥斯曼时期。尽管我们从未谋面，坎波斯碰巧是我一位朋友的朋友，这让我写邮件问她是否听说过霍利斯。现在，我恰好看到了她一篇学术文章的一个脚注，提到了约姆－托夫·阿蒙（哈蒙）在 1913 年成为了耶路撒冷摩利亚地区的理事。是否霍利斯正是通过共济会结识了这位犹太法官？是否其他的"兄弟"也都是他的客户？

　　"幸运的是，"这位慷慨的陌生人通过来自佛罗里达的电子邮件回复我，"我可以告诉你斯派罗·霍利斯的确在'一战'以前就是一名共济会成员。"根据她在巴黎法国图书馆的研究——在那里，她并非为了查找霍利斯，而是为了与奥斯曼巴勒斯坦的众多共济会成员有关的各种资料——她知道我耗费数月试图解决的许多谜题的答案，而如今我也知道了斯派罗·霍利斯 1883 年 12 月 25 日生于亚历山大。

　　在我有机会完全理解这一发现的意义，或者去思考在一个貌似神秘的社团的公开文件中位于显眼之处的这些细节含有的讽刺意味时，坎波斯提供了更多的信息。霍利斯于 1910 年 4 月在那个埃及城市的意大利支部宣誓成为一名共济会学徒（apprentice），并在 1910 年 9 月成为第二等级"同僚"（companion）。在 1914 年 4 月 29 日，他在耶路撒冷的摩利亚支部被擢升至第三等级"大师匠人"——也就是说，他显然在那三四年间的某个时候离开了亚历山大并到达巴勒斯坦。她也提到了奇怪并令人困惑的事实，他的耶路撒冷支部的记录将他的专业隶属关系描述为一位"俄国皇家协会的建筑师"。我没有找到他与这个俄国慈善组织，或关于俄国的任何人与事之间关系的一丝证据。在那些年

里 —— 至少历史书籍中这般描述 —— 耶路撒冷的希腊与俄国正教之间的紧张气氛愈演愈烈，基于霍利斯与希腊主教之间的明确联系，这一细节令人不解。

坎波斯还发来了一份关于他的耶路撒冷支部中其他成员们的名单，大多数是南欧系犹太教徒，以及当地和外国的基督教徒、阿拉伯人和一些其他地方的人。（摩利亚支部在法国举行它的会议，并在1913年脱离另一个讲阿拉伯语的所罗门圣殿耶路撒冷支部时，引发了一些丑闻。）摩利亚的共济会成员包括银行家、商人、教师、执事，一名医生、一名战士、一名牙医、两名铁路从业者、一名纪念品商贩、一名会计，火车站的阿拉伯基督徒主管、以色列自由同盟大学的犹太人主任、一名圣教会的希腊成员、一名法国电学家、一名意大利邮局的主管，以及被简单标注为"比撒列学校的老师"的、生于拉脱维亚的犹太画家阿贝尔·潘（Abel Pann）。除了哈蒙，在这些记录中看起来没有谁与霍利斯的建筑有关联，但这一系列的人和职业表明了整个（如果不是有关阴谋，便是有关于联系的）复杂的人际关系网，这一网络似乎顺利地延续到了托管时期，那时霍利斯在全国总部中被选为那个总秘书的职位，执业徽章是一个月桂树叶环绕着常见的共济会圆规的王冠，还有一颗大卫之星、一个十字架，以及一道穆斯林的弯月。

然而，我现在仍然试图追踪那些证明他存在的痕迹，在坎波斯的建议下，我联系了一位名叫安吉罗斯·达拉卡尼斯的希腊历史学家。坎波斯只见过这位历史学家一次，但觉得他可能会了解斯派罗·霍利斯的一些信息。他通过电子邮件迅速、友好地回应了，还转发了一张拍摄一份手写希腊语文件的数码照片，写着1925年1月19日。印着耶路撒冷主教印章的，是一张存在他电脑硬盘里的结婚证书。证书中斯皮里东·霍利斯[1]，建筑师，被标注为35岁的玛丽亚·贝尼斯和45岁的耶路撒冷建筑师尼泊尔·佩塔西斯婚礼上的伴郎。斯皮里东是玛丽亚的哥哥（当时42岁），佩塔西斯有时候是他的建筑合伙人。斯派罗和玛利亚的父亲加夫里尔（或叫加百列）去世了，他们的母亲阿玛利亚是一名家庭主妇。仪式在豪华新酒店举办，该酒店是建筑师埃夫西米奥斯（Efthimios）在1882年建造的，其特色是优雅的柱状结构，就位于雅法门内侧。

我问达拉卡尼斯他是如何看待"斯派罗·霍利斯"这个名字的，他思考了一下名字的变形和它的语境意义，猜测到也许建筑师的父亲是耶路撒冷的基督教阿拉伯人，他们搬到了亚历山大，并在那里结婚，便将一个阿拉伯姓氏的拼写希腊化了。父亲的名字——加夫里尔——在他看来，对于一个基督教阿拉伯人而言，比作为一个希腊人更合适，虽然他也不能肯定，加夫里尔是不是出生在霍利斯家族里。阿玛莉亚是希腊巴伐利亚的第一位女王，在19世纪，这个德国名字对于希腊妇女而言是常见的；在亚历山大人中，它经常表明"与祖国的纽带"。他说，那个时候的希腊男孩通常以他们的祖父名字命名，不过他指出，斯派罗·霍利斯出生的12月25日，不仅是希腊东正教的圣诞节，而且以圣人斯皮里东的名字命名，就像阿马利亚和加夫里尔刻意选择了这一天为他们长子命名。

我们能够确定霍利斯生于亚历山大，他所声称的在雅典的居住时间也突然破绽百出。虽然克罗扬科记录说霍利斯曾在那里学习，但他并

---

1 斯皮里东（Spyridon）是斯派罗的本名，根据下文，取自4世纪塞浦路斯东正教的圣人圣斯皮里东（St. Spyridon）。

没有确切的证据。 达拉卡尼斯请求雅典国立技术大学图书管理员查询此期间授予建筑学位的当地机构的记录。 她梳理了 1890—1949 年所有毕业生的名册，但没有发现斯派罗·霍利斯，或任何姓霍利斯的人。我不知道他是否可能在埃及拿到了希腊公民身份，却从未踏足希腊，这样的情况在那些年是有可能的。 那么他在哪里学习的建筑学呢？他到底有没有学过建筑？也许是在工作中学习了。 而这又是在哪里？亚历山大？还是耶路撒冷或别处？为什么他实际上是从家乡出发的？他希望在耶路撒冷找到什么？最后找到了吗？西薇亚、以色列保护建筑师坎波斯和达拉卡尼斯还有我发现的各种文件都为一些问题提供了答案，但这些答案仅仅带来了更多的问题。

然而通过这些泛黄的档案、互联网和慷慨的陌生人的帮助，我最终找到了某个神秘问题的答案。

既然没有在《幽灵书》中找到他，国家档案馆的 N 先生提供了不同的建议，帮助我继续寻找霍利斯的踪迹。 他提到了《巴勒斯坦公报》（*The Palestine Gazette*），它官方记录了统治时期所有法律和宣告，他以为建筑师需要在这里注册他们的执照。 我没有在这儿找到任何执照的踪迹，但我把他的名字输入到这个庞大公报集的数字化可搜索版本仅仅几秒钟之后，一个说明问题的条目出现在了页面上：

耶路撒冷地区法院
关于死亡的斯派罗·G.霍利斯的继承权问题

请愿人：玛丽亚·佩塔西斯夫人（娘家姓：霍利斯）

　　兹证明，玛丽亚·佩塔西斯夫人（母姓：霍利斯）是已声明死亡的斯派罗·霍利斯在耶路撒冷的唯一姊妹兼继承人。她已向耶路撒冷地区法院申请了一项程序，宣布继承于 1936 年 2 月 17 日于耶路撒冷死亡的斯派罗·霍利斯的遗产。上述申请将于 1937 年 2 月 19 日在耶路撒冷的地方法院审理。

　　所有提出异议的利益相关人，必须出现在上述地点和时间，否则法院将对上述的申请予以通过。

　　　　　　　　　　　　　　　　　　　录于 1937 年 1 月 23 日

　　　　　　　　　　　　　　　　　　　D. SHAMI

　　　　　　　　　　　　　　　　　　　耶路撒冷区法院总书记官

　　换句话说，他没有其他继承人，也没有妻子或孩子，斯派罗·霍利斯理应把他的名字铭刻在这些耶路撒冷的基石上。他想对人们昭告他的骄傲和他在这些建筑矗立起来过程中的角色，这样一来，在他的同事和顾客、朋友和敌人，以及他的"兄弟"姐妹离开后，在他的城市发展成为另一个城市之后，有关这些骄傲和他存在的记忆依然可以留存于这些建筑。否则，我们怎么能知道他来过呢？

　　在我搞清楚霍利斯生于一个混杂的中东城市，却早逝于另一座这样的城市之前——整个夏天我都一遍遍地走过锡安广场，途中不仅经过要求复仇的抗议者，也会登上锡安山，那里希腊东正教的公墓也毗邻亚美尼亚——新教徒和罗马天主教徒的身后归宿，在这附近，犹太人和穆斯林的葬地布满了通向城市的陡坡。

　　在一个死亡接踵而来的季节里，去寻找另一座坟墓似乎是有违常情的，但随着战争的激化，我却一直在寻找斯派罗·霍利斯的墓地。我一次又一次地返回到这个奇怪的、有些安静的、大体上很平和的处所。

公墓里那位瘦高的看门人穆尼尔，一直在为我提供帮助，他身上带着文身，一刻不停地抽着烟，说着一口希腊语和阿拉伯语。墓园里的许多石碑支离破碎、褪了色或者覆满了青苔。我或许已经错过了他，从他身上踏过，而浑然不知。谁又能知道呢？耶路撒冷底下是一层又一层无尽的埋藏，到处都有被这座城市所遗忘的逝者们。弗提乌斯医生的墓碑曾在这里，现在已无处可寻；苏丹娜·萨卡基尼，卡里尔那位心爱的妻子，1939 年去世后也被安葬在这些围墙之内，连她也不见了踪影。亚历山大、科里奥还有海伦妮兄妹又在哪里？斯派罗·霍利斯又身在何处呢？此时，秋天已经来临，带来了第一场雨，当我在蓟草、垃圾和碎石之间穿行，我依然在继续寻找……

注释

雅法门的那一边

The history of Jaffa Road is drawn from Yehoshua Ben-Arieh, *Jerusalem in the 19th Century: Emergence of the New City* (Jerusalem, 1986); David Kroyanker, *Jaffa Road:Biography of a Street—Story of a City* [Heb.] (Jerusalem; 2005); Ruth Kark and Michal Oren-Nordheim, *Jerusalem and Its Environs: Quarters, Neighborhoods, Villages, 1800 – 1948* (Jerusalem, 2001).

Melville's notes come from Journals, ed. Howard C. Horsford with Lynn Horth (Evanston, 1989), 86 – 87. Further details of the scene just beyond the gate appear in George Hintlian, "The Commercial Life of Ottoman Jerusalem," in *Ottoman Jerusalem: The Living City, 1517 – 1917*, ed. Sylvia Auld and Robert Hillenbrand (London, 2000); Abigail Jacobson, *From Empire to Empire: Jerusalem Between Ottoman and British Rule* (Syracuse, 2011), 53 – 60. She quotes native son Yaakov Yehoshua, 56.

Details about the Ottoman and British clock towers come from *The Storyteller of Jerusalem: The Life and Times of Wasif Jawhariyyeh, 1904 – 1948*, ed. Salim Tamari and Isam Nassar, trans. Nada Elzeer (Northampton, MA, 2014), 139 – 40 (Jawhariyyeh likens the former to a lighthouse); Salim Tamari, *Year of the Locust: A Soldier's Diary and the Erasure of Palestine's Ottoman Past* (Berkeley, 2011), 36 – 38; Ron Fuchs and Gilbert Herbert, "A Colonial Portrait of Jerusalem: British Architecture in Mandate–Era Palestine," in *Hybrid Urbanism: On the Identity Discourse and the Built Environment*, ed. Nezar AlSayyad (Westport, CT, 2001); Beatrice St. Laurent and András Riedlmayer, "Restorations of Jerusalem and the Dome of the Rock and Their Political Significance, 1537 – 1928," Muqarnas 10 (1993). The estimate of the number of times the cityhas been captured and recaptured is Eric H. Cline's, in *Jerusalem Besieged: From Ancient Canaan to Modern Israel* (Ann Arbor, 2004), 2. For more on the various civilizationsthat have built the city, see Simon Goldhill, Jerusalem: City of Longing (Cambridge,MA, 2008). Quotes are as follows: "What I see," Joseph Roth, "Going for a Walk," in What I Saw: Reports from Berlin, 1920 – 1933, trans. Michael Hofmann (NY, 2003). "on 60, 80, or even 100," George St. Clair, The Buried City of Jerusalem and Geographical Survey of Palestine (London, 1887), 11; "disfgured," Storrs in Jerusalem, 1920 – 1922,ed. C. R. Ashbee (London, 1924), vi; "the dilapidated structures," Aryeh Sharon, Planning Jerusalem: The Old City and Its Environs (Jerusalem, 1973), 128, 130; "It is . . . a city unique," Ashbee, Jerusalem 1920 – 1922, 4.

第一部 耶路撒冷大街，1934

All of Mendelsohn's letters come from Eric Mendelsohn: Letters of an Architect, ed. Oskar Beyer, trans. Geoffrey Strachan (London, 1967) unless otherwise noted.

没有洛可可宫殿

Mendelsohn's views of Palestine's modern architecture are drawn from EM/LM 31/1,39, and the following sources: "wild, tropical vegetation," "The New Architecture in Palestine: An Interview with Mr. Erich Mendelsohn," *Palestine Review*, Aug. 20, 1937; "a little heap . . . the impression," LM, "My Life in a Changing World," typescript (Museum of Modern Art, special collections), 127; "pariah existence," "The New Architecture" ; "tear jug," EM to LM, July 2, 1947; "brutal disregard," EM/LM 31/1,39; "Palestine is not a virgin," "The New Architecture" ; "bastard buildings . . . wholly unsuitable . . . pestilence," EM, "Twenty Years of Building," PP, Dec. 29, 1940.

Luise's descriptions of Erich appear in drafts of her memoir, held at the Getty, and the finished version, "My Life in a Changing World" : "arrogant, impatient . . . humble," EM/LM 31/2, 1 - 3. His account of the trip to Mount Scopus and of the view come from EM to LM, Dec. 12, 1934. Jerusalem's evolving demography is described in Rochelle Davis, "Ottoman Jerusalem:The Growth of the City Outside the Walls" and "The Growth of the Western Communities, 1917 - 1948," in *Jerusalem 1948: The Arab Neighbourhoods and their Fate in the War*, ed. Salim Tamari (Jerusalem, Bethlehem, 2002). Population figures from various sources are compiled in Kark and Oren—Nordheim, *Jerusalem and Its Environs*, 28.

Details of the Mount Scopus plans derive from the minutes of the endless meetings, in Had. 2/20/52; "Mount Scopus Hospital Ceremony" and "America Listens In," PP, Oct. 17, 1934; Marlin Levin, *It Takes a Dream: The Story of Hadassah* (Jerusalem, 1997), 184 - 85. Quotations are as follows: "cosmopolitan city of Jerusalem . . .foster," Chaim Yassky memo, Aug. 15, 1933, Had. 2/21/53/1; "an entirely new master plan," EM to LM, Dec. 12, 1934; "like a proper organism," EM, "Building on Mount Scopus," PP, May 9, 1939; "executed by one hand," EM to LM, July 30, 1936; "House of Life," from Chaim Nahman Bialik's inauguration address, reprinted in *The Hebrew University of Jerusalem, 1925 - 1950* (Jerusalem, 1950); Judah Magnes's words are quoted in David N. Myers, *Re—Inventing the Jewish Past: European Jewish Intellectuals and the Return to History* (Oxford, 1995), 51.

General background about Mendelsohn's German work comes from Regina Stephan, ed., EM: D & F Bruno Zevi, *Erich Mendelsohn: Complete Works*, trans. Lucinda Byatt (Boston, 1999); Bruno Zevi, *Erich Mendelsohn* (NY, 1985); Kathleen James, *Erich Mendelsohn and the Architecture of German Modernism* (Cambridge, 1997); Arnt Cobbers, *Erich Mendelsohn* (Köln, 2007); Wolf Von Eckardt, *Eric Mendelsohn* (NY, 1960); *Erich Mendelsohn,*

Complete Works of the Architect (NY, 1992); Arnold Whittick,*Eric Mendelsohn* (London, 1956); Susan King, *The Drawings of Eric Mendelsohn* (Berkeley, 1969); Regina Stephan's German notations to the Getty Research Institute and Kunstbibliothek Staatliche Museen zu Berlin's recently digitized Erich Mendelsohn Archive.

EM's own view of his work at this time and details of his American trip are from the following sources: "The primary element," EM to LM, Aug. 19, 1923 (translation altered slightly); Jan Wollner, "The Architecture of *Metropolis*," *Umělec*, 2012, "everything. The worst strata," EM, Erich Mendelsohn's *"Amerika"* (NY, 1993), xi; "Motion is life!" quoted in Cobbers, *Mendelsohn*, 50.

The opinions of his potential patrons and peers are as follows: "great artists," Kurt Blumenfeld to SS, Sept. 3, 1924, quoted in Ita Heinze—M ü hleib, *Erich Mendelsohn. Bauten und Projekte in Palästina (1934 - 1941)* (Munich, 1986); "one of the outstanding, Chaim Yassky to J. A. Ketzive, Nov. 26, 1946, Had. 2/50/88/4; "ultra—modern style . . . not suitable," minutes of building committee meeting, Dec. 20, 1934, and the complaints of Mr. Green, Had., 2/20/52; "not an easy man . . . capable . . . This is not," minutes, Dec. 20, 1934, Had. 2/20/52; "must come here," EM to LM, Dec. 30, 1934.

The account of the Mendelsohns'1923 trip, his early attempts to build in Palestine and the aftermath of that encounter is woven from Gilbert Herbert and Silvina Sosnovsky, *Bauhaus on the Carmel and the Crossroads of Empire: Architecture and Planning in Haifa During the British Mandate* (Jerusalem, 1993), 98 - 121; Gilbert Herbert and Ita Heinze—Greenberg, *The Beginnings of Modern Architecture in Israel: The First Power Stations, 1921 - 1932* (Haifa, 1997), E9 - E 12; Heinze—Greenberg, "Travels to Holland, Palestine, the United States, and Russia," in *EM: D & F, 60 - 65*; Gilbert Herbert and Liliane Richter, *Through a Clouded Glass: Mendelsohn, Wijdeveld, and the Jewish Connection* (Tübingen, 2008), 78 - 92; LM, "My Life," 59 - 61; Alona Nitzan—Shiftan, "Erich Mendelsohn: From Berlin to Jerusalem" (master's thesis, thesis, MIT, 1993). Quotes are as follows: "I . . . call myself its true child," quoted in Heinze–Greenberg, "The Mediterranean Academy Project and Mendelsohn's Emigration," in *EM: D & F*, 189,letter dated July 11, 1933; "engineers willing," "Verzeichnis derjenigen Ingen iure . . . ," March 23, 1920, CZA L3\608; "too European," EM, "My Own Contribution to the Development of Contemporary Architecture," UCLA School of Architecture lecture, March 27, 1948, EM/LM 9/10; "too Oriental," Ita Heinze M ü hleib, *Erich Mendelsohn in Palestine* (Haifa, 1987) 7 – 8; EM, "My Own Work, Liver pool 1933, Cambridge 1934," RIBA, Arnold Whittick archive, 1/3; "take time to settle," EM to Oskar Beyer, March 9, 1923; "cycles of emotion . . . no Jew," quoted in Herbert and Sisnovsky, *Bauhaus*, 106; "entirely unprepared," EM/LM 33/1, 105; "Although I see my work," quoted in Herbert and Richter, *Through a Clouded Glass*, 122; "Reflections kept . . ." EM to LM, Jan. 16, 1925.

The description of Am Rupenhorn comes from EM, *Neues Haus Neue Welt* (Berlin, 1932); Heinze– Greenberg, "Success, House, and Home," in *EM: D & F*, 170 – 81;LM, "My Life," 91 – 98. Quotes: "what I am particularly anxious," Ozenfant's essay is excerpted (in a different translation, used here) in Beyer, *Letters*; "machine for living in," Le Corbusier, *Towards a New Architecture*, trans. Frederick Etchells (NY, 1986), 4.

Mendelsohn's views of the Mediterranean emerge from the following sources: "little rectangles," EM, "Overland to Athens," *Berliner Tageblatt*, May 1931, translated in *Letters*; "Heavens, water, the distant islands," EM to LM, June 3, 1933, *Briefeeines Architekten*, ed. Oskar Beyer (Munich, 1961); "its fullness, its tranquility . . .The Mediterranean contemplates," EM to LM, Oct. 29, 1931, quoted in Heinze Greenberg, "Success, House, and Home," 184; "eternal creative force," EM to LM,Dec. 10, 1934.

Details of the Weissenhof exhibition are drawn from James, *Erich Mendelsohn*, 201 – 209; Richard Pommer and Christian F. Otto, *Weissenhof 1927 and the Modern Movement in Architecture* (Chicago,

1991); Karin Kirsch, *The Weissenhofsiedlung: Experimental Housing Built for the Deutscher Werkbund, Stuttgart, 1927* (NY, 1989); Richard Pommer, "The Flat Roof: A Modernist Controversy in Germany," *Art Journal* 43, no.2 (1983). All quotes from the exhibit's detractors come from Pommer's article about flat roofs. Of the sixteen architects, it seems only one—Josef Frank—was Jewish; Adolf Rading was married to a Jew and eventually made his way to Palestine.

The description of the Mendelsohns' last days in Berlin is derived primarily from LM's "My Life." Quotes are as follows: "Three days in Berlin," letter from EM to LM, Nov. 10, 1931, quoted in Ita Heinze–Greenberg, "An Artistic European Utopia at the Abyss of Time: The Mediterranean Academy Project, 1931 – 34," *Architectural History* 45 (2002): 448 (translation adjusted); "free myself, which is to say us," EM to LM, Feb. 23, 1933, EM/LM 2/1; "Germany awake ... shattering blow," LM, "My Life," 105.

For details of the Mediterranean Academy project and the Mendelsohns' arrival in England, see Heinze– Greenberg, "An Artistic European Utopia" ; Heinze– Greenberg, "The Mediterranean Academy Project," 182 – 189; LM, "My Life," 109 – 115; C. H.Reilly, *Scaffolding in the Sky: A Semi–Architectural Autobiography* (London, 1938), 291 – 293. Quotes: "young architect into," in Heinze–Greenberg, "An Artistic European Utopia," 186; "interrupted warmly," "Mr. Mendelsohn: German Architect's Lecture:Great Reception," *The Manchester Guardian*, Nov. 18, 1933; "I do not feel very happy," quoted in Charlotte Benton, "Building in England and the Partnership with Serge Chermayeff," in *EM: D & F*, 202 – 203; "Why not directly?" letter, July 11, 1933, quoted in Herbert and Richter, *Through a Clouded Glass*, 122, and, in part, in Heinze Greenberg, "The Mediterranean Academy Project," 189. This version combines the translations.

Mendelsohn's account of his early days in Jerusalem comes from his letters to Luise: "The hotel is filling . . . I am completely absorbed," Dec. 7, 1934, EM/LM 2/2; "The Mediterranean . . . is a first step," May

30, 1933. Details of the cold shoulder Mendelsohn got from various former colleagues and should—be supporters are as follows: "collegial greetings," Herbert and Richter, *Through a Clouded Glass*, 123; "no special friend," quoted in James, *Erich Mendelsohn*, 246; "bizarre Expressionist," Alfred H. Barr, Jr., "Preface," Henry—Russell Hitchcock and Philip Johnson, *The International Style* (NY, 1996), 12; "a poor imitation," quoted in Franz Schulze, *Philip Johnson:Life and Work* (NY, 1994), 73. Johnson's Nazi sympathies emerged fully the next year, when he attended a Hitler rally near Potsdam, and reported that "you simply could not fail to be caught up in the excitement of it." He was especially thrilled by "all those blond boys in black leather." See Schulze, 89 – 90; EM's hanging up is recounted in James, *Erich Mendelsohn*, 245.

Further impressions of these early Jerusalem days are drawn from Erich's December 1934 letters to Luise and her memoir: "crackle of drawing paper," LM, "My Life," 129; "a mystical image," Dec. 7, 1934, EM/LM 2/1; "What obliges us . . . I am resolved," Dec. 10, 1934; "eye—food of the soul," Dec. 19, 1934; "I have visited all the buildings," Dec. 27, 1934. The words *"self—complacency"* are in English in the original German letter.

憧憬与土话

Luise's account of first meeting Erich and Erich's of his visions are found in her memoirs and his letters to her: "uneasy but captivated . . . trousers . . . energetic chin . . .Everything," LM, "My Life," 14; "as something of fundamental," EM/LM 31/2, 10 – 11; "among incessant," June 17, 1917; "the visions are once more," Aug. 11, 1917; "my architectural dreams," EM, "My Contribution to the Development," 5; "Although my pessimism," September 29, 1938, Briefe.

Mendelsohn's take on this period is drawn from his letters to Luise (unless otherwise noted): "If possible it will be," March 30, 1935; "In Berlin," EM to Oskar Beyer, April 30, 1935; "the rush begins," April 8, 1935, EM/LM 2/2; "The Orient . . .resists," EM to Beyer, April 30, 1935; "a life between poles," April

11, 1935, EM/LM 2/2.

Descriptions of the windmill come from LM, "My Life," 131 – 33; EM/LM 33/3,284; 31/1, 43 – 44; EM to LM, April 8, 1935, EM/LM 2/2. See also Hala Sakakini,*Jerusalem and I: A Personal Record* (Jerusalem, 1987), 4 – 5, for a description of the mill as it was when her family lived there. For historical background on the mill, see David Kroyanker, *Jerusalem Architecture—Periods and Styles: The Period of the British Mandate, 1918 – 1948* [Heb.] (Jerusalem, 1989), 307 – 309. Further background on Rehavia comes from Amnon Rimon, Rehavia: A Neighborhood in Jerusalem [Heb.] (Jerusalem, 1998). Names of EM's employees appear in Ita Heinze—Greenberg, "Architecture in Palestine, 1934 – 1941," in EM: D & F, 214, and other details about the office are drawn from Gabriel Epstein's German—language remembrances of the Jerusalem office, in Regina Stephan, ed., *Erich Mendelsohn: Wesen, Werk, Wirkung* (Ostfldern, 2006). Further details of their life and his work in the mill: "came with the mill," EM/LM 31/7, 42; "to dress her in such a way . . . perfect," LM, "My Life," 131; "were not able to understand," EM/LM 33/3, 308 – 309; "I am . . . building the country," EM to LM, sometime in 1935, quoted in Bruno Zevi, EM (1999), 235; "dark and dirty . . . dangerously deteriorated," EM/LM 33/3, 320 – 21. Luise describes how the music made the whole mill sing in a draft of her memoir, EM/LM 3/1, 44.

The story of Posener and Mendelsohn and their exchange is told in Ita Heinze Greenberg, ". . . This Once Gold—Diggingly Created City: Eric Mendelsohn and Tel Aviv," *Docomomo* 40 (March 2009), I've adjusted the translations of Posener's words.Further details of Mendelsohn's ideas about building in the Mediterranean come from: "the lighthearted character," Hans Schiller to Whittick, Feb. 28, 1955, EM/LM 11/3; "No one ought to build," EM to Posener, March 30, 1937; "Will Palestine develop," "An Era of New Building in the Land of Israel: An Interview with Dr. [sic] Erich Mendelsohn," *The Jewish Chronicle, Palestine Supplement*, May 1, 1936.

Particulars about "the Circle," Sharon, and Mendelsohn's relationship to this group are found in Aryeh Sharon, *Kibbutz + Bauhaus: An Architect's Way in a New Land* (Stuttgart, 1976); Zvi Efrat, "Modernism and Zionism as Reflected in the Lifework of Arieh Sharon," *Bezalel Papers on Architecture* 7, no. 11 (2009); Myra Warhaftig, *They Laid the Foundation*, trans. Andrea Lerner (Tübingen, 2007), 122 – 25; Michael Levin, *White City: International Style Architecture in Israel* (Tel Aviv, 1984), 31 – 32; Alona Nitzan–Shiftan, "Contested Zionism—Alternative Zionism: Erich Mendesohn and the Tel Aviv Chug in Mandate Palestine," *Architectural History* 39 (1996); Eric Zakim, *To Build and Be Built: Landscape, Literature and the Construction of Zionist Identity* (Philadelphia, 2006), 152 – 69; Sharon Rotbard, *White City, Black City: Architecture and War in Tel Aviv and Jafa*, trans. Orit Gat (Cambridge, MA, 2015). "Brigade of planners" is Efrat, playing on Hannes Meyer. Quotes are as follows: "architectural revolt . . . a courageous fighter . . . infiltrating . . . primitive," Sharon, *Kibbutz + Bauhaus*, 47 – 48; "Oriental," Ratner, quoted in Nitzan–Shiftan, "Contested Zionism," 150; "freeing their dwellings," Julius Posener, "One–Family Houses in Palestine" [Heb.], *Habinyan* 2 (Nov. 1937), 1; "an English architect," EM to Beyer, April 30, 1935; "The principal hope of the Jewish people," *Habinyan*, Feb. 1935, English supplement, 3; "We have . . .a lot of rethinking," EM to Posener, March 30, 1937.

回家之路

The quotes by and about Mendelsohn and his personality are as follows: "towns and villages in oneness," EM/LM 31/1, 27 – 28; "Oriental from East Prussia," EM to LM,August 26, 1923 (translated as "East Prussian Oriental"); "mercilessly in the pursuit ...Every detail . . . exuberant vitality," EM/LM 34/1, 602 – 605; "authoritarian," Julius Posener, quoted in Regina Stephan, "Mendelsohn and His Assistants in the 1920s and early 1930s," in EM: D & F, 156, "almost painful meticulousness," 153. The details of the daily functioning of the ofce are related by Posener in this article.

On his interactions with various female clients: "interior desecrators," Von Eckardt,*Eric Mendelsohn*, 16; "But you will ruin everything," Vera Weizmann, *The Impossible Takes Longer* (NY, 1967), 139; "more unforgettable," Heinze–Greenberg, "Architecture in Palestine," 217.

Background on the early plans for the Schocken Villa comes from Heinze Greenberg, *Bauten*, 118 – 50; Heinze–Greenberg, "Architecture in Palestine," 214 – 20.The patron and architect's international correspondence on the subject is found in letters, July 17 and 24, Aug. 4 and 17, 1934, SA 844/182. Particulars of Schocken's land purchases are in SA 823/11. Quotes are as follows: "decision," letter, July 17, 1934, SA 844/182; "It's strange that all our friends," May 20, 1934, SA 844/182; "I am . . . a force," quoted in Heinze–Mühleib, *Bauten*, 120; "free and light," EM to LM, Dec. 19,1934; "very beautiful," EM to LM, Dec. 27, 1934; "delighted," Dec. 15, 1934, quoted in HeinzeGreenberg, "Architecture in Palestine," 216.

The Mendelsohns'newly frugal life is described by Luise in LM, "My Life," 133;EM/LM 33/3, 308 – 309. Details of Schocken's art collection are found in SA 871/52(II). Mendelsohn's specifcations for the house come from, among multiple files, SA 82358/1, SA 823/126. Quotes are as follows: "The materials," SA 823 56/2; "The trees to be chosen," EM to SS, March 6, 1935, SA, 823/126. For details about the Ha'avarah,see Yehudah Bauer, *Jews for Sale? Nazi–Jewish Negotiations, 1933 – 1945* (New Haven,1994), 5 – 29; Heinze–Greenberg, *Bauten*, 127 – 128; Tom Segev, *The Seventh Million: The Israelis and the Holocaust* (NY, 1991), 18 – 34.

The involvement of Jellicoe and Page in the garden is clear from plans (stamped with the firm's name and address and initialed "RP") held at the SA. See also the letter from EM to SS, Nov. 20, 1936 (SA 823/126), in which he explains that the plans "have been done by the expert landscape architect Mr. Russell Page." The saga of the carpet is drawn from EM/LM 31/7, 68 – 69. Quotes: "It brings the same," EM to SS, June 12,1937; "fill the house," EM to SS, July 8, 1937; "not suitable," SS to EM, July

15, 1937,all cited in Heinze—M ü hleib, *Bauten*, 131.
Further quotes in this chapter: "Jewish Bismarck,"
Elisabeth Young—Bruehl, *Hannah Arendt: For Love
of the World* (New Haven, 1982), 189; "follow his
rhythms and swirls," EM/LM 31/2, 10; "When I am
rested," Luise translates him in EM/LM 33/3, 301;
"very good," EM to LM, July 9, 1936.

那些建筑师们

Background on the Schocken Library comes from
Heinze—M ü hleib, *Bauten*, 151 – 65;Heinze—
Greenberg, "Architecture in Palestine," 218 – 20;
Zilka Shefer, "The History of Salman Schocken's
Book Collection" [Heb.] (Master's thesis, Hebrew
University, 1995). For more on the Institute for
the Study of Hebrew Poetry, see Adina Hoffman
and Peter Cole, *Sacred Trash: The Lost and Found
World of the Cairo Geniza* (NY: 2011), 113 – 25.
Schocken's vision for the library is articulated in his
speech at EM's party, March 15, 1937, SA 8/842.
Further details of the building and the Schocken—
Mendelsohn bond are as follows: "absurd . . .
something in the spirit," EM to LM, Dec. 7, 1934; "be
an extension of the great," quoted in Anthony David,
The Patron: A Life of Salman Schocken, 1877 – 1959
(NY, 2003), 262.
Background on the Aghion House comes from
Kroyanker, *Jerusalem Architecture . . . Mandate*,
314 – 15; Moshe Hananel, The Jerusalemites: *A
Journey through the British Mandate Telephone Book*
[Heb.] (Jerusalem, 2007), 29 – 30. EM is quoted as
writing to Luise that the Aghions are "enthusiastic . . .
but too careful," in Heinze—Greenberg "Architecture
in Palestine, 273 n 39; "our common experiences,"
quoted in David,*The Patron*, 242; "I know that
you value," EM to SS, Feb. 26, 1936, SA 844/2;
"suddenly she asked me," EM/LM 31/1, 4 – 5.
Details of the financial disagreements between
patron and architect are drawn from the voluminous
correspondence in SA823/11; EM to LM, July 13,
1936. "here every act is a struggle" : EM to LM, Dec.
19,1934, EM/LM 2/2.
The disagreement about Hadassah hiring EM is
detailed in letters and minutes of meetings: "dangerous

at this time . . . Are there any," Dec. 20, 1934,
Had. 2/20/52; "not really Palestinians," Jan. 24,
1935, Had. 2/20/ 52; "too modernistic," Had.
2/20/52, undated; "functional procedure of the
institution," Robert Kohn to Mrs. De Sola Pool, Feb.
20, 1935, Had. 2/21/53/1; "I tried to emphasize,"
"Excerpts of Mrs. Jacobs's letter of July 19[, 1935],"
Had. 2/21/53/1; "must . . . be built," an article from
Opinion magazine, quoted in a letter to the editor,
PP, Sept. 30, 1937; "In his opinion," "Memorandum
of a Meeting between Mr. Schocken, Dr. Golub
and Dr. Yassky, Jan. 21, 1936," Had. 2/48/86.For
the cost–cutting measures EM is forced to take, see
Had. 2/20/52 and.2/21/53, in particular: "rather
aggrieved . . . not first rate," "Memorandum on a
conference between Yassky, Mendelsohn and Golub,"
folder 1; "urgently necessary," EM to "Dear Sirs,"
June 16, 1936, folder 3. Also: "Even my enemies',"
EM to LM, Aug. 17,1936; "all is one turbulent," EM
to LM, Jan. 21, 1936.

暴乱兴起

Population fgures and background to the revolt come
from ed. Itamar Rabinovich and Jehuda Reinharz,
*Israel in the Middle East: Documents and Readings
on Society, Politics,and Foreign Relations, Pre-
1948 to the Present* (Waltham, MA, 2008), 571;
Palestine Royal Commission Report, July 1937,
esp. 82 – 83, 96. For descriptions of the city's
division: "Disturbances in Country, Jerusalem, May
15, 1936," Had. 2/23/55/5; A. J. Sherman,*Mandate
Days: British Lives in Palestine, 1918 – 1948* (London,
1997), 96 – 97.
The accounts of the field—hospital conditions at
Hadassah are taken from "Reports Concerning
Disturbances" in Had. 2/23/55/5 and 6, and
Yassky's diary from this time, found in Had.
2/23/55/6. "Owing to the lack," Yassky diary, June
18. Quotes are as follows: "nerves drawn tight," Rose
Halprin to Mrs. Robert Szold, April 28,1936, Had.
2/23/55/5; "caused by eating decayed foods," Yassky
diary, July 3 – July 6; "horrible . . . Part of the brain,"
Yassky diary, Aug. 21. The murdered professor was
Levi Billig. See also Gershom Scholem's letter to

Walter Benjamin about his killing and the ensuing "uproar," Aug. 26, 1936, *Correspondence of Walter Benjamin and Gershom Scholem, 1932 – 1940* (NY, 1989), trans. Gary Smith and Andre Lefevere. For details of the charged mood surrounding the violence, see "sooth[ing] the seething," *Haaretz* article by Herman Swet, June 4, 1936, trans. in Had. 2/23/55/6; "Despite my objections," Yassky diary, Aug. 21, 1936. Accounts of the attack at the Edison and the funeral come from Yassky's diary, May 16; "Jerusalem Gangs Curbed by Curfew," *NYT*, May 18, 1936. Further quotes: "hysterical weeping," "Jerusalem Buries Its Dead," *PP*, May 18, 1936; "unwittingly become the depot," Swet, *Haaretz*; "Purposely," "Disturbances in Country, Jerusalem, May 15, 1936," Had. 2/23/55/6; "news with regard," Swet, *Haaretz*; "I need hardly attempt," Rose Halprin to Mrs. Robert Szold, May 26, 1936, Had. 2/23/55/5.

Mendelsohn's work and mood during this time are detailed in "Report on the period May 1 – 15, 1936," May 18, 1936, Had. 2/21/53/1; EM to LM, July 23, 1936; "Scopus Medical Center," PP, Oct. 20, 1936. Quotes: "fresh and delicious," EM to LM, July 6, 1936, EM/LM 2/2; "Schocken is in a good temper," EM to LM, July 9, 1936; "still a naked babe," EM to LM, July 23, 1936 (translation tweaked); "The chief building seems," EM to LM, July 27, 1936; "exciting days," EM to LM, July 30, 1936; "lean and uncertain," EM to LM, July 13, 1936; "certain elements of Jewry," Sept. 2, 1936, meeting of Yassky, Magnes, and Halperin, Had. 2/20/52; "if the major buildings," EM to LM, Aug. 1, 1936; "We thought that after," EM to LM, Aug. 15, 1936, *Briefe*. Details of the hospital's construction are drawn from "Hadassah Hospital Medical Centre," PP, Oct. 21, 1936; minutes of meeting at EM's office, Jan. 15, 1937, Had. 2/20/52.

Background about the Palace Hotel is drawn from Yildirim Yavuz, "The Influence of Late Ottoman Architecture in the Arab Provinces: The Case of the Palace Hotel in Jerusalem," *Proceedings of the 11th International Congress of Turkish Art*, Utrecht, Aug. 23 – 28, 1999; Daniella Ohad Smith,

"Hotel Design in Zionist Palestine: Modernism, Tourism, and Nationalism, 1917 – 1948" (Ph.d. diss., Bard Graduate Center, 2006), 196 – 204; Uri M. Kupferschmidt, *The Supreme Muslim Council: Islam under the British Mandate for Palestine* (Leiden, 1987), 136 – 137; Baruch Katinka, *From Then till Now* [Heb.] (Jerusalem, 1961), 257 – 263; Kroyanker, *Jerusalem Architecture . . . Mandate*, 216 – 17; Kroyanker, "Palace Hotel: Recycling Plan—From Ofces to Hotel" [Heb.]; Jerusalem Municipality Planning Department, June 1981; "Jerusalem's New Hotel," PB, Dec. 22, 1929; "Hotelkeeper a Voluntary Bankrupt," PB, March 7, 1932; "Where the Commission Will Sit," PP, Nov. 12, 1936. The seventh–century lines inscribed on the hotel's façade are by the Umayyad poet al–Mutawakkil al–Laythi. Details about the King David come from Ohad Smith, "Hotel Design," 185 – 196; she quotes Vogt, 190. For the description of "the great meeting place," see Sherman, Mandate Days, 165. The commission's doings are detailed in the *Palestine Royal Commission Report and the Palestine Royal Commission, Minutes of Evidence Heard at Public Sessions* (London, 1937). The labor strife surrounding the hospital's construction is recounted in "Labour Quarrel on Mount Scopus," PP, Dec. 8, 1936; "Further Revisionist Disturbances," PP, Dec. 10, 1936; "Police Arrest Three for Attack on Hadassah Jerusalem Offices," *The Chicago Sentinel*, Dec. 17, 1936. Quotes are as follows: "the Socialist … groups," League for Jewish National Labor to Mrs. Jacobs, Dec. 9, 1936, and "violent demonstrations," Yassky to Szold, Dec. 11, 1936, both in Had. 2/21/53/3.

The progress of the hospital is charted in various documents in Had. 2/20/52: building committee meetings, Sept. 1, 1936, March 1, 1937; the accounts of meetings at EM's office, Feb. 9, 1937, Jan. 15, 1937. Quotes: "Mr. Mendelsohn pointed out," meeting at EM's office, Feb. 9, 1937, "There can be no thought," meeting March 1, 1937. The quarry's incompetence is discussed in minutes of many meetings, including Nov. 9 and 13, 1936; Jan. 15, 1937. In a letter from EM to Yassky, April 3, 1940 (Had. 2/64/104), he mentions "the machine–cut stone" as "a personal invention of mine that saved Hadassah several thousand pounds." Further quotes: "apart from the question of the expense" and "the appearance of a long building . . . coping," meeting March 1, 1937, Had. 2/20/52. All the quotes about composite stone come from the minutes of this meeting. Rose Jacobs's threat to quit is mentioned in a memo, April 6, 1937, and EM's insistence on the stone's porousness in minutes from March 1, 1937. The quarry's "permanent diffculties" are described in "Report for the Period of Nov. 16, 1937 to July 31st, 1938," by Mendelsohn, Had. 2/21/53/4; "unfaced for some time," May 13, 1938, Had. 2/20/52.

Further quotes: "it seems probable," *Palestine Royal Commission Report*, 372; "peculiarly English proverb," *PRCR*, 394; "There is little moral value," *PRCR*, 375; "dream of a socialist state," EM to LM, May 16, 1937, *Briefe*; "the grand scope," EM to LM, May 25, 1937; "express . . . freedom," EM to LM, Aug. 10, 1937; "deeply moved . . . a mood of reverence," EM/LM 33/3, 289.

现实与可能

Mendelsohn's sense of his "special mission" is conveyed in EM to SS, July 27, 1936. For the vision of the *university as "a holy place,"* see Myers, *Re-inventing the Jewish Past*, 40; Arthur A. Goren, "Sanctifying Scopus: Locating the Hebrew University on Mount Scopus," in *Jewish History and Jewish Memory: Essays in Honor of Yosef Hayim Yerushalmi*, ed. Elisheva Carlebach, John M. Efron, David N. Myers (Hanover, NH, 1998). The question "What is Judaism?" is quoted in Norman Bentwich, *Judah L. Magnes* (London, 1949), 156. The build-up continues: "already waiting," EM to LM, Dec. 7, 1934; "an entirely new master plan," EM to LM, Dec. 12, 1934; "to profit from the presence of," quoted in Feb. 22, 1935, "Rosenbloom Building," HUA 027; "he . . .is going to give us," Magnes to Warburg, Jan. 11, 1935, HUA 027; "a new epoch," the words are Nahum Sokolow's, quoted in Goren, "Sanctifying Scopus," 331.

Details about the buildings then standing on Mount Scopus are drawn from Diana Dolev, "Architecture

and Nationalist Identity: The Case of the Architectural Master Plans for the Hebrew University in Jerusalem (1919 - 1974) and Their Connections with Nationalist Ideology" (Ph.D. diss., University College London, 2000); Kroyanker, *Jerusalem Architecture: . . . Mandate*, 100 - 104; *The History of the Hebrew University of Jerusalem, Origins and Beginnings*, 4, ed. Shaul Katz and Michael Heyd [Heb.] (Jerusalem; 2000), 463 - 487; Warhaftig, They Laid, 44 - 47; Bentwich, *Judah L. Magnes*, 159.

Geddes's and Mears's plans (and quotes from them) come from Patrick Geddes, "The Proposed Hebrew University of Jerusalem: A Preliminary Report by Professor P. Geddes assisted by Captain Frank C. Mears," CZA L 12\75. For the conversation surrounding these plans, see: "something more than . . . a spacious City," Mears to Eder, Oct. 15, 1924, CZA L 12\39; "there has not been a single person," quoted in Dolev, "Architecture and Nationalist Identity," 152; "the intellectual masterpiece," Lewis Mumford, "The Hebrew University: The Vision of the Architect," *Menorah Journal* 8, no. 1, (Feb. 1922); "I have the impression," quoted in Diana Dolev and Haim Gordon, "The Architectural Challenge of a Jewish Studies House at the Hebrew University: A Lost Opportunity," *Shofar* 11, no. 1, (Fall 1992): 2; "unscrupulously 'chunked," from a 1930 letter to Mumford, quoted in Dolev, "Architecture and Nationalist Identity," 163. Dolev quotes Geddes as writing a letter to Lewis Mumford in 1925: "There is an active endeavor among various important Zionists to have separate com- petitions . . . among Jewish architects—and thus get rid of me—and Mears too," "Architecture and Nationalist Identity," 155.

Background to EM's plans for the campus comes from Heinze-Müheib, *Bauten*, 179 - 80; Heinze-Greenberg, "Architecture in Palestine," 220 - 223; Dolev, "Architecture and Nationalist Identity," 173 - 90. Quotes: "I am . . . bewitched," EM to LM, Jan. 3, 1935; " 'the cooling west wind,'. . . 'Look," Erich Mendelsohn, "Building on Mount Scopus," *PP*, May 9, 1939.

The Rosenbloom gift is outlined in "$500,000 Gift for Hebrew University Announced by Mrs. Sol

Rosenbloom," *Jewish Daily Bulletin*, Feb. 18, 1926. In the end(according to the archives of the Hebrew University), the actual amount was closer to$ 100,000. The dispute surrounding the building is described in Dolev, "Architecture and Nationalist Identity," 167–72. Details of the conflict are as follows: "stands at the head of a school," Dec. 20, 1934, meeting of the building committee, Had. 2/20/52; "a long narrow one story," "Rosenbloom Building," Feb. 22, 1935, HUA 027 (all the following quotes are from the same HUA file); "unsatisfactory . . . as the Library building," Feb. 22, 1935; "We are very much dissatisfied," Charles Rosenbloom to Magnes, May 14, 1935; "a splendid, practical, and beautiful conception," Magnes to S.Ginzberg, Aug. 22, 1935; "completely opposed," Mack to Weizmann, June 30, 1936.Schocken's letter to Celia Rosenbloom is dated Aug. 26, 1936, and to Weiss, Oct. 20,1936; EM's furious response is written to Schocken, July 27, 1936 (in the *Letters*).

For EM's turn to the English authorities and Wauchope's patronage, see: "called in the Romans . . . secret agreement . . . integrated town planning," EM to LM, July 30,1936; "in view of the unique site . . . to form one harmonious," "Extract of Minutes of the Last Meeting of the Jerusalem Town Planning Commission, Aug. 19, 1936, SA042/61; "he would not like to lose me," EM to LM, Aug. 7, 1936; "I imagine he stands . . . In the National Homeland," Wauchope to Parkinson, March 11, 1936, CO733/307/7; "he said the National Home," EM to LM, Aug. 7, 1936; "it would be one of the few joys . . . one of the most friendly," EM to LM, Aug. 13, 1936. Further quotes: "must carry the blame," EM to SS, July 27, 1936; "the layout and architecture," EM, "Building on Mount Scopus." Alterman's poem is "The Orient's Enchantments," which frst appeared in *Haaretz*, Oct. 20, 1936, reprinted in *Moments* [Heb.] (Tel Aviv, 1975), vol. 1.

Progress on the hospital is evident from a photo album, compiled by Arie Gorodetsky, a junior engineer on the project, that chronicles the building of the whole medical center and shows a picture labeled "Medical School. The first day of work.May 24, 1937." Lack of progress on the campus is evident from the following: "sheer fancy," "Notes on the Proposed Agreement with Mr. Mendelsohn," May 6, 1938,HUA 027 (all HUA items from this file); "a singularly unsuccessful," Magnes to SS,May 8, 1938; "absolutely opposed," Magnes to "the Administrator," Feb. 2, 1938; "strikes ever so many . . . has been sound . . . I do not think," Magnes to SS, May 8,1938; "We must envisage," Yassky to Szold, Oct. 14, 1938, Had. 2/21/53/4. EM describes to LM his gloom about political events in a letter dated Sept. 29, 1938, *Briefe*.

难民之城

The chapter's title comes from George Seferis's poem "Stratis Thalassinos at the Dead Sea," written in 1942 and translated by Roderick Beaton in *A Levant Journal* (Jerusalem, 2007): "Jerusalem, unruled city, city adrift, / Jerusalem, city of refugees."

The account of Jerusalem, London, and the Mendelsohns'place in both during this period is drawn largely from LM, "My Life" ; EM/LM 31/7; EM/ LM 33/4. Quotes: "Instead of praying," EM to LM, Oct. 6, 1938. The second part of the same letter is untranslated in Beyer, see *Briefe*, 112. "Rehavia is full," EM to LM, May 2, 1938,*Briefe*; "You need . . . to choose," Blumenfeld to EM, Feb. 8, 1939, quoted in *Bauten*,53; "every effort," Yassky to EM, quoted in Herbert and Richter, *Through a Clouded Glass*, 128. Their British naturalization certificates were issued August 20, 1938,Home Office 334/150/12373. On EM's election by RIBA see Herbert and Richter,*Through a Clouded Glass*, 128.Quotes about the White Paper are as follows: "within ten years," from *The Israel Arab Reader: A Documentary History of the Middle East Conflict*, ed. Walter Laqueur and Barry Rubin (NY, 1984), 46; "liquidation of the National Home," "Jews'Day of Protest Ends with Rioting in Jerusalem," *PP*, May 18, 1939; "Black Paper," "Day of Visitation," *PP*, May 18, 1939.

Luise describes Else Lasker–Sch ü ler in EM/LM 33/4, 380–81. Hans W. Cohn quotes Benn in *Else Lasker–Sch ü ler, The Broken World* (Cambridge,

1974), 29. Other quotes about and by the poet: "the whole of her seemed," Heinz Politzer, "The Blue Piano of Else Lasker-Schueler," *Commentary* 9 (Jan. - June 1950); "to the building of Palestine," quoted in the introduction to Lasker-Schüler, *Hebrew Ballads and Other Poems*, trans. Audri Durschlag and Jeanette Litman-Demeestère (Philadelphia, 1980); "a really bewildering figure," Scholem to Benjamin, April 11, 1934, *Correspondence*; "a ruin, more haunted," Scholem to Benjamin, April 19, 1934, *Correspondence*.

For the poet's vision of Middle East peace, see: "Arab children play," Else LaskerSchüler, Das Hebraerland, *Werke und Briefe*, [German] ed. Karl Jürgen Skordzki and Itta Shedletzky (Frankfurt am Main, 2002), 5:107; "Every guest who enters," Durschlag and Litman-Demeestère, Hebrew Ballads, 51, translation adjusted. For others' views of her take on the East: "a terrifying muddle," Politzer, "The Blue Piano," 336; "wonderful fairy city . . . a pity," "Fairy Lands," PP, Jan. 26, 1940; "She lived entirely," EM/LM 31/7, 22. And for more of her own (conflicted) vision: "throw away all the books . . . we'll reconcile," Lasker-Schüler to SS, July 27, 1939, *Briefe, Werke und Briefe*, 10:236; "solve the Arab-Jewish problem," Schalom Ben-Chorin, quoted in Durschlag and Litman-Demeestère, *Hebrew Ballads*, xx; "the healing bath . . . God's chosen bride," Durschlag and Litman-Demeestère, *Hebrew Ballads*, 51; "I can no longer maintain," quoted in Betty Falkenberg, *Else Lasker-Schüler: A Life* (Jefferson, NC/London, 2003), 151; "The Dimdumim begin," Lasker-Schüler to SS, Dec. 6, 1939, *Briefe*.

Further descriptions of Lasker-Schüler include Yehuda Amichai's account of having laughed at her as a boy, "Preface," Durschlag and Litman-Demeestère, *Hebrew Ballads*, ix. In *Else Lasker-Schüler—A Poet Who Paints* (Haifa, 2006) Irit Salmon quotes the artist Yigal Tumarkin as saying she looked like "a witch with a weird hat talking to birds." Her likeness to a bird is emphasized by others, including Maron Sima, quoted in the same catalog, 12. Politzer describes her as a "solitary, exotic night bird," "The Blue Piano," 336.

The account of her reading is drawn from EM/LM 33/4, 342; Lasker-Schüler to Fredy Berlowitz, June 26, 1939, Briefe, 10:230; "Social and Personal," *PP*, June 27, 1939. Further information on the poet in this context appears in Ita Heinze-Greenberg's lecture, "Erich Mendelsohn, Salman Schocken und Else Lasker-Schüler in Jerusalem,"

巴勒斯坦与明日世界

The Haifa hospital is described in Heinze-Greenberg, "Architecture in Palestine," 228 - 35, and Gilbert and Sosnovsky, *Bauhaus on the Carmel*, 152 - 55. Its building is called "a record of speed," in the *PP*, Dec. 25, 1938. EM says it "follows the sweep" in "My Own Contribution" and comments "as, under present circumstances" in "Journalists on Hadassah Medical Centre Tour," *PP*, May 4, 1939.

The various parties, concerts, and explosions are recounted in the following *PP* stories: "Hadassah University Centre Reception," *PP*, May 16, 1939; "Orchestra's Future," *PP*, July 7, 1939; "Scherchen Conducts," May 11, 1939; "Youth, Enthusiasm and Fire," May 11, 1939; "Bombs and Fire at Immigration Offices," May 18, 1939; "Let There Be Light," May 30, 1939; "Another Jewish Protest in Jerusalem," May 22, 1939; "Five Thousand Jewish Women Demonstrate in Jerusalem," May 23, 1939; "Eighteen Injured by Bombs in Jerusalem Cinema House," May 30, 1939; "Wreckage at the Rex," June 2, 1939; "Ban on Jerusalem Buses to Be Lifted on Sunday," June 2, 1939; "Rachel Ohev-Ami Sentenced to Life Imprisonment," June 13, 1939; "Five Injured Main Hall Damaged," June 10, 1939. The "wanton sabotage and tragic loss" are described in "Armourer Killed by Third Bomb in G.P.O.," June 12, 1939. See also "Twenty-five Hurt in Palestine Riot," *NYT*, May 18, 1939; "12 Die as Palestine Terror Rages; Bomb Kills 5 Arabs in Jerusalem," *NYT*, June 3, 1939. For descriptions of the bank building, see Gail Hoffman, "Jerusalem's Newest Landmark," *PP*, June 16, 1939; EM, "The Anglo-Palestine Bank," *PP*, June 17, 1939.

Details of the post office come from Gail Hoffman, "The New G.P.O. Opens Its Doors," *PP*, June

17, 1938. Mendelsohn's letter to Harrison is dated Jan. 10, 1938, AH archive, IAA. Edward Keith—Roach describes MacMichael's hobbies in *Pasha of Jerusalem: Memoirs of a District Commissioner Under the British Mandate* (London, 1994), 195.Schocken's complaint is registered by Shmuel Hugo Bergmann in his *Tageb ü cher & Briefe*, 2 vols., ed. Miriam Sambursky (Königstein, 1985), 1:540. "We are still in the midst," is EM to Arnold Whittick, quoted in Whittick, *Eric Mendelsohn*, 130.

"Palestine and the World of Tomorrow" appears in EM/LM 9/7 and is reprinted in *Erich Mendelsohn in Palestine* and Heinze—M ü hleib, *Bauten*. EM's letter to Mumford,April 12, 1939, is quoted in Heinze—Greenberg, "Architecture in Palestine," 241. For details of EM's dispute with Hadassah, see EM to Yassky, April 3, 1940; Yassky's letter to Halprin, April 28, 1940; Halprin to EM, Sept. 16, 1941; EM to Halprin, Oct. 2,1941, all in Had. 2/64/104. Other quotes: "collection of unrealized projects," EM is quoted in a letter to Schocken from Ch. Raphael of the Friends of the Hebrew University, July 20, 1938, and "sorry hear," Weizmann to SS, Feb. 6, 1941, both in SA042/6; "He made himself very unpopular . . . seemed clear," EM/LM 33/4, 345 – 46; "It is up to you," Yassky to Mendelsohn, and "I left Palestine," Mendelsohn to Yassky,quoted in Silbert Herbert, *EM in Palestine*, 15.

On Lasker—Sch ü ler's death, see "Poetess Buried on Mount of Olives," *PP*, Jan. 23,1945. "If I had the chance," EM to Oskar Beyer, March 27, 1953, *Letters*, 180. This translation comes from Bruno Zevi, *EM* (1999), 201. EM's ashes were scattered in "an unrecorded place" according to Whittick, *Eric Mendelsohn*, 177.

第二部 美物难存，1923

Unless otherwise noted, all quotations from Harrison's letters come from his own typed and bound "Some Letters of Mine," in his personal archive, held at the Israel Antiquities Authority Archive,Jerusalem.

在花园中

For background on Harrison, I've relied on the comprehensive and very thoughtful dissertation by Ron Fuchs, "Austen St. Barbe Harrison: A British Architect in the Holy Land" [Heb.] (DSc thesis, the Technion 1992). This appears in truncated form,in English, as Fuchs and Gilbert Herbert, "Representing Mandatory Palestine: Austen St. Barbe Harrison and the Representational Building of the British Mandate in Palestine, 1922 – 37," *Architectural History* 43 (2000). Further context came from an interview (Feb. 5, 2013) and multiple e—mails exchanged with Yani Papadimos, Harrison's adopted grandson; Julie Williams's written recollections of the architect (from 1961 to 1973); and an ongoing conversation with IAA archivist Silvia Krapiwko.

Descriptions of the Abu Tor house are drawn from Fuchs, "Austen St. Barbe Harrison"; Helena Harrison's Journal of a Visit to Palestine, GB 165—0136, MECA, entry dated March 18, 1925; AH to his mother, Jan. 22, 1941; AH to Catherine Harrison(n. d.), 1923; AH also describes the house in a letter to Freya Stark, April 12, 1949, FS 14/8. Quotes: "most grudgingly," AH to Ena Harrison, Oct. 21, 1923. For details of AH's friendship with Freya Stark, see Freya Stark, *Letters*, vol. 4, ed. Lucy Moorehead(Salisbury, 1977). See also AH's letters to Stark, FS 14/8. AH's own descriptions of his social life are: "rather an Ermetical," AH to Lilian Bomberg, Oct. 16, 1960, DB 873/3/3; "I really am a very sociable," AH to Reiner Markus, Aug. 12, 1947. LM describes "a very sensitive artist . . . He did not like," in EM/LM 33/3, 294 – 95. Durrell's descriptions all come from *Bitter Lemons* (London, 1957), 98 – 101. For more on the friendship between AH and Durrell, see "Letters of Lawrence Durrell to Austen Harrison," ed. David Roessel, Deus Loci 3 (1994), and Durrell, *Spirit of Place: Letters and Essays on Travel* (London, 1969). AH's description of "a particular kind of rubble" appears in "Government House Plans," Aug. 24, 1927, CO 733/145/1A.

Details of AH's pre—Palestine doings come from his letters; his CV (CO 733/145/1A); a handwritten "Candidate's Separate Statement" submitted to

RIBA,July 1927 (AH archive, IAA); Samuel's telegram is dated Dec. 9, 1921, CO 733/8.Quotes about the Nufeld commission appear in Howard Colvin, *Unbuilt Oxford*(New Haven, 1983), 174. Quotes from AH's letters are as follows: "I admire English people," AH to Markus Reiner, Aug. 23, 1948; "How can I be happy," AH to his mother, Jan. 13, 1942; "the only job . . . whether I would not have been," AH to his mother, Dec. 18, 1916; "abject desolation . . . Everywhere were," AH to his father,Sept. 15, 1917; "the awful silence," AH to his father, Dec. 19, 1919; "among the massive walls," AH to his father, Sept. 28, 1919; "Curiously enough," AH to his father, Dec. 19,1919; "crawl[ing] up and down," AH to his mother, Oct. (n.d.), 1919; "never . . . in all my life been so consciously," AH to his father, Sept. 28, 1919; "irregularities of Byzantine construction," AH to his father, Oct. 19, 1919; "a wonder," AH to his father, Jan. 2, 1920. He describes the shattered vases and gold leaf in a letter to his father, Nov. 29,1919, and "calcined and wrecked" mosaics to his father, Nov. (n.d.), 1919; AH refers to the "destroyed cities" in a letter to his mother, Feb. 25, 1921, and says he wants to find further work in the East in a letter to his mother, (n.d.), 1920. "I had become a little tired," AH to his father, Nov. 11, 1920.

Fuchs and Gilbert characterize him as "the architect of the British Mandate . . .almost the sole author," "Representing," 287. Other Israeli architectural historians,including David Kroyanker and Ada Karmi–Melamede, characterize him in similar terms. Harrison's description of "descend[ing] the stepped suk," comes from "The Dome of the Rock," *The Sphinx*, 1946, in a "Press Cuttings" notebook in his archive.His first surviving letter written in Jerusalem is dated July 21, 1922.

倒塌的墙

The various statements about AH's capability are all reiterations of earlier assessments, copied into his file, Sept. 1928, CO 733/145/1A. The different jobs dangled before him are recounted in AH to his father, June 18, and Dec. 12, 1925. He describes the "vague rumours" and his supervisor's irritating manner to Ena, Oct. 21, 1923. Further quotes: "pure humbug . . . a general feeling of uncertainty," AH to his father, (n.d.),1923; "a lot of niggling," AH to Ena, Oct. 21, 1923; "little overawed," AH to his father, Nov. 2, 1923; "Herculean," AH to his father, (n.d.), 1923; "shows patches of damp," AH to his father, Nov. 2, 1923. AH's account of the pre–Jebusite wall, school, and police station come from AH to his mother, Oct. 22, 1924; AH to his father, Dec.(n.d.), 1925. He describes it as "hack work," AH to his mother, Oct. 20, 1926.

Background about the Palestine Pavilion and British Empire Exhibition come from *Palestine Pavilion Handbook and Tourist Guide* (London, 1924); The British Empire Exhibition, 1924, *Official Guide* (London); "A Festival of Empire: Impressions at Wembley" and "At the Stadium: Grand Spectacle in the Amphitheatre," both in *The Times*, April 24, 1924; Nicholas E. Roberts, "Palestine on Display: The Palestine Pavilion at the British Empire Exhibition of 1924," *The Arab Studies Journal* 15, no. 1 (2007);Fuchs, "Austen St. Barbe Harrison," 80 – 85; the minutes of committee meetings, CZA S25\10980 and 10981. AH's own assessment of the pavilion are: "ruined by a committee . . . two terminal," AH to Ena, Oct. 21, 1923; "so modified it," AH to his father, Nov. 2, 1923. Virginia Woolf's description comes from her essay "Thunder at Wembley," *Selected Essays* (NY, 2008).

AH's account of his work in this period derive from letters: "I don't relish," AH to his father, Nov. 26, 1925; "Mr. Harrison's austerity," AH to Ena, Aug. 27, 1926; "reason to believe is horrid," AH to his mother, Oct. 20, 1927. The "schedule of accommodations" for the Amman house appears in Fuchs and Herbert, "Representing," 289.AH's opinion that "the house must be as habitable" is from a CO file, quoted in Fuchs and Herbert, "Representing," 290. Fuchs and Herber suggested AH took inspiration from the kiosk at Topkapi Palace in "Representing," 291, and Fuchs, "Austen St. Barbe Harrison," 87. Architectural details of the Çinili Kiosk come from Gülru Necipoğlu, *Architecture,*

Ceremonial, and Power: The Topkapi Palace in the Fifteenth and Sixteenth Centuries (Cambridge, MA, 1991), 210 – 18. AH's account of the progress on the residence and the wife of the representative's response is from AH to his mother, Jan. 27, 1927, and AH to his mother, July 7, 1927 (apparently misdated, since he mentions the earthquake that took place a week later).

His explorations of the country are recounted in AH to David Bomberg, July 11,1932, TGDB 878/ 2/ 2; AH to his mother, Oct. 16, 1931; to his father, Nov. 2, 1923; to his father, Saturday ? 22, 1923; to his mother July 17, 1923; Helena Harrison, Journal.Quotes: "a clever modest fellow," AH to his father, March 8, 1926; "a glorious ten days . . . after a motor run," to his mother, July 24, 1925; "pipes and flutes . . . a wide−mouthed well," to his mother, Oct. 26, 1926. Biographical information about David Bomberg is drawn from Richard Cork,David Bomberg (New Haven, 1987); Richard Cork, David Bomberg (London, 1988);David Bomberg in Palestine, 1923 – 1927 (Jerusalem, 1983); Alice Mayes, "The Young Bomberg," TGDB 7312; William Lipke, David Bomberg: A Critical Study of His Life and Work (London, 1967). Jonathan Wilson's novel A Palestine Affair (NY, 2003) is an intriguing fctionalized version of Bomberg's Jerusalem years. AH describes learning "certainly much more than from anyone else" to Lilian Bomberg, Oct. 16, 1960,TGDB 873/ 3/ 3. His account of mistaking the painter for a chimney comes from the same letter. Alice Mayes (Bomberg's frst wife) also writes that Harrison "saw David painting by moonlight one night and could not believe his eyes at first," Mayes, "The Young Bomberg," 45. AH says he descends from "undistinguished country gentry" in a file marked "Ancestors," AH papers, IAA; he describes his lessons and servant in a letter to his sister Catherine, (n.d.) 1923. The account of the Bombergs'fighting comes from Helena Harrison's journal. "Pugnacious is too mild" are the words of Joseph Leftwich, quoted in Cork, David Bomberg (1987), 19.

Muirhead Bone's attempts to help Bomberg are detailed in "Memorandum on the Suggested

Employment of an Artist by the Zionist Organisation in Palestine," TGDB 8/ 5/ 5. Alice writes that "David got no inspiration" in "The Young Bomberg" ; the term "heroic pictures" is Bomberg's own, from untitled notes for a talk, "Palestine, as Seen through the Eyes of an Artist," TGDB 878/ 4/ 7. AH dubs DB "the most intense painter" in Lipke, David Bomberg, 57. Bomberg's call for "a Sense of Form" is quoted in Cork, David Bomberg (1987), 78. AH writes to Lilian Bomberg that "We talked of everything," Oct. 16, 1960, TGDB 873/ 3/ 3. Bomberg insists that he learned from AH when he tells AH that a certain set of paintings were the result of the architect "goading [him] on," AH to TGDB, July 14, 1944, TGDB 878/ 2/ 2. Bomberg's long days and nights spent in Harrison's garden" are described in Bomberg's letters to Alice, Oct. 21,Nov. 12, and Dec. 23, 1926, TGDB 878/ 1/ 1.

AH describes DB's paintings as "void of propaganda value" to Lilian Bomberg, Oct. 16, 1960, TGDB 873/ 3/ 3. Further quotes: "as I expect I shall find it less easy," AH to his mother, July 24, 1925; "hates the house," AH to his father, Jan. 18, 1926; "no personal policy," quoted in Bernard Wasserstein, The British in Palestine: The Mandatory Government and the Arab−Jewish Conflict, 1917 – 1929 (London, 1978), 151; "There is no political situation," Horace B. Samuel, Unholy Memories of the Holy Land (London, 1930),91; "Everything is propaganda," AH to his father, June 18, 1925; "that unappreciated genius," AH to his mother, Oct. 7, 1935; "everything is now settled," AH to his mother, Oct. 20, 1926; "I have always heard," handwritten note in file CO 733/ 129/ 8, dated Nov. 4, 1926; "To cap it all . . . important buildings," AH to his mother, Oct 20, 1926.

地质构造学

Descriptions of the quake are as follows: "a tremendous noise," AH to his mother, July 13, 1927; "a heavy rumble," Keith−Roach, Pasha, 104; "was awakened by the door," Mayes, "The Young Bomberg," 60. Details of the devastation come from D. H. Kallner−Amiran, "A Revised Earthquake−

Catalogue of Palestine," Israel Exploration Journal 1, no. 4 (1950 – 51); "Quake Caused Avalanche of Melons," *AP*, July 13, 1927; "Palestine Quake Toll Set at 670 Dead," San Francisco Chronicle, July 15, 1927; "$1,250,000 Damage in Palestine Quake," *NYT*, July 14, 1927. Quotes as follows: "the appearance of having passed," "Serious Damage in Jerusalem," Jewish Telegraphic Agency, July 12,1927; "I suppose in the world's view," AH to Charles Breasted, July 25, 1927, Government of Palestine, 1927, OI; "and then he got the shock," Mayes, "The Young Bomberg," 60, TGDB 7312; "The earthquake has," AH to his mother, misdated July 7, 1927; "The rabbis of Jerusalem," "Palestine Quake Toll Set at 670 Dead," SF Chronicle, July 15,1927; "destroying a picture," "Stone Destroys Ex-Kaiser's Picture," *AP*, July 14, 1927; "huge stone . . . burst," "Palestine Portents," Time, July 25, 1927; "a German Institution," notes dated June 29, 1926, in CO 733/129/8.

Details of the plans for Government House are: "almost no precedent," AH to his mother, July 11, 1927 (misdated?); "it would be well worth while," notes dated Sept.19, 1928, in CO 733/145/1A; "suited to its environment . . . undesirable . . . sensible use . . . avoid flouting," AH to Pudsey, Sept. 21, 1926, quoted in Fuchs and Herbert, "Representing," 287 – 88. Fuchs and Herbert say he designed five different versions of the building, of which the first two remain obscure though the initial plan may date to Samuel's time in office. Further quotes: "financial and religious considerations," memorandum from Plumer, April 19, 1926, CO 733/129/8; "If the H.C.'s house is too large," note by A. J. Harding, June 1, 1927, CO 733/137/12; "conceived on monumental," HM Office of Works to Harding, May 16, 1927, and "no reflection," Shuckburgh to Symes, June 15, 1927, both in CO 733/137/12; "rotten in every respect," AH to his mother, July 3, 1927; "I believe based on a misunderstanding," Harrison, "Director of Public Works, Subject: Government House Plans," Aug. 24, 1927, CO 733/1451A. For details on the quarry and sewage drain, see extensive correspondence in CO 733/137/12; "after mature consideration," "Report," (n.d.), CO 733/137/12.

The anecdote about *mizzi Harrison* appears in Fuchs and Herbert, "Representing," 331. Though this was at first a nickname, it seems to have quickly become the official way of referring to this sort of stone: see A. Arnstein, "Palestine Building Stones," *Palestine & Middle East Economic Magazine* 7 – 8 (1933), in which the author lists Mizzi Ahmer, Mizzi Heloueh, Mizzi Yehudi, Mizzi Harrison, and other stones, without comment. Harrison's "a house is not like a factory" is quoted in Fuchs and Herbert, "Representing," 305; the "radical defects" are mentioned in Fuchs and Herbert, "Representing," 293. Harrison's quotes about his vision of the furniture and décor come from "Notes by the Architect on the Choice of Furniture for the Principal Rooms of the New Government House in Jerusalem," CO 733/194/1. Chancellor's sense that "there is no reason to think" is quoted in Wasserstein, *The British in Palestine*, 156.

Background about the events of 1929 comes from Wasserstein, *The British in Palestine*, 155 – 59, 217 – 35; Sherman, Mandate Days, 77 – 82; Hillel Cohen, *Tarpat: Year Zero in the Jewish-Arab Conflict* [Heb.] (Jerusalem, 2013). Humphrey Bowman in quoted in Sherman, *Mandate Days*, 82; "a seismic effect," Wasserstein, The British, 156. "A Crusaders'Castle of To-Day," by Christopher Hussey, appears in Country Life, Oct. 31,1931; the article that describes the laborers working "in harmony on this building" is "The New Jerusalem Government House," *Architectural Review* 70 (Oct. 1931), and the piece that says "The solid building stands out" is "Palestine's New Government House," *The Near East and India*, April 9, 1931.

地面上的，地底下的

The basic history of the museum is recounted in Fawzi Ibrahim, *West Meets East: The Story of the Rockefeller Museum* (Jerusalem, 2006). AH describes "a real secret" in a letter to his mother, Jan. 27, 1927, and warns it's highly confidential" in another, July 11, "1927(misdated?). He tells Markus Reiner "How heartily sick I am," March 10, 1947.

Background about the Breasted–Rockefeller dealings comes from Charles Breasted, *Pioneer to the Past* (Chicago, 2009), 376 – 402; Jeffrey Abt, "Toward a Historian's Laboratory: The Breasted–Rockefeller Museum Projects in Egypt, Palestine, and America," *Journal of the American Research Center in Egypt* 33 (1996), and Abt, *American Egyptologist: The Life of James Henry Breasted and the Creation of His Oriental Institute* (Chicago, 2011), 317 – 44. "the past of Palestine," is described in the draft of a letter from Rockefeller to Plumer, July 27, 1927, RAC 2/E/25/263. The conditions at the previous Palestine museum are recounted in Breasted, *Pioneer*, 392, and J. H. Iliffe, "The Palestine Archaeological Museum, Jerusalem," *The Museums Journal* 38, no. 1, (April 1938). Quotes are as follows: "historical laboratory," Abt, "Toward a Historian's Laboratory," 174; "Origin and Development of Civilization," quoted in Abt, *American Egyptologist*, 228 – 29. Breasted uses the term "Fertile Crescent" and describes the "earliest home of men" in *Ancient Times: A History of the Early World* (Boston, 1916). Details of the plans for (and quotes about) the Egyptian museum come from the glossy booklet "The New Museum and Research Institute at Cairo," RAC 2/6/25/258A. Quotes: "absolutely unacceptable," Breasted, *Pioneer*, 396; "human development," "The New Museum and Research Institute," 26; "to intoxicate . . . give him such a pipedream," Breasted to George Ellery Hale, July 20, 1925, quoted in Abt, "Toward a Historian's Laboratory," 186.
Early plans for the Palestine museum appear in the copious correspondence on the subject in OI, Government of Palestine, 1926, 1927 (all OI files cited are labeled "Government of Palestine"), RAC 2/E/25/263, and IAA ATQ 202 first jacket. Quotes: "fundamental matters of circulation," Breasted to Raymond Fosdick, July 27, 1927,RAC 2 E/25/263; "the Romanesque such as one finds," AH to Breasted, April 26, 1927, OI, 1927; "how pleased I am," AH to Breasted July 25, 1927, OI, 1927; "I am writing this letter, in order that you," AH to Breasted, Sept. 16, 1927, OI, 1927. The terms of the agreement with the Palestine government are detailed in a letter

from Breasted to Plumer, Aug. 9, 1927, OI, 1927; see also Abt, *American Egyptologist*, 333,quoting Fosdick: "We are treating the Palestine Government far more liberally than we offered to treat the Egyptian Government." The secret and confidential letters is Breasted to Plumer, Aug. 9, 1927, OI, 1927, and the gleeful note is written by Fosdick to Rockefeller, Jan. 18, 1927, quoted in Abt, "Toward a Historian's Laboratory," 189. Breasted declares to AH that "The man who has the courage," Oct. 5, 1927, OI, 1927. AH's describes the "howl and suggestions . . . despite the clause . . . Without any prejudice" in a letter to his mother, Nov. 16, 1927. Richmond says he "happily gained the confidence" in a handwritten note, "Proposed Palestine Museum," n.d., IAA ATQ 202 first jacket. AH recounts "a rather vicious campaign . . . They say I was sent," AH to his mother, June 1928, labeled "(before 24th)." Richmond's complaint about the tower appears in a letter to Breasted, Jan. 21, 1928, OI, 1928. Background on the YMCA comes from Kroyanker, *Jerusalem Architecture* . . . Mandate, 228 – 32, and Inbal Ben–Asher Gitler, "Reconstructing Religions: Jewish Place and Space in the Jerusalem YMCA Building, 1919 – 1933," *Zeitschrift für Religions und Geistesgeschichte* 60, no. 1 (2008). Further quotes: "fighting the local committee . . . They don't like," AH to his mother, Feb. 5, 1928; "the self consistency," Breasted to ETR, Jan. 28, 1928, OI, 1928; "all the pleasant things," AH to Breasted, Feb. 9, 1928, OI, 1928.
The history of Qasr ash–Sheikh comes from A. S. Khalidi's letter dated June 1, 1942,IAA ATQ 18/203. The file also holds "Endowment Deed of Karm ash–Sheikh" (see also IAA SRF 104); the pine's age and Rockefeller's "special request" are described by Iliffe in "The Palestine Archaeological Museum," 3. In an Aug. 7, 1926, letter from John Garstang to Breasted, he describes the site and its "ancient Crusader building which can be adapted as a special feature," OI, 1926. Breasted writes to AH, July 6, 1927, and calls it a Crusader Castle, OI, 1927. AH writes to Breasted, "I do feel that it would be easy" on Sept. 16, 1927, OI, 1927. Correspondence about the graves appears in ATQ 1/202 toward the end of June 1928 and

Harrison's letter to Breasted, July 4, 1928, OI, 1928. Clermont—Ganneau's mention of the graves appears in "Letters from M. Clermont—Ganneau," PEF Quarterly Statement, April 1874, 95 – 96, and they're mentioned, for instance, in PLO Guy to Breasted, April 27, 1927, IAA ATQ 1/202. Quotes: "we have found a grave," AH to ETR, June 29, 1929, IAA ATQ 1/202; "skulls and many human bones," unsigned, undated typed report, Dept. of Antiquities, IAA SRF104; "pending further investigations," AH to ETR, July 30, 1928, ATQ 1/202; "the foundations of the Museum," AH to his mother, Dec. 5, 1929.

相关遗迹

The wording of the inscription is found in "Note on the Proposed Inscription for a Foundation Stone for the New Museum" from IAA ATQ 202 first jacket, together with the "Order of Procedure at Laying of Foundation Stone of the Palestine Archaeological Museum." Mention of the lead box filled with "Palestine coins" comes from a caption on the back of one of the photos in the OI file "Palestine: Jerusalem—Rockefeller Museum." (Although I've found no correspondence about this—and the stone is now buried—it seems Eric Gill may have played a role in carving the inscription, since his papers at the Clark contain a rough sketch of the same, see, CEG 320.) Rockefeller's telegram is dated June 5, 1930, RAC 2/E/25/263. The "List of Invitations issued by Department of Antiquities for the Laying of the Foundation Stone for the New Museum," surfaces in IAA ATQ 202, first jacket, along with "Remarks of the High Commissioner at Laying of the Foundation Stone of the Archaeological Museum" (also in OI, 1930).

Harrison describes the museum as "the one work in Palestine" to his mother, Jan. 1, 1938. For an excellent description of the building and its "reinterpretation of the townscape of Jerusalem," see Fuchs and Herbert, "Representing," 311 – 324; see also Fuchs and Herbert "A Colonial Portrait of Jerusalem," 97. For details of the delays and Rockefeller's extensions of his grant, see various correspondence in RAC 2/E/25/263 and 269, and ATQ 202 first jacket.

Quotes: "in no way whatever to blame," "File—Jerusalem Museum (Conversation with Dr. Breasted) From: Mr. Packard," Sept. 19, 1932, RAC 2/E/263; "outbreak . . . wherein the Arabs," Breasted to Packard, May 4, 1933, RAC 2/E/26/269. Harrison's wariness about Wauchope is detailed in a letter to his mother, Oct 16, 1931. The description of the high commissioner as Dr. Jekyll and Mr. Hyde is from Keith—Roach, Pasha, 132 – 33.

The problems with the stone supply and the museum's progress are described in "Palestine Archaeological Museum: Report on Progress—June 30, 1932," RAC 2/E/26/269. (Breasted's quotes come from the same file, as do the reports on the finishing trades and Syrian walnut.) The accounts of "the basic fear in the Arab mind" is in Joseph M. Levy, "Arabs Riot Again; Unrest Spreads," NYT, Oct. 29, 1933. AH's letter to his mother, "there is no cause at all," is dated Nov. 16, 1933. AH writes to Ena: "as usual he gives me credit," Sept. 3, 1935. Details about the contractors and furnishing come from Kroyanker, Jerusalem Architecture . . . Mandate, 76 – 77; "The Palestine Archaeological Museum, Jerusalem," The Architect & Building News, Sept. 6, 1935; Iliffe, "The Palestine Archaeological Museum." The Hippias Major quote is 285d, Plato in Twelve Volumes, vol. 9, trans. W.K.M. Lamb (London, 1925).

Background about Gill is drawn from Eric Gill, Autobiography (London, 1992), Fiona MacCarthy, Eric Gill: A Lover's Quest for Art and God (NY, 1989), Malcolm Yorke, Eric Gill: Man of Flesh and Spirit (London, 1981). A note at the start of From the Jerusalem Diary of Eric Gill (London, 1949) mentions "the various civilizations." The list of "ancient nations" is included in Gill's letter to Rev. John O'Connor, Oct. 1, 1933 (this seems to be misdated, since Gill and Harrison were corresponding about the carvings in early Oct. 1934), Letters of Eric Gill, ed. Walter Shewring (London, 1947). Gill's notion that "art embraces all making" appears in his introduction to O'Connor's translation of Jacques Maritain's The Philosophy of Art (Ditchling, UK, 1923). Jones's comments on Gill are drawn from an interview,

"Recollections of Eric Gill," April 9, 1961, transcript in CEG, box 5, folder 2.

Gill's consultation with Horsfield and use of Hoptonwood stone are mentioned in Judith Collins, *Eric Gill: The Sculpture* (London, 1998), 187. Gill writes AH, "I hope you wont think," Feb. 2, 1934, Beinecke, Gen miss 1263. All the captions appear on the sketches that are held at the Clark, CEG 320‑65. Gill's descriptions derive from the following letters to his wife (these appear in edited form in *From the Palestine Diary of Eric Gill*. The originals are in CEG, box 106): "Suffice it to say . . . clean shaven," April 5, 1934; "We've started the job," March 24, 1934; "all is well," March 29, 1934; "a lot of bother," April 5, 1934; "Up to the present," started April 22, 1934 (he writes this letter over several days) "a half circle representing MAN," April 8, 1934. Gill writes to AH, "I am v. miserable," on Aug. 17, 1934, Beinecke, Gen miss 1263. Gill's glowing descriptions of Jerusalem are all from his Autobiography, 251‑56, while his confession to his wife that it is "impossible to convey Jerusalem" is from a letter April 19 (?), 1934. He tells her "The city is fundamentally depressing" on April 8, 1934.

AH tells his mother "To have almost finished," quotes Frank Mears, and says that it "would take a lot to turn my head" on Oct. 7, 1935. AH refers to Lotte Baerwald's article in a letter to Ena, Sept. 3, 1935. The article (from Judische Rundschau, August 23, 1935) and its translation appear in a collection of press clippings in AH's archive at IAA. The "terrible rows" are described by Eunice Holliday—wife of the British architect Clifford Holliday, then working in Jerusalem—in a letter Feb. 13, 1934, in Eunice Holliday, Letters from Jerusalem: During the Palestine Mandate, ed. John Holliday (London, 1997). Horsfield's letter to Mrs. Harrison is dated Nov. 25, 1936, and turns up in AH's "Some Letters of Mine." Wauchope's comments appear in a letter to Parkinson, March 11, 1936, CO 733/307/7. AH's letter saying "I am very, very tired" is written to C. R. Ashbee, Aug. 25, 1937, CRAKC 1/54.

AH tells Ena he has "escaped" in a letter marked November (?), 1938 (the date in the typed version

of the letter is crossed out and possibly incorrect, since he left in late December 1937). The fact that his furnishings were put up for sale in his absence was related to me by Julie Williams, and AH mentions "the sale of my effects after my departure" in a letter to his mother from Cairo, Jan. 22, 1941. The farewells from various friends are quoted in a letter from AH to his mother, Jan. 1, 1938; the original Gill letter is dated Dec. 30, 1937, and is at the Beinecke. The description of Star key's murder appears in "Palestine Treasures," *The Times*, Jan. 13, 1938. The article about the government compound is "Government Offices in Jerusalem," *The Architects' Journal*, May 13, 1948. AH writes "I am expecting to hear" to Markus Reiner, Nov. 16, 1948.

The transfer of the museum's Jewish employees is described in "Informal Talk on the Rockefeller Museum given by Hanna Katzenstein for Volunteer Guides of the Israel Museum," Sept. 19, 1983, IAA. For more on the post‑1948 state of the building, see Raz Kletter, *Just Past? The Making of Israeli Archaeology* (London, 2006). AH's later, unbuilt designs for Palestine are described in Fuchs, "Austen St. Barbe Harrison," 244‑49. AH's quip that "I am extremely busy" appears in a letter to Markus Reiner, Dec. 2, 1946. The fate of AH's personal papers is recounted in Fuchs and Herbert, "Representing," 329, and was confirmed by Yani Papadimos, who also had a hand in saving much of Harrison's archive from the fire. In recent years Papadimos has donated the valuable remains of Harrison's correspondence and notebooks to the IAA, where the archivist, Silvia Krapiwko, has devoted herself to the cache.

第三部 伟大之城在何处，2014/1914

The future plans for Mendelsohn's bank are related in Keshet Rosenbloom, "A Visionary's Unfinished Contribution to Jerusalem's Skyline," Haaretz, Dec. 27, 2012. Kroyanker's assessments of Houris are: "one of the best known," David Kroyanker, *Talbiyeh, Katamon, and the Greek Colony* [Heb.] (Jerusalem, 2005), 284; "among the most outstanding," Kroyanker, *Jerusalem Architecture: Arab Building*

Outside the Old City Walls[Heb.] (Jerusalem, 1985), 41. In his book on Arab building, Kroyanker ascribes Jaffa 36, 38, 40, and 42 to Houris and his partner Petassis, 11, 314 – 15, though in the same book and in *Jerusalem: A Guide to Neighborhoods and Buildings: An Architectural View*[Heb.] (Jerusalem, 1996), he says Houris alone was responsible for 36. In Jaffa Road, he says Petassis was responsible for 40 and that "it seems" they were both responsible for 44 as well. In his *Jerusalem Architecture . . . Mandate*, he says they both built 40. Others have various versions of this: In *The New Jewish City*, [Heb.] (Jerusalem, 2011), [Heb] 2:924 – 925, Yehoshua Ben–Arieh ascribes 38 to Houris, and in their article "The Shaping and Development of Jaffa Road in Jerusalem" [Heb.], *Cathedra* 121 (Sept. 2006), Dana Tsoar and Ran Aaronsohn say he alone built 36 and 40.

Kroyanker describes "the ethnic aspect of architecture" in "Jerusalem's Built Heritage: The City's Architecture—Periods and Styles," Passia lecture, June 15, 2000, and writes about the absence of documentary material in *Jerusalem Architecture . . . Arab Building*, 14. His archive is described by Yuval Hamon in "Even Kroyanker's Leaving Jerusalem, Why?" [Heb], *Maariv NRG*, May 20, 2012. His departure is reported in Nir Hasson, "Jerusalem's Leading Lights Bolt for the Tel Aviv Coast in a Flight of Cultural Freedom," *Haaretz*, June 29, 2012; he calls Jerusalem "a ragged city" in Noam Dvir, "A Yearning Free of Illusions," *Haaretz*, Oct. 19, 2011, and says, "I don't believe that anywhere," in Neri Livneh, "With Jerusalem, It's Love–Hate," *Haaretz*, Sept. 8, 2005. Kroyanker dubs Mendelsohn "among the greatest architects" in *Jerusalem Architecture . . . Mandate*, 442. While Kroyanker has written only admiringly of Mendelsohn in his books, he was also the author of a preservation report about the Schocken Villain which he recommended tearing it down. *Haaretz's* architecture critic Esther Zandberg points out—as have others in relation to various projects with which Kroyanker has been involved— that the survey was carried out at the behest of the developers who wanted to construct a new residential building over the ruins of Mendelsohn's building.

See Zandberg, "Not a Word About the Light Railway," *Haaretz*, Aug. 14, 2003. The history book that provides Petassis's first name is Kark and Oren–Nordheim, *Jerusalem and Its Environs*, 184.

For background about Sakakini, see Salim Tamari, "The Vagabond Café and Jerusalem's Prince of Idleness" and "Sultana and Khalil," in *Mountain against the Sea: Essays on Palestinian Society and Culture* (Berkeley, 2009) and Sakakini, *Jerusalem and I*. I've also relied on the new Arabic edition of the diaries (Ramallah, 2003 – 2010), ed. Akram Musallam, with introductions by Faisal Daraj, Adel Manna, and Yusef Ayub Haddad among others, as well as Gideon Shilo's introduction to his Hebrew translation of the abridged version, *Such Am I, Oh World!* (Mivaseret Tzion, 2007). For more on the various readings of Sakakini's work, see Nadim Bawalsa, "Sakakini Defrocked," *Jerusalem Quarterly* 42 (Summer 2010). The idea that Sakakini's diary is typical of his class and community is put forth by Elie Kadourie in "Religion and Politics: The Diaries of Khalil Sakakini," *St. Antony's Papers* 4, no. 1 (1958). His calling card is described in *The Storyteller of Jerusalem*, 152 (translation tweaked). For information about the Acre–born Achile Seikaly, who was also an editor, translator, and highranking member of Egypt's nationalist Wafd party, I'm grateful to May Seikaly and Ramez Hakim.

Sakakini's relationship to the Greek Orthodox Church is described in Tamari, "The Vagabond Café"; Laura Robson, "Communalism and Nationalism in the Mandate: The Greek Orthodox Controversy and the National Movement," *Journal of Palestine Studies* 41, no. 1 (2011): 15 – 16; his desire to replace the Lord's Prayer with Imru'al–Qays is related by Tamari in *Mountain Against the Sea*, 116. The dominance of the Orthodox community is described in Michelle Campos, *Ottoman Brothers: Muslims, Christians, and Jews in Early Twentieth–Century Palestine* (Stanford, 2011), 20 – 21, 84 – 85. "My aim" is quoted in Tamari, "The Vagabond Café," 185. He announces, "I can't beat part of this denomination" in Diaries, vol. 2, Dec. 12 and 20, 1914; "Greek of the Greeks," quoted in Bawalsa,

"Sakakini Defrocked," 21; "I'm neither Christian nor Buddhist," Diaries, vol. 2, March 12, 1915. For a nuanced account of the layered nature of Palestinian identity during this period, see Rashid Khalidi, *Palestinian Identity: The Construction of Modern National Consciousness* (NY, 1997).

Details about the founding of the Greek Colony come from John H. Melkon Rose, *Armenians of Jerusalem: Memories of Life in Palestine* (London, 1993), 84 – 96; Kroyanker, Talbiyeh, Katamon, 279 – 81. Kark and Oren–Nordheim give a slightly different version in *Jerusalem and Its Environs*, 173 – 75, as does Gideon Biger, "The Development of Jerusalem's Built–Up Area During the First Decade of the British Mandate, 1920 – 1930," in Jerusalem in the Modern Period [Heb.], ed. E. Shaltiel, (Jerusalem, 1981), 271.(They say the land was bought privately.) Anastas Damianos has confirmed that the version Melkon Rose and Kroyanker offer is accurate. Kark and Oren–Nordheim also ascribe the buildings there to Houris, without qualifcation. For more on the Greek church's real estate holdings and the recent related scandals, see Itamar Katz and Ruth Kark, "The Church and Landed Property: The Greek Orthodox Patriarch of Jerusalem," *Middle Eastern Studies* 43, no. 3 (May 2007); Dan McDermott, "Shaping the Church, Shaping the City," *NIMEP* Insights; 2 (Spring 2006); Chris McGreal, "Greek Orthodox Church Mired in Jerusalem Land Row," *The Guardian*, March 22, 2005; "Ousted Patriarch Behind Locked Doors in Jerusalem," *AP*, January 7, 2011.

Background about Efklides and the municipal hospital comes from Zalman Greenberg, "The Turkish Municipal Hospital in Jerusalem" [Heb.], *Cathedra* 78 (Dec. 1995); Yaakov Yehoshua, *Neighborhoods in Jerusalem*, vol. 4, [Heb.] (Jerusalem, 1971);Helena Kagan, *The Beginning of My Way in Jerusalem* [Heb.] (Tel Aviv, 1982); Kroyanker, *Jaffa Road*, 296 – 98. Interviews with Anastas Damianos (July 15 and 29, 2014),John Tleel (July 30, 2014), and Zalman Greenberg (Sept. 21, 2014). Kagan relates the first version of the legend about the hospital. The story of the necrophiliac wedding comes from Bertha Spafford Vester, *Our Jerusalem: An American*

Family in the Holy City, 1881 – 1949 (Jerusalem, 1950). In To Be Governor of Jerusalem: The City and District During the Times of Ali Ekrem Bey, 1906 – 1908 (Istanbul, 2005), David Kushner writes that the governor made various recommendations "to officials and public figures whom he believed gave exemplary service to the state . . . [among them] to the chief doctor of the municipal hospital, Doctor Photios, for his good services" (125). The fireman is reproduced and translated in Greenberg, "Turkish Municipal Hospital," 58 – 59. It was Greenberg who interviewed Heleni Efklides on her ninetieth birthday. For details about Mamilla's recent development, see Kroyanker, Jerusalem: *Mamilla:Prosperity, Decay and Renewal* [Heb.] (Jerusalem, 2009). Gil Zohar, "Long–Awaited Luxury," *The Jerusalem Post*, May 24, 2007. Esther Zandberg's comments come from "Too Grandiose for Its Own Good," *Haaretz,* July 27, 2003. Quotes from the well–known American rabbi Marvin Hier appear in Bradley Burston, "Visit Jerusalem's New Museum of Tolerance. Feel Your Blood Boil," *Haaretz*, June 7, 2012. For further details on the museum's presence over Muslim graves, see, for instance, Rashid Khalidi's explanation of the situation in "Tolerance of Whom?," The Daily Beast, April 10, 2012,and his subsequent responses to the Wiesenthal Center's defenders, as well as Saree Makdisi's "The Architecture of Erasure," *Critical Inquiry* 36 (Spring 2010). For a full history of the site, see also Yehoshua Ben–Arieh, "The Tolerance Museum and the Mamilla Cemetery: Plain Facts" (copy provided by the author), and Khalidi's Edward Said London Lecture, presented at the British Museum on May 31, 2011, and reprinted at www.Jadaliyya. com as "Human Dignity in Jerusalem." Details of (and quotes about) Gehry's design are drawn from Makdisi, "Architecture of Erasure," Gehry's official statement appears on the Wiesenthal Center website. Efklides's death and funeral are described as "truly a demonstration of sorry" by Conde de Ballobar in *Jerusalem in World War I*, ed. Eduardo Manzano Moreno and Roberto Mazza. (London, 2011), 95; Kagan, The Beginning, 56. The article announcing "The Doctor Is Dead" [Heb.] is from HaHerut, May

7, 1916. The German air force picture is B. Jerusalem, Teilbilder der Stadt mit weiterem Vorgelände: RephaimEbene, Tempel—Kolonie, Ophel—Sion, Birket—es—Sultan, Laufzeit: 28. July 1918; Signatur: BayHStA, BS—Palästina 783. The first map I've been able to find in which the house appears is the "Plan of Jerusalem and Environs by E. F. Beaumont," 1929. In an interview (July 30, 2014), John Tleel described Maria Samptopoló as "very lofty in her ways." Kroyanker writes of the engagement in *Talbiyeh, Katamon*, 290. Anastas Damianos and others in the Greek community have confirmed this story.

Details about the Israel State Archives and their sorry state are drawn from Ofer Aderet, "Israel State Archives Close Again, This Time Due to a Collapsed Staircase," *Haaretz*, Jan. 14, 2013; Nir Hasson, "Israel State Archives Close Due to Lack of Safety Permits," *Haaretz*, Oct. 31, 2012; Liel Kyzer, "Archives Building Is Low Key, but Material Inside Is Anything But," *Haaretz*, Oct. 7, 2010. Information about the Books of Souls comes from Yonatan Pagis, *Ottoman Population Registers in the Land of Israel, 1875 – 1918* [Heb.] (Jerusalem, 1997), and Kemal H. Karpat, "Ottoman Population Records and the Census of 1881/82 – 1893," *International Journal of Middle East Studies* 9 no. 3, (Oct. 1978).

The history of the Villa Harun ar—Rashid is recounted by George Bisharat in "Talbiyeh Days: At Villa Harun ar—Rashid," *Jerusalem Quarterly* 30 (Spring 2007). See also his "Origins of the Middle East Crisis: Who Caused the Palestinian Diaspora?" in *The Electronic Intifada*, Dec. 3, 2003, and "Right of Return to a Palestinian Home," *SF Chronicle*, May 18, 2003. For an essayistic riff on the house and what its loss represents, see Suad Amiry's *Golda Slept Here* (New Delhi, 2014).

Background about Romema comes from Shabtai Zacharia, *Neighborhoods in Jerusalem: Romema* [Heb.] (Jerusalem, 1999); Kark and Oren—Nordheim, *Jerusalem and Its Environs*, 164 – 166; Yehoshua Ben—Arieh, *The New Jewish City of Jerusalem During the British Mandate Period*, [Heb.] (Jerusalem, 2011), 2:533 – 51. The quote "saw the significance" is from Ehud Menachem Zvi Keene, *Chaikins*

(Jerusalem, 2000), 57. Biographical details about Hamon come from Natan Brown, *Judges and Jurists in the Land of Israel: From Constantinople to Jerusalem, 1900 – 1930* [Heb.] (Jerusalem, 2008), 61 – 64; M. R. Gaon, *The Jews of the East in the Land of Israel* [Heb.] (Jerusalem, 1982), 2:719 – 20; Ben Arieh, *The New Jewish City*, 2:536. The quotes about Hamon are from Brown, 63. Hamon's papers pertaining to the house are in CZA A 541\32 and \36. The wages for a construction worker are drawn from Zachary Lockman, *Comrades and Enemies: Arab and Jewish Workers in Palestine, 1906 – 1948* (Berkeley, 1996), 85 – 86. The requirements for Greek citizenship are described in Campos, *Ottoman Brothers*, 63. Kroyanker's words about the inconsistency of Houris's style appear in his *Jerusalem Architecture . . . Arab Building*, 417. For a subtle take on the city's earlier "eclecticism," see "Jerusalem, Between Urban Area and Apparition: From a Multiethnic City to Nationalism? Jerusalem in the Early Twentieth Century," a conversation between Meron Benvenisiti and Salim Tamari in *City of Collision: Jerusalem and the Principles of Conflict Urbanism*, ed. Philipp Misselwitz and Tim Rieniets (Basel, 2006).

Biographical details about Fraji derive from Gad Frumkin, *The Way of a Judge in Jerusalem* [Heb.] (Tel Aviv, 1954), 1, and Brown, *Judges and Jurists*, 61 – 64. (He also lists the first four Jewish lawyers licensed by the British.) Sakakini mentions teaching Fraji Arabic throughout vol. 2 of his diaries. See also Adel Manna's introduction to that volume. Aharon Mani's particulars are drawn from D. Tidhar, *Encyclopedia of the Pioneers of the Yishuv and Its Builders* [Heb.] (Tel Aviv, 1947), 1:473; Kroyanker, *Jaffa Road*, 216, 222. The controversy surrounding Mani comes from *Doar Hayom*, "Jerusalem Day to Day," May 20, 1925; Mani's response is "On Hebrew Labor," May 22, 1925[both in Hebrew]. Details about Hajj Mahmud and his building come from Kroyanker, *Jaffa Road*, 332, and Jerusalem Architecture . . . Arab Building, 318; Ben—Arieh, *The New Jewish City*, 2:547 – 49.

The portrait of the Gelat family is drawn from Kroyanker, *Talbiyeh, Katamon*, 90 – 91; George A. Barton, "Antoine Thomas Gelat, an Appreciation,"

Bulletin of the American Schools of Oriental Research 13 (Feb. 1924); Rachel Hallote, "Before Albright: Charles Torrey, James Montgomery, and American Biblical Archaeology 1907 - 1922," *Near Eastern Archaeology* 74, no. 3, (Sept. 2011); W. F. Albright, "Report of the Director of the School in Jerusalem 1921 - 1922," *Bulletin of the American Schools of Oriental Research* 8 (1922). In "Palestine from Day to Day: Chamber of Commerce Meeting," *PB*, June 6, 1926, it says "the Hon. President was asked to send a letter to Mr. Elias T. Gelat, member of the Committee, on the occasion of his marriage." The younger Gelat's appointment as honorary consul is mentioned in "Hungarian Consul in Palestine," *PB*, Dec. 12, 1926. The various documents concerning the supply of stones appear online: BU American School of Oriental Research Archive, Jerusalem School Collection, Box 2, folder 37. Antoine Gelat's account of their wartime travails is contained in CZA K13\35.

Storrs's description of the state of the Dome is from Ronald Storrs, *Orientations* (Middlesex, 1940), 313. Background about the legends and history surrounding the Dome of the Rock comes from Oleg Grabar, "The Umayyad Dome of the Rock in Jerusalem," *Ars Orientalis* 3 (1959); Grabar, *The Shape of the Holy: Early Islamic Jerusalem* (Princeton, 1996); Grabar, *The Dome of the Rock* (Cambridge, 2006); Julian Raby and Jeremy Johns, *Bayt al–Maqdis: ʿAbd el–Malik's Jerusalem* (Oxford, 1992); Nasser Rabbat, "The Meaning of the Umayyad Dome of the Rock," *Muqarnas* 6, (1989); Grabar, "The Haram al–Sharif: An Essay in Interpretation," *BRIIFS* 2, no. 2 (Autumn 2000), 3. Grabar says it had "become a messy space," *Dome of the Rock*, 35. The secret dispatch is dated March 9, 1918, FO 371/3401/46315. For more on the background of the Dome's twentieth–century state, see John Carswell, "The Deconstruction of the Dome of the Rock," in Auld and Hillenbrand, *Ottoman Jerusalem.*

Lawrence's characterization of Storrs comes from his *Seven Pillars of Wisdom* (NY, 1962), 56. Storrs describes his "interest in the physical presentment" in *Orientations*, 96. Helen Bentwich calls him "the

most entertaining talker" in *Tidings from Zion: Helen Bentwich's Letters from Jerusalem, 1919 - 1931*, ed. Jenifer Glynn (NY, 2000), 16. Further background about Storrs is drawn from *The First Governor: Sir Ronald Storrs, Governor of Jerusalem, 1918 - 1926*, ed. Nirit Shalev–Khalifa (Tel Aviv, 2010). Quotes: protect Jerusalem "by an aesthetic . . . The fifty previous," Storrs, *Orientations*, 310; "on a large scale," W. H. McLean, *Regional and Town Planning: In Principle and Practice* (London, 1930), 65; "Benefcent Despot . . . my word," Storrs, *Orientations*, 317; "inexcusable materials," Storrs, *Orientations*, 310.

For the earlier rule about stone, see "Town Planning Ordinance, 1936," *The Palestine Gazette*, 1939, 874 - 875. For the evolution of the policy—and a critical take on its political implications—see Eyal Weizman, *Hollow Land: Israel's Architecture of Occupation* (London, 2007), 27 - 33. The "dangerous ground" is mentioned in "Repairs to Mosques in Jerusalem," March 21, 1918, FO 371/3401/46315, and Balfour insists that "every endeavour should be made" in the same file, March 21, 1918. For background on the politics of the renovations, see Daniel Bertrand Monk, *An Aesthetic Occupation: The Immediacy of Architecture and the Palestine Conflict* (Durham, 2003).

Biographical details about Richmond (ETR) are drawn from his papers held at Durham University and from the privately held *Liber Maiorum*. Quotes: "urgently required . . . in uniform," Clayton to ?, June 6, 1918, FO 371/3401/181716; "loan of British expert," GH in Egypt, March 21, 1918, FO 371/3401/87708; "the works of preservation," ETR, *The Dome of the Rock in Jerusalem* (Oxford, 1924), 1; "penetrating, fery quality," Felicity Ashbee, *Child in Jerusalem* (Syracuse, 2008), 135; "rather bitter mouth," Susanna Richmond, "Memories of Uncle Ernest," enclosed in a letter to Sally Morphet, dated July 10, 2000. ETR discusses his injury in "Mammon in the Holy Land," 1 - 2, RIC 5/1/6, and Thomas Hodgkin describes ETR as "thin, like a knife" in *Letters from Palestine, 1932 - 36* ed. E. C. Hodgkin (London, 1986), Feb. 14, 1933. ETR's description of the "more than twelve hundred" comes from ETR, *Dome*, 3 and "interesting rain water gargoyles" in "Summary Report upon the Condition of the Dome of the Rock and of the Aksa Mosque," FO 371/3401/46325.

CRA describes his mission in Jerusalem to Janet Ashbee, June 9, 1918, CRAKC 1/42. Much of the biographical material about Ashbee is drawn from Alan Crawford, *C. R. Ashbee: Architect, Designer and Romantic Socialist* (New Haven, 1985), and Fiona MacCarthy, *The Simple Life: C. R. Ashbee in the Cotswolds* (Berkeley, 1981). See also CRA's own *An Endeavor Towards the Teaching of John Ruskin and William Morris* (London, 1901). CRA speaks of "the imaginative things" and "a nursery for luxuries" in *Craftsmanship in Competitive Industry* (Campden, 1908), 9. He talks of how the artist must "leave his stamp" and how "through the city we focus civilization" in *Where the Great City Stands: A Study in the New Civics* (London, 1917), 113 and 3, respectively.His Dublin scheme is discussed in Michael J. Bannon, "Dublin Town Planning Competition: Ashbee and Chettle's 'New Dublin'— A Study in Civics," *Planning Perspectives* 14, no. 2 (1999), and "Dublin Town Planning Competition," *Town Planning Review* 7,no. 2, (April 1917); Noah Hysler—Rubin, "Arts & Crafts and the Great City: Charles Robert Ashbee in Jerusalem," *Planning Perspectives* 21, no. 4 (Oct. 2006). Crawford quotes him "I woke up this morning sobbing," 162, and "practically defunct," 163.Further quotes: "constant sun," March 25, 1917, CRAKC 1/40; "beauty and history," CRA, *Where the Great City*, 58; "Though the individual creates," CRA, *Where the Great City*, 57; "a crank, and a strange fellow," memo dated March 7, 1917, FO 141/669/4394; "not at all a man," undated letter from C. F. Ryder, FO 141/669/4394/8; "all very romantic," June 9, 1918, CRAKC 1/42; "all your deliberations," June 18,1918, CRAKC 1/42; "Well, I've fixed it all up," June 21, 1918, CRAKC 1/42.

Quotes about the Dome are as follows: "slabs of tile work," CRA, "Report on the Arts and Crafts," 21, JMA box 362; "roots of wild plants . . . The

bones," "Summary Report" ; see also ETR's description in *Jerusalem, 1918 - 20*, ed. C. R. Ashbee (London, 1921), 8 - 9. CRA quotes: "interlaced," Aug. 14, 1918, CRAKC 1/1/43; "plan our reports," Aug. 29, 1918, CRAKC 1/1/43. The saga of the Najara and the kilns is recounted in ETR's *Dome* and "Summary Report," CRA, "Report on the Arts and Crafts," and *Jerusalem 1918 - 20*, 31 - 32. Storrs calls them "the original furnaces" in *Orientations*, 314. Quotes are as follows: "that great pagan," CRA, 7; "transmutes and transcends . . . serene continuity," CRA, PN, 240; "of a living Faith," ETR, *Dome*, 4 - 5; "a serpent," CRA, *PN*, 243.

Biographical information about David Ohannessian is drawn from Pheme Alice Ohannnessian Moughalian, *The Families of Tavit and Victoria Ohannessian* (privately published, 1992); Sato Moughalian, "David Ohannessian and the Armenian Ceramics of Jerusalem," in *A la découverte de la Jé rusalem des Arméniens*, ed. Patrick Donabédian, Dickran Kouymjian, and Claude Mutafan (Paris, forthcoming); "David Ohannessian, Ceramicist," apparently written by Ohannessian's daughter Sirarpi, with her father's help, in May 1952, Beirut. I've also drawn from various Ohannessian family papers, as well as extended conversations with Sato Moughalian and an interview with Anahid Ohannessian (Aug. 18, 2014). Additional background comes from Garo K ü rkman, *The Magic of Clay and Fire*: A History of Kütahya Pottery and Potters (Istanbul,2006), 194 - 200; Yael Olenik, *The Armenian Pottery of Jerusalem* (Tel Aviv, 1986); Nirit Shalev—Khalifa, "David Ohannessian—Founder of the Armenian Ceramics in Jerusalem," in The Armenian Ceramics of Jerusalem, ed. Nurith Kenaan—Kedar (Jerusalem, 2003).

Background about Mark Sykes and Sledmere derives from Christopher Simon Sykes, The *Big House* (NY, 2005); Roger Adelson, *Mark Sykes: Portrait of an Amateur*(London, 1975); Shane Leslie, *Mark Sykes, His Life and Letters* (London, 1923). Sykes's description of the town appears in *The Caliph's Last Heritage* (London, 1915), 519. The number of tiles and particulars of Sykes's conversations with Ohannessian appear in Moughalian, "David

Ohannessian."

Details about the Armenian population of Kütahya and its fate are drawn from Raymond Kevorkian, *The Armenian Genocide* (NY, 2011), 273, 564 – 565, and Grigoris Balakian, Armenian Golgotha, trans. Peter Balakian with Aris Sevag (NY, 2009), 406. Storrs takes all the credit in Orientations, 314. ETR says "it was at Sykes's suggestion" in *Lieber Maiorum*, 77, and Storrs's confession that he had "the help of my friend" is quoted in Shalev–Khalifa, *The First Governor*, 32e. CRA calls the first frings a "dismal failure" and describes Ohannessian's trip to Constantinople in *Jerusalem 1918 – 20*, 31 – 32. The "kaolin–rich clay" of Kü tahya is described in John Carswell, *Kü tahya Tiles and Pottery from the Armenian Cathedral of St. James, Jerusalem* (Oxford, 1972), 41, and Olenik, The Armenian Pottery of Jerusalem 16, 19. CRA's "Yes, it will take" is from *PN*, 244. The various explanations for the failure of the Haram kiln project appear in Shalev–Khalifa, "David Ohannessian," 30; interview with Neshan Balian (grandson of Ohannessian's potter, Neshan Balian, and current owner of the Palestinian Pottery on Nablus Road, Jerusalem, Aug. 29, 2012); Storrs, *Orientations*, 314; Beatrice St. Laurent, "The Dome of the Rock and the Politics of Restoration," *The Bridgewater Review*, December 1998; St. Laurent and André s Riedlemayer, "Restorations of Jerusalem." Quotes about the political situation are as follows: "a very plastic period," CRA, *Jerusalem 1920 – 22*, 2; "in politics . . . In 1920 . . . all the carefully," Storrs, *Orientations*, 329 – 330; "WAKE UP," quoted in Wasserstein, The British in Palestine, 99; "preserving and safeguarding," quoted in Kupferschmidt, *Supreme*, 130. ETR's quotes are as follows: "the Bolshevik type," ETR to Storrs, June 16, 1920, RS III/2; "Jew–beridden," ETR, "*Mammon*," 54, RIC 5/1/49; "the Jewish race . . . Jewish quality . . . sneaking, round–the–corner," Mammon, 185 – 86, RIC 5/1/115; "Astonishing," ETR, *Dome*, 5. Information about (and quotations from) Kemalletin are drawn from Yildirim Yavuz, "The Restoration Project of the Masjid Al–Aqsa by Mimar Kemalettin (1922 – 26)," *Muqarnas* 13 (1996). Details about the

Ohannessian workshop are drawn from Ohannessian Moughalian, *The Families*, and from "The Man in the Furnace," *PP*, July 28, 1944. Storrs's accounts of the tiles "gleaming against the sober texture" and the miniature Dome for the princess are from *Orientations*, 314 – 315. Sakakini calls ETR "my trusted friend" in his diaries, vol. 3, March 2, 1919.

结语 石头剪刀纸

CRA quotes: "The city belongs to us all," CRA to Samuels, April 8, 1920, CRAKC 1/45; "Zionism as understood," *PN*, 267; "the reports, plans," *PN*, viii. The description of the fire at the Cyprus Government House is drawn from a Reuters account, "How Sir Ronald Storrs Escaped Mob with Burning Torches, Valuable Art Treasures Destroyed," RS IV/3; Storrs, *Orientations*, xv, 507 – 509. Austen Harrison writes Lilian Bomberg on Oct. 16, 1960, about one of his own Bomberg paintings: "You realize of course that the painting of Siloam hanging over my sister's mantelpiece was . . . a study for that remarkable picture which Storrs got burned" (DB/873/3/3).

Details about Nashashibi, his library, and the pillaging of his house come from Basheer Barakat, "The Castle of Isa'f al–Nashashibi," *Studies on Jerusalem* [Arabic] (Kuwait, 2014); "Muhammad Isaaf Nashashibi," This Week in Palestine, August 2014; Radi Saduq, *Palestinian Poets of the Twentieth Century* [Arabic] (Amman, 2000); multiple references in Sakakini's journals, where Nashashibi is called "Abu al–Fadl." Interviews with Khaled Khatib (Sept. 11, 2014) and Basheer Barakat (Sept. 27, 2014).

The newspaper references to Spyro Houris (all from *PN*) are as follows: "Architect Cleared," Oct. 15, 1930; "Bribes Murderer to Put Away His Brothers," Nov. 28, 1928; "Jerusalem Perjury Case," Nov. 23, 1931. For further background on the case, see "Bribery Charge Against Magistrate," Dec. 22, 1931. Heleni's wedding announcement appears in *PP*, Jan. 1, 1933.

Background about the Masons in the Middle East comes from "Freemasons," *Encyclopedia of Religion*, 2nd ed. (New York, 2004); "Farmasuniyya,"

Encyclopedia of Islam, 2nd ed. (New York, 1960 –
2005); "Freemasons," *Encyclopedia of the Modern
Middle East and North Africa* (New York, 2004);
Jacob M. Landau, "Prolegomena to a Study of Secret
Societies in Modern Egypt," *Middle Eastern Studies* 1,
no. 2 (January 1965); Elie Kedourie, "Young Turks,
Freemasons and Jews," *Middle Eastern Studies* 7,
no. 1 (January 1971). The manual quoted is Alfred
F. Chapman, Master's Manual (Boston, 1874),
19; the quote from the Hamas Covenant of 1988 is

article 17; "one of the most influential," according
to Michelle Campos, "Freemasonry in Ottoman
Palestine," *Jerusalem Quarterly* 22/23 (Fall/Winter,
2005). See also her *Ottoman Brothers*, 183 – 96.
The Bibliothèque Nationale file in which she found
mention of Spyro Houris is BN–FM 2/142. Houris's
death notice appears in *The Palestine Gazette*, Feb. 4,
1937.

致谢

在写某一类书时需要倾一座城市之力，而这本书受益于好几座城市的人们。当我在研究、写作和修订时，得到远方的许多人的帮助——从耶路撒冷到纽黑文，从伦敦到洛杉矶，从雅典到苏黎世，等等。

首先，我受惠于我书中"主人公"们的孙辈。已故的弗朗西斯·艾米斯－刘易斯和雷切里·埃德尔曼、达利亚·约瑟夫，已故的萨利·墨菲特、萨托·莫格利安、安纳希德·欧迪安、雅尼·帕帕蒂莫斯，已故的山姆·里士满，以及索菲·里士满、艾玛·沙科尔慷慨地带给我珍贵无价的资料和记忆，并授权我引用他们天资卓越的祖辈的手稿。其中艾玛、索菲和萨托尤其投入，他们热情地和我一同努力解开围绕着他们神秘的天才祖父们的谜团，我在此向他们表示感谢，感谢他们耐心忍受我无数叨扰的问询。家庭阵线的更多帮助，来自理查德·墨菲特、丽兹·里士满和大卫·邦伯格遗产管理委员会。尼古拉斯·维斯特的身上的智慧和富有感染力的幽默感，在本书的写作期间常常激励着我。

真正进入这座我曾经漫步于此的复杂的耶路撒冷时，几位专家同我分享了他们扎实的学问，这使我探究耶路撒冷的过程变得更加容易，并丰富起来。 幸亏他们引导我进入门德尔松在巴勒斯坦的冒险。 关于这里的大街和小巷，伊塔·海因策-格林伯格了解得比任何人都多。 在这场探索中，我还要感谢斯蒂芬妮·马赫尔将我查找的方向引向扎尔曼·肖肯的档案。 罗恩·富克斯则为我提供了哈里森的成就和霍瑞斯建筑背景的线索。 当我尝试在书中描述哈里森的个性时，朱莉·威廉姆斯对哈里森的回忆十分关键。 虽然如此忙碌，但哈雷德·哈迪卜和摩西·夏皮拉两位却从未吝惜时间，亲自带我深入了解哈里森的建筑。我还很感激埃利·瓦尔迪这位见识广博的耶路撒冷的建造物和建筑保护顾问。 萨利姆·塔马力拥有惊人的巴勒斯坦文化史知识，他的慷慨大方令人印象深刻。 米歇尔·坎波斯和安吉罗斯·达拉卡尼斯两位在本书结尾分别扮演了关键、救急的角色，他们的坦率、才智，还有在关键时刻与我分享他们令人惊讶的档案发现的意愿，带给我巨大的收获。

耶路撒冷的肖肯研究院的巴鲁奇·尤尼恩在本书的写作过程中是不可或缺的。 他的热情和对肖肯图书馆的熟悉（从折页门到柜子里的文件），在很大程度上成为我对门德尔松发生兴趣的最初诱因；他的耐心和宽容对我保持兴趣起了关键性的作用。 与以色列文物局的西薇亚·克拉皮科共同工作，对我是一种十足的快乐。 她在奥斯汀·哈里森档案（包含巨量的档案内容）上的热心帮助使我能够写成第二部分，这令我受惠良多。 而正如书的结尾所说，安纳斯塔斯·达米亚诺斯先生友好而热情地带我深入体验了耶路撒冷希腊社区的历史和现在。

科斯塔斯·乔治亚迪斯、叶海亚·希亚兹、加百列·雷文、罗伯特·沙因、乔治·塞利米斯和莫伊拉·魏格尔帮助我翻译了一系列的语言。 同时，在我出发去聆听耶路撒冷石墙的倾诉时，一些建筑师和建筑史学家也提供了宝贵的帮助。 我要特别感谢苏亚德·阿米里、玛丽安·科恩、多洛雷斯·海登、以利亚·梅西纳、西奥·麦特洛普洛斯、珍妮弗·西格尔、伊尔德里姆·亚乌兹和大卫·克罗扬科，感谢他们在不同领域对本书或多或少的贡献——尼沙恩·巴里安、巴希尔·巴拉卡特、约书亚·本 – 阿里耶、弗雷德·毕沙拉特、乔治·毕沙拉特、罗伯特·布雷切尔、瓦尔达·布列夫、西里尔·科恩、朱莉·科恩，以及艾利克斯·科菲亚提斯、艾莉娜·戴、莫妮卡·达曼恩修女、拉菲·格林伯格、扎尔曼·格林伯格、拉米兹·哈基姆、维里蒂·哈特、汉娜·海威尔、亚当·辛得、乔治·辛提利安、法乌兹·易卜拉欣、巴哈·尤贝、鲁斯·卡克、阿舍·考夫曼、南希·库恩、理查德·拉斯特、艾米丽·拉维恩、纳森·马库斯、阿米尔·蒙塔西姆、凯西·尼克尔斯、艾伦·帕里斯、杜亚·基尔什、塔里克·拉玛希、梅·塞卡利、尼利特·沙里夫 – 哈里、伊塔谢德尔斯基、卡尔·尤尔根·斯科斯基、芭芭拉和菲利普·斯派克特夫妇、迈克尔·斯通伯格、约翰·迪力尔、凯蒂·特朗普纳、多尔·瓦尔曼、克里斯蒂安·魏乐尔和兰尼·伍尔夫。拉斐尔·戈罗德斯基允许我使用他的父亲埃利·戈罗德斯基在20世纪30年代拍摄的一系列照片，埃利曾是门德尔松哈达萨医院项目的一名初级工程师。其中一张照片后来出现在了本书英文版的封面上。我还要感谢梅根·马格纳姆、乔·佛罗伦蒂诺和约翰·多纳缇，他们给了我多种形式的幕后支持。

几位敬业的档案员和图书馆员，使我此次纪实探索成为可能，我在他们各自工作的机构发掘过其中的馆藏。在附录里，有这些机构的完整名录。特别感谢贝内克图书馆的凯瑟琳·詹姆斯，她在关键时刻扮演了"档案室的仙女教母"的角色。约翰·西蒙古根海姆纪念基金会的奖学金和温德姆·坎贝尔文学奖为我提供了物质和精神上的支持，我真诚地致谢这两项奖金的发放者。

对于来自各方面人士在这本书写作过程中给我的友善和关注，批判的鼓励和鼓励的批判，我要深深地感谢德博拉·贝克、简妮和哈罗德·布鲁姆夫妇、丽萨·科恩、阿米塔夫·戈什朱蒂·海布鲁姆、菲利普·拉帕特、豪尔赫·马丁、艾拉娜和吉姆·伯内特夫妇、克雷·罗宾、克劳迪亚·罗登、菲利斯·罗斯、迈克尔·赛尔斯、已故的 A. J. 谢尔曼、纳森·萨劳和艾略特·韦恩伯格。

同样很荣幸能对米利亚姆·奥疏勒表达感谢，感谢她的平静和对我的理解。FSG 出版社的约翰·奈特为我提供了持续、慷慨的帮助，同时，乔纳森·莱平科特、雷尼·伍尔夫、斯蒂夫·威尔以及其他很多人对于建造这本建筑之书都起到关键的作用。长久以来，同艾琳尼·史密斯一起工作，为我带来了无上的喜悦，她能当我的编辑使我深感荣幸。

而最后，也是首先要感谢的，在本书每个字词里，我先生彼得·科尔都与我同在——在这儿，在那儿，无论在任何地方。

直到我们建起了耶路撒冷：
一座新城的缔造者们

[美] 阿迪娜·霍夫曼 著

唐克扬 姜 山 尚英南
郭博雅 黎乐源 李卓璋 译

图书在版编目（CIP）数据

直到我们建起了耶路撒冷：一座新城的缔造者们 /
（美）阿迪娜·霍夫曼著；姜山等译. —北京：北京联
合出版公司, 2017.12
　　ISBN 978-7-5596-1227-4

Ⅰ.①直… Ⅱ.①阿…②姜… Ⅲ.①巴勒斯坦—历
史 Ⅳ.① K381

中国版本图书馆CIP数据核字 (2017) 第264683号

TILL WE HAVE BUILT JERUSALEM:
ARCHITECTS OF A NEW CITY

by Adina Hoffman

北京市版权局著作权合同登记号 图字:01-2017-7483号

选题策划	联合天际
特约编辑	王　微
责任编辑	李　伟
美术编辑	晓　园
封面设计	宝木三兽

禾
UnRead
—
思想家

出　　版	北京联合出版公司
	北京市西城区德外大街83号楼9层　100088
发　　行	北京联合天畅发行公司
印　　刷	三河市冀华印务有限公司
经　　销	新华书店
字　　数	290千字
开　　本	880毫米 × 1230毫米 1/32　13印张
版　　次	2017年12月第1版　2017年12月第1次印刷
ISBN	978-7-5596-1227-4
定　　价	68.00元

关注未读好书

未读 CLUB
会员服务平台